누구에게나 쉬운 만화 C언어 입문서!
만화가 있는 C

preface

서문

이 책의 머리말을 지금 읽고 있는 독자들은 타의나 자의에 의해서, C/C++를 익혀야 하는 독자일 것입니다. 그것이 학기 수업일 수도 있고, 막연한 호기심이나 취업을 위한 준비일 수도 있습니다. 어쨌든 한 가지 확실한 것은 독자들은 지금 C/C++ 학습을 위한 최선의 선택을 하였다는 것입니다!

이 책의 첫 페이지를 쓸 때는 아직 C/C++ 표준이 정해지지 않은 상태였습니다. 그 뒤 ISO는 1998년 C++98로 알려진 표준을 확립하였습니다. 이 책의 원고는 1999년에 완성되었고, 2000년에 초판이 출판되었습니다. 그 뒤의 표준은 2003년에 정해진 C++03입니다. 그리고 그 이후로 C++0x라고 알려진 표준이 계속 갱신되었습니다. 이름이 C++0x라고 알려진 이유는 200x년에는 정해질 것을 기대했기 때문이었는데, 이 표준은 2011년에야 정해지게 되었습니다. C++11이 정해진 후 2014년에는 C++14, 그리고 2017년에는 C++17이 정해졌습니다.

C++03까지만 하더라도 시중에 발표된 컴파일러의 기능을 표준이 따라가는 모양새였지만, 그 이후에는 컴파일러가 표준을 따라가게 되었습니다. 예를 들면 Visual Studio 2013은 C++11의 표준을 모두 지원하지는 않습니다.

필자는 초판이 출판된 이후로 게임업계에서 15년 이상을 C/C++로 코딩하면서 일하였습니다. 그 뒤로 학교로 자리를 옮기면서 책의 내용을 보충하려고 마음먹었습니다. 예전의 원고를 다시 읽어보니, 틀린 곳도 있고, 유치한 글도 많았습니다. 하지만 초판의 책은 프로그래밍 언어를 처음 배우려는 독자들에게 이해하기 쉽게 잘 설명해서 고맙다는 평을 많이 받았습니다. 그래서 이 책의 개정판을 작성하면서 다음과 같은 원칙을 세웠습니다.

① 다소 유치하더라도 초보자가 이해하기 쉬운 처음의 의도 그대로 문서의 내용을 보존합니다.
② 틀린 곳은 바르게 수정하지만, 표준 용어가 아니라 업계에서 많이 사용하는 용어를 사용합니다.
③ C에서 사용 가능한 C++14의 내용을 포함하도록 문서를 보충, 추가합니다.
④ 이전의 개발 환경과 관련된 책의 내용을 모두 보존합니다. 그래야 독자들이 개발 환경의 변화를 이해하는 데 도움이 되기 때문입니다.

이 책은 원래 C++까지 모두 설명하도록 만들어졌으나, 교재용으로 C 부분만을 떼어낸 것입니다. C++의 나머지 부분은 이전에 〈게임 개발자를 위한 C++〉로 출판되었는데, 후에 C++14의 내용을 모두 포함하여 새로운 이름의 개정판으로 출판하려고 합니다. 이 책의 초판에서는 〈만화가 있는 C++〉이 MFC의 구조를 분석하는 내용도 다룰 것이라고 하였지만, MFC의 구조를 분석하는 내용은 'MFC의 구조와 원리'라는 제목으로 2005년에 출판되었습니다. 〈게임 개발자를 위한 C++〉의 후반부에서는 알고리즘의 일부도 다루었지만, 〈만화가 있는 C++〉에서는 알고리즘을 다루지 않을 예정입니다.

C와 C++, 그리고 C++의 고급 주제에 대한 저자의 동영상 강의는 유튜브(YouTube)에서 시청할 수 있습니다. 동영상 강좌는 SideCommunity Game Programming 채널에 준비되어 있습니다.

https://www.youtube.com/playlist?list=PLrrTotxaO6kjxlHovqDNTdSFZ8tcAvQkO

▲ 유튜브의 SideCommunity Game Programming 채널: 책의 C 강좌에 해당하는 내용을 동영상으로 시청할 수 있습니다.

리치(Ritchie)가 말하기를 "C가 있으라" 그러자 C가 있었다. 그것이 사람들이 보기에 좋았다. 하지만, C가 독처(Living Alone)하는 것은 좋지 않았다. 후에 비야네(Bjarne)가 생각했다. '내가 C를 돕는 배필을 지으리라.' 그래서 C의 형상을 따라 클래스(class)를 만들었다.

위의 문장은 원래는 다음과 같은 아인슈타인(Albert Einstein)을 주제로 한 과학 도서에서 힌트를 얻은 것입니다.

태초에 뉴튼(Sir Isaac Newton)이 과학법칙을 창조했다. 모든 과학법칙이 혼돈과 공허 속에 있을 때 뉴튼이 말하기를 "과학법칙이 있으라", 그러자 과학법칙이 있었다. 그것이 사람들이 보기에 좋았다. 하지만 과학법칙이 혼자 독처하는 것은 좋지 않았다. 후에 아인슈타인이 생각했다. "내가 과학법칙을 돕는 배필을 지으리라." 그래서 과학법칙의 형상을 따라 상대성 이론(theory of relativity)을 만들었다.

위의 문장은 원래는 다음의 성경(Bible) 구절을 응용한 것입니다.

태초에 하나님이 천지를 창조하시니라. 땅이 혼돈하고 공허하며 흑암이 깊음 위에 있고 하나님의 신은 수면에 운행하시니라. 하나님이 가라사대 빛이 있으라 하시매 빛이 있었고, 그 빛이 하나님이 보시기에 좋았더라.⋯ 여호와 하나님이 가라사대 사람의 독처하는 것이 좋지 못하니 내가 그를 위하여 돕는 배필을 지으리라 하시니라.

학문을 다루는 책에서 성경을 이야기하니 어떤 독자들은 거부감이 들 것입니다. 사는 것 자체가 좋았고, 모든 것을 이룰 수 있을 것 같았던 젊은 시절을 지나 이제 50세를 바라보는 나이가 되었습니다. 젊어서 잘못 생각한 것이 있었는데, 나이가 많은 사람들은 모든 것이 더 어른스럽고, 삶에 대해서 확신을 가지고, 더 열정적이 될 것이라는 것이었습니다. 하지만 아니었습니다. 허무한 마음만 커질 뿐이었습니다. C/C++을 배우는 것도 행복해지기 위해서, 허무를 극복하기 위해서 아닐까 생각해 봅니다. 필자의 마음 속에서 허무가 완전하게 없어질 그 날이 매우 기다려집니다.

이 책을 읽는 독자들의 목적은 C++로 안드로이드(Android), 아이폰(iPhone), 윈도우(Windows) 혹은 리눅스(Linux) 운영체제(Operating System)에서 동작하는 소프트웨어를 자유롭게 개발하는 것일 것입니다. 독자들은 C의 언덕을 지나, C++의 산을 넘어, 해당 플랫폼에서 동작하는 프로그램 개발의 거대한 바다를 건너갈 준비를 시작한 셈입니다. 아마도 독자들이 바다를 건널 때까지는 3년이 걸릴 것입니다. 많은 사람들이 3개월 걸리는 일에 자신을 투자합니다. 어떤 일은 3개월이면 충분하기는 합니다. 하지만, 자신 스스로 인정할 수 있는 C++ 프로그래머가 되기 위해서는 하루 1시간씩 <u>3년의 시간 투자가 필요할 것입니다</u>. 독자들의 두 번째 목표인 C++에 대해 조금 언급해 보겠습니다.

왜 언어의 이름이 C++인지 물어보는 사람이 가끔 있습니다. 다음은 여기에 대한 스트롭스트룹(Stroustrup)의 대답입니다(그의 홈페이지에서 얻은 내용입니다). 그는 C++을 처음으로 설계한 사람입니다.

왜 언어의 이름이 C++죠?

처음 몇 년 동안 저는 저의 언어를 '클래스를 가진 C(C with classes)'라고 불렀습니다. 그러나 사람들 '클래스를 가진 C'를 '새로운 C(new C)'로 불렀습니다. 그것은 원래의 C를 '평범한 C', '그냥 C(straight C)' 그리고 '옛날 C'로 불리도록 했습니다. 특별히 마지막 이름 C는 모욕적인 것으로 간주되었으므로(역주: 비야네(Bjarne)는 자신이 만든 언어가 C보다 훨씬 강력함을 나타내고자 했습니다), 예의가 필요했으며, 혼돈을 피하기 위해 저는 새로운 이름을 찾게 되었습니다. 그 결과 저는 C++를 선택했습니다. 왜냐하면, 짧고, 훌륭한 해석을 가지며, '형용사 C' 형태가 아니었기 때문입니다. C 언어에서 ++는 문맥에 따라 '다음(next)', '계승자(successor)' 혹은 '증가(increment)'로 읽힙니다. 물론 실제 발음은 '뿔뿔(plus plus)'입니다(역주: 한국 사람들은 대부분 '뿔뿔'이라고 읽습니다. '플러스 플러스'를 편하게 발음한 것입니다). C++과 ++C는 농담과 재미를 위한 비옥한 소스입니다. 물론 이러한 농담은 이름이 선택되기 전에 대부분 알려졌습니다(역주: 필자는 이러한 농담을 아는 바 없지만, 아마 정수 변수 C를 1 증가시키기 위해서 C++;라고 사용하는 그런 류의 농담일 것입니다). C++이란 이름은 릭 매시티(Rick Mascitti)에 의해 처음 제안되었습니다. 그리고 1983년 12월에 처음으로 사용되었습니다.

D라고 불리는 많은 언어가 있습니다. 이름에 관한 퀴즈(trivia)를 보기 위해서 저의 저서 <Design and Evolution>을 보십시오.

C++와 C, 무엇이 다른가요?

여기에 관한 대답은 초안(draft)에 잘 나타나 있습니다.

C++은 C에 기초한 범용 언어이다. C가 제공하는 기능 외에 C++는 추가적인 데이터 타입, 클래스, 템플릿, 예외 처리, 이름 공간, 인라인 함수, 연산자 오버로딩, 함수 이름 오버로딩, 참조, 메모리 관리 연산자와 추가적인 라이브러리 기능을 제공한다.

환경

가끔씩 책이 만들어지고, 프로그램이 컴파일된 환경을 궁금해하는 독자들이 있습니다. 1998년 초판을 작성할 당시, 필자의 시스템 사양은 다음과 같았습니다.

- Pentium™ 90, 32MegaByte 메인 메모리, 3GigaByte 하드디스크
- 17인치 SAMTRON 컬러 모니터
- HWP 97™ 워드 프로세서

- Visio™ 드로잉 툴(drawing tool), PaintShopPro™ 그래픽 툴

프로그램 컴파일에 사용한 툴(tool)은 다음과 같았습니다.

- Borland C++ 3.1, 4.5, 5.02
- C++ Builder 3.0, 4.0, 5.0
- Visual C++ 5.0, 6.0

이 책에 사용한 소스를 컴파일하기 위해 사용한 툴은 다음과 같습니다.

- Microsoft Visual Studio 2013

더 상위 버전의 Visual Studio가 발표되었지만, C++14의 기능을 설명하는 데는 Visual Studio 2013으로도 충분하다고 판단하였습니다.

1,000컷이 넘는 만화를 그려준 윤은정 님, 만화의 일부를 수정해 준 박진희 님, 초판의 좋은 출판사를 소개해 준 양승철 님께 감사드립니다. 재판을 출판하는 데 여러 가지 환경을 배려해 준 동서대학교 관계자 분들께도 감사의 말씀을 전합니다.

초판을 쓸 때만 해도 10년간 C++ 표준이 바뀌지 않을 것이라고 생각했습니다. 하지만, 15년이 지난 지금 C++ 표준은 엄청나게 많이 바뀌었으며, 프로그래밍 패러다임에도 많은 변화가 있었습니다. 이제 10년 뒤에는 또 얼마나 많은 부분이 바뀌게 될까요? 필자는 처음에 이 책의 제목을 〈C++ 1년 완성〉이라고 할 생각이었습니다. 그렇습니다. C/C++을 완성하는 데는 1년 이상의 시간이 걸릴 것입니다.

공부하다가 의문점이 있을 때 필자에게 메일을 보내면 성실하게 답변해 드리겠습니다. 저의 메일 주소는 jintaeks@gmail.com입니다.

2018년 3월 저자 서진택

차례

서문 ··· 3

    왜 언어의 이름이 C++죠? ·· 6
    C++와 C, 무엇이 다른가요? ·· 6
    환경 ··· 12

1 들어가기 전에 ·· 14
    Visual Studio 2013 프로젝트 설정 ································ 14
    int가 차지하는 메모리의 크기 ····································· 18

2 수학 함수를 C 함수로 바꾸기 ······················ 19
    아규먼트(argument)와 파라미터(parameter) ················ 26
    관례(convention) ··· 27
    이젠 할 수 있다! ·· 29
    함수도 선언해야 한다 ·· 34
    소스 문자 집합(source character set) ·························· 41

3 이진수(binary number) ································· 49
    보충해 주는 수: 보수(complement of a number) ········ 52
    진보된 주제: 비트 플래그(bit flag), 비트 마스크(bit mask) ··· 57
    실습문제 ··· 64

4 변수는 쓰기 전에 선언해야 한다 : 데이터 형(data type) ··· 65
    초기화(initialization) ··· 70
    함수형 초기화(functional initialization) ························ 71
    실수(real number)는 어떻게? ······································· 72
    부동 소수 표현(floating point notation): 진보된 주제 ··· 73
    부동 소수의 가감승제(addition, subtraction, multiplication and division) ··· 79
    형의 종류(sort of types) ··· 81
    특별한 형 void ·· 82
    실습문제 ··· 84

5) 이스케이프 절차(Escape Sequence) ·· 85
특정 문자 강조(Highlight)하기 ··· 90
C++11: 원시 문자열(raw string) ·· 93
실습문제 ··· 94

6) 포인터(pointer), [] 연산자 ·· 95
문자열(string)은 포인터 표현이다 ·· 103
진보된 주제: 포인터의 포인터, 함수 포인터 ································· 106
실습문제 ·· 107

7) 문장(statement) vs. 표현식(expression) ·································· 108
문장의 종류 ··· 116
실습문제 ·· 117

8) 연산자(operator) ·· 118
산술(Arithmetic) ·· 119
할당(Assignment) ·· 123
비트(Bitwise) ··· 126
C++에서만 사용가능(C++ specific) ··· 131
new ·· 139
delete ·· 151
typeid ·· 152
dynamic_cast ··· 154
콤마(Comma) ··· 160
조건(Conditional) ··· 163
논리(Logical) ··· 165
후위 표기(Postfix) ·· 170
전처리(Preprocessor) ·· 179
참조/역참조(Reference/Dereference) ······································ 181
관계(Relational) ·· 184
sizeof ·· 186
형 변환(casting, type conversion) ·· 189
함수형 형 변환(functional casting) ······································· 192
실습문제 ·· 194

9) scanf( )에 &가 필요한 이유: 스택 동작 ·································· 195
스택(stack): 자료구조의 정상 ··· 195
&의 역할 ·· 198
scanf()에 &를 적어야 하는 이유 ··· 213
진보된 주제: 포인터를 바꾸려면? ·· 214
실습문제 ·· 216

10 제어 구조 · 217
- if문 · 221
- switch문 · 228
- 진보된 주제: switch를 보는 컴파일러의 입장 · 232
- for문 · 232
- while문 · 239
- do...while문 · 241
- 실습문제 · 244

11 프로젝트(project) 만들기 · 245
- 볼랜드(Borland) C++ 3.1인 경우 · 247
- 볼랜드 C++ 4.5인 경우 · 249
- 볼랜드 C++ 빌더(Builder)인 경우 · 253
- 마이크로소프트 비주얼 C++ 4.2인 경우 · 257
- 마이크로소프트 비주얼 C++ 5.0인 경우 · 261
- 비주얼 스튜디오(Visual Studio) 2013의 경우 · 266
- 실습문제 · 270

12 변수의 종류, 범위 규칙(scope rule) · 271
- 스택(stack) · 272
- C++11에서 auto의 의미 · 274
- 힙(heap) · 277
- 레지스터(register) · 282
- 파일(file) · 285
- 가시범위(visibility)에 의한 구분 · 288
- 블록 범위(block scope) · 289
- 전역 범위(global scope) · 291
- 프로토타입 범위(prototype scope) · 294
- 진보된 주제: static에 관한 진실 · 295
- 실습문제 · 299

13 배열 : 4차원의 세계(4-dimensional world) · 300
- 차원(dimension) · 300
- 같은 형의 변수를 여러 개 선언하는 방법 · 303
- 내용 연산자(content-of operator) [] · 305
- 2차원 배열(2-dimensional array) · 319
- 3차원 이상의 배열 · 326
- 배열의 전달 · 327
- 포인터 배열 · 330
- 울타리 막대기 문제: 가장자리 문제 · 334
- 진보된 주제 · 335
- 실습문제 · 335

14 참조표(lookup table) ··· 336
- 점수에 따라 등급을 출력하는 경우 ··· 338
- 기교(technique) ··· 339
- 임의의 숫자열 토글하기 ··· 340
- 임의의 사상(mapping) 구현하기 ··· 341
- 실습문제 ··· 343

15 포인터 II ··· 346
- 포인터의 포인터(pointer to pointer) ··· 350
- 참조(reference) ··· 358
- 가용 공간 리스트(available list): 진보된 주제 ··· 359
- new와 delete ··· 364
- 2차원 배열의 할당 ··· 370
- 실습문제 ··· 372

16 사용자 정의형, 열거형 ··· 373
- typedef(TYPE DEFinition) ··· 373
- 범위(scope) ··· 376
- enum: 열거형 ··· 377
- 컴파일러의 입장 ··· 380
- 클래스에서 enum의 사용 ··· 381
- 실습문제 ··· 383

17 구조체(structure), 공용체(union) ··· 384
- 왜 이것이 필요한가? ··· 384
- 문법 ··· 385
- 구조체 멤버 참조 연산자: . 과 → ··· 388
- 구조체 포인터가 사용된 경우 ··· 389
- 구조체의 필드를 바라보는 컴파일러의 입장 : 상대 주소(offset address) ··· 393
- 구조체의 전달(passing), 리턴(return) ··· 395
- 비트 필드 구조체(bit-field structure) ··· 403
- 진보된 주제: 구조체 필드, 자기 참조 구조체와 구조체 배열 ··· 407
- 불완전 선언(Incomplete Declaration) ··· 408
- 공용체(union) ··· 414
- 무명 공용체(anonymous union) ··· 418
- 연결 리스트(linked list) ··· 419
- 실습문제 ··· 419

18 파일(file) ··· 420
- 핸들(handle)이란? ··· 420
- 파일의 사용 ··· 423
- 파일 포인터(file pointer) ··· 427

이진 파일 vs. 텍스트 파일 ·· 428
　　고전(oldest), 그러나 ASCII ··· 430
　　텍스트 파일의 처리 ··· 434
　　이진 파일의 처리 ··· 436
　　버퍼링(buffering) ·· 437
　실습문제 ·· 441

19 함수 포인터(function pointer) ·· 442
　　함수 포인터가 필요한 경우 ··· 442
　　함수 포인터 선언하기 ··· 444
　　함수 포인터 배열 ··· 446
　　오버로드된 함수의 주소 ··· 448
　　디폴트 파라미터(default parameter) ·· 449
　　함수 포인터 형 정의하기 ··· 450
　　진보된 주제: 멤버 함수의 주소 ··· 454
　　C++의 새로운 연산자: .*와 ->* ··· 456
　　진보된 주제: 멤버 함수 포인터의 응용 ··· 458
　실습문제 ·· 462

20 전처리 명령어(preprocessing command) ·························· 463
　　#include ·· 464
　　#define ··· 471
　　왜 매크로 상수를 사용하는가? ·· 474
　　매크로 함수(macro function) ··· 476
　　관례 ·· 478
　　미묘하지만 중요한 문제 ·· 479
　　#if와 defined 연산자 ·· 480
　　#undef, #line, #error와 #pragma ··· 486
　　미리 정의된 매크로(predefined macros) ·· 486
　　운영체제나 환경에 의존적인 설정이 필요하다면? ·································· 491
　실습문제 ·· 491

21 가변 인자(variable argument) ·· 492
　　스택 동작 ··· 496
　　1개의 형과 3개의 매크로 ··· 498
　　다른 예(another example) ·· 501
　실습문제 ·· 502

22 메모리(memory) ··· 503
　　옛날 옛적 8비트와 16비트 시절 ··· 503
　　어려운 선택, 세그멘테이션(segmentation) ·· 505
　　인텔의 선택: 세그멘테이션(segmentation) ·· 506

            64KB의 한계 ·511
            메모리 모델(memory model) ·513
            선형 주소(linear address) ·515
            동적 할당, 그 내부(internal) ·517
            최소 블록(minimum block): 패러그래프(paragraph) ·522
            단편화(fragmentation) ·523
            외부 단편화(external fragmentation) ·527
        실습문제 ·530

23 표준 함수(standard function) ·531
            C 표준라이브러리 헤더 파일들 ·532
            형 지원 ·534
            동적 메모리 할당 ·534
            에러 처리 ·534
            프로그램 유틸리티 ·535
            가변 인자 ·535
            날짜/시간 함수 ·536
            스트링 라이브러리 ·536
            알고리즘 함수 ·537
            수치 함수 ·537
            입·출력 지원 함수 ·538
            지역화 함수들 ·539
            원자(atomic) 연산 라이브러리 ·539
            스레드(thread) 지원 라이브러리 ·539
        실습문제 ·540

24 C++의 구조체(structure) ·541
            좀 더 자연스러운 구조체 ·550
            C++을 배우려는 독자들에게 ·559
        실습문제 ·560

찾아보기 ·561

1 들어가기 전에

 Visual Studio 2013 프로젝트 설정

   C 언어의 태동기 시절 상용 제품이었던, Turbo-C의 통합 개발 환경(IDE, Integrated Development Environment) 툴에는 프로젝트를 만드는 과정이 없어도 소스를 빌드하고 실행하는 것이 가능했습니다. 하지만 그 이후의 통합 개발 환경을 사용할 때는 프로그램을 빌드하는 환경을 저장하고, 프로젝트 빌드에 사용하는 소스를 지정한 정보 등을 유지하기 위해서 **프로젝트 파일**을 만들어 주어야 합니다.

   이 책에서 다루는 대부분의 소스들은 Microsoft Visual Studio 2013에서 테스트하였으므로 학습을 위하여 여러분이 직접 입력해 볼 수 있습니다. 책에서 사용한 소스들을 테스트하기 위해서는 Visual Studio를 이용하여 프로젝트(project)를 만들어 주어야 합니다. 프로젝트를 만드는 과정은 다음과 같습니다.

   이 Microsoft Visual Studio 2013을 실행합니다. [파일] → [새 프로젝트(H)...] 메뉴를 선택합니다. 프로젝트를 만드는 과정을 시작합니다.

▲ [파일] → [새 프로젝트(H)...] 메뉴를 선택합니다.

우리는 C 언어를 학습하는 것이 목표입니다. 그러므로 프로젝트의 종류로 윈도우 응용 프로그램이 아니라 (1) [Win32] 플랫폼에서 동작하는 간단한 (2) [Win32 콘솔 응용 프로그램]을 선택합니다. (3) 그리고 적절한 폴더의 위치를 지정하고 프로젝트 이름을 'ConsoleApplication'으로 설정합니다.

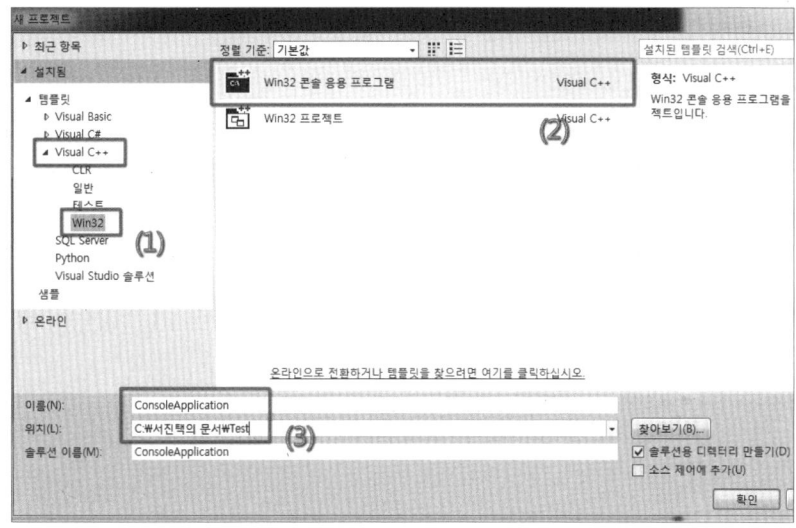

▲ [새 프로젝트] 대화상자에서 범주를 (1) [Visual C++] → [Win32]로 선택합니다. (2) 프로젝트의 종류로 [Win32 콘솔 응용프로그램]을 선택합니다. (3) 적당한 폴더 위치를 지정하고 프로젝트의 이름도 적당하게 지정합니다.

생성되는 코드를 간단하게 하기 위해 (1) [응용 프로그램 설정]에서, (2) [콘솔 응용 프로그램]을 선택하고 (3) [미리 컴파일된 헤더(P)]와 [SDL(Security Development Lifecycle))검사(C)]의 체크 박스(check box)를 해제합니다. (4) [마침] 버튼을 선택해서 프로젝트를 생성합니다.

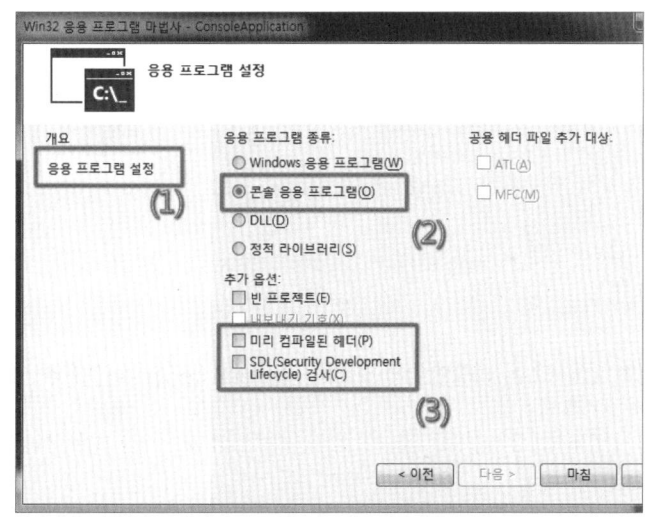

▲ 다음 단계에서 (1) [응용 프로그램 설정] 탭을 선택하고, (2) 응용 프로그램 종류로 [콘솔 응용 프로그램(O)]을 선택합니다. (3) 추가 옵션의 [미리 컴파일된 헤더]와 [SDL 검사]는 체크 해제합니다.

프로젝트가 생성되면 대상 폴더로 가서 생성된 파일들의 목록을 확인합니다. 파일 확장자가 .sln인 파일이 솔루션(solution) 파일인데, 솔루션 파일은 여러 개의 프로젝트를 포함합니다. 다른 확장자를 가지는 파일의 용도에 대해서는 다음에 설명하겠습니다.

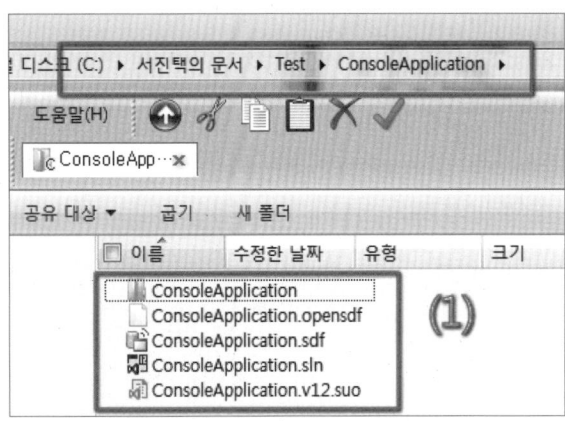

▲ (1) 대상 폴더로 이용하여 생성된 파일(file)을 확인합니다. Visual Studio가 프로젝트를 유지하는 데 필요한 파일들을 생성한 것을 확인할 수 있습니다.

ConsoleApplication 폴더로 이동해서 생성된 프로젝트 파일들을 확인합니다. 확장자가 .vcxproj인 파일이 Visual Studio 프로젝트 파일입니다. 그리고 ConsoleApplication.cpp 파일이 중심 C++ 소스 파일인데, 우리는 이 파일에 작업할 것입니다. 다른 파일들의 용도에 대해서는 다음에 설명하겠습니다.

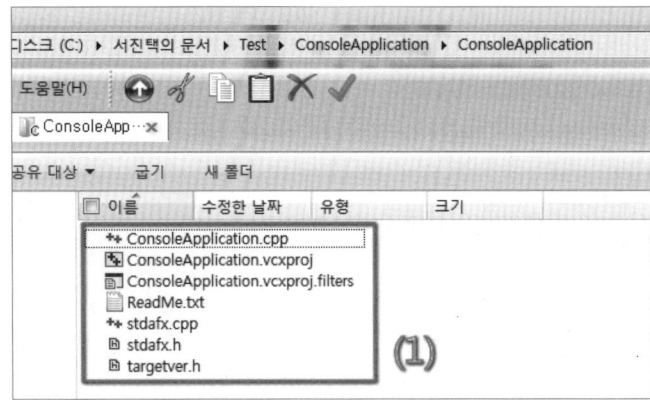

▲ ConsoleApplication 폴더로 이동하면, C++ 소스 파일인 ConsoleApplication.cpp를 확인할 수 있습니다. 이 파일에 책의 소스를 입력해서 테스트합니다.

ConsoleApplication.cpp에 자동으로 생성된 소스 코드의 내용은 아래와 같습니다. 전통적인 C 프로그래밍에서 시작하는 함수(function)의 이름은 main( )입니다. 하지만 생성된 이름을 보면 이름이 약간 변경되었는데, 이 이유에 대해서는 다음에 설명하겠습니다. _tmain( ) 부분을 설명문에 명시한 것처럼 작성해도 코드는 정상적으로 빌드됩니다.

```
#include "stdafx.h"

int _tmain(int argc, _TCHAR* argv[])
// int main(void) // 이렇게 작성해도 됩니다.
{
    return 0;
}
```

[빌드] → [솔루션 빌드(B)] 메뉴를 선택합니다. 그러면 Visual Studio는 프로젝트에 있는 소스 파일들을 컴파일(compile)하고 링크(link)한 후 실행 파일을 생성합니다.

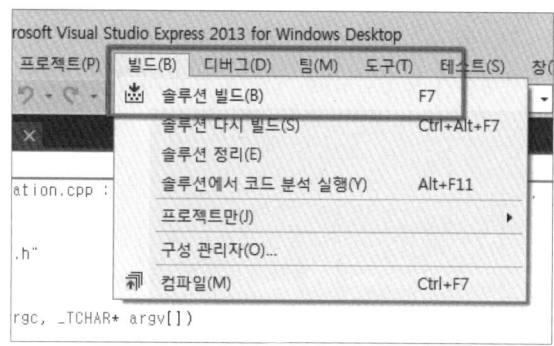

▲ [빌드] → [솔루션 빌드(B)] 메뉴를 선택합니다.

[출력] 창의 출력 문자열을 확인해서 빌드가 성공한 것을 확인합니다.

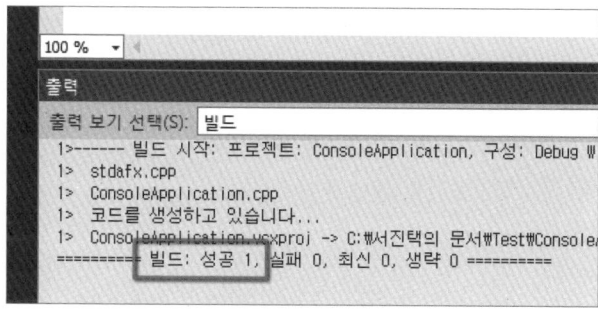

▲ [출력] 창에 빌드 성공 메시지가 출력됩니다.

이 책에서 제공하는 소스는 방금 생성한 프로젝트의 ConsoleApplication.cpp에 작성한 후 빌드하고 테스트할 수 있습니다.

int가 차지하는 메모리의 크기

개정판을 작업하면서 가장 문제가 된 부분은 int의 크기였습니다. MS-DOS에서 사용하던 컴파일러에서 int는 16비트였습니다. 후에 Win16에서도 int는 16비트였지만, Win32에서 int는 32비트입니다. 16비트 운영체제에서 4바이트의 정수를 선언하기 위해서는 long이라고 선언해야 했습니다. 그런데 Win32 환경에서는 int와 long 모두 4바이트를 차지하는 정수형 변수가 되었습니다.

Win64가 나오게 되면 int는 64비트가 될 작정이었습니다. 왜냐하면 C 표준에서 int의 크기는 컴퓨터의 워드 크기와 일치한다는 규정 때문이었습니다. 하지만 소스 코드 호환성 문제 때문에 Win64 환경에서 int와 long은 모두 4바이트를 차지합니다. 그리고 C++14 표준에서 long long이라는 8바이트 정수가 추가되었습니다.

이 책의 초판은 int가 2바이트라고 가정하였습니다. 하지만 재판에서는 int가 4바이트라고 가정합니다. 왜냐하면 소스가 Win32 환경에서 빌드된다고 가정하기 때문입니다. 이것에 맞게 그림을 새로 그리거나 소스를 새로 작성하였습니다.

2 수학 함수를 C 함수로 바꾸기

C는 함수(function)들의 집합입니다. 비록 약간의 차이는 있지만, C의 함수는 수학(mathematics)에서 사용하는 함수의 개념과 유사합니다. 그러므로 C로 프로그램을 코딩(coding)한다는 것은, 프로그램에서 필요로 하는 함수를 만들어 주는 것을 의미합니다. 독자들은 수학 함수가 주어졌을 때 이를 C 함수로 바꿀 수 있어야 합니다.

다음과 같은 4개의 수학 함수가 주어졌을 때 이것을 C의 함수로 바꾸는 과정을 살펴봅시다.

① $f(x) = x^2 + 5$
② $g(x, y) = f(x) + y$
③ $y = 3$
④ $l(x, y) = \{원점에서 (x, y)까지 선을 그린다.\}$

먼저 필요한 용어들을 정의합시다. 함수 $f(x) = x^2 + 5$에서 f는 함수 이름(function name)입니다. 함수가 받는 파라미터(parameter)는 x인데, 함수 이름 다음에 괄호를 써서 나타냅니다.

파라미터의 개수가 2개 이상일 때는 파라미터 리스트(parameter list)라고 하는데, 콤마(,)로 구분하여 열거합니다. 예를 들면 x, y, z처럼 나타냅니다.

함수가 하는 일은 등호(=) 다음에 정의하는데, 이것을 함수 몸체(function body)라고 합니다. =의 의미는 =의 왼쪽에 있는 f(x)와 =의 오른쪽에 있는 x^2+5가 같다는 의미입니다. 그러므로 f(x) 라고 써야 할 자리에 x^2+5를 적어도 됩니다. 예를 들어 f(2)는 2^2+5를 의미합니다.

특별하게 함수를 정의(define)하는 쪽의 파라미터를 형식 파라미터(formal parameter)라고 합니다. 이것은 실제의 값(value)은 모르지만 그 값을 나타내는 형식적인 표기로 적어놓은 변수임을 나타냅니다. 예를 들어 사용자가 f(2)처럼 함수 f를 호출(call)하면 형식 파라미터 x의 실제 값은 2가 되어 함수의 몸체가 평가(evaluate)됩니다.

 정의된 함수를 사용(use)하는 것을 '함수를 호출(call)한다'라고 합니다.

```
x = 2
y = 3
i = f(y)
```

위와 같은 일련의 문장이 실행되었을 때 i의 값은 얼마일까요?

'f(x) = x^2+5이며, x의 값은 2이므로 i는 9입니다.'

위의 문장처럼 계산해서는 안 됩니다. f를 호출할 때 형식 파라미터 x의 값은 y의 값인 3으로 치환(substitution)되어 평가되므로 결과는 14가 되어 i의 값은 14가 됩니다. 이때 실제 x에 치환된 값을 실제 파라미터(actual parameter)라고 합니다.

i가 14가 되는 것에 주의하세요. 함수 f가 값을 돌려주지(return) 않는다면 i는 값을 가질 수 없습니다. C에서는 문장(statement)이 값을 가질 수도, 가지지 않을 수도 있는데, 값을 가지는 문장을 '표현식(expression)'이라고 합니다. 예를 들면 다음은 표현식입니다.

$$3+2$$

다음은 표현식이 아닙니다.

$$if\ (3+2)$$

독자들은 '실제 파라미터'와 '형식 파라미터'의 차이를 명확하게 이해하고 있어야 합니다. 파라미터를 전달받는 쪽(정의하는 쪽)에서 <u>선언한</u> 변수를 '형식 파라미터'라고 합니다. 반면 파라미터를 전달하는 쪽(호출하는 쪽)에서 <u>사용한</u> 변수를 '실제 파라미터'라고 합니다.

그렇다면 독자들은 첫 번째 규칙을 이해할 준비가 되었습니다.

"형식 파라미터(formal parameter)와 실제 파라미터(actual parameter)는 변수의 이름이 달라도 됩니다."

그러면 차례대로 위의 함수들을 C의 함수로 바꾸는 과정을 살펴봅시다.

$$f(x) = x^2 + 5$$

1단계 함수의 이름과 파라미터를 그대로 써 줍니다.

$$\underline{f(x)} = x^2 + 5 \;\rightarrow\; f(\quad x)$$

2단계 함수의 몸체 부분을 여는 중괄호(open brace: {)와 닫는 중괄호(close brace: }) 안에 써 줍니다.

 여는 중괄호와 닫는 중괄호 안에 포함된 일련의 문장들을 – 중괄호를 포함하여 – '블록(block)'이라고 합니다.

$$f(x) = x^2 + 5 \rightarrow f(\quad x) \ \{ \ x*x+5 \ \}$$

C에는 제곱(power of 2) 연산자(operator)가 없으므로 x * x로 표현합니다.

 컴퓨터공학에서는 소문자 x와 곱하기 ×를 구분하기 위해 곱하기 대신 *(asterisk)를 사용합니다.

그리고 보통의 C 프로그래머들은 보기 좋게 위의 C 함수를 다음과 같이 나타냅니다. 즉 다른 줄에 나타내어 읽기 좋게 합니다.

 의미 있는 문자인 **토큰(token)** 사이에는 몇 개의 공백(space) 문자, 탭(tab) 문자, 줄 바꿈(return) 문자가 와도 상관이 없습니다. 이들 3개의 문자(실제는 몇 개의 문자가 더 있습니다)를 **흰 공백(white space)**이라 하는데, 이러한 규칙을 '토큰 사이의 흰 공백은 무시한다.'라고 합니다.

```
f(    x)
{
    x*x+5
}
```

3단계 함수가 리턴(return)하는 값이 무엇인지를 명시(specify)합니다.

위와 같은 수학 함수 f가 정의되어 있을 때 14라고 하는 것과 f(3)이라고 하는 것은 표현만 다를 뿐 전부 수(number) 14를 나타냅니다. 14란 표현은 그렇다 치고 f(3)은 왜 14일까요?

그것은 f(3)이 14란 값을 리턴(return)하기 때문에 그렇습니다. 일반적으로 수학 함수는 값을 리턴합니다. 하지만 C 함수 중에는 값을 리턴하지 않는 것도 있습니다. 그래서 함수가 값을 리턴한다면 '리턴한다'라고 특별하게 표현해 줘야 합니다. 이것은 특별하게 예약된 단어(reserved word)인 **return**을 사용해 나타냅니다.

```
f(x)
{
    t = x * x+5
    return t
}
```

새로운 t란 변수(variable)를 왜 도입했는지 알겠나요? return 문장 다음에는 함수가 리턴해야 할 값이 와야 하는데, 계산 결과를 잠시 저장할 변수가 필요하므로 t를 도입했습니다. 보통 return 문장은 함수의 마지막에 위치하지만, 항상 그런 것은 아닙니다.

여기서 C의 중요한 규칙을 하나 더 짚고 넘어갑시다. 우리는 국어의 한 **문장**(statement)이 끝났다는 것을 어떻게 아나요? '마침표를 보고'란 대답은 틀린 대답입니다. 우리는 우리가 배운 많은 경험과 단어 등을 통해 마침표가 없어도 문장의 끝을 알 수 있습니다. 그렇다면 컴퓨터는, 좀 더 정확하게 말하면 컴파일러(compiler)는 문장의 끝을 우리처럼 알 수 있을까요? '모릅니다'. 그래서 우리는 '한국 언어(Korean language)'가 아닌 'C 언어'를 통해 표현할 때 컴퓨터가 문장의 끝을 알 수 있도록 특정한 표현을 해 주어야 합니다.

 우리가 작성한 문장을 기계가 알 수 있는 형태로 번역하는 소프트웨어를 '**컴파일러**(compiler)'라고 합니다. C 컴파일러는 C 언어를 이용하여 작성한 문장을 **기계어**(machine language)로 바꾸는 작업을 합니다.

 한국 언어 같은 언어는 '자연어(natural language)', C 언어 같은 언어는 '형식 언어(formal language)'라 합니다. 형식 언어는 정확한 문법에 의해 표현해야 기계가 인식할 수 있는 언어입니다. 자연어를 이해하는 로봇이나 컴퓨터는 향후 개발될 것이지만, 앞으로도 계속, 프로그래밍은 형식 언어를 사용하게 될 것입니다.

"C 언어에서 문장의 끝은 세미콜론(;)으로 나타냅니다."

문장에는 어떤 것이 있을까요? return도 문장이고, 수식(numerical expression)도 문장입니다. 뒤에 배우게 될 변수의 형 선언(variable type declaration)도 문장입니다. 이 외에도 문장은 몇 가지가 더 있습니다. 문장의 종류에 너무 당황할 필요는 없습니다. 문장은 몇 개의 단어와 간단한 규칙을 통해 만들어집니다.

```
f(    x)
{
    t = x * x+5;
    return t;
}
```

4단계 파라미터 변수와 함수 안에서 사용된 변수의 형을 선언합니다.

독자들은 '3장의 이진수(birary number)'를 통해서 같은 숫자가 여러 비트(bit)를 사용하여 다양하게 표현될 수 있다는 사실을 알게 될 것입니다. 함수 f가 2를 파라미터로 받았을 때 2를 메모리에 저장하기 위해 몇 비트를 사용할까요? 우리는 이 사실을 컴파일러에게 알려주어야 합니다. 실제로 이러한 '알려줌'은 비트의 수(number)뿐만 아니라 '무슨 수를 어떻게 저장한다'라는 정보도 포함합니다. C 언어에서 모든 변수는 사용하기 전에 알려주어야 하는데 이것을 변수의 **형 선언**(type declaration)이라고 합니다. 그러므로 형 선언은 반드시 변수가 사용되기 전에 해 주어야 합니다.

위의 경우 파라미터 x와 임시 변수 t의 형 선언을 해야 합니다.

```
f(int x)
{
    int t;
    t = x * x+5;
    return t;
}
```

화장지는 (변수) 쓰기 전에 확인 (선언) 해야 한다!

int는 '변수가 메모리를 4바이트 차지하면서 표현은 정수(integer)만 허용된다'라는 의미입니다. 독자들이 int형으로 선언된 변수에 4바이트보다 큰 정수나, 정수가 아닌 다른 형태의 수를 대입하려고 하면 컴파일 에러가 발생합니다(혹은 컴파일 시간 에러가 발생합니다). 컴파일러에 에러가 발생하는 것이 아니라, 컴파일러가 번역을 시도하는 소스에 에러가 있다는 것을 컴파일러가 발견한다는 의미입니다.

 int는 정수(integer)의 약자입니다. C의 초기 설계에서 int는 기계의 워드(word) 크기에 대응하는 것이었습니다. 그러므로 int는 16bit 운영체제인 DOS에서는 2바이트를, 32bit 운영체제인 윈도우 95에서는 4바이트를 의미했습니다. 그 이후 64bit 운영체제인 윈도우 7에서는 소스 코드의 호환 문제로 인해서 int는 4바이트로 고정되게 되었습니다.

파라미터의 형 선언과 임시 변수의 형 선언이 조금 다릅니다. 일반적으로 변수의 선언은 문장이기 때문에 세미콜론(;)을 포함합니다. 하지만 파라미터 리스트는 문장이 아니므로 (;)을 적어서는 안 됩니다. 우리는 C 언어의 중요한 규칙 한 가지를 더 알게 되었습니다.

"변수는 사용하기 전에 반드시 선언해 주어야 합니다."

5단계 함수의 리턴형을 선언합니다.

위의 함수 f가 다음과 같은 수식의 중간에 사용되었다고 가정해 봅시다.

```
float i;
i = f(1) +1.0;
```

 float는 4바이트 실수(real)형을 의미합니다. 이것의 이름이 real이 아니고 float인 이유는 데이터 형을 이야기할 때 자세히 다룹니다.

앞의 코드(code)를 기계어로 바꾸기 위해 컴파일하는 과정을 살펴봅시다. 컴파일러는 함수가 리턴하는 값을 잠시 저장하기 위해 메모리를 사용할 것입니다. 그렇다면 f(1)이 리턴하는 값을 위해 어떤 형을 사용해야 할지 컴파일러가 어떻게 알 수 있을까요? 이것도 우리가 미리 컴파일러에게 알려주어야 합니다. 이것은 변수 선언과 의미가 같습니다. 함수의 리턴형은 함수 이름의 앞에 명시해야 하는데 이것을 함수의 리턴형 선언(return type declaration)이라고 합니다.

```
int f(int x)
{
    int t;
    t = x * x + 5;
    return t;
}
```

 함수의 리턴형이 int이므로 t가 int형이어야 합니다.

이제 모든 단계를 마쳤습니다. 이로써 수학 함수를 완전한 C 함수로 바꿀 수 있게 되었습니다.

아규먼트(argument)와 파라미터(parameter)

아규먼트와 파라미터는 엄격한 의미에서 다릅니다. 아규먼트는 함수를 호출하는 쪽에서의 **실 인자**(actual parameter)를 가리키는 말이며, 파라미터는 함수를 정의하는 쪽에서의 **형식 인자**(formal parameter)를 가리키는 말입니다. 하지만 이 책에서는 아규먼트와 파라미터를 동일하게 취급할 것이며, 구분이 필요하다면 '실 인자(actual parameter)' 혹은 '형식 인자(formal parameter)'라는 용어를 사용할 것입니다.

```
    ⋮
void F(int k) {
    // 어떤 일을 함.
    // 재미있는 일도 함.
    // k와 관계된 어떤 일도 함.
}
    ⋮
void main() {
    int i=10;
    F(i);
}
    ⋮
```

위의 예에서 main()의 F(i)에서 i의 값인 10을 – 의미가 명확하다면 i는 – '실 인자'(이 값이 실제로 전달됩니다), 함수를 정의하는 쪽에서의 k는 '형식 인자'라고 합니다(실 인자를 받기 위해 형식적으로 적어둔 변수입니다).

관례(convention)

규칙은 아니지만 '일반적으로 그렇게 하는 것'을 관례라고 합니다. 관례를 지키지 않는다고 해서 컴파일 시간 에러가 발생하는 것은 아닙니다. 하지만 코드는 사람이 읽으면서 작업하는 것이므로 관례를 지키는 것은 중요합니다.

우리가 위에서 사용한 몇 개의 단어 중 int, return 등은 언어에 의해서 미리 정의된 **예약어**(reserved word)인데, 이러한 예약어를 **키워드**(keyword)라고도 합니다. 하지만 변수 이름 x, t나 함수 이름 f 등은 규칙에 맞다면 우리가 마음대로 정할 수 있습니다. 이러한 사용자에 의해서 정의되는 단어를 **명칭**(identifier)이라고 합니다. 독자들은 몇 개의 예약어가 있는지, 명칭은 어떻게 정하는지 궁금할 것입니다. 하지만 걱정할 필요는 없습니다. 영어라는 언어에는 수십만 개의 단어가 있지만, C라는 언어에는 수십 개의 단어만 있기 때문입니다.

명칭은 마음대로 정해도 되므로, 위의 함수 f는 아래와 같이 작성해도 같은 역할을 합니다.

 뒤에서 정규 표현(regular expression)을 이야기할 때 명칭을 정의하는 법을 다루겠습니다.

```
int MyFirstFunction(int parameterX)
{
    int temporary;

    temporary = parameterX * parameterX+5;
    return temporary;
}
```

함수 이름이나 변수 이름은 나중에 봐도 알기 쉽게 지정하는 것이 좋습니다. 첫 번째 관례는 다음과 같습니다.

"함수의 이름과 변수의 이름을 정할 때 나중에 봐도 이해하기 쉽도록 이름을 정합니다."

또한 사용자 함수 이름은 대문자로, 변수 이름은 소문자로 시작하도록 정합시다. 변수 이름을 정할 때 변수의 역할을 이해하기 쉽도록 접두어(prefix)를 붙이는데, 다음은 그 예입니다.

```
nFileOpened
xCurrent
```

n은 수(number), x는 x 좌표를 의미한다면, 사용자는 위의 문장을 보고 각 파일의 열려진 개수와 현재의 x 좌표를 나타내는 변수임을 쉽게 알 수 있습니다.

 이러한 표기법을 처음 사용한 마이크로소프트의 한 프로그래머의 국적을 따서 '**헝가리식 표기법(hungarian notation)**'이라고 합니다. 최근의 객체 지향 언어에서는 이러한 구분을 무시하는 경향이 있습니다. 왜냐하면 객체를 다룰 때 이보다 하위 개념인 데이터 타입이 노출된다면, 객체의 정보 은닉이 위반된다고 생각하기 때문입니다. 이것은 C#이나 Java와 같은 좀 더 시스템에 독립적인 언어에서는 타당한 주장이라고 생각합니다.

읽기 쉽게(readability) 하기 위해 다음과 같이 작성합니다.

"변수의 선언 문장과 실행 문장 사이를 한 줄 띄웁니다."

```
int f(int x)
{
    int t;

    t = x * x+5;
    return t;
}
```

들여쓰기(indentation)를 하면 나중에 설명할 제어문(control statement) 등에서 문장의 포함 관계를 쉽게 알 수 있습니다.

"들여쓰기를 합니다."

```
int f(int x)
{
    int t;

    t = x * x+5;
    return t;
}
```

"한 문장은 되도록이면 한 줄에 적습니다."

```
int f(int x){int t;t = x * x+5
; return t;}
```

들여쓰기(indentation)

즉 위와 같이 적어도 무방합니다. 블록 구조를 나타내기 위해 사용한 여는 중괄호({)가 하는 일 없이 한 줄을 차지하고 있는 게 보기 싫다면 다음과 같이 바꾸는 것도 좋습니다. 하지만 닫는 중괄호(})는 블록의 끝을 나타내기 위한 시각적인 역할을 하므로 그대로 둡니다.

```
int f(int x) {
    int t;

    t = x * x+5;
    return t;
}
```

 **이젠 할 수 있다!**

이제 나머지 함수들을 C 함수로 바꿀 준비가 되었습니다. 두 번째 함수를 바꾸어 봅시다.

선언(declaration)과
정의(definition)와
호출(call)이 하수같이 흐르는 곳!

② 수학 함수를 C 함수로 바꾸기

```
g(x,y) = f(x) +y
```

바꾼 결과는 다음과 같습니다.

```
int g(int x, int y) {
    int t;

    t = f(x) +y;
    return t;
}
```

이렇게 함수의 몸체를 정의(define)할 때는 이미 정의된 다른 함수를 사용(호출)할 수 있습니다. 위에서 f( )가 정의되었으므로 위의 함수 g( ) 정의는 타당합니다. 하지만 아직 정의되지 않은 함수 h( )는 호출할 수 없습니다.

 g( ) 정의 후에 h( )가 정의되었다고 해도, g( ) 입장에서는 h( )가 정의된 것이 아닙니다. 물리적인 순서 – 줄 번호 – 는 '정의되었음'의 판단 기준입니다.

```
int g(int x, int y) {
    int t;

    t = f(x) +y;
    return t;
}
```

파라미터가 2개 이상일 때는 콤마(,)로 구분하는데, 이것을 파라미터 리스트(parameter list)라고 합니다.

함수의 헤더(header) 부분을 int g(int x, y)라고 하면 안 될까요?

 안 됩니다. 이유는 안 되도록 정했기 때문입니다. 즉 C 언어를 설계한 사람들이 정한 문법에 의해 이러한 정의는 허락되지 않습니다.

 함수의 정의에서 몸체를 제외한 부분을 '머리(header)' 혹은 '원형(prototype)'이라 합니다. 머리는 **선언 지정자(declare specifier)**와 **선언자(declarator)**로 나뉩니다. 아래 그림을 참고하세요.

```
         ┌ declare specifier    ┌ declarator
int DoProcessToken( int TokenID, char *szText )
{
    if( TokenID < MaxTokenID )
        return (*ProcessToken[TokenID])( szText );
    else
        return Error( szText );
}
```

▲ 선언 지정자와 선언자로 구성되는 함수의 헤더

 다음은 가능한가요?

```
int x;
x = 3 + 5;
int t;
t = 4 * 10;
```

예전 C 표준에서는 불가능했습니다. 하지만 C++11 표준이 정해지면서 C 표준도 개선이 되었는데 개정된 C 표준에서는 가능합니다. 이러한 C++의 규칙은 다음과 같습니다.

"변수는 선언하고 싶을 때 선언합니다."

파라미터 선언과는 달리 임시 변수 선언은 형 이름이 한 번만 와도 됩니다. 즉 위의 프로그램은 다음과 같이 표현해도 됩니다. 타입을 한 번만 적고 여러 개의 변수를 선언하는 다음과 같은 방법은 포인터 선언 등에서 코드를 읽기 어렵게 만들므로 권장하지는 않습니다.

```
int x, t;

x = 3+5;
t = 4 * 10;
```

세번째 함수를 바꾸어 봅시다.

```
y = 3
```

바꾼 결과는 아래와 같습니다.

```
int y(void) {
    return 3;
}
```

함수가 파라미터를 받지 않는 경우 '**파라미터가 없다**'라는 표현을 void로 합니다. C++에서는 파라미터 리스트가 void인 경우에는 생략해도 되지만, 엄격한 의미에서는 다릅니다. 이것은 다른 곳에서 살펴보겠습니다.

4번을 바꾸어 봅시다. 4번 함수는 값을 리턴하지 않습니다.

```
l(x, y) = { 원점에서 (x, y)까지 선을 그린다}
```

바꾼 결과는 다음과 같습니다.

```
void l(int x, int y) {
    line(0, 0, x, y);
}
```

line( )은 그래픽의 그리기 함수라고 가정합니다. 이렇게 미리 만들어진 함수(built in function) 중 모든 컴파일러에서 지원하도록 규정된 함수들의 모임을 '**표준 함수**(standard function)'라고 합니다. 초창기에 ANSI에서 정한 표준 C 함수의 수는 100여 개뿐이었습니다. C++에는 수많은 표준 함수와 표준 클래스 및 표준 객체들이 존재합니다.

이렇게 함수의 리턴값이 없다라는 표현도 void로 합니다. 주의 사항은 파라미터 리스트를 생략한 경우에는 void이지만, 함수의 리턴형을 생략한 경우는 int이므로 반드시 void를 명시해야 한다는 것입니다. 자, 이제 우리는 어떤 수학 함수라도 C의 함수로 바꿀 수 있을 것 같습니다. 마지막으로 매우 중요한 한 가지 규칙을 더 언급하겠습니다. 위와 같이 4개의 함수가 있을 때 시작하는 함수는 어느 것으로 해야 할까요? 여기에 관한 규칙은 다음과 같습니다.

"시작하는 함수는 main( )입니다. 그리고 반드시 유일하게 1개 있어야 합니다."

시작하는 함수는 소문자 main( ) 입니다.

 C 언어처럼 대소문자를 구분하는 언어를 '대소문자에 민감한 언어(case sensitive language)'라고 합니다.

실행 프로그램이 운영체제에 의해서 로드(load)된 후 운영체제는 제일 먼저 main( )을 호출합니다. 플랫폼(platform)이 Win32의 경우 운영체제는 WinMain( )을 호출합니다. 하지만 대부분의 운영체제에서는 main( )이 시작하는 함수입니다. 그러므로 실행 파일을 만드는 소스마다 반드시 1개만의 main( ) 함수를 가져야 합니다. main( )의 원형은 여러 개가 존재하고 일반적인 형식은 다음과 같습니다.

```
void main(void)
```

 **함수도 선언해야 한다**

아래의 프로그램에서는 무엇이 잘못인가요?

```
void main() {
    int i;

    i = f(3);
}
int f(int x) {
    int t;

    t = x * x+5;
    return t;
}
```

함수 main( )에서 f( )를 호출하고 있습니다. 하지만 컴파일러가 i = f(3)이란 문장을 기계어로 번역하려면 먼저 함수 f( )가 제대로 사용되었는지에 대한 정보가 필요합니다. 함수 f( )가 정수 2개를 파라미터로 받는다면 어떻게 에러를 발견할 수 있을까요? 만약 아래와 같이 잘못 사용했다면, 컴파일러는 에러를 출력할 수 있어야 합니다.

```
i = f(3,4)
```

컴파일러는 함수 호출이 타당한지 검사하기 위하여 함수의 머리 부분을 특정한 테이블인 **심벌 테이블**(symbol table)에 저장하여 둡니다. 함수 호출 문장을 만나면 컴파일러는 자신이 현재 유지하고 있는 테이블에서 함수를 찾아서 다음과 같은 사항을 검사합니다.

(1) 리턴형이 맞는가?
(2) 파라미터의 개수는 몇 개이며, 형은 맞는가?

이러한 검사가 실패하면 컴파일러는 에러 메시지를 출력합니다. 일반적으로 컴파일러는 코드를 생성하기 위해 소스를 2번 스캔(scan)합니다.

 이러한 컴파일러를 '2번 검사 컴파일러(2 pass compiler)'라고 합니다.

첫 번째 스캔에서 함수와 변수에 관한 정보를 심벌 테이블에 저장하며, 함수의 주소를 결정하기 위하여 함수의 사용이 맞게 되었는지 등도 검사합니다. 두 번째 스캔에서 실제로 코드를 생성합니다. 하지만 main( )에서 함수 호출 f( )를 만난 시점에서 컴파일러는 f( )에 관한 어떤 정보도 유지하고 있지 않습니다. 그러므로 함수의 사용이 타당한지를 검사할 수 없기 때문에 컴파일러는 에러 메시지를 출력합니다. 결국 변수를 쓰기 전에 선언해야 하듯이 함수도 쓰기 전에 선언해야 하는데 규칙은 다음과 같습니다.

"함수는 호출 전에 반드시 선언해야 합니다."

소스는 다음과 같이 수정해야 합니다.

```
int f(int x);
void main() {
        int i;

        i = f(3);
}
int f(int x) {
        int t;

        t = x * x+5;
        return t;
}
```

함수의 선언은 함수의 머리 부분만으로도 충분합니다. 그리고 문장이므로 끝에 세미콜론(;)을 명기합니다. main( )의 아래쪽에서는 실제의 함수 f( )를 정의하고 있으므로 **함수 정의(definition)**라고 합니다. 우리는 위의 스타일이 보기 싫으면 다음과 같이 소스를 수정할 수 있습니다.

```c
int f(int x) {
    int t;

    t = x * x+5;
    return t;
}
void main() {
    int i;

    i = f(3);
}
```

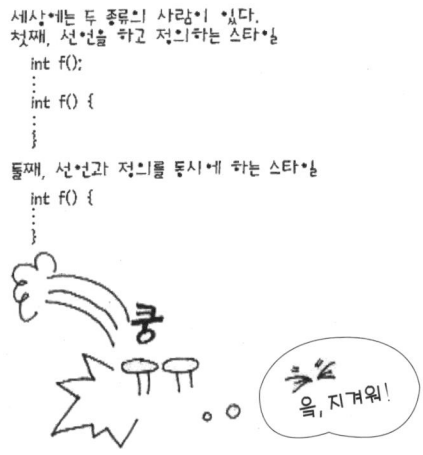

앞의 스타일에서 함수 f( )에 관한 선언(declaration)은 없어도 됩니다.

 있어도 된다는 의미를 포함합니다.

위와 같이 함수가 정의되었을 때 '함수의 선언과 정의를 동시에 했다.'고 합니다. 어떤 사람은 위와 같은 스타일(style)을 선호합니다. 하지만 위와 같은 스타일이 싫은 사람은 선언과 정의를 따로 하는 것을 좋아합니다.

 반드시 선언을 필요로 하는 함수가 있으므로 선언의 역할을 명확히 알고 있어야 합니다.

비록 위의 프로그램은 아무것도 출력하지 않지만 코드를 입력해서 컴파일하면, 훌륭하게 컴파일될 것입니다. 컴파일러는 ANSI에서 정한 표준 함수(standard function)를 미리 만들어서 제공하는데, 이를 **표준 함수**라고 합니다.

 성급하게 어떤 종류의 표준 함수가 몇 개나 있는지 알려고 하지 마세요. C의 문법에 익숙해진 독자들은 그 어려운 작업(?)을 해도 좋지만 이것은 나중에 '표준 함수'에서 다루겠습니다.

표준 함수는 컴파일러나 운영체제에 상관없이 동일한 기능을 제공하는데, 운영체제의 특성 때문에 오히려 어려운 상황이 발생하기도 합니다. 우리가 제일 먼저 사용하게 될 표준 함수는 다음과 같습니다.

```
printf()
```

이 함수는 **표준 출력**(standard output)이라고 불리는 파일(file)에 문자열(character string)을 출력합니다. 아직 표준 출력, 파일, 문자열을 정의하진 않았지만 말입니다.

 문자는 ASCII의 한 문자를 의미하며, A인 경우 C 언어에서 'A'처럼 표현합니다. 문자열은 0개 이상의 문자의 연속적인 순서를 의미합니다. ABC라는 문자열은 "ABC"로 표시합니다. 특별히 길이가 0인 ""는 '빈 문자열(empty string)'이라고 합니다.

예를 들면 아래의 문장은 화면(screen)의 현재 커서(cursor) 위치에 문자열 "I love the God"을 출력합니다.

```
printf("I love the God");
```

이 프로그램을 C로 만들어 봅시다.

```
void main() {
    printf("I love the God");
}
```

앞의 프로그램은 아직 부족합니다. '함수는 쓰기 전에 선언해야 합니다.'라는 중요한 규칙을 만족하지 못하고 있기 때문입니다. 그래서 `printf()`의 선언문이 필요한 것입니다.

여기서 우리가 직면한 문제는 '수백 개나 되는 표준 함수의 선언을 어떻게 일일이 쓸 때마다 적어줄 것인가?'입니다. 그래서 C 언어는 이러한 문제를 해결하기 위한 훌륭한 해결책을 제시해 놓았습니다. 미리 선언을 해서 한 개의 파일에 모아 놓은 다음, 이 파일을 끼워 넣기(include) 하는 것입니다.

먼저 표준 함수를 종류와 기능별로 구분한 다음, 구분된 각 부류의 함수들에 대해 함수 선언을 포함한 파일을 만듭니다. 이러한 파일은 대개 함수의 머리 부분(header)만 포함하므로 헤더 파일(header file)이라고 하며, 파일의 확장자로 .H(*.h)를 붙입니다. 아래는 그 중 몇 개의 표준 헤더 파일입니다.

- `stdio.h`: 표준 입출력에 관한 함수의 선언이 들어 있습니다.
- `stdlib.h`: 표준 함수 중 입출력 외의 함수들이 들어 있습니다.
- `math.h`: 표준 수학 함수의 선언이 들어 있습니다.

디스크에 별도로 존재하는 이러한 외부 파일을 끼워 넣는 명령문은 다음과 같습니다.

```
#include
```

예를 들면 `printf()`는 표준 출력에 사용되는 함수이므로, `stdio.h`에 선언이 들어 있습니다. 그러므로 완벽한 소스는 다음과 같습니다.

 일반적으로 통합 개발 환경(IDE)은 함수가 어느 헤더 파일에 포함되어 있는지에 대한 정보를 확인하는 방법을 제공합니다. 따라서 각자가 사용하는 통합 개발 환경의 도움말을 참고하세요.

```
#include <stdio.h>
void main() {
    printf("I love the God");
}
```

즉 헤더 파일의 이름을 작다(less than, <)와 크다(greater than, >) 기호 사이에 적어줍니다. 어떤 독자들은 왜 아래처럼 사용하지 않는지 궁금하겠지만, 나중에 이것의 차이점을 살펴보겠습니다.

```
#include "stdio.h"
```

독자들이 다음으로 주목해야 하는 사실은 include 앞에 붙은 특수 심벌 #(sharp)입니다. 왜 그냥 아래처럼 사용하도록 허용하지 않았을까요?

```
include <stdio.h>
```

왜 #을 붙여서 아래의 문장처럼 키워드를 사용해야 할까요?

```
#include <stdio.h>
```

#include의 처리 과정에 주목해야 합니다. #include문은 컴파일러가 코드를 생성하기 전(pre) 단계에 처리(process)합니다. 즉 디스크에 있는 stdio.h 파일을 그 자리에 끼워 넣은 다음, 끼워 넣어져서 확장된 소스를 컴파일러가 컴파일하는 것입니다. 통합 개발 환경의 메뉴에서 컴파일을 선택해서 컴파일 과정을 살펴보면, 작성한 소스보다 훨씬 긴 줄을 컴파일한 것을 살펴볼 수 있습니다. #include문에 의한 소스 확장(expansion)의 결과입니다.

이렇게 컴파일 전에 처리되는 명령문을 전처리(preprocessing) 명령문, 혹은 컴파일러 지시자(compiler directive)라고 합니다.

 컴파일 과정을 processing이라고 보고, processing 전에(pre) 처리된다는 의미입니다.

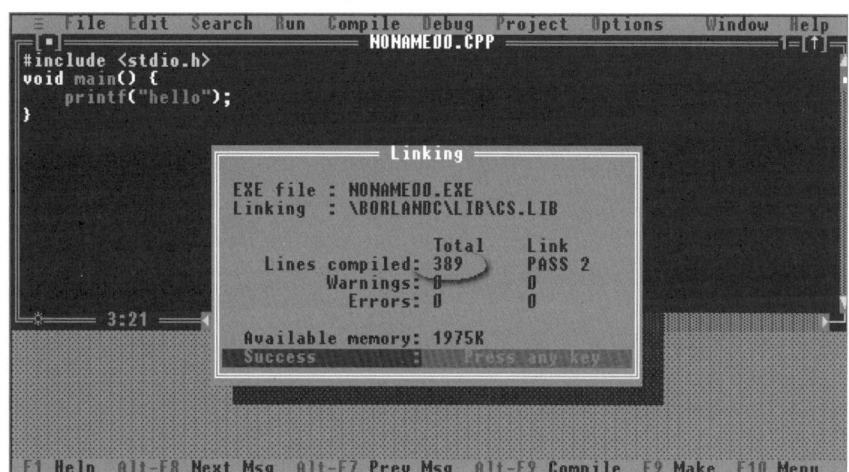

▲ Borland C++에서 컴파일 화면: 원래의 소스는 4줄이지만, #include <stdio.h>에 의해 컴파일된 소스가 389줄인 것을 확인할 수 있습니다.

C에서 전처리 명령문은 모두 특수 문자 #으로 시작합니다. 많이 사용하는 전처리 명령문에는 #define, #ifdef, #endif 등이 있습니다.

아래의 그림은 Visual Studio 2013에서 #include의 결과를 확인하는 방법을 보여줍니다. 프로젝트 속성 페이지에서 /showInclude 옵션을 활성화하면, 컴파일러가 빌드 과정에서 포함하는 파일들의 순서와 목록을 확인할 수 있습니다.

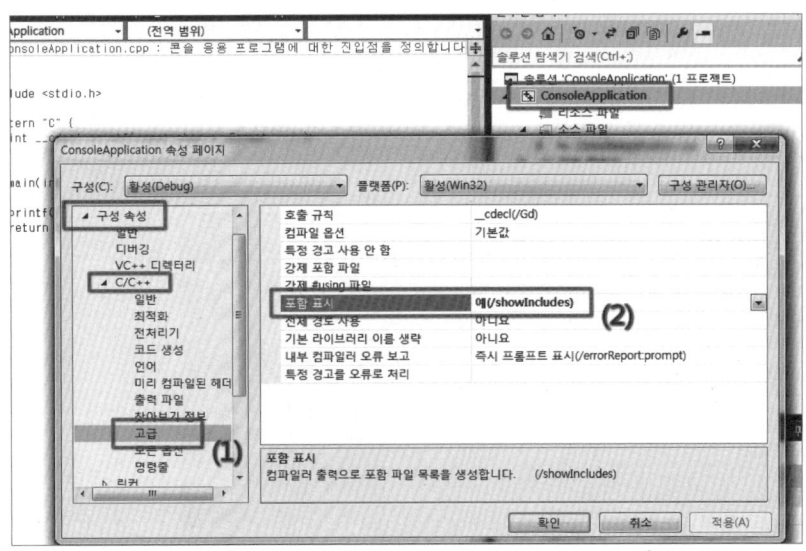

▲ 포함(include)되는 파일의 목록을 확인하기 위해 Visual Studio 2013에서 프로젝트 속성의 [포함 표시]를 [예]로 설정합니다.

▲ 프로젝트를 빌드하면 ConsoleApplication.cpp를 빌드할 때 포함된 파일들의 목록을 확인할 수 있습니다.

우리는 어떤 수학 함수가 주어지면 이것을 C 함수로 만들 수 있는 능력을 가지게 되었습니다. 이제 시작입니다!

소스 문자 집합(source character set)

C 언어는 어떤 문자들로 구성할 수 있을까요? C/C++언어의 토큰을 구성하는 문자는 다음과 같습니다.

```
abcdefghijklmnopqrstuvwxyz
ABCDEFGHIJKLMNOPQRSTUVWXYZ
0123456789
_ { } [ ] # ( ) < > % : ; . ? * + - / ^ & | ~ ! = , \ " '
```

위의 문자들은 변수(variable), 명칭(identifier), 숫자(number), 기호(symbol) 등을 형성하고 이것들은 이러한 것들을 모두 **토큰(token)**이라고 합니다. 토큰은 컴파일러가 코드를 생성하는 데 필요한 의미 있는 단위를 말합니다. 영문자와 숫자를 제외한 **특수 문자(구분자, delimiter)**의 발음은 다음과 같습니다.

아스키 문자	발음	아스키 문자	발음
_	underscore(밑줄)	*	asterisk or star(별표)
{	open brace or open curly bracket(여는 중괄호)	+	plus(더하기 기호)
}	close brace(닫는 중괄호)	−	minus(빼기 기호)
[	open bracket(여는 대괄호)	/	divide(나누기 기호)
]	close bracket(닫는 대괄호)	^	caret(멱승 기호)
#	pound(sharp or number)	&	ampersand(앰퍼샌드)
(	open parenthesis(여는 소괄호)	|	vertical bar(수직 바)
)	close parenthesis(닫는 소괄호)	~	tilde(틸드, 물결표)
<	less than(보다 작다)	!	exclamation mark(느낌표)
>	greater than(보다 크다)	=	equal(등호)
%	percent(퍼센트)	,	comma(콤마)
:	colon(콜론)	\	back slash(역슬래시)
;	semicolon(세미콜론)	"	double quotation mark(이중 인용 부호)
.	period(점)	'	single quotation mark(인용 부호)
?	question mark(물음표)		

▲ 아스키(ASCII) 문자 집합의 발음 표시 예

우리가 사용하는 컴퓨터는 표준 영문 자판 배열을 사용합니다. 예를 들면 키보드의 대문자 A를 누르면, A에 대응하는 표준 이진수(binary number) 코드가 컴퓨터의 메모리에 저장됩니다. 이 표준 코드를 ASCII라고 합니다.

> 이진수는 다음 장 '이진수'에서 자세하게 설명합니다. ASCII는 American Standard Code for Information Interchange의 약자입니다.

표준 ASCII코드는 0에서 31까지는 제어 문자(Control Character)로 구성되어 있습니다. 예를 들면 키(Enter Key)를 누르면 13번 문자가 발생하는데 이 문자는 화면에 문자를 출력하는 것이 아니라, 커서를 줄의 처음으로 옮기는 역할을 합니다.

메모장(Notepad.exe)을 이용해서 ASCII 코드를 확인해 볼 수 있습니다. 메모장을 실행한 다음, [Alt] 키를 누른 상태에서 숫자 키패드(Numeric Keypad)의 1,3을 누른 다음 [Alt] 키를 떼어 보세요. 그러면 '엔터문자'를 입력할 수 있습니다. 대문자 A의 ASCII 코드는 십진수 65인데, 메모장에서 [Alt] 65를 누르면 대문자 A를 입력할 수 있습니다.

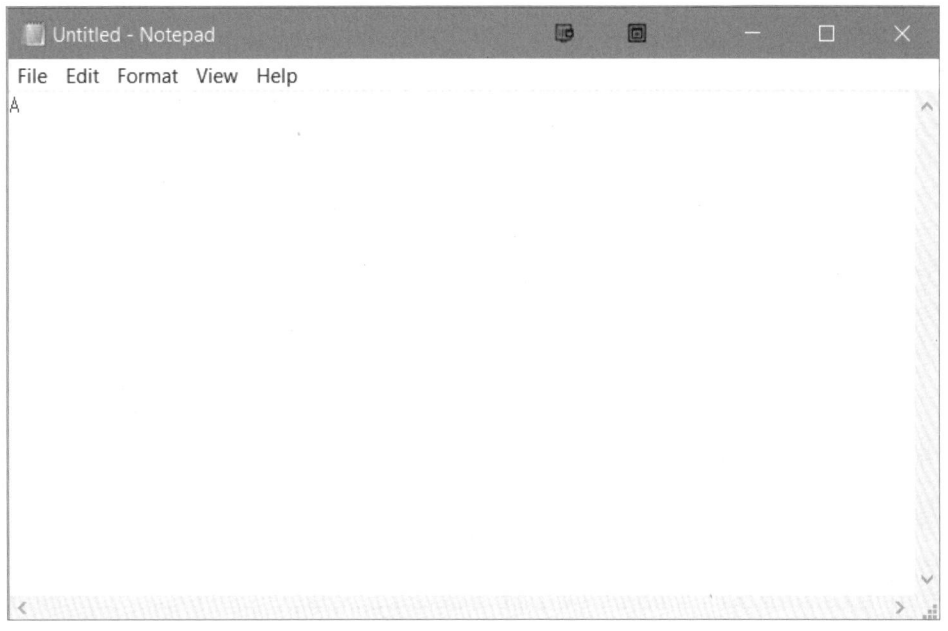

> 메모장을 이용한 ASCII 문자의 코드 확인: [Alt] 키를 누른 상태에서 ASCII 코드를 10진수로 입력하면 문자를 입력하는 것이 가능합니다. 예를 들면 [Alt] 키를 누른 상태에서 6과 5를 입력한 다음, 키에서 손을 떼면 대문자 A가 입력됩니다.

C언어를 구성하는 예약어(Reserved Word)는 모두 ASCII 코드로 구성되어 있습니다. 아래의 테이블에 0에서 31번까지의 ASCII 제어문자와 그것을 읽는 방법을 표시하였습니다.

ASCII 제어문자 (문자코드 0-31)				
10진수	16진수	메모장	표현문자	영문명칭
0	0	Alt 0	NUL	Null char
1	1	Alt 1	SOH	Start of Heading
2	2	Alt 2	STX	Start of Text
3	3	Alt 3	ETX	End of Text
4	4	Alt 4	EOT	End of Transmission
5	5	Alt 5	ENQ	Enquiry
6	6	Alt 6	ACK	Acknowledgment
7	7	Alt 7	BEL	Bell
8	8	Alt 8	BS	Back Space
9	9	Alt 9	HT	Horizontal Tab
10	0A	Alt 10	LF	Line Feed
11	0B	Alt 11	VT	Vertical Tab
12	0C	Alt 12	FF	Form Feed
13	0D	Alt 13	CR	Carriage Return
14	0E	Alt 14	SO	Shift Out / X-On
15	0F	Alt 15	SI	Shift In / X-Off
16	10	Alt 16	DLE	Data Line Escape
17	11	Alt 17	DC1	Device Control 1 (oft. XON)
18	12	Alt 18	DC2	Device Control 2
19	13	Alt 19	DC3	Device Control 3 (oft. XOFF)
20	14	Alt 20	DC4	Device Control 4
21	15	Alt 21	NAK	Negative Acknowledgement
22	16	Alt 22	SYN	Synchronous Idle
23	17	Alt 23	ETB	End of Transmit Block
24	18	Alt 24	CAN	Cancel
25	19	Alt 25	EM	End of Medium
26	1A	Alt 26	SUB	Substitute
27	1B	Alt 27	ESC	Escape
28	1C	Alt 28	FS	File Separator
29	1D	Alt 29	GS	Group Separator
30	1E	Alt 30	RS	Record Separator
31	1F	Alt 31	US	Unit Separator

ASCII 제어 문자 집합: 키보드의 어떠한 문자는 화면에 문자를 출력하는 것이 아니라 특정한 제어 역할을 합니다. 이것을 제어문자라고 합니다.

아래의 테이블에 32에서 127번까지의 ASCII 출력 가능한 문자와 그것을 읽는 방법을 표시하였습니다.

ASCII 출력 가능한 문자(문자코드 32-127)				
10진수	16진수	메모장	표현문자	영문명칭
32	20	Alt 32		Space
33	21	Alt 33	!	Exclamation mark
34	22	Alt 3	"	Double quotes (or speech marks)
35	23	Alt 35	#	Number
36	24	Alt 36	$	Dollar
37	25	Alt 37	%	Procenttecken
38	26	Alt 38	&	Ampersand
39	27	Alt 39	'	Single quote
40	28	Alt 40	(	Open parenthesis (or open bracket)
41	29	Alt 41	)	Close parenthesis (or close bracket)
42	2A	Alt 42	*	Asterisk
43	2B	Alt 43	+	Plus
44	2C	Alt 44	,	Comma
45	2D	Alt 45	-	Hyphen
46	2E	Alt 46	.	Period, dot or full stop
47	2F	Alt 47	/	Slash or divide
48	30	Alt 48	0	Zero
49	31	Alt 49	1	One
50	32	Alt 50	2	Two
51	33	Alt 51	3	Three
52	34	Alt 52	4	Four
53	35	Alt 53	5	Five
54	36	Alt 54	6	Six

ASCII 출력 가능한 문자(문자코드 32-127)				
10진수	16진수	메모장	표현문자	영문명칭
55	37	Alt 55	7	Seven
56	38	Alt 56	8	Eight
57	39	Alt 57	9	Nine
58	3A	Alt 58	:	Colon
59	3B	Alt 59	;	Semicolon
60	3C	Alt 60	<	Less than(or open angled bracket)
61	3D	Alt 61	=	Equals
62	3E	Alt 62	>	Greater than (or close angled bracket)
63	3F	Alt 63	?	Question mark
64	40	Alt 64	@	At symbol
65	41	Alt 65	A	Uppercase A
66	42	Alt 66	B	Uppercase B
67	43	Alt 67	C	Uppercase C
68	44	Alt 68	D	Uppercase D
69	45	Alt 69	E	Uppercase E
70	46	Alt 70	F	Uppercase F
71	47	Alt 71	G	Uppercase G
72	48	Alt 72	H	Uppercase H
73	49	Alt 73	I	Uppercase I
74	4A	Alt 74	J	Uppercase J
75	4B	Alt 75	K	Uppercase K
76	4C	Alt 76	L	Uppercase L
77	4D	Alt 77	M	Uppercase M
78	4E	Alt 78	N	Uppercase N
79	4F	Alt 79	O	Uppercase O
80	50	Alt 80	P	Uppercase P
81	51	Alt 81	Q	Uppercase Q

ASCII 출력 가능한 문자(문자코드 32-127)					
10진수	16진수	메모장	표현문자	영문명칭
82	52	Alt 82	R	Uppercase R
83	53	Alt 83	S	Uppercase S
84	54	Alt 84	T	Uppercase T
85	55	Alt 85	U	Uppercase U
86	56	Alt 86	V	Uppercase V
87	57	Alt 87	W	Uppercase W
88	58	Alt 88	X	Uppercase X
89	59	Alt 89	Y	Uppercase Y
90	5A	Alt 90	Z	Uppercase Z
91	5B	Alt 91	[	Opening bracket
92	5C	Alt 92	₩	Backslash
93	5D	Alt 93	]	Closing bracket
94	5E	Alt 94	^	Caret - circumflex
95	5F	Alt 95	_	Underscore
96	60	Alt 96	`	Grave accent
97	61	Alt 97	a	Lowercase a
98	62	Alt 98	b	Lowercase b
99	63	Alt 99	c	Lowercase c
100	64	Alt 100	d	Lowercase d
101	65	Alt 101	e	Lowercase e
102	66	Alt 102	f	Lowercase f
103	67	Alt 103	g	Lowercase g
104	68	Alt 104	h	Lowercase h
105	69	Alt 105	i	Lowercase i
106	6A	Alt 106	j	Lowercase j
107	6B	Alt 107	k	Lowercase k
108	6C	Alt 108	l	Lowercase l

ASCII 출력 가능한 문자(문자코드 32-127)				
10진수	16진수	메모장	표현문자	영문명칭
109	6D	Alt 109	m	Lowercase m
110	6E	Alt 110	n	Lowercase n
111	6F	Alt 111	o	Lowercase o
112	70	Alt 112	p	Lowercase p
113	71	Alt 113	q	Lowercase q
114	72	Alt 114	r	Lowercase r
115	73	Alt 115	s	Lowercase s
116	74	Alt 116	t	Lowercase t
117	75	Alt 117	u	Lowercase u
118	76	Alt 118	v	Lowercase v
119	77	Alt 119	w	Lowercase w
120	78	Alt 120	x	Lowercase x
121	79	Alt 121	y	Lowercase y
122	7A	Alt 122	z	Lowercase z
123	7B	Alt 123	{	Opening brace
124	7C	Alt 124	|	Vertical bar
125	7D	Alt 125	}	Closing brace
126	7E	Alt 126	~	Equivalency sign - tilde
127	7F	Alt 127	(Del)	Delete

 ASCII 출력 가능한 문자 집합: C언어의 예약어는 ASCII 코드로 구성되어 있습니다.

3 이진수(binary number)

이 장의 앞 부분은 아래의 책에서 인용한 것입니다.

김용운, 김용국, 〈재미있는 수학 여행: ① 수의 세계〉, 김영사, 1990, p.59

옛날 중국과 우리나라에서는 모든 것을 음양으로 나누어서 따지는 경향이 강했으며, 지금도 그 전통이 뿌리 깊게 살아 있습니다. 우리나라의 태극기가 이것을 잘 상징하고 있습니다.

건	태	이	진
손	감	간	곤

▲ 팔괘(八卦)

옛날에는 두 가지 막대를 써서 앞으로 일어날 좋고 나쁜 일을 점쳤는데, 이것을 **역(易)**이라고 부릅니다. 우리나라 태극기의 네 구석에 있는 것은, 이 역의 원리의 일부입니다. **팔괘**라고 부르는 이 원리는 위의 여덟 가지인데, 지금 '―'(양)을 1, '――'(음)을 0으로 생각하고 고쳐 쓰면,

111, 011, 101, 001, 110, 010, 100, 000과

같이 되어 2진법의 0부터 7까지의 수와 꼭 들어맞습니다. 이 사실을 처음으로 지적한 사람은 독일의 철학자 라이프니츠(Leibniz, 1646~1716년)였습니다.

음양 사상이란, 태양과 달, 남자와 여자, 홀수와 짝수 등과 같이 세상의 모든 것을 음과 양으로 분류해서 생각하는 태도입니다. 이 음양 사상이 유럽으로 전해졌으며, 위대한 철학자와 과학자 중에는 그 영향을 받은 사람이 많았습니다. 그 대표적인 예가 라이프니츠에 의해 발명된 2진법입니다. 지금의 컴퓨터의 논리적 구조는 2진법인데, 이 2진법과 관련된 수학이 동양의 음양 사상의 영향을 받아 태어났다는 사실은 아주 흥미롭습니다.

지금 이 생각을 정수에 국한시켜서 생각하면 모든 정수는 짝수와 홀수로 나누어 생각할 수 있습니다. 짝수의 대표로 0, 홀수의 대표로 1을 뽑아 봅시다. 이 두 수 사이의 덧셈과 곱셈을 생각하면 다음 표와 같이 나타납니다.

+	0	1
0	0	1
1	1	2

×	0	1
0	0	0
1	0	1

위의 표를 보면 1+1 = 2인 경우만 제외하고 계산 결과는 모두 0, 아니면 1입니다.
2는 짝수이기 때문에 이것을 짝수의 대표 0으로 바꾸어 봅시다. 즉,

$$1+1 = 0$$

이라고 해 봅시다. 그러면 이 덧셈표는 아래의 표와 같이 됩니다.

+	0	1
0	0	1
1	1	0

이것은 아래의 표에서 짝수, 홀수를 0, 1로 바꾸어 놓은 것입니다.

+	짝수	홀수
짝수	짝수	홀수
홀수	홀수	짝수

×	짝수	홀수
짝수	짝수	짝수
홀수	짝수	홀수

이렇게 함으로써 두 원소 0과 1로 된 집합

```
{0, 1}
```

에서 덧셈과 곱셈이 정해지고 계산의 결과도 이 집합의 테두리 안에서 얻어지게 됩니다.

정수 전체로 된 집합을 Z로 나타내 봅시다. 즉

```
Z = {..., -4, -3, -2, -1, 0, 1, ...}
```

이에 대해서 위의 두 원소로 된 집합을 Z_2로 나타내 봅시다. 즉

$$Z_2 = \{0, 1\}$$

Z_2라는 집합은 Z의 원소를 짝수, 홀수라는 성질에 의하여 두 종류로 나누고 이 종류에 대해서만 생각하여 얻은 작은 집합입니다. 이 세상 모든 것에 수를 대응시키고 이것을 짝수, 홀수로 분류하여 0과 1만으로 대표시킨 생각은 이 세상 모든 것을 음과 양으로 분류시킨 것과 근본적으로 같은 생각입니다.

보충해 주는 수: 보수(complement of a number)

r진수 m자리수 n의 보수는 아래와 같습니다.

$$r^m - n$$

10진수에 대해서 생각해 보면, 7의 보수는 $10^1 - 7 = 3$입니다. 77의 보수는 $10^2 - 77 = 33$입니다. 10이나 100을 만들기 위해 보충해야 하는 수가 각각 3과 33이라는 의미입니다.

보수는 뺄셈을 위해 사용할 수 있습니다. 예를 들어 10진수 8-3을 계산한다고 하면, 8+(3의 보수) = 8 + 7 = 15인데 1자리의 뺄셈이므로 십의 자리 1을 버리면, 8 + 7 = 5가 되어 원하는 결과를 얻습니다. 보수의 이러한 성질 때문에 컴퓨터는 음의 정수(Integer)를 나타내기 위해 보수를 사용합니다.

 올림수(carry)를 무시한다고 합니다. 2진수 2의 보수 뺄셈에서 올림수는 무시합니다.

2진수 표현에서 1의 보수(1's complement)와 2의 보수(2's complement)를 구하는 것은 쉽습니다. 1의 보수는 단순히 1과 0을 토글(toggle)시켜서 구할 수 있고, 2의 보수는 1의 보수를 구한 후 결과에 1을 더하면 구할 수 있습니다. 예를 들어 1001011100의 1의 보수는 0110100011이며, 2의 보수는 0110100011+1 = 0110100100입니다.

2의 보수는 더 간단하게 구하는 방법이 있는데, 오른쪽에서 왼쪽으로 처음으로 1을 만날 때까지 스캔(scan)하면서 만난 숫자를 적다가, 처음 1 이후의 모든 비트를 토글하면 됩니다.

▲ 2의 보수를 구하는 법

컴퓨터가 정수를 나타내는 방식은 일반적인 2진수 체계를 따르지만, 음수를 나타내기 위해서 2의 보수를 사용합니다. 2진수 n비트로 나타낼 수 있는 수의 범위는 다음과 같습니다.

$$0 \sim 2^n - 1$$

 2개에서 n개를 뽑아내는 중복 순열의 수이므로 $_n\pi_r = n^r$입니다. 숫자는 0부터 시작하므로 가장 큰 수는 1을 빼주어야 합니다.

그러므로 unsigned char 형은 $0 \sim 2^8 - 1$, 즉 $0 \sim 255$를 나타낼 수 있고, unsigned short int 형은 2바이트이므로, $0 \sim 2^{16} - 1$, 즉 $0 \sim 65,535$를 나타낼 수 있습니다. 음수인 경우는 어떻게 할까요? 음수인 경우는 **가장 중요한 비트(MS: BMost Significant Bit)** 를 부호 비트(Sign Bit)로 사용하여, MSB가 1인 경우는 이 수의 2의 보수를 취한 값을 음수로 취합니다. 즉 부호는 음수로 결정된 상태에서 이 수의 2의 보수를 구하여 값을 취하므로, MSB 자체도 값의 결정에 사용될 수 있습니다. 부호 있는 3비트로 1의 보수와 2의 보수로 각각의 정수를 표현해 보면 다음 표와 같습니다.

1의 보수	정수 값	2의 보수	정수 값
000	+0	000	+0
001	+1	001	+1
010	+2	010	+2
011	+3	011	+3
100	−3	100	−4
101	−2	101	−3
110	−1	110	−2
111	−0	111	−1

▲ 1의 보수와 2의 보수의 부호 있는 정수 값

예를 들어 101의 경우 1의 보수에 대해서

MSB가 1이므로 음수
101의 1의 보수는 010 = 2

이므로 −2가 됩니다. 하지만 2의 보수에 대해서는

MSB가 1이므로 음수
101의 2의 보수는 011 = 3

이므로 −3이 됩니다. 디지털 컴퓨터가 2의 보수를 이용하여 정수를 표현하는 이유는 올림수를 무시해도 되는 이점 때문입니다. 예를 들어 3 − 2를 하는 경우 1의 보수인 경우

```
011 + 101 = 1000
```

밑줄 친 것처럼 올림수가 발생한 경우 이를 다시 더해야 합니다. 그러므로,

```
000 + 1 = 001
```

이 되어 원하는 결과 1을 얻을 수 있습니다. 하지만 2의 보수인 경우는 단순히 올림수를 무시하면 되므로 + 연산을 적게 사용하므로 효율적입니다.

```
  011
  110
+ ___
 1001
```

carry는 무시합니다.

▲ 2의 보수에서 올림수는 무시합니다.

2의 보수로 수를 표현했을 때 n비트의 부호 있는 정수의 범위는 다음과 같습니다.

$$-2^{n-1} \sim 2^{n-1} - 1$$

signed short int인 경우 $-32,768(-2^{15})$ ~ $32,767(2^{15}-1)$ 범위의 수를 표현할 수 있습니다. 그렇다면, 아래 프로그램의 결과는 얼마가 인쇄될까요?

```
#include <stdio.h>
void main() {
    char c = 129;
    printf("%d\n", c);
}
```

129는 2의 보수로 0000 0000 1000 0001입니다.

 일반적인 십진수는 컴파일러가 4바이트 정수형으로 간주합니다. 8바이트 정수를 만들려면 숫자의 끝에 UL을 붙여야 합니다. 예를 들어 3은 4바이트로 간주하지만, 3UL은 8바이트로 간주합니다.

이 숫자를 8비트 char 변수 c에 대입하는 과정에서 상위 8비트는 잘립니다.

 자동으로 형 변환이 된다고 하여 '자동 형 변환(automatic type casting)'이라고 합니다.

c는 1000 0001입니다. 이것을 `printf`가 출력하는데 부호 있는 정수형이므로 2의 보수 체계를 따라 다음과 같이 계산합니다.

    MSB가 1이므로 음수
    1000 0001의 2의 보수는 0111 1111 = 127

그러므로 -127이 출력되는 것입니다.

진보된 주제: 비트 플래그(bit flag), 비트 마스크(bit mask)

아래에 설명하는 내용은 아직 우리가 이해할 수 없는 내용이므로 일단은 건너뛰었다가 '*10장 제어 구조*' 까지 본 후에 다시 살펴보기 바랍니다.

위에서 설명한 2진수의 개념이 프로그램에 어떻게 이용되는 것일까요? 2진수는 프로그래밍에서 많이 이용됩니다. 그리고 디버깅(debugging)을 위해서 메모리를 덤프(dump)했을 때 우리가 보는 데이터는 2진수와 대응되는 16진수이므로 2진수와 친숙해지는 것이 중요합니다.

다음은 구구단을 출력하는 프로그램인데 구구단을 출력하다가 사용자가 임의의 키를 누르면 종료하도록 만들려고 합니다. 아래의 설명 부분을 보지 말고 직접 고쳐보세요.

```c
#include <stdio.h>
#include <conio.h>

void main() {
    int i = 1,j;

    // clrscr();
    while (i < 100) {
        ++i;
        j = 1;
        while (j < 100) {
            printf("%5d * %5d = %8d", i, j, i*j);
            ++j;
        } // while
    } // while
}
```

③ 이진수(binary number)

두 번째 while문을 탈출하도록 논리를 구성해야 하는데, 단순하게 두 번째 while문 안에서 break를 사용하는 것은 문제를 해결하지 못합니다.

```
if (kbhit()) break;
```

break는 자기를 둘러싼 가장 가까운 반복 구조의 블록을 탈출하기 때문입니다. 즉 위와 같이 사용한 break는 두 번째 while문을 탈출하기만 할 뿐입니다.

 반복 구조에는 for, while, do...while이 있습니다. break는 이들 문장을 탈출하며, switch에 쓰인 break는 특성이 다릅니다.

두 번째 while문에서는 어떤 사건이 발생했다는 것을 기억시키기 위해서 특정한 변수를 사용해야 합니다. 이러한 목적으로 사용할 변수를 깃발(flag) 변수라고 합니다. 플래그(flag)를 사용한 소스를 아래에 리스트하였습니다.

 특정한 사건이 발생했음을 깃발로 알린다는 뜻에서 유래하였습니다.

```
#include <stdio.h>
#include <conio.h>

void main() {
    int i = 1,j;
    int flag = 0; // 사건을 기록하기 위해서 사용합니다.

    // clrscr();
    while (i < 100) {
        ++i;
        j = 1;
        while (j < 100) {
            printf("%5d %5d = %8d", i, j, i * j);
```

```
            ++j;
            if (kbhit()) {
                flag = 1;
                break;
            } // if
        } // while
        if (flag == 1) break; // 사건이 일어난 경우 while을 탈출합니다.
    } // while
}
```

어떤 정수형 변수에서 이진 비트열의 각각의 비트들이 이러한 깃발 변수로 사용되었을 때를 비트 플래그(bit flag)라고 합니다.

정수형 변수 short는 16비트이므로 16가지의 on/off 상태를 기록할 수 있습니다. 만약 상태의 개수가 네 가지라면, 상태를 나타내는 데 2비트가 필요하므로 하나의 short 정수를 여덟 가지의 깃발 변수로 사용할 수 있습니다. 자, 그러면 예를 들어 컴퓨터 바둑 프로그램을 구현할 때 판(Board)의 각각의 위치에 대해 아래의 정보를 유지한다고 합시다.

(1) 판의 현재 상태: 2비트(비었음, 검은돌, 흰돌, 가장자리)
(2) 이웃한 검은색 돌의 수: 2비트(Neumann 이웃이므로 최대 4까지 가능)
(3) 이웃한 흰색 돌의 수: 2비트
(4) 덩어리 번호: 8비트
(5) 마킹을 위한 임시 비트: 2비트

그러면 정수형 배열 board[19+2][19+2]을 선언해서 각각의 판 위치에 대해 다음의 그림처럼 정보를 유지할 수 있습니다.

가장자리를 고려해야 하므로 줄과 열에 대해, 19+2가 필요합니다. 실제로는 눈목(目)자 등의 변위도 고려해야 하므로 19+6 등으로 구현합니다.

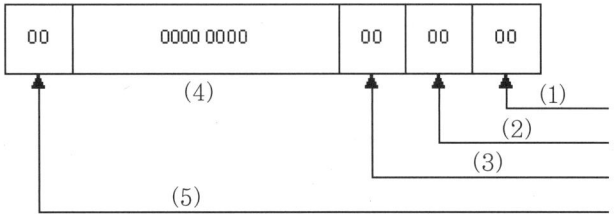

▲ 컴퓨터 바둑에서 판이 유지하는 정보

얼마만큼의 공간이 효율적인가요? 위처럼 사용하면 board가 차지하는 메모리는 21 × 21 = 441바이트입니다. 만약 우리가 비트 플래그를 몰라서 구조체 배열을 사용한다면, 아래와 같이 구조체(structure)를 작성할 수 있습니다.

```
struct BOARD {
    char nState, nBlack, nWhite;
    unsigned char nGroup;
    char nMarking;
} board[21][21];
```

각각의 자리마다 5바이트를 사용하므로, 21×21×5 = 2,205바이트를 사용해야 합니다. 또한 공간뿐 아니라 함수의 파라미터 수 등이 문제가 될 수 있습니다.

다음으로 고려해야 할 문제는 '어떻게 각각의 비트 플래그를 갱신하는가?'입니다.

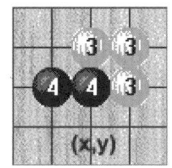

▲ board[y][x]의 상태

예를 들어 위의 그림과 같은 상태의 board[y][x]의 값은 다음과 같습니다.

> 배열의 첫 번째 인덱스가 행을 나타내므로 y 좌표가 되어야 합니다.

00 00000100 10 01 01

이것은 (x, y)에 검은 돌이 있으며, 4 - 연결 이웃에 각각 검은돌이 1개 흰돌이 2개 있음을 나타내며, 덩어리 번호는 4임을 나타냅니다. 이 상황에서 4의 마지막 남은 이웃 자리에 검은 돌을 놓았다고 합시다. 그러면 다음과 같이 갱신해야 합니다.

00 00000100 10 <u>10</u> 01

어떻게 밑줄 친 비트의 일부만 갱신할 수 있을까요? 절차는 다음과 같습니다.

(1) 갱신하려는 비트열만 일반 정수 형태로 변환합니다.
(2) 변환된 정수를 갱신합니다.
(3) 갱신된 정수 비트열을 원래의 자리에 다시 가져다 놓습니다.

이를 갱신하는 루틴은 아래와 같이 쓸 수 있습니다.

```
unsigned int i=board[y][x]; // i = 00 00000100 10 10 01
unsigned int t;

t=(i & 0x000c)>>2; // 0x000c는 이진수로 0000 0000 0000 1100입니다.
++t; // t가 1에서 2가 됩니다.
i = (i & 0xfff3) | (t << 2); // 0xfff3은 이진수로 1111 1111 1111 0011입니다.
board[y][x]=i;
```

비트 연산자에 대해 알고 있어도, 위의 코드를 처음 보면 이해하기 힘들 수도 있습니다. 하지만 위의 코드는 비트 마스크(bit mask)의 조합에 불과합니다. 비트 마스크는 비트 연산자 &, |를 사용하여 특정한 비트를 1 또는 0으로 만드는 것을 말합니다. &와 | 연산은 아래와 같은 특징을 가집니다.

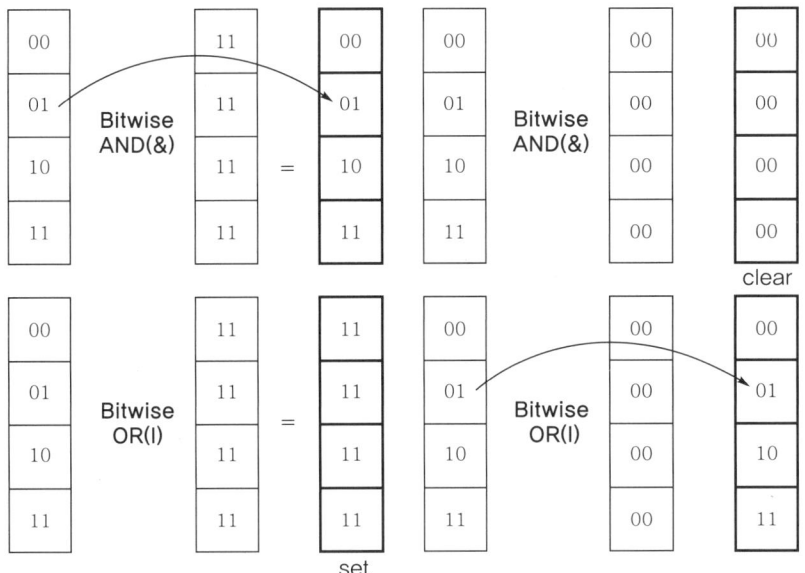

▲ 비트 마스크의 원리

1과 & 하면 원래의 비트가 유지되며, 0과 & 하면 모두가 지워집니다. 또한 1과 | 하면 모두 1이 되며, 0과 | 하면 원래의 비트가 유지됩니다. 이러한 원리를 이해하면 위의 소스 코드를 이해할 수 있습니다.

1 아래의 출력 결과는 얼마인가요?

```c
#include <stdio.h>

void main() {
    int i = 7;

    printf("%d\n",~i+1);
}
```

2 아래의 출력 결과는 얼마인가요?

 eXclusive OR 연산의 특징을 잘 파악해 두기 바랍니다. XOR 연산을 두 번 연속해서 적용하면 원래의 비트를 유지할 수 있습니다.

```c
#include <stdio.h>

void main() {
    int i = 0x5555, j = 0x1234, k;

    k = i^j;
    printf("%x\n", k);
    printf("%x\n", k^j);
}
```

3 아래의 프로그램에서 Product(a,b) 함수는 a * b를 시프트(shift) 연산과 모듈로(modulo) 연산만을 사용하여 계산합니다. Product( ) 함수를 자세히 설명해 보세요(힌트: Booth 알고리즘).

```c
#include <stdio.h>

long Product(long a, long b) {
    long p = 0;
    while (a > 0) {
        if (a%2 == 1) p + =b;
        a >>= 1;
        b <<= 1;
    } // while
    return p;
} // Product()

void main() {
    printf("%ld\n", Product(3, 7)); // 결과는 3 * 7 = 21입니다.
}
```

4 변수는 쓰기 전에 선언해야 한다 : 데이터 형(data type)

```
#include <stdio.h>

void main() {
    char c = 129;
    printf("%d\n", c);
}
```

위 프로그램의 실행 결과는 얼마일까요? 다음과 같은 대답이 가능합니다.

(1) 129
(2) char 형은 −128 ~ +127까지만 표현할 수 있는데, 129를 대입했으므로 오버플로(overflow) 에러이므로 결과는 알 수 없습니다.

C 언어를 잘 알고 있다고 생각하면서도 위와 같은 질문에 정확한 대답을 하는 사람은 많지 않습니다. 정답은 다음과 같습니다.

"char는 1바이트 정수형인데, 앞에 선언 변경자 unsigned가 없으므로 부호 있는(signed) 1바이트 정수형입니다. C 언어는 정수를 나타내기 위해 2의 보수를 사용하는데, 129의 부호 있는 2의 보수 표현은 −127이므로 −127이 출력됩니다."

앞 장에서 2진수에 대해서 배웠는데, 2진수의 자세한 표현을 이해하는 것은 중요합니다. 자료형(data type)의 내부 표현을 이해하는 것은 아무리 강조해도 지나치지 않습니다. 대부분의 컴퓨터는 정수의 음수를 표현하기 위해 2의 보수를 사용합니다. 일반적으로 정수의 음수를 표현하는 방법은 부호와 가중치(sign & magnitude)에 의한 방법, 1의 보수(1's complement), 2의 보수(2's complement) 방법 등이 있습니다. 각 표현의 특징을 살펴봅시다.

 부호와 가중치에 의한 방법은 가장 왼쪽 비트(MSB, Most Significant Bit)를 부호 비트(sign bit)로 사용하며, 나머지 비트들을 가중치(magnitude)로 사용합니다. 3비트까지의 표현을 써 보면 다음 페이지의 표와 같습니다.

 가장 왼쪽 비트는 가중치가 가장 크므로, 'MSB'라고 합니다.

표현	값
000	0
001	1
010	2
011	3
100	-0
101	-1
110	-2
111	-3

▲ 부호와 가중치에 의한 부호 있는 정수 표현(3비트의 예)

만약 음수를 표현하지 않는다면, 0 ~ 7까지의 수를 표현하는 것이 가능합니다. 이것은 다음과 같은 공식으로 나타낼 수 있습니다.

$$0 \sim 2^n - 1$$

위의 경우는 3비트를 사용하므로 $0 \sim 2^3 - 1$의 범위의 정수를 표현할 수 있습니다. 이진수 110을 십진수 -2로 결정하는 것은 다음의 두 단계를 거칩니다.

(1) 부호 결정: MSB가 1이므로 음수입니다.
(2) 값 결정: MSB를 제외한 나머지 비트들의 가중치를 계산합니다. 이진수 10이므로 그 값은 2입니다.

모든 컴퓨터는 음수를 나타내기 위해 보수를 사용한답니다.

이와 같이 부호와 가중치에 의한 방법에서 MSB는 부호만 결정할 뿐 값에는 영향을 미치지 않습니다. 하지만 이 방법은 어떠한 컴퓨터도 정수의 음수를 나타내기 위해 사용하지 않고, 다음에 설명할 보수(complement number)를 사용하여 정수의 음수를 표현합니다.

1의 보수와 2의 보수에 대해 각각의 값을 결정한 표는 다음과 같습니다.

표현	값
000	0
001	1
010	2
011	3
100	-3
101	-2
110	-1
111	-0

표현	값
000	0
001	1
010	2
011	3
100	-4
101	-3
110	-2
111	-1

▲ 1의 보수, 2의 보수에 의한 부호 있는 정수 표현

보수에 관한 사항은 '*3장 이진수*'를 다시 참조하기 바랍니다. 이진수 100의 보수에 의한 값은 다음 두 단계를 거쳐 결정합니다.

(1) 부호 결정: MSB가 1이므로 음수입니다.
(2) 값 결정: MSB를 포함한 전체 비트의 보수가 값입니다. 100의 1의 보수는 011이므로 3입니다. 100의 2의 보수는 100이므로 4입니다.

이진수 100은 1의 보수에 의해 $-3_{(10)}$, 2의 보수에 의해 $-4_{(10)}$입니다. 부호와 가중치에 의한 표현법과는 달리 부호 결정 이후에 전체 비트가 값을 결정하기 위해 사용하였습니다. '*3장 이진수*'에서 설명한 이점 때문에 컴퓨터는 2의 보수를 사용하여 정수(양수, 음수 모두)를 표현합니다.

그러면 2의 보수 표현이 음수를 표현하는지, 양수만 표현하는지 어떻게 알 수 있을까요? 이러한 사항은 C 문법이 지원해 주어야 합니다. 1바이트의 부호 없는 정수형 변수를 선언하고 싶으면 다음과 같이 합니다.

 일반적으로 char는 아스키 1 문자(character)를 나타낼 수 있기 때문에 문자형(character type)이라고도 합니다.

```
unsigned char i;
```

부호 있는 정수형은 다음과 같이 선언합니다.

```
signed char i;
```

2바이트, 4바이트 정수는 char 대신 각각 short, int를 사용합니다. 그러므로 4바이트 부호 있는 정수는 아래와 같이 선언합니다.

```
signed int i;
```

일반적으로 부호의 유무를 나타내는 signed나 unsigned는 생략하면 signed가 되므로 signed를 생략하여 아래와 같이 나타냅니다.

```
int i;
```

short나 long 다음에는 이것이 정수(integer)임을 확실히 하기 위하여 **int**가 위치해도 됩니다. 그러므로 다음의 경우에도 같은 표현입니다.

```
long int i;
```

Win16 플랫폼의 C 언어에서 int는 2바이트를, long은 4바이트를 의미했습니다. 하지만 Win32와 Win64에서 int와 long은 모두 4바이트의 정수를 의미합니다. 이제까지 설명한 변수의 형 선언 앞에 붙을 수 있는 **변경자(modifier)**를 포함한 정수 선언의 문법은 다음과 같습니다. 밑줄 친 부분은 생략하면 그 값이 디폴트(default)임을 의미합니다.

```
[signed|unsigned] [short|long] int <variable>;
```

 **초기화(initialization)**

변수가 선언되고 초기화되어야 한다면, 변수를 선언하면서 초기화하는 것이 간단하고 읽기 좋습니다. 아래의 예는 정수형 변수 i를 선언한 뒤 i를 1로 초기화하고 있습니다.

```
int i;
i = 1;
```

위의 코드는 다음과 같이 간단하게 적을 수 있습니다.

```
int i = 1;
```

초깃값은 중괄호({})로 묶어도 됩니다. 이러한 블록 구조의 초기화는 배열, 클래스, 구조체 등 복합형(compound type)의 변수 혹은 객체를 초기화하기 위해서 필요합니다. 일관성을 유지하기 위해서 int 같은 간단한(trivial) 형에 대해서도 중괄호({})를 사용할 수 있습니다.

```
int i = {1};
```

다음의 예를 참고하세요.

```
#include <stdio.h>

void main() {
    int i;
    int j = 2;
    float k = {1.2};

    i = 1;
    printf("%d,%d,%f\n",i,j,k);
}
```

결과는 아래와 같습니다.

```
1,2,1.200000
```

 1.2가 1.200000로 인쇄된 것은 밑의 진보된 주제에서 설명합니다.

정수(integer) 같은 기본형의 초기화 외에 배열, 구조체, 클래스의 초기화는 각각의 주제가 나올 때마다 다룰 것입니다. 이러한 초기화의 모든 방법을 체계적으로 이해하는 것이 중요합니다.

 **함수형 초기화**(functional initialization)

C++의 클래스(class)가 소개된 이후 기본형의 함수형 초기화가 가능해졌습니다. 이것은 (생성자가 존재하는 것은 아니지만) 기본형의 생성자(constructor)를 호출하는 것과 같은 문법 형태이므로 자연스럽습니다.

예를 들면 다음의 경우

```
int i = 1;
```

이와 같이 다음처럼 적을 수 있습니다.

```
int i(1);
```

비록 후자의 i 선언이 함수 i를 호출하는 것 같지만, 이것은 정수 변수 i를 1로 초기화하는 문장입니다. 함수 호출처럼 보이므로 **함수형 초기화**라고 합니다.

기본형의 함수형 초기화는 많이 사용하지 않는 형태입니다. 하지만 반드시 함수형 초기화를 해야 하는 곳이 있으므로 C++에서는 함수형 초기화는 C++에서는 중요합니다. 함수형 초기화의 다른 주제와 **일관된 초기화**(uniform initialization)는 〈만화가 있는 C++〉에서 다룰 예정입니다.

 **실수(real number)는 어떻게?**

2의 보수를 이용하여 정수의 음수를 표현할 수 있습니다. 하지만 실수(real number)는 어떻게 표현할까요? 2의 보수 개념을 확장하면 쉽게 정수를 표현할 수 있습니다. 2바이트로 실수를 나타낸다고 생각해 봅시다. 상위 바이트(high byte)는 소수점 이상 부분을, 하위 바이트(low byte)는 소수점 이하 부분을 나타내도록 코드를 구성할 수 있습니다. 이러한 표기법은 소수점의 위치가 고정되어 있어서 **고정 소수점**(fixed point) 표기라고 합니다.

2.3을 고정 소수점 표기법으로 나타내면, 2는 0000 0010, 3은 0000 0011이므로 2바이트 실수를 다음과 같이 저장할 수 있습니다.

```
0000 0010 0000 0011
```

그리고 이진열을 해석할 때 상위 바이트를 소수점 이상 부분으로, 하위 바이트를 소수점 이하 부분으로 해석하는 것입니다. 이 표기법은 얼마나 큰 수, 또한 얼마나 정밀한 수를 나타낼 수 있을까요?

소수점 이상 부분이 음수를 표현한다면, -128 ~ 127까지 표현할 수 있습니다. 소수점 이하 부분은 음수를 나타낼 필요가 없으므로 0 ~ 255까지 표현할 수 있습니다. 그러므로 표현할 수 있는 가장 작은 수는 -128.0이고 가장 큰 수는 127.255입니다. 또한 표현할 수 있는 가장 정밀한 유효자리의 범위의 경우 0.999는 표현할 수 없으므로 소수점 이하 유효자리 2자리까지입니다.

이러한 고정 소수점 표현은 큰 수뿐만 아니라 정밀한 수도 표현하지 못합니다. 그러므로 큰 수도 표현할 수 있고, 정밀한 수까지 표현할 수 있는 표현법이 필요한데, 이것이 **부동 소수점(floating point) 표기법**입니다. 대부분의 컴퓨터는 실수를 표현하기 위해 부동 소수점 표기법을 이용합니다. C에서 실수의 형 이름이 real이 아니고, `float`인 이유는 실수를 표현하는 표기법의 이름에 기인합니다.

실수의 2진 표기법을 이해하는 것은 가끔 필요합니다. 실수가 저장된 메모리 데이터를 읽었을 때 실제 실수값을 알아내기 위해서는 실수가 2진수로 표현되는 방법을 알고 있어야 합니다.

 부동 소수 표현(floating point notation): 진보된 주제

 이 절은 구조체(structure)를 사용하고 있으므로 일단 건너뛰었다가 '*17장 구조체*' 까지 읽은 후에 다시 보기 바랍니다.

실수도 2진수로 표현되지만, 표현 방식은 2의 보수 방법과는 많이 다릅니다. 예를 들면 4바이트 실수 (float) -14.24는 컴퓨터에 어떻게 저장될까요?

아래의 예는 실수 -14.24를 16진수로 인쇄하는 프로그램입니다. 프로그램이 구조체(structure), 공용체(union), 표준 스트림 라이브러리(standard stream library)를 사용하고 있으므로 아직은 이해할 수 없습니다. 이 소스는 '*17장 구조체*'에서 자세히 설명하므로 지금은 프로그램의 출력 결과에 주목합니다. -14.24는 16진수로 다음과 같이 표현됩니다.

0xc163d70a

2진수로는 다음과 같이 표현됩니다.

```
1100 0001 0110 0011 1101 0111 0000 1010
```

```cpp
#include <iostream>

struct BITFIELD {     // 이것은 비트 필드 구조체입니다.
    unsigned m0:4;    // 아주 특별해 보이는 이 선언은 m0가 4비트를 차지하는
                      // 것을 의미합니다.
    unsigned m1:4;
    unsigned m2:4;
    unsigned m3:4;
    unsigned m4:4;
    unsigned m5:4;
    unsigned m6:4;
    unsigned m7:4;
}; // struct BITFIELD

union FLOAT {    // 공용체는 필드(field)를 공유합니다. f와 b는 같은 메모리를
                 // 공유하며, f의 크기가 32비트, b의 크기 역시 32비트이므로
                 // 실제 메모리는 64비트가 아닌 32비트가 할당됩니다.
    float f;
    BITFIELD b;
}; // union FLOAT

void main() {
    FLOAT f;

    f.f = -14.24;
    // cout는 ostream 클래스의 전역 객체입니다.
    std::cout << f.f << std::endl << std::hex;
                    // endl과 hex 조작자(manupulator)는
                    // 출력 스트림의 형식(format)을 조작합니다.
                    // 이것은 '함수 포인터'에서 자세히 다룹니다.
    std::cout << f.b.m0 << f.b.m1 << f.b.m2 << f.b.m3
        << f.b.m4 << f.b.m5 << f.b.m6 << f.b.m7 << std::endl;
    // output: c163d70a
}
```

프로그램의 실제 출력 결과는 a07d361c인데 이것은 인텔 CPU가 역워드 방식으로 수(number)를 저장하기 때문입니다. 이 사항은 후에 '8장 연산자'에서 자세히 다룹니다.

결과는 아래와 같습니다.

```
-14.24
a07d361c
```

이유를 살펴보기 위해, 먼저 실수를 수학적으로 나타내는 방법을 살펴봅시다. -14.24를 나타내는 방법은 다양하지만 아래에 몇 가지 예를 나타내었습니다.

$$
\begin{aligned}
&\vdots\\
&-0.01424 \times 10^3\\
&-0.1424 \times 10^2\\
&-1.424 \times 10^1\\
&-14.24\\
&-142.4 \times 10^{-1}\\
&-1424 \times 10^{-2}\\
&-14240 \times 10^{-3}\\
&\vdots
\end{aligned}
$$

컴퓨터는 이러한 방법 중에서 소수점 이상의 자리를 모두 0으로 한 표현법인 -0.1424×10^2을 사용합니다. 소수점 이하 부분과 지수 부분만 관리하는 이점과 큰 수와 정밀한 수를 같이 표현할 수 있는 이점 때문입니다. 이렇게 임의의 실수를 유효자리 수가 모두 소수점 아래에 오도록 변환하는 것을 **정규화**(normalization)라고 합니다.

예를 들어 -14.24를 정규화하면 -0.1424×10^2이며, 3.141592를 정규화하면 0.3141592×10^1입니다. 정규화를 하면 소수점의 위치가 부동(floating)하게 됩니다. 그래서 이러한 정규화의 결과를 저장하여 실수를 표현하는 방식을 **부동 소수점 표현 방식**(floating point notation)이라고 합니다.

정규화의 결과를 컴퓨터에 세 부분으로 나누어 저장할 수 있습니다. 부호(sign)와 지수(exponential), 가수(mantissa) 부분입니다. -14.24의 경우 부호는 음수, 지수는 2, 가수는 1424를 저장합니다.

컴퓨터는 2진수를 사용하므로 실제의 정규화는 조금 다릅니다. 모든 C 컴파일러는 4바이트 부동 소수점을 나타내기 위해 IEEE 754 표준 방식(IEEE 32-bit standard)을 사용하고 있으며, 이것은 제안된 키워드 `float`를 사용합니다. `float`보다 2배 정밀도(double precision)를 가지는 실수는 8바이트(IEEE 64-bit standard)이며, 키워드 `double`을 사용합니다. 이 장에서는 `float` 표현만 다룹니다. `float`는 부호, 지수와 가수자리를 위해 각각 1, 8, 그리고 23비트를 사용합니다.

 4바이트 실수인 float는 '단일 정밀도(single precision)'라고 합니다.

sign	exponential	mantissa
0	0000 0000	0000 0000 0000 0000 0000 0000
1	8	23

 부동 소수 표기: float(IEEE 32-bit standard)는 부호를 위해 1비트, 지수를 위해 8비트, 가수를 위해 23비트, 모두 32비트를 사용합니다.

`float`의 정규화 식은 아래와 같습니다.

$$(-1)^s(1.m)2^{e-127}$$

위의 식에서 s, m과 e를 결정하여 각각의 32비트 자리를 채웁니다. s가 1이면 $(-1)^1$은 -1이므로 음수를 의미하며, 0이면 $(-1)^0 = 1$이므로 양수를 의미합니다.

정규화를 하면, 소수점 이하 첫 번째 비트는 항상 1이므로 이 공간을 절약하기 위해 처음 1은 항상 있는 것으로 간주하여 m의 자리에 포함시키지 않습니다.

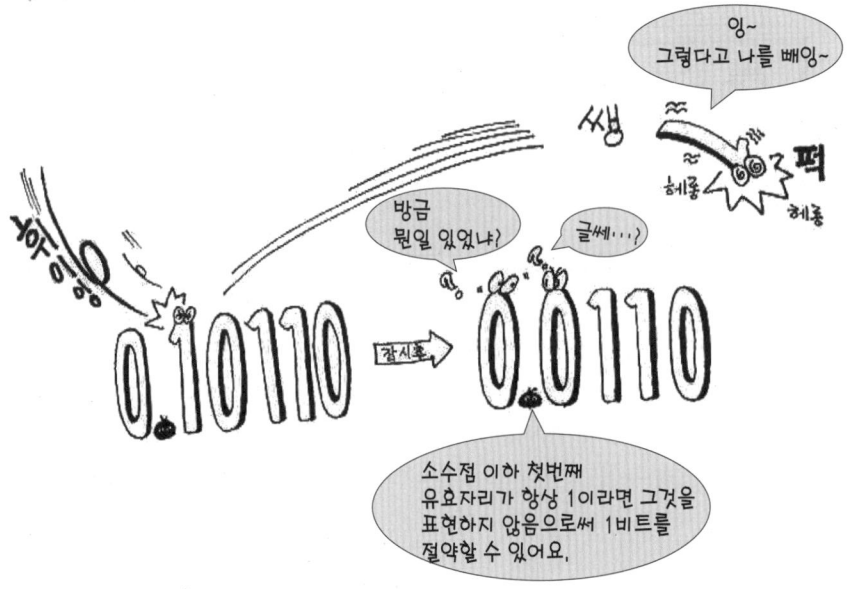

e는 음수를 나타내는 것을 피하기 위하여 128 초과 코드(excess-128 code)를 사용합니다. 예를 들면 e가 0이면 지수는 -127을, e가 128이면 1을 의미합니다.

 excess-n code, BCD code, Gray code 등의 코드가 어떻게 효과적으로 사용되고 있는지는 위키(wiki)를 참고하세요.

이제 -14.24의 s, e와 m을 결정해 봅시다.

- **1단계** s의 결정

부호는 음수이므로 s = 1 입니다.

- **2단계** m의 결정

먼저 14.24의 2진수를 구해야 합니다. 14는 이진수로 아래와 같습니다.

```
1110
```

```
2) 14
2)  7 ----- 0
2)  3 ----- 1
    1 ----- 1
```

▲ 14의 이진수: 14를 계속해서 2로 나눈 나머지를 거꾸로 씁니다.

0.24는 2진수로 아래와 같습니다.

```
0.0011 1101 0111 0000 1010
```

```
  0.24         1.36
×    2       ×    2
  0.48         0.72
×    2       ×    2
  0.96         1.44
×    2       ×    2
  1.92         0.88
×    2       ×    2
  1.84         1.76
×    2       ×    2
  1.68         1.52
×    2          ⋮
  1.36
```

◀ 0.24의 이진수: 계속 2를 곱해서 소수점 이상 첫째자리를 구합니다.
계속 2를 곱할 때는 소수점 이하만 고려합니다.

그러므로 14.24는 아래와 같습니다.

```
1110.0011 1101 0111 0000 1010
```

정규화 과정을 거치면 아래와 같이 표현됩니다.

$$1.1100\ 0111\ 1010\ 1110\ 0001\ 010 \times 2^3$$

그러므로 부동 소수점 표현의 m은 소수점 이하 부분인 아래의 이진열이 됩니다.

```
1100 0111 1010 1110 0001 010
```

■ 3단계 e의 결정

정규화의 결과 지수 부분이 3이므로 e=130(e-127=3)입니다. 130의 2진수는 아래와 같습니다.

```
1000 0010
```

그러므로 위 프로그램의 출력 결과는 아래와 같습니다.

C163D70A

sign	exponential	mantissa
1	0000 0000	0000 0000 0000 0000 0000 0000
1	8	23

sign	exponential	mantissa
1	0000 0000	1100 0111 1010 1110 0000 1010
1	8	23

sign	exponential	mantissa
1	1000 0010	1100 0111 1010 1110 0001 1010
1	8	23

▲ -14.24의 float 표현: -14.24는 위의 그림처럼 저장됩니다. 이것을 16진수로 표현하면 C163 D70A입니다.

 **부동 소수의 가감승제**(addition, subtraction, multiplication and division)

2의 보수 표현의 정수 가감승제는 컴퓨터 구조(computer architecture) 등의 책에 수록된 캐리 미리 보기 가산기(carry look-ahead adder) 등을 다룬 내용에서 알고리즘을 찾아볼 수 있습니다. 그렇다면 부동소수 표현의 가감승제는 어떻게 구현할 수 있을까요?

 이 알고리즘을 직접 구현해 보는 것은 많은 도움이 됩니다. 예를 들면, 128비트 2진수 덧셈을 하려면, 이러한 알고리즘을 직접 구현해야 합니다. 이것을 구현한 예는 Alan Parker, 〈Algorithms and Data Structures in C++〉(CRC Press, 1993)에서 찾아볼 수 있습니다.

여기에 관한 대답은 매우 고전적인 것입니다. sin( ), cos( ) 등의 함수와 더불어 많은 부동 소수 계산 알고리즘이 연구되었습니다. 그러므로 자세한 알고리즘은 모르더라도 이러한 것은 추상화(abstraction)시켜서 생각해야 하지만, 실수 계산은 정수에 비해 많이 느립니다. 이같은 계산을 위한 **실수 전용 협동 중앙 처리 장치**(math co-processor)의 가격은 높았으며, 일반 사용자에게는 특별한 것으로 간주되던 적이 있었습니다. 그래서 범용 CPU와는 별도로 판매되었으며, **협동 프로세서**(co-processor), 수치 연산 프로세서(numerical processor)로 불렀습니다.

4 변수는 쓰기 전에 선언해야 한다: 데이터 형(data type)

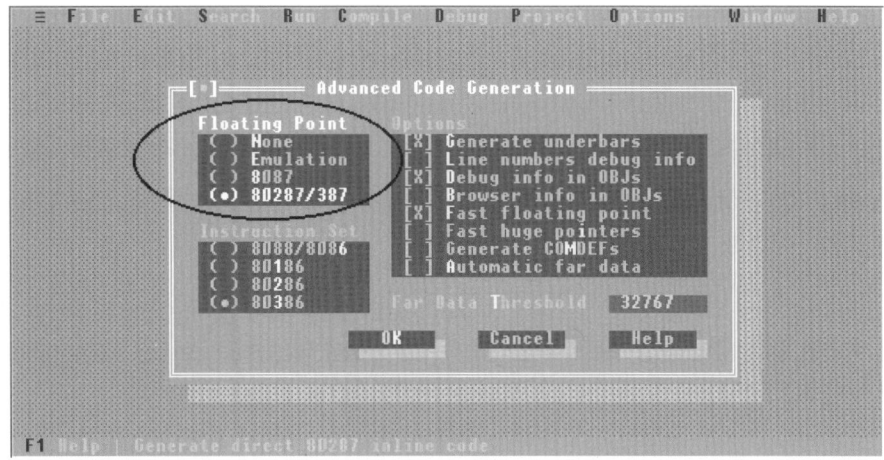

▲ 볼랜드(Boland) C++ 3.1의 대화상자: 부동 소수(floating point)를 위해 Emulation을 사용할지, 80387
을 사용할지 설정할 수 있습니다.

펜티엄(Pentium)급 CPU 이상부터는 이러한 협동 프로세서가 범용 CPU에 포함되었습니다. 486급 이하에서 동작하는 C 컴파일러에서는 부동 소수 계산을 위해 라이브러리를 사용할지, 협동 프로세서를 사용할지를 설정하는 대화상자(dialog box)를 볼 수 있었습니다. 하지만 펜티엄급 이상에서 동작하는 최근 컴파일러에서는 이러한 대화상자를 찾아볼 수 없게 되었습니다.

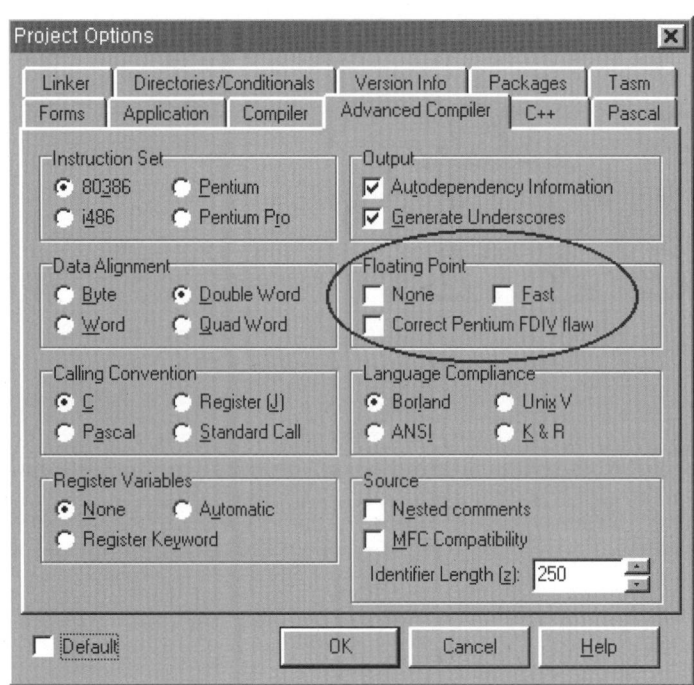

▲ 볼랜드 C++ 빌더 3의 [Project Options] 대화상자: 부동 소수에 대해 Pentium 60의 한때 버그인
FDIV를 수정하는 체크 박스 외에 라이브러리를 선택하는 부분은 없습니다.

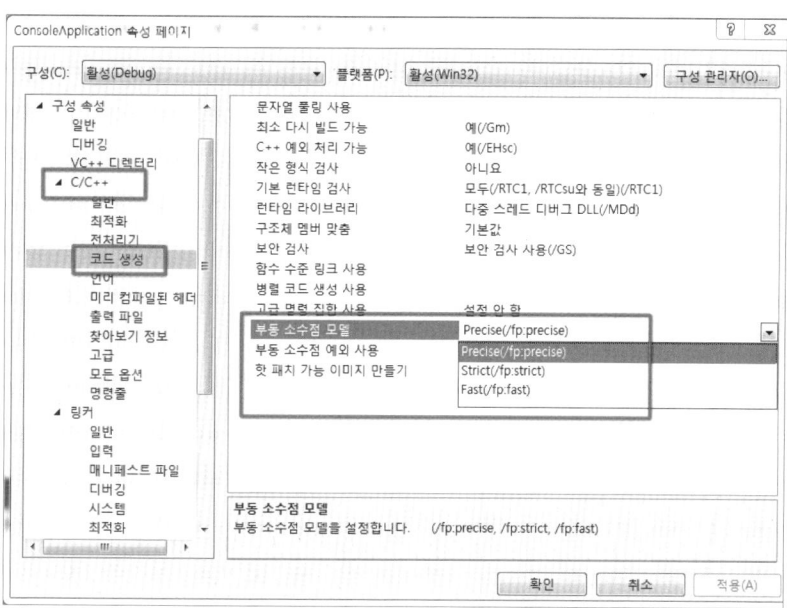

▲ Visual Studio 2013의 프로젝트 속성 페이지: 코드 생성 페이지의 '부동 소수점 모델'에서 실수 처리와 관련된 모델을 선택할 수 있습니다.

형의 종류(sort of types)

지금까지 기본형 중에서 정수와 실수를 나타내는 int, float를 살펴보았습니다. C++의 형은 몇 개의 바이트로 이루어져서 간단한 해석만 필요로 하는 **기본형**과 그렇지 않은 **복합형**으로 크게 구분할 수 있습니다. C++에서 지원하는 형의 종류는 다음과 같습니다. 그 형이 나타내는 자세한 내부 구조와 범위는 여기서 명시하지 않고 필요한 때마다 적절히 설명할 것입니다. 여기서는 형의 종류와 이름을 알아 두는 정도로만 파악하겠습니다.

■ 기본형(fundamental type)

유형	기능
char	1바이트의 정수를 나타낼 수 있습니다.
short	2바이트의 정수를 나타낼 수 있습니다.
long	4바이트의 정수를 나타낼 수 있습니다.
float	4바이트로 실수를 표현합니다.
double	8바이트로 실수를 표현합니다.
bool	C++에 새로 추가된 형으로 false, true를 표현합니다.
wchar_t	Wide CHARacter Type을 의미하는데, 2바이트 문자형을 나타냅니다.

- 복합형(compound type)

유형	기능
array	배열(array)은 같은 형의 변수를 하나의 대표 이름으로 여러 개 선언하기 위해 사용합니다.
pointer	주소 변수를 선언하기 위해 사용합니다.
reference	참조(reference)는 C++에 새로 추가되었습니다. 파라미터 전달에 사용된 참조는 파라미터의 값을 전달하지 않고 참조를 전달합니다.
class	클래스(class)는 다른 모든 데이터형을 포함할 수 있는 자료 구조로, C++에 추가되었습니다.
struct	C에서 구조체는 여러 다른 타입을 포함하는 타입입니다. C++에서 구조체는 클래스와 거의 같습니다.
union	구조체와 거의 같지만, 필드(field)가 같은 메모리 공간을 공유합니다.
pointer to non-static class member	C++에 추가된 포인터 타입입니다. 기본 주소에 대한 상대 주소(relative address)로 데이터를 참조하기 위해서 사용합니다. 새로운 연산자 .*와 ->*를 사용해서 접근할 수 있습니다.

 특별한 형 void

'2장 수학 함수를 C 함수로 바꾸기'에서는 함수의 리턴 형과 파라미터 자리에 사용된 void를 살펴보았습니다. void가 사용되는 경우는 다음과 같은 네 가지 경우입니다.

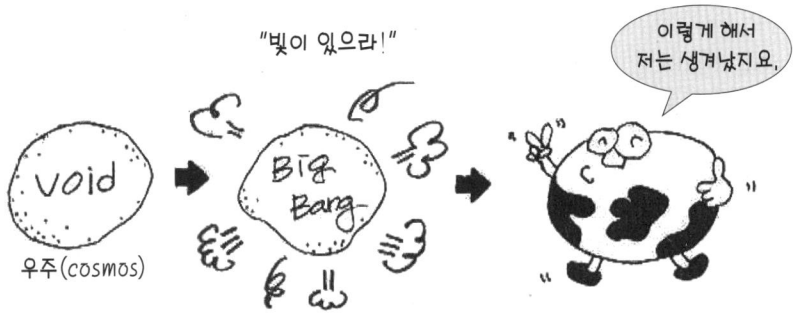

- 함수 선언에서 파라미터 리스트가 비었음을 나타냅니다.

```
int func(void);  // func( )는 파라미터를 가지지 않습니다.
```

- 함수가 값을 리턴하지 않는 것을 나타냅니다.

    void func(int n); // func( )는 값을 리턴하지 않습니다.

- 일반 포인터(generic pointer)를 나타냅니다. C에서 void*는 어떠한 것도 가리킬 수 있습니다.

    void* ptr; // ptr에는 어떤 포인터도 대입할 수 있습니다.

- 형 변환(type conversion)에서 리턴형을 무시합니다.

    extern int errfunc(); // int 타입의 에러 값을 리턴합니다.
      ⋮
    (void)errfunc(); // 리턴 값을 버립니다.

마지막 두 가지 경우는 각각 '6장의 포인터(pointer), [ ] 연산자'와 '8장 연산자'를 읽어야만 이해할 수 있습니다.

1 아래 프로그램 코드를 Visual C++ 6.0과 Borland C++ 4.5에서 실행시킨 결과가 있습니다. 결과가 다르게 출력된 이유를 설명하세요.

```c
#include <stdio.h>

int i,j;

void main() {
    printf("%p,%p\n", &i, &j);
}
```

    결과(VC++):   004135CC,004135D0
    결과(16bit BC++): 6B6F:0ACE,6B6F:0AD0

```c
#include <stdio.h>

void main() {
    int i,j;

    printf("%p,%p\n", &i, &j);
}
```

    결과(VC++):   0064FDF8,0064FDF4
    결과(16bit BC++): 6F6F:2016,6F6F:2014

```c
#include <stdio.h>

void main() {
    int i;
    int j;

    printf("%p,%p\n", &i, &j);
}
```

    결과(VC++):   0064FDF8,0064FDF4
    결과(16bit BC++): 1117:2016,1117:2014

2 소수점 이상의 어떤 수를 2로 계속 나눈 나머지를 거꾸로 쓰는 것이 왜 2진수가 되나요? 이 책에서 보여준 소수점 이하의 부분을 2진수로 구하는 과정을 설명하세요.

5 이스케이프 절차 (escape sequence)

A와 B라는 두 대의 컴퓨터가 통신을 이용하여 숫자 데이터를 서로 교환한다고 가정해 봅시다. 이러한 컴퓨터 통신에 사용되는 규약을 **통신 규약**(프로토콜, Protocol)이라고 합니다.

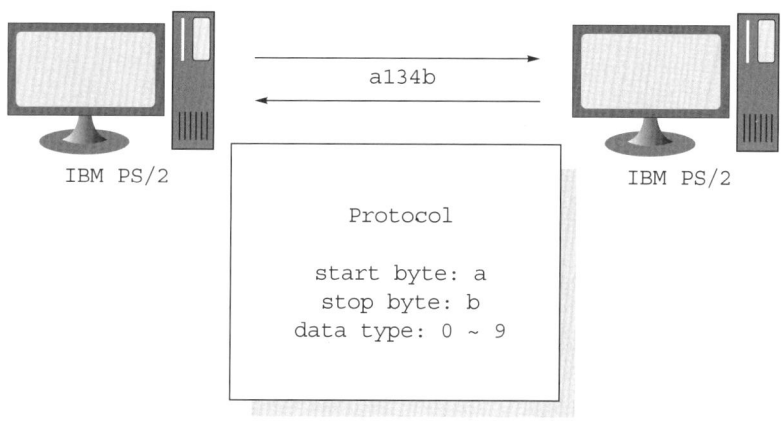

 통신 규약(Protocol): 컴퓨터 사이의 데이터 전송을 위해 두 대의 컴퓨터는 미리 정해진 약속에 따라 서로 통신합니다.

우리가 사용할 프로토콜은 숫자만 데이터로 사용하므로, a를 시작 바이트(start byte), b를 끝 바이트(stop byte)로 사용하기로 하였습니다. 그러므로 123을 전송하려면 아래와 같이 데이터를 전송합니다.

   a123b

위 표현은 가장 왼쪽 바이트가 가장 먼저 전송될 때의 표현입니다. 왼쪽에서 오른쪽으로 데이터가 전송된다면 다음과 같이 나타내야 할 것입니다.

그런데 아무런 문제없이 사용하던 이 프로토콜에 문제가 생겼습니다. 영문자도 데이터에 포함시키도록 요구 사항이 추가된 것입니다. 단순하게 위의 프로토콜을 사용하면, 12a3을 데이터로 전송하는 경우 아래와 같이 전송해야 합니다.

    a12a3b

하지만 위와 같은 데이터의 전송은 a를 구분하는 방법이 모호해지므로 사용할 수 없습니다. 그래서 다음과 같이 프로토콜을 개선하였습니다.

    (1) 시작 바이트와 끝 바이트는 각각 'ea', 'eb'로 나타냅니다.
    (2) e가 데이터에 포함되는 경우는 'ee'로 나타냅니다.

위와 같은 규칙을 사용하면서 전송해야 할 데이터가 12a3인 경우는 아래와 같이 표현할 수 있습니다.

    ea12a3eb

이 표현에서는 e 다음에 오는 문자를 확인해서 시작 바이트와 끝 바이트를 구분하는 것이 가능합니다. 보내려는 데이터가 12e3a인 경우는 아래와 같이 전송합니다.

    ea12ee3aeb

이 데이터를 전송 받는 측에서는 e 다음에 오는 문자를 검사하여 다음과 같이, 시작 바이트, 끝 바이트 혹은 데이터 자체 e를 구분하는 것이 가능합니다.

① e 다음에 a가 오면 시작 바이트
② e 다음에 b가 오면 끝 바이트
③ e 다음에 e가 오면 데이터 e

실제 데이터가 주어졌을 때 e를 덧붙이는 일은 하드웨어의 특정 장치나 소프트웨어의 전송 모듈(module)에서 자동으로 진행할 수 있습니다. 이러한 데이터 변경 절차를 Esc 절차(escape sequen-ce)라고 합니다.

 모호함을 탈출(escape)한다는 의미로 아스키 27번 문자인 Esc를 사용한 데서 붙여진 이름입니다.

C/C++에서 스트링(string)은 이러한 Esc 절차를 이용하여 표현합니다. 어떠한 표현이 Esc 절차를 사용한다고 하면, 그 표현이 사용하는 Esc 문자가 무엇인지와 Esc 다음에 사용하는 약속된 문자에는 무엇이 있는지 확인해야 합니다. C++에서는 역슬래시(back-slash) ₩(\)를 Esc 문자로 사용합니다.

 C++는 10진수, 8진수와 16진수 등의 상수 표현과 문자 상수를 지원합니다. 이것은 한개의 ASCII 문자에 해당하는 수 값을 ASCII 문자로 표현하는데, 문자 앞뒤에 단일 인용 부호(single quotation mark)를 사용하여 나타냅니다. 예를 들면 문자 A는 'A'처럼 나타냅니다. 하지만 'A'는 문자 A가 아니라, ASCII 값인 65의 상수 표현입니다. 즉 'A'=65인 것입니다. Escape 절차에서는 1개의 문자가 2개 이상의 문자로 구성되므로 \n은 '\n'처럼 사용해야 합니다. 이것은 비록 2개의 문자로 구성되었지만, 'New Line'이라는 10번 문자를 나타내는 것이기 때문입니다. 만약 이러한 사실을 모르는 개발자가 \n을 "\n"처럼 사용하면 어떻게 될까요? 즉 "A"와 'A'의 차이점은 무엇일까요? 이러한 주제는 다음 장에서 자세히 다룰 것입니다.

특별히 printf( ) 같은 일부 함수는 숫자를 나타내기 위해 '%'도 Esc 문자로 사용합니다. 그리고 Esc 다음에 올 수 있는 약속된 문자는 다음과 같습니다.

```
n, a, b, t, v
```

 New line, Alert(beep), Backspace, Tab 그리고 Vertical tab 문자를 나타냅니다.

예를 들어 "WaaWWWnn"을 해석해 보면, 아래와 같은 Esc 절차로 분리됩니다.

Wa + a + WW + Wn + n

그러므로 다음과 같은 의미입니다.

```
"삑 소리, 'a' 출력, '\' 출력, 줄 바꿈, 'n' 출력"
```

이러한 Esc 절차의 개념은 여러 곳에 다양하게 응용되어 사용되므로 개념을 익혀두어 필요할 때 사용할 수 있어야 합니다.

이제 printf( ) 함수의 기능을 다시 살펴봅시다. 화면 콘솔(console)에 아래의 문자열을 출력하려고 합니다.

```
hello
world
```

그러기 위해서 printf( )를 이용하여 다음과 같이 코딩하는 것은 잘못입니다.

```
printf("hello");
printf("world");
```

위와 같은 printf( )의 사용은 아래와 같이 출력합니다.

앞의 printf( )에는 줄을 바꾼다는 표현이 빠져있기 때문에 2개의 문자열이 붙어서 출력된 것입니다. 제대로 출력 결과를 얻으려면 줄바꿈 문자를 문자열에 포함해 주어야 합니다. 줄바꿈 문자는 ASCII 10번 문자인 '\n'을 사용해야 합니다. 그러므로 아래와 같이 printf( )를 구성할 수 있습니다.

```
printf("hello\nworld");
```

위의 문자열 표현 "hello\nworld"를 구성하는 문자는 모두 몇 개일까요? 단순하게 문자의 개수를 세어서 12개라고 대답해서는 안 됩니다. \n은 10번 문자 하나를 나타내므로 11개의 문자로 구성된 문자열입니다.

또한 "...\n..."이 항상 10번 문자로 해석될 것을 기대해서도 안 됩니다. 아래의 소스를 봅시다.

```
printf("hello\\\nworld");
```

위의 소스는 다음과 같이 출력됩니다.

```
hello\nworld
```

이것은 Escape 절차가 문자열의 첫 문자부터 해석되기 때문에 그렇습니다. 첫 문자부터 Escape 절차를 적용하면, \\\n에서 Escape 절차로 해석되는 문자는 '\\'입니다.

printf( )는 현재 커서 위치에 문자열(string)을 출력합니다. 콘솔 화면에서 임의의 위치에 문자열을 출력하려면 SetConsoleCursorPosition( )이라는 Win32 API(Application Programming Interface) 함수를 사용해야 합니다. 콘솔에서 커서의 위치를 지정하는 함수를 다음과 같이 작성할 수 있습니다.

```
void GotoXy( int x, int y )
{
    COORD p = { x, y };
    SetConsoleCursorPosition( GetStdHandle( STD_OUTPUT_HANDLE ), p );
} // GotoXy()
```

위의 소스는 구조체(structure)와 핸들(handle)을 사용했습니다. 아직 배우지 않은 요소들이 사용되었으므로 지금은 '커서를 제어하는 방법이 있구나!' 라는 정도로만 이해하면 됩니다.

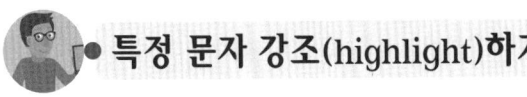
특정 문자 강조(highlight)하기

윈도우 메뉴 항목(menu item)에서 접근 키(access key)로 알려진 문자값을 나타내는 데 Escape 절차를 사용합니다. 예를 들면 메뉴 항목을 다음과 같이 지정할 수 있습니다.

```
"&New..."
```

위와 같은 메뉴 항목은 N을 접근 키로 등록하라는 지시입니다. 그러면 N은 밑줄 쳐진 상태로 화면에 표시되면서 동시에 접근 키로 등록됩니다. 즉 메뉴 항목의 문자열을 표현하는 데 &를 Escape 절차의 Esc 키로 사용하는 것입니다.

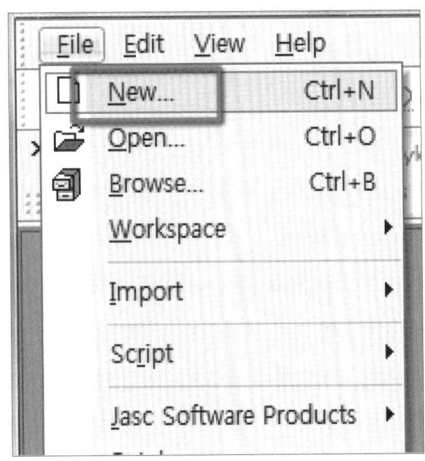

▲ 윈도우 메뉴 항목(menu item)에서의 Escape Sequence 사용: 밑줄 쳐진 문자는 메뉴 항목에서 '접근 키(access key)'라고 합니다. 윈도우 프로그래밍에서 메뉴 항목의 문자열을 지정할 때 접근 키로 등록하는 문자 앞에 &를 붙입니다. "&New..."로 메뉴 항목을 등록하면, N은 밑줄로 표시되며, 이 값은 접근 키로 등록됩니다.

"&Hello"라고 표현한 경우 H를 특별히 강조하여 찍고, 나머지는 평범한 회색을 출력하는 문자열 출력 함수를 만들려고 합니다. 즉 &가 Esc 문자로 사용된 것입니다. 다음은 이것을 구현한 함수 Put-HighlightedString( )의 소스 목록입니다.

```
#include <stdio.h>
#include <conio.h>
#include <windows.h>

enum EConsoleTextColor
{
    BLACK,
    BLUE,
    GREEN,
    CYAN,
    RED,
    MAGENTA,
    YELLOW,
    WHITE,
}; // enum EConsoleTextColor

void GotoXy( int x, int y )
{
    COORD p = { x, y };
    SetConsoleCursorPosition( GetStdHandle( STD_OUTPUT_HANDLE ),
        p );
} // GotoXy()

void SetColor( EConsoleTextColor iForegroundColor_,
        bool bForegroundLighten_,
    EConsoleTextColor iBackgroundColor_, bool bBackgroundLighten_ )
{
    WORD  wForeground = iForegroundColor_;
    if(bForegroundLighten_ == true)
        wForeground |= 0x8;
    WORD wBackground = iBackgroundColor_ << 4;
    if(bBackgroundLighten_ == true)
        wBackground |= 0x80;
    SetConsoleTextAttribute( GetStdHandle( STD_OUTPUT_HANDLE ),
        wForeground | wBackground );
} // SetColor()

void PutHighlightedString( char* pszText_, EConsoleTextColor
        eHighlightColor_ )
{
```

```c
        const EConsoleTextColor eNormalColor = WHITE;
        const EConsoleTextColor eBackColor = BLACK;
        const int ciStrLength = strlen( pszText_ );
        int iPos = 0;
        while( iPos < ciStrLength )
        {
            char ch = pszText_[ iPos ];
            if( ch == '&' )
            {
                iPos += 1;
                ch = pszText_[ iPos ];
                SetColor( eHighlightColor_, true, eBackColor, false );
            }
            else
            {
                SetColor( eNormalColor, false, eBackColor, false );
            } // if.. else..
            printf( "%c", ch );
            iPos += 1;
        } // while
} // PutHighlightedString()

void main()
{
    // system( "CLS" );
    GotoXy( 5, 5 );
    PutHighlightedString( "&Hello", GREEN );
} // main()
```

위 프로그램의 출력 결과는 아래 그림과 같습니다.

▲ Esc 절차의 구현: "&Hello"로 표현한 문자열에서 &를 Esc 문자로 간주하여 처리하였습니다.

앞의 소스는 아직 배우지 않은 많은 개념을 포함하고 있습니다. 나중에 구조체, enum, 제어구조, const, 포인터(pointer) 및 배열(array) 등을 모두 배운 다음에 소스를 살펴보기 바랍니다.

Esc 절차는 많은 영역에서 다양하게 응용되므로 개념과 사용법을 이해하는 것이 중요합니다. 그리고 Msdn 등의 도움말을 참고하여 `printf( )`에서 Esc 문자 다음에 예약된 문자와 그 역할을 이해해야 합니다.

 C++11: 원시 문자열(raw string)

C++11은 원시 문자열을 지원합니다. 원시 문자열은 다음과 같이 표현해야 합니다.

R"[id](<문자>[...])[id]"

대문자 R 다음에 "가 위치합니다. 그리고 사용자가 자유롭게 정할 수 있는 id가 위치하거나 생략할 수 있고 그 다음에 (를 명시합니다. 여기까지가 원시 문자열의 시작을 나타내는 문자 순서이고 문자열을 구성하는 문자들을 자유롭게 구성합니다.

마지막에는)를 적고, 반드시 원시 문자열의 시작을 명시할 때 사용한 id를 적어준 후에 "를 적습니다. 아래의 표현은 모두 같은 문자열입니다.

```
R"idhere(Digital \r\n Contents2\r\n)idhere"
R"(Digital \r\n Contents2\r\n)"
"Digital \\r\\n Contents2\\r\\n"
```

아래의 코드는 간단한 문자열 리터럴을 출력합니다. 원시 문자열의 \r\n이 Escape 절차의 줄바꿈으로 취급된 것이 아니라, 문자로 출력된 사실에 주목하세요.

```c
#include <stdio.h>
#include <iostream>

void main()
{
    char* pText = "Digital \r\n Contents\r\n";
    char* pText2 = R"(Digital \r\n Contents2\r\n)";
    printf("%s\r\n", pText);
    printf("%s\r\n", pText2);
    /*
    Digital
     Contents

    Digital \r\n Contents2\r\n
    */
}
```

실습문제

1 위에서 문자열을 출력하는 함수 PutHighlightedString( )은 "H&&ello"처럼 연속된 &가 사용된 것은 처리하지 않습니다. Esc 절차의 정의에 맞게 동작하도록 PutHighlightedString( ) 함수를 수정하세요.

6 포인터(pointer), [] 연산자

포인터를 이해하기 위해서는 먼저 **주소(address)**라는 용어를 이해해야 합니다. 주소는 메모리의 각각의 셀cell에 붙여진 일련번호를 말합니다. 디스크에 파일(file)로 존재하는 프로그램은 항상 메모리에 로드(load)된 후 실행(execute)됩니다.

> 프로그램이 메모리에 로드된 후 실행중일 때 '프로세스(process)' 혹은 '태스크(task)'라고 합니다. 그러므로 여러 프로그램을 동시에 실행시킬 수 있는 윈도우 같은 운영체제를 '멀티태스킹(multitasking)'을 지원한다고 합니다.

CPU가 메모리에 있는 적절한 데이터가 변수이든, 실행 코드이든 가지고 와서 명령을 실행하려면 이 값을 참조해야 합니다. 그러므로 메모리의 각 셀에는 일련번호, 즉 주소가 붙어있으며, 우리가 참조하는 변수 이름의 경우 실제로는 컴파일러에 의해 주소로 번역된 값입니다.

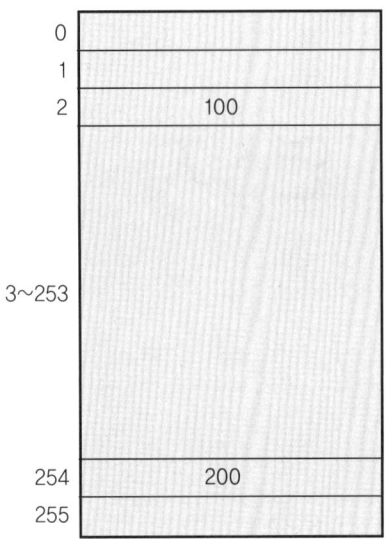

▲ 메모리의 주소: 위의 그림에서 주소는 0~255이므로 주소를 나타내기 위해 8비트를 사용할 수 있습니다. 2번지에는 100이란 값이 들어 있습니다. 254번지에는 200이 들어 있습니다. 100이나 200을 정수로 생각해서는 안 됩니다. 100은 해석하기에 따라 정수, 실수 혹은 주소가 되기도 합니다. 우리가 int i = 100; 이라고 코딩하면, 프로그래머의 입장에서는 i에 100이 대입되는 것으로 생각합니다. 하지만 실제로는 컴파일러가 생성한 i의 위치 - 만약 그것이 2번지라고 하면 - 에 100이 들어가는 것입니다. 프로그램이 실행 중일 때 i 자체는 어디에도 없고 단지 2번지의 추상화된 이름일 뿐입니다.

메모리 한 셀은 몇 바이트를 의미할까요? 즉 1000번지는 2개의 바이트를 가리키는 것일까요, 아니면 1바이트를 가리키는 것일까요? 메모리 번지가 바이트 단위로 접근(access) 가능하면 이러한 기계를 **바이트 접근 가능 기계**(byte accessible machine)라고 합니다. IBM 호환 기종의 PC는 바이트 단위의 접근이 가능합니다. C 언어로 메모리를 할당하면, 운영체제의 제한 때문에 바이트 단위의 블록 할당이 발생하지 않을 수 있습니다. 하지만 한 번 할당된 메모리의 모든 부분을 바이트 단위로 접근하는 것은 가능합니다.

C에서의 포인터 변수는 일반적인 '가리킨다(point)' 라는 의미로 쓰인 포인터 변수와 구분되어야 합니다. 일반적으로 정수값이 어떤 부분을 '가리키기' 위해 사용되었을 때 이러한 변수를 **포인터**라고 부를 수 있습니다. 예를 들어 스택(stack)의 윗부분 - 데이터가 들어갈 부분 - 을 가리키는 정수형 변수를 **스택 포인터**(stack pointer)라고 합니다. 문맥상 이러한 의미가 모호하다면, 포인터 변수를 **주소 변수**(address variable)라고 부르는 것이 좋습니다.

포인터에 대한 이해는 다음과 같은 간단한 프로그램의 실제 동작을 이해하는 것에서부터 시작합니다.

```
void main() {
    int i;
    int j = 2;
    i = j; // 이 문장에서 실제로 무엇이 일어나는가?
}
```

위의 프로그램은 j의 값을 i에 대입합니다. 방금 전의 문장을 주의 깊게 다시 한번 읽어보세요. i = j라는 문장은 j를 i에 대입하거나 <u>j의 값을 i의 값에 대입</u>하는 것이 아니라 <u>j의 값을 i에 대입</u>하는 것입니다. 즉 등호(=)의 왼쪽에 쓰인 i와 오른쪽에 쓰인 j를 해석하는 방법이 다른 것입니다.

컴파일러가 실행 코드를 생성할 때 변수의 주소와 함수 호출의 적절한 코드를 생성하기 위해 **심벌 테이블(symbol table)**을 생성하여 유지합니다. 물론 이 테이블은 코드를 생성하기 위해(compile-time) 만들어져서 실행할 때(run-time)에는 필요 없으므로 사용하지 않습니다.

 일반적으로 컴파일러는 소스 코드를 2번 스캔(scan)합니다. 첫 번째 스캔에서 변수의 주소와 함수의 주소 등을 해결하기 위하여, 심벌 테이블을 구성합니다. 두 번째 스캔에서 심벌 테이블을 참고하여 실제의 코드를 생성하는데, 이러한 컴파일러를 '**2-패스 컴파일러(2-pass compiler)**'라고 합니다.

main( ) 안에서는 2개의 정수형 변수가 선언되었습니다. 컴파일러가 계산한 i, j의 메모리 주소(memory address)가 각각 100, 104였다고 가정합시다.

 변수의 주소가 몇 번지가 되는지는 정확하게 예측할 수 없습니다. 컴파일러는 최적의 코드를 생성하기 위해 적절한 변수의 주소를 결정합니다. 100을 정수 100으로 생각해서는 안되고, 언어에 의해서 정의되는 포인터 표현 100을 의미합니다. 또한 j의 주소값은 반드시 104가 되어야 합니다. 정수는 4바이트를 차지하므로 i 다음의 j 위치는 4바이트 이후의 주소값이기 때문입니다.

6 포인터(pointer), [] 연산자

그러면 컴파일러는 코드를 생성할 때 다음과 같은 심벌 테이블을 유지합니다.

변수/함수 이름	실제 주소	형
i	100	int
j	104	int

 심벌 테이블: 실제의 심벌 테이블에는 3개의 속성(attribute)만 있는 것은 아니지만 지금은 설명을 위해 3개의 속성만 나타내었습니다.

j = 2;라는 문장에 의해 104번지에서 시작하는 4바이트에 2라는 정수값이 들어갑니다.

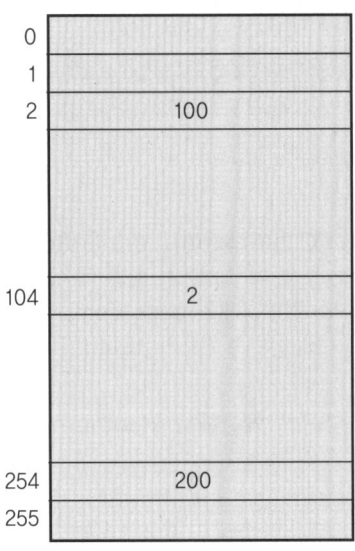

▲ j = 2;의 실행 후 메모리의 상태: [104] 번지에 정수값 2가 들어있습니다.

i = j;라는 문장에 의해 컴퓨터 내부에서는 무슨 일이 일어나는 것일까요? 등호의 왼쪽에 있는 i는 심벌 테이블의 100을 의미합니다. 정수와 주소를 구분하기 위해 이를 [100]으로 쓰기로 합시다. 또한 등호의 오른쪽 j는 심벌 테이블 [104]가 가리키는 값을 의미하는데, 이것을 [104]* 라고 쓰기로 합시다. 그러면 i = j;는 아래와 같은 문장으로 번역됨을 알 수 있습니다.

```
[100] = [104]*
```

우리는 위 문장에서 똑같은 정수 표현이어도 등호의 왼쪽에 쓰일 때와 등호의 오른쪽에 쓰일 때에 따라서 다르게 해석된다는 것을 알 수 있습니다. 등호의 왼쪽에 오는 값은 반드시 주소(address)여야 하는데, 이를 왼쪽 값(l-value, left value)이라고 합니다. 반면 등호의 오른쪽에 오는 값은 반드시 값(value)이어야 하는데, 이를 오른쪽 값(r-value, right value)이라고 합니다. l-value의 의미를 명확하게 이해하고 넘어가야 합니다. C++에 추가된 l-value reference를 이해하는 데 필요한 개념이기 때문입니다. 다음의 문장은 l-value의 제약을 어긴 에러입니다.

```
3 = 4;
```

 이 문장을 컴파일해 보면 'error C2106: '=' : 왼쪽 피연산자는 l-value이어야 합니다'란 에러 메시지를 출력합니다.

그렇다면 i의 주소값인 [100]을 메모리에 저장하는 방법은 없을까요? 메모리에 정수값이 들어가면 '정수형 변수'라고 합니다. 주소값이 들어가면 '주소형 변수'여야 하는데, 이러한 주소형 변수를 **포인터(pointer)**라고 합니다.

만약 저장하려는 주소가 정수를 가리킨다면, 정수형 주소 변수를 선언해야 합니다. 주소 변수를 선언하는 방법은 형 이름과 변수 이름 사이에 별표(asterisk(*))를 삽입하는 것입니다. 정수형 주소 변수는 다음과 같이 선언합니다.

```
int * ip;
```

 *는 형 이름(int)과 명칭(identifier) 사이에 위치합니다. 하지만 *는 구분자(delimiter)로서 하나의 토큰이므로, 위의 예에서 int와 혹은 ip와 흰 공백(white space, 여기서 ¬로 표기)으로 구분하지 않아도 됩니다. 즉, int*¬ip; int¬*ip; int¬*¬ip; 세 가지 모두 좋습니다. C 스타일은 int¬*ip;를 많이 사용했습니다. 하지만, C++ 스타일은 int*¬ip;를 사용할 것을 권장합니다. 이것은 *가 형을 결정짓는 역할을 하기 때문입니다. 반면 *는 변수 이름마다 명시되어야 합니다. int*ip, i;는 ip를 포인터로 i를 정수로 선언한 것입니다. i도 포인터로 선언하기 위해서는 int*ip, *i;처럼 선언해야 합니다. 그러므로 C++에서는 ip와 i를 포인터로 선언하는 방법으로 int*ip; int*i;를 권장하고 있습니다.

위의 문장과 char *ip;와의 차이점은 무엇일까요? 어차피 포인터 변수라면 같은 것이 아닌가요? 아닙니다. 이 질문에 대한 자세한 설명은 다음에 다루도록 하겠습니다. 하나의 변수 선언 문장으로 여러 개의 포인터 변수를 선언하려면 변수 이름마다 *를 붙여주어야 합니다.

```
int *ip, *ip2;
```

변수가 주소형 변수로 선언되지 않았을 때 실제로 이 변수가 위치하는 메모리의 위치를 알 필요가 있습니다. 이것은 주소 연산자(address of operator, &)로 가능합니다. 주소 연산자는 변수나 함수의 이름 앞에 앰퍼샌드(ampersand, &)를 붙여서 표현합니다. 그러므로 &i는 [100]을 의미합니다. 하지만 i = &j;라는 문장은 가능하지 않습니다. 정수형 변수 i에 주소값을 대입하는 것은 가능하지 않기 때문입니다. i는 int *i;로 선언되어야 할 것입니다. int *i;라고 선언되었을 때, &i는 i 값(주소값)의 실제 주소값(주소의 주소값)입니다. i는 값(주소값)입니다. *i는 i 값이 가리키는 값(정수값)입니다. 포인터 변수를 선언하는 시점의 *와 사용하는 시점의 *를 구분해야 합니다. 선언할 때, *는 그 변수가 포인터 변수임을 의미합니다. 하지만 사용할 때 *는 '포인터 변수가 가리키는 값'을 의미합니다. *는 메모리를 두 번 참조해야 하므로 그래서 *를 간접 지정 연산자(indirect operator)라고 합니다.

아래의 예제를 고려해 봅시다.

```
#include <stdio.h>

void main() {
    int i;
    int j = 2;
    int* ip; // *는 ip가 포인터 변수임을 의미합니다.

    i = j; // 이 문장에서 실제로 무엇이 일어날까요?
    ip = &i;
    printf("%d,%d,%p,%p\n",j,*ip,ip,&ip); // *는 간접 지정 연산자입니다
}
```

만들어진 심벌 테이블은 다음과 같습니다.

변수/함수 이름	실제 주소	형
i	100	int
j	104	int
ip	108	int *

▲ 심벌 테이블: 프로그램에 사용된 모든 명칭(함수 이름, 변수 이름, 형 이름 등)에 대해 컴파일 시간에 정보를 유지합니다.

메모리의 구조는 다음과 같습니다.

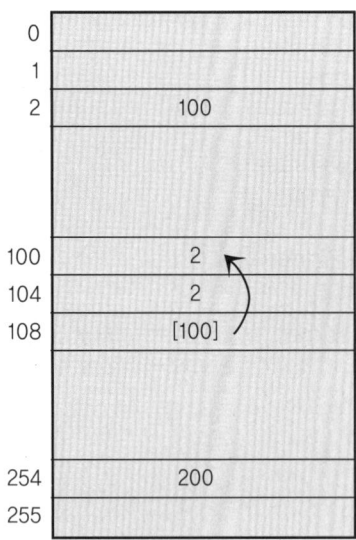

▲ 메모리의 구조

위의 메모리 상황에서 ip = [100]입니다. &ip = 108입니다. *ip는 [100] *이므로, 2입니다. printf( )에서 지원하는 Escape 시퀀스는 포인터를 출력하기 위해서 %p를 사용합니다. 그러므로 위 프로그램의 실행 결과는 다음과 같습니다.

```
2,2,[100],[108]
```

실제로 [100], [108]은 주소값이 16진수로 출력됩니다. 메모리 모델에 따라 0x????:0x???? 혹은 0x???? 혹은 0x???????? 형태로 출력됩니다.

> ?는 any character를 의미하는 와일드카드(wildcard)입니다. 16비트 도스(DOS) 운영체제에서, 0x???? 형태로 출력되는 포인터는 16비트 포인터, 즉 **가까운 포인터(near pointer)**라고 했습니다. 0x????:0x???? 형태는 32비트 포인터, **먼 포인터(far pointer)**라고 했습니다. 예전에 도스 프로그램을 할 때는, 메모리 모델에 상관없이 가까운 포인터를 선언하려면 char near *i; 처럼 선언했습니다. 먼 포인터인 경우 char far *i;처럼 선언했습니다. Win32 같은 32비트 운영체제에서 주소값은 32비트, 즉 16진수 8자리로 출력됩니다.

 문자열(string)은 포인터 표현이다

C는 문자열을 포인터로 관리합니다. 문자열 끝에 **문자열의 끝**(EOS, End Of String)을 나타내는 특수 문자 0이 위치합니다.

> C 언어는 EOS를 사용하여 문자열의 끝을 표현합니다. 하지만 Pascal 같은 언어는 문자열의 선두에 문자열의 길이를 집어 넣어 문자열을 관리합니다. 그러므로 Pascal에서 문자열의 길이를 구하는 함수는 배열의 첫 번째 요소를 구하는 방식으로 구현합니다. 반면 C에서는 문자열의 선두 포인터로부터 '\0'을 만날 때까지의 문자의 개수를 구해야 합니다.

0은 제어 문자(control character)이므로 '\0'처럼 표현하기도 합니다. 우리는 '\0' 자체가 문자열에 포함되는 경우를 염려하지 않아도 됩니다. '\0'이 문자열의 중간에 위치한다면 C 언어는 '\0'이 위치한 앞까지를 하나의 문자열로 취급합니다.

 그러면 "hello\0world\0"은 "hello\0"과 같은 표현인가요?

 그렇지 않습니다. "hello\0world\0"은 메모리를 13바이트(5+\0+5+\0+\0) 차지하고 "hello\0"은 메모리를 7바이트 차지합니다. 그렇지만 2개의 문자열을 출력하면 모두 hello를 출력할 것입니다. 왜냐하면 표준 출력 함수는 '\0'을 만나면 문자열의 끝으로 판단하기 때문입니다.

다음 문장을 봅시다. s의 형은 무엇이 되어야 할까요?

```
s = "hello";
```

문자열이 포인터로 관리된다는 점에 주의하세요. 그러므로 s는 다음과 같이 선언되어야 합니다.

```
char *s;
```

그렇다면 s에는 무슨 값이 들어가는 걸까요? 컴파일러는 `s = "hello";` 문장을 다음과 같이 해석합니다. 메모리의 적절한 영역 — 컴파일러가 관리하는 힙(heap) — 에 `"hello"` + '\0'을 차례대로 집어넣습니다. 문자 5개와 0(EOS)을 포함하여 6바이트를 사용합니다. 그리고 첫 번째 문자 'h'의 시작 주소를 돌려줍니다. 그러므로, `"hello"`는 'h'의 시작 주소 표현입니다. 그러므로 s는 `char *s;`처럼 선언되어야 하는 것입니다.

일반적으로 C 프로그래머들은 `s = "hello";`란 문장을 "문자열 hello를 s에 대입한다."라고 해석하지만 그것이 아닙니다. 올바른 해석은 다음과 같습니다.

"hello" + '\0'를 메모리의 적절한 영역에 집어넣은 다음, 첫 번째 문자 'h'의 시작 주소를 s에 대입합니다.

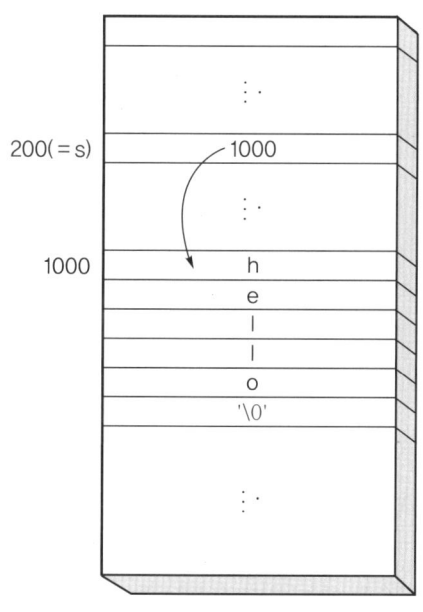

▲ s = "hello";의 메모리의 상태: 마지막에 항상 0이 추가된다는 사실에 주의하세요.

그렇다면 *(s+1)은 무엇을 의미할까요? s가 1000번지이므로 [1001]*를 의미합니다. 즉 문자 'e'입니다. *(s+1)은 연산자 [ ]를 사용하여, s[1]로 나타낼 수 있습니다. 다음을 기억하여 둡시다.

 [ ]의 정확한 이름은 '배열 첨자 연산자(array subscript operator)'입니다. exp1[exp2]는 컴파일러에 의해 *((exp1)+(exp2))로 번역됩니다.

```
*(s+n) ≡ s[n]
```

s와 n의 위치를 바꾸어 *(n+s)라고 쓸 수 있듯이 n[s]라고 쓸 수 있음에 유의하세요. 그러므로 s[1]은 1[s]라고도 쓸 수 있습니다. 다음의 예제는 연산자 [ ]의 역할을 이해하는 데 많은 도움이 될 것입니다.

```
#include <stdio.h>

void main() {
    char *s;

    s="hello";
    printf("%c,%c,%c,%d\n",*(s+1),s[1],1[s],s[5]);
    // e, e, e, 0이 출력됩니다.
}
```

 **진보된 주제: 포인터의 포인터, 함수 포인터**

포인터에 대해서는 아직 이야기할 것이 많지만, 다른 장에서 필요할 때 다루겠습니다. 함수 포인터에 관한 사항은 '19장 함수 포인터'를 참고하세요. 그리고 또한 C++의 동적 메모리 할당 연산자 new와 delete가 사용될 때는 언제나 포인터가 사용됩니다.

C 언어의 전성기 시절, 포인터는 가장 중요하지만 이해하기 어려운 주제였습니다. C++의 클래스가 중요해진 지금 시점에서도 포인터는 여전히 중요하고, 이해하기 어려운 주제입니다. Java와 같은 고급 언어는 포인터를 지원하지 않습니다. C/C++은 포인터를 가장 완벽하게 지원하는 언어입니다. 그리고 이 포인터의 지원이 C/C++을 고급 언어와 기계어의 사이에 위치시키는 이유입니다.

 실 습 문 제

1 아래의 문장에 에러가 있다면 에러를 수정하세요(힌트: 에러가 아님).

```
#include <stdio.h>
void main() {
    char* s = "hello"
              " world\n"
              "There was a"
              " white house in the town."
    printf(s);
}
```

2 두 개의 int * 타입의 변수 p와 q에 대해서 p[q]라고 사용하면 에러가 발생하는 이유에 대해서 설명하세요.

7 문장(statement) vs. 표현식(expression)

'*10장 제어 구조*'에서 흐름(flow)을 제어하는 5개의 문장(if, switch, for, while과 do... while)에 대해서 살펴볼 것입니다. 하지만 이 장의 설명을 위해 먼저 if문(if statement)을 간단하게 소개합니다. if문은 괄호 안에 명시된 조건을 비교하여 연관된 문장의 실행 여부를 결정합니다. 예를 들어 아래의 문장을 봅시다.

```
if (i > j) printf("i is greater than j");
```

위 문장은 괄호 안에 명시된 i > j가 만족된다면 printf( )를 실행하고, i > j가 만족되지 않는다면 printf( )를 실행하지 않습니다. 우리가 유의해야 할 사항은 if는 다른 문장을 포함한 1개의 문장이라는 것입니다. 즉 위의 문장은 1개의 문장, if 문장입니다.

if문의 문법은 다음과 같습니다.

```
if (비교 문장 1)
    문장 1;
[else if (비교 문장 2)
    문장 2;] [...]
[else
    문장 3;]
```

if문은 첫 번째 비교 문장1을 검사하여 문장이 참(true)이면, 문장 1;을 수행합니다. 첫 번째 비교 문장 1이 거짓이면, `else if`에 명시된 비교 문장 2 등을 차례대로 검사하여 문장이 참인지를 검사합니다. 검사의 결과가 참이면, 문장 2;를 수행합니다. 명시한 모든 비교 문장들이 거짓이면, 마지막 else에 명시된 문장 3을 수행합니다.

`else if`와 `else`를 둘러싼 '['와 ']'에 주목해야 합니다. 이것은 이러한 문장이 생략 가능(option)함을 나타냅니다. 그러므로 `else if`와 else 구조는 생략 가능합니다. 또한 `else if`의 마지막에 명시된 [...]를 주목하세요. 이것은 `else if` 문장이 0번 이상 여러 번 반복(repetition)될 수 있음을 의미합니다. 이러한 표기법을 사용하는 것은 복잡한 문법을 체계적이고 형식적(formal)으로 설명할 수 있으므로 많이 사용합니다.

'cmd.exe'를 실행해서 명령 행 창을 실행한 후 'path /?'를 입력해 결과를 확인해 보세요. 이러한 명령들의 사용법은 위에서 제시한 표기법으로 표기하고 있습니다. 수직 바(vertical bar, |)는 혹은(or)을 의미합니다.

이제 몇 가지 if문의 예제를 통해 복잡한 if문을 연습해 봅시다. 아래 프로그램의 출력 결과는 얼마일까요?

```
#include <stdio.h>

void main() {
    int i = 2, j = 3;

    if (i > j) // ①
        i = i+1;
        if (i < j) // ②
            j = j+1;
    else // ③
        printf("%d\n",i);
}
```

보다 크다(greater than) 연산자 '>'가 수학에서와 같은 의미라고 가정하면, ①번 문장에 의해 i > j 라는 조건 문장은 결과가 거짓입니다. 그러므로 ③번 else문이 실행되어 화면에 2가 출력될 것을 기대합니다. 하지만 직접 실행해 보면, 화면에는 아무 것도 인쇄되지 않습니다. 아래의 문장에 대한 대답이 그 이유를 설명해 줍니다.

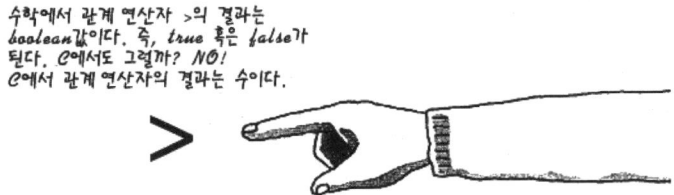

"③번의 else문이 ②번 if와 짝지워진 것인지, ①번 if와 짝지워진 것인지 어떻게 알 수 있나요?"

이제 아래와 같이 소스를 배열해 봅시다.

```c
#include <stdio.h>

void main() {
    int i = 2, j = 3;

    if (i> j)  // (1)
        i = i+1;
    if (i < j)  // (2)
        j = j+1;
    else  // (3)
        printf("%d\n", i);
}
```

이렇게 애매한 문제를 해결하는 규칙을 이해해야 합니다. 어느 if에 걸려있는지(dangling) 애매한 else 문제를 달랑거리는 else 문제(dangling else problem)이라고 합니다. 대부분의 프로그래밍 언어는 이러한 문제를 해결하는 다음과 같은 규칙을 사용하고 있습니다.

"else의 위쪽으로 봐서, else와 짝지워지지 않은 가장 가까운 if 혹은 else if와 짝짓습니다."

이 규칙에 의하면, (3)번의 else는 (2)번과 짝지워집니다. 그러면 (1)번 if문이 만족되지 않으면 실행할 문장은 없습니다. 그래서 화면에는 아무것도 출력되지 않습니다. (3)번의 else가 (1)번과 짝지워지도록 하는 방법은 없을까요? 그것은 (2)번의 if문을 하나의 독립된 문장으로 만듦으로써 가능합니다.

 블록(block)이 뭐죠?

 C/C++ 언어의 구조에 의해 여러 개의 독립된 문장을 한 개의 문장 취급해야 할 필요성이 빈번하게 생깁니다. 구조적 언어(structured programming language)는 이러한 기능을 위해서 블록(block) 기능을 제공합니다. 예를 들면 Pascal 언어에서는 블록을 begin...end로 표현합니다. C 언어는 블록을 나타내기 위해 {...}를 사용합니다. 즉 {와 } 사이에 명시된 2개 이상의 문장들은 한 개의 문장으로 취급됩니다. 블록은 실제로 몇 가지 추가적인 특징을 가지는데, 이러한 사항은 나중에 자세하게 설명하겠습니다.

블록(block)을 이용하면 여러 문장을 하나의 문장 단위로 만드는 것이 가능합니다. 블록 '{'와 '}'에 둘러쌓인 문장은 여러 개의 문장을 하나의 문장으로 만들어 줍니다. 그러므로 원래의 프로그래밍 의도대로라면 아래와 같이 블록을 사용하여 소스를 수정해야 합니다. 화면에는 2가 출력될 것입니다.

```
#include <stdio.h>

void main() {
    int i = 2, j = 3;

    if (i > j) { // ①
        i = i+1;
        if (i < j) // ②
            j = j+1;
    } else // ③
        printf("%d\n", i);
}
```

이제 본론으로 들어가 봅시다. 컴파일러는 if의 비교 문장이 참인지를 어떻게 검사할까요? 먼저 **문장(statement)**과 **표현식(expression)**을 명확하게 구분할 필요가 있습니다. 문장 자체의 값이 C에서 지원하는 데이터 값 – 일반적으로 정수 – 인 경우 이러한 문장을 **표현식**이라고 합니다. 표현식은 문장이지만, 문장은 표현식이 아닙니다. 그러므로 if의 괄호 안의 '비교 문장'은 엄격하게는 틀린 표현입니다. 문장은 결과값으로 참(true)이나 거짓(false)을 가지지 않을 수도 있습니다. 다음의 예에서 문장과 표현식을 구분해 봅시다.

```
int i = 2, j = 3; // (1)
i + j; // (2)
i = 2 + 3; // (3)
i = j = 2; // (4)
return i; // (5)
```

값을 가지지 않는 문장은 모두 2개((1)과 (5))이고 표현식은 나머지 3개입니다. 컴파일러가 (2)번 문장을 컴파일하지 못하는 것은 아닙니다.

표현식은 문장 자체가 값을 가지는 것에 주목하세요. 그러므로 문장을 등호의 오른쪽에 서서, 왼쪽에 대입 가능하다면 그 문장은 값을 가지므로 표현식입니다.

(1)번 문장을 고려해 봅시다. int i = 2, j = 3;은 값이 아닙니다. 그러므로 아래의 문장은 가능하지 않습니다.

```
k = (int i = 2,j = 3);
```

(5)번 문장도 마찬가지입니다. return i;는 i란 값을 리턴하는 문장이지만, 문장 자체가 값을 갖기는 않습니다. 그러므로 k = (return i);는 불가능합니다. 나머지 (2),(3)과 (4)는 모두 표현식입니다. i+j가 숫자임에 주목하세요. 그러므로 k = (i + j);는 가능합니다. 또한 i = 2 + 3이 표현식, 즉 숫자임에 주의하세요. 이 문장은 2+3을 i에 대입하여, i의 값을 5로 만들며, 마지막에 대입된 값, 즉 5가 이 문장의 값이 됩니다.

 수학에서 이것은 표현식이 아닙니다. 수학에서 대입문(assignment statement)은 숫자가 될 수 없습니다.

i가 5이므로 문장의 값이 5가 아니라 i = 2+3이 표현식이 숫자 5인 것입니다. 그러므로 i = j = 2;라는 문장은 2를 j에 대입하고, j의 값을 i에 대입하는 것이 아니라 이 i = j = 2;라는 문장의 의미는 다음과 같습니다.

아래에 다시 쓴 문장은 등호가 포함된 표현식을 이해하는 데 도움이 될 것입니다.

```
i = (j = 2);
```

C 언어를 배운 많은 사람들이 이러한 문장을 잘못 이해하고 있습니다. 그렇다면 if문의 문법을 정확하게 새로 적어 보겠습니다.

```
if (표현식 1)
   문장 1;
[else if (표현식 2)
   문장2;] [...]
[else
   문장 3;]
```

위와 같은 if문의 구조에서 if 괄호 안의 표현식이 '참이다', '거짓이다'의 판단 기준은 무엇일까요? C에는 참/거짓이란 값은 존재하지 않습니다. 컴파일러는 참과 거짓을 다음과 같이 구분합니다.

 C++에는 Bool형이 추가되었으며, false, true가 키워드로 제공됩니다. 하지만 false, true는 여전히 정수 호환되는 값을 가지며, 그것은 각각 0, 1입니다.

(1) 숫자 표현식 0은 거짓입니다.
(2) 0 이외의 모든 표현식은 참입니다.

그러므로 1은 참입니다. 100, -100, -1은 모두 참이고 0만 거짓입니다. 0을 2의 보수로 표현했을 때 모든 비트가 0이 됨에 주목하세요. 0 이외의 정수는 2의 보수 표현에서 적어도 1비트가 1임에 주목하세요. 컴파일러는 참과 거짓을 다음과 같이 구분합니다.

"표현식의 결과, 모든 비트가 0이면 거짓입니다. 최소한 한 개의 1인 비트를 가지면 참입니다."

그렇다면 바로 위에서 첫 번째 예로 든 소스에서 i > j가 표현식, 즉 결과가 0 혹은 다른 숫자일까요? 그렇습니다. 이것이 이 장에서 말하려고 하는 핵심입니다.

컴파일러는 관계 연산(relational operation)의 결과를 판단하기 위해 i > j에 대해, i - j를 수행합니다. 결과를 검사하여 모든 비트가 0이면, i > j를 0으로 평가합니다. 그렇지 않으면, i > j를 1로 평가합니다. 즉 i > j라는 문장은 결과가 0 혹은 1인 표현식인 것입니다. 그러므로 컴파일러가 if (i > j) 문장 1;을 검사할 때 괄호 안의 조건이 참이기 때문에 문장 1;을 수행하는 것이 아니라 괄호 안의 값이 0이 아니기 때문에 문장 1;을 수행하는 것입니다.

이러한 관계 연산자를 이행해야 우리가 관계 연산자의 결과를 자유롭게 이용하여 프로그래밍할 수 있습니다. i와 j 값을 비교하여, i > j인 경우는 k에 1을 대입하고 아닌 경우에는 0을 대입하는 문장이 필요하다고 가정해 봅시다. if문을 사용하여 다음과 같이 소스를 작성할 수 있습니다.

```
if (i > j)
    m = 1;
else
    m = 0;
```

하지만 관계 연산자의 특징을 이용하면 다음과 같이 문장을 간단히 쓸 수 있습니다.

```
m = (i > j);
```

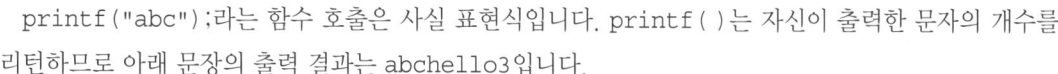

i가 j보다 크면 1을 리턴하는 함수를 만든다고 가정해 봅시다. 역시 다음과 같은 문장을 사용하여 함수를 구성할 수 있습니다.

```
return i > j;
```

`printf("abc");`라는 함수 호출은 사실 표현식입니다. `printf( )`는 자신이 출력한 문자의 개수를 리턴하므로 아래 문장의 출력 결과는 abchello3입니다.

```
printf("hello%d", printf("abc"));
```

마지막으로 아래 프로그램의 출력 결과가 무엇이 될지 각자 풀이해 보세요.

```
#include <stdio.h>

void main() {
    int i = 2,j = 3,k = 4;
    printf("%d,%d,%d,%d\n", i > j, i == j, j!= k, i <= k);
}
```

이 장에서 말한 주제를 다시 한 번 정리하면 다음과 같습니다.

"C에서의 모든 제어 구조 - if, while, do... while, switch, for - 문장에서 사용하는 비교 문장은 그 문장이 수학적인 참(true)을 검사하는 것이 아닙니다. 그 문장의 값이 0이 아닌지를 비교합니다. 비교 문장이 1이기 때문에 실행되는 것도 아닙니다. 문장의 결과가 0이 아니기 때문에 - 1인 경우도 포함하여 - 조건 검사가 참이 되는 것입니다."

문장의 종류

C 언어의 문장의 종류는 다음과 같습니다. 표현식은 문장의 부분 집합(subset)입니다. 각 문장은 설명이 필요할 때 자세하게 살펴볼 것인데, 다음의 문장의 종류에서 지금까지 다룬 것은 표현식과 선언문이 전부입니다.

C++에는 좀 더 추가적인 문장이 있습니다. 이러한 주제는 〈만화가 있는 C++〉에서 다루겠습니다.

- 라벨문(labeled statement): switch에서 혹은 goto의 대상으로 사용됩니다.
- 표현식(expression statement): 문장의 결과가 값(value)입니다. 대부분의 수학 문장과 몇 개의 특수한 문장을 포함합니다.
- 복합문(compound statement): 블록을 의미합니다.
- 선택문(selection statement): if문, switch문이 있습니다.
- 반복문(iteration statement): for, while, do...while문이 있습니다.

- 분기문(jump statement): break, continue와 goto문이 있습니다. goto문은 이 책에서 설명하지 않습니다.
- 선언문(declaration statement): 변수 선언, 함수 선언문 등이 있습니다. 다른 선언문은 앞으로 배우게 될 것입니다.
- try-블록문(try-block statement): 〈만화가 있는 C++〉에서 자세히 다룰 예정입니다.

실습문제

1 대입문은 표현식이지만, 함수의 파라미터로 사용하는 것을(가능하지만) 추천하지 않습니다. 이유가 무엇인지 구체적인 예를 들어 설명하세요(힌트: 호출 관례(calling convention)).

2 아래 문장의 출력 결과가 나오는 과정을 상세하게 설명하세요.

```
printf("hello%d", printf("abc"));
```

8 연산자(operator)

 이 장에서는 아직 설명하지 못한 클래스, 구조체, 배열 등에 필요한 연산자의 설명을 포함합니다. 이러한 부분은 건너뛰었다가 나중에 다시 참고하기 바랍니다.

각 연산자의 명확한 기능을 이해하는 것이 필요합니다. 이 장에서는 연산자의 형식을 살펴보고, 예제를 통해 사용법을 설명합니다. 연산자는 다음과 같은 범주로 구분할 수 있습니다.

- 산술(arithmetic)
- 할당(assignment)
- 비트(Bitwise)
- C++에서만 사용 가능(C++ specific)
- 콤마(comma)
- 조건(conditional)
- 논리(logical)
- 후위표기(postfix)
- 전처리(preprocessor)
- 참조/역참조(reference/dereference)
- 관계(relational)
- sizeof
- 형 변환(casting)

C++에서 아래의 연산자들은 오버로드(overload) 될 수 없습니다.

 C++에서는 연산자의 기능을 사용자가 정의할 수 있습니다. 같은 연산자 함수가 여러 개 정의되면 문맥에 따라 적절한 함수가 호출되는데, 이것을 '연산자 오버로딩(operator overloading)'이라고 합니다.

연산자	의미
.	C++ 직접 요소 선택(direct component selector)
.*	C++ 재참조(dereference)
::	C++ 범위 접근/해결(scope access/resolution)
?:	조건 연산자(Conditional)

위의 연산자들을 제외한 모든 연산자들은 오버로드할 수 있습니다. 문맥에 따라 같은 연산자 기호가 한 가지 이상의 의미를 가질 수 있습니다. 예를 들면 앰퍼샌드(ampersand(&))는 다음과 같이 해석될 수 있습니다.

 C에서도 이미 정의된 연산자(built-in operator)의 오버로딩은 지원되었습니다. 실제로 1+2와 1.0+2.0은 덧셈 결과가 다릅니다.

(1) 비트 AND 연산자
(2) 주소(address-of) 연산자
(3) C++에서 참조에 의한 호출 변경자(reference modifier)

2개의 심벌이 1개의 연산자 단위를 이룰 경우, 2개의 심벌 사이에 공백이 들어가면 안되고 위치가 바뀌어서도 안 됩니다. 예를 들면, 관계연산자 >=가 >= 혹은 =>로 쓰이면 의미가 달라지거나 문법적인 오류입니다.

 ## 산술(Arithmetic)

이제부터 설명하는 연산자들은, 특별히 명시되지 않는 한 이항 연산자(binary operator)입니다. 실제로 단항(unary)이나 삼항(ternary) 연산자들은 몇 개 되지 않습니다.

2개의 연속된 심벌은 1개의 토큰을 이뤄요.

 피연산자(operand)의 수가 반드시 2개임을 의미합니다.

연산자	의미
+	단항 부호 연산자, 양수(positive number)를 의미합니다.
−	단항 부호 연산자, 음수(negative number)를 의미합니다.
+	덧셈(addition) 연산자
−	뺄셈(subtraction) 연산자

연산자	의미
*	곱셈(multiplication) 연산자
/	나눗셈(division) 연산자
%	나머지(modulo) 연산자
++	단항 전위(prefix) 증가(increment) 연산자
++	단항 후위(postfix) 증가 연산자
--	단항 전위 감소(decrement) 연산자
--	단항 후위 감소 연산자

　산술 연산자 +, -, *, /의 의미는 수학적인 의미와 같습니다. 가감승제 연산이 피연산자의 타입(type)에 따라 다른 연산을 한다는 것에 주의하세요. 2+3과 2.0+3.0은 다릅니다. 전자의 결과는 5이지만, 후자의 결과는 5.0입니다. 5의 표현과 5.0의 표현이 메모리 내부에서는 다릅니다. 정수(integer)는 2의 보수로 표현되지만, 실수(floating)는 부동 소수점(floating point) 표기법으로 표현됩니다. 덧셈, 뺄셈, 곱셈에서 그 차이를 크게 느낄 수 없지만, 나눗셈에서는 심각한 문제가 발생할 수 있습니다. 다음의 결과를 주목하세요.

```
#include <stdio.h>

void main() {
    int i = 31, j = 39;
    int k = 10;
    printf("%d, %d\n", i/k, j/k);
    // 3,3
}
```

정수 나눗셈의 결과는 소수점 이하는 항상 무시됩니다. 결과가 3.1이든, 3.9이든 3이 됩니다.

 이것을 'flooring'이라고 합니다. 수학적인 기호로 ⌊3.9⌋ = 3처럼 씁니다. ⌈3.1⌉ = 4는 ceiling을 의미합니다. ⌈3.1⌉이든, ⌈3.9⌉이든 4입니다.

나머지 연산자 %는 나눗셈의 나머지를 구합니다. i = 10/3의 결과 i는 3이지만, i = 10 % 3의 결과 i는 1입니다. 10을 3으로 나눈 나머지(remainder)는 1이기 때문입니다. 나머지 연산자의 사용법을 정확히 익혀두기 바랍니다. 다음과 같은 문제를 해결하는 데 나머지 연산자가 사용될 수 있습니다.

(1) n의 배수를 구하는 문제
(2) 화면의 (x, y) 좌표의 실제 선형 메모리의 위치를 구하는 문제

다음은 1에서 100 사이의 정수 중 3의 배수를 출력하는 예입니다.

```
#include <stdio.h>

void main() {
    int i = 0;

    while ((++i)< = 100)
        if (i%3 == 0) printf("%d,",i);
}
```

증감 연산자는 대입 연산자 =처럼 **부효과**(side effect)가 있습니다. 즉 표현식 자체가 변수의 값을 변경시킵니다. 일반적인 표현식은 식 자체가 값을 가지지만, 어떠한 변수의 값도 변경시키지 않습니다. 예를 들면 3+5라는 표현식(expression)은 8입니다. 하지만 어떠한 값도 변경시키지는 않습니다. i = 3, j = 5라고 합시다. i + j는 8입니다. 하지만, i와 j는 변하지 않습니다. 즉 표현식은 식을 평가(evaluate)할 뿐 변수 값을 변경시키지 않습니다. 하지만 k = i + j라는 문장을 고려해 봅시다. i + j 라는 식의 평가 값이 k를 변경시킵니다. 이러한 표현식을 '**부효과가 있다**'고 합니다. 즉 표현식이 실행되고 난 뒤 변경되는 상태 값(변수 값)이 있다면 그 표현식에는 부효과가 있습니다.

```
++i
```

앞의 문장은 i의 값을 1 증가시킵니다. i의 값이 변하므로 부효과가 있습니다. 앞의 문장은 다음 문장과 동일합니다.

```
i++
```

i를 1 증가시키는 문장을 정리해 보겠습니다. 아래의 문장은 모두 i 값을 1 증가시키는 문장이며, 모두 부효과가 있습니다.

```
i = i + 1;
++i;
i++;
i +=1;
```

 i +=1을 i = +1과 혼동하지 마세요. 전자는 i를 1 증가시킵니다. 하지만 후자는 i에 양수 1을 대입합니다. i -= 1과 i = -1도 마찬가지입니다.

마지막 문장은 아직 다루지 않았지만, 대입 연산자에 의해 i 값이 1 증가합니다. 증가 연산자를 전위에 붙이는 것과 후위에 붙이는 것은 어떤 차이가 있을까요? 우리는 이 차이를 이해하고 있어야 합니다. C++에서 전위 증감 연산자와 후위 증감 연산자를 오버로딩하는 문법에도 차이가 있습니다. 아래의 문장을 기억하세요.

"전위 증감 연산자는 식을 평가하기 전에 먼저 증감합니다. 후위 증감 연산자는 식을 평가한 후 증감됩니다."

i = 2, j = 3인 경우 i = i + (++j)와 i = i + (j++)는 다릅니다. 전자인 경우에는 i = 6이고 후자인 경우에는 i = 5입니다. 물론 둘 다 j = 4입니다. 그렇다면 여러 개의 변수에 증감 연산자가 사용되었을 때 어떻게 해석해야 할까요? 컴파일러는 ① 전위 연산자를 위해 코드를 생성하고, ② 표현식을 위해 코드를 생성한 다음, ③ 후위 연산자를 위해 코드를 생성합니다. 아래의 문장을 고려해 봅시다.

```
i = i+(++j)-(k--)+(j++)+k;
```

위의 문장은 다음과 같이 번역됩니다.

① j = j+1;
② i = i+j-k+j+k;
③ k = k-1; j = j+1;

위와 같은 일련의 문장이 실행되어 i, j, k의 값이 결정됩니다. 무척 복잡합니다. 증감 연산자의 혼용은 코드를 읽기 어렵게 만듭니다. 증감 연산자는 위의 예에서처럼 같은 변수에 대해서, 또 전위와 후위를 섞어서 사용하는 것은 권장되는 사항이 아닙니다. 증감 연산자를 사용하는 관례(convention)는 다음과 같습니다.

"한 표현식에서는 같은 형태 – 전위 혹은 후위 – 의 증감 연산자를 사용합니다. 같은 형태라도 한 변수에 대해서 1번 이상의 증감 연산을 사용하지 않습니다."

위의 예에서는 전위와 후위를 섞어 쓰고 있을 뿐만 아니라 같은 변수 j에 대해서 2번씩이나 증감을 하고 있으므로 잘못 사용하고 있는 것입니다.

 ## 할당(Assignment)

연산자	의미
=	간단한 할당 연산자
*=	
/=	
%=	
+=	연산 후
-=	할당 연산자
<<=	
>>=	
&=	
^=	
|=	

할당 연산자는 할당 연산자의 오른쪽 표현식의 값을 평가하여 왼쪽 변수에 대입합니다. i = j + k는 j+k의 평가 값을 i라는 변수에 대입합니다. i 값이 변경되므로 부효과가 있습니다. 할당문의 왼쪽에 있는 변수(left value l-value)를 해석하는 방법과 오른쪽에 있는 변수(right value, r-value)를 해석하는 방법이 다르다는 것에 주목할 필요가 있습니다. i = 2, j = 3일 때

```
i = j;
```

라는 문장을 어떻게 해석할까요? 물론 i에 3을 대입합니다. j를 i에 대입하는 것이 아니라 i에 j의 값인 3을 대입하는 것입니다. 즉 할당문의 오른쪽에 있는 표현식의 값을 왼쪽 변수 – 즉 실제 i가 할당된 메모리의 곳 – 에 할당하는 것입니다. 그래서 왼쪽에는 항상 주소값을 구할 수 있는 변수가 위치해야 하지만, 오른쪽에는 값이 위치해도 됩니다. 다음 문장은 이러한 규칙을 위반했을 때 발생하는 에러입니다.

```
3 = j;
```

이러한 문장은 컴파일러에 의해 다음의 에러 메시지를 발생합니다.

```
"L-value required"
```

++1 같은 표현식의 경우도 마찬가지입니다. 컴파일러는 이 문장을 1 = 1+1로 해석하려고 하기 때문에 L-value가 틀렸다는 에러 메시지를 출력합니다. 할당문의 종류가 많아 보이지만, 할당문을 만드는 규칙을 이해한다면 이러한 할당문을 사용하는 것은 무척 쉽습니다. i = i + j는 i + = j와 동일합니다. 이러한 것은 다음과 같은 그림으로 일반화됩니다.

$$i = i + j * k;$$
$$i = \cancel{i} + j * k;$$
$$i (=)(+) j * k;$$
$$i + = j * k;$$

▲ 복잡한 할당문의 원리

할당문의 왼쪽과 오른쪽의 첫 번째 변수가 같다면, 복잡한 할당문으로 고칠 수 있습니다. 먼저 오른쪽 표현식에서 중복되는 같은 변수를 제거하면 =+형태가 남는데, 이 둘의 위치를 교환합니다.

i + = j * k가 i = i + (j * k)임에 주의하세요. i = (i + j) * k를 복합 할당문을 사용하도록 고칠 수는 없습니다.

오른쪽의 첫 번째 변수는 i+j이지, i가 아니기 때문입니다. 그러므로

```
i -= j + k + l;
```

은 i = i - j + k + l이 아니라 i = i - (j + k + l)입니다.

위에서 제시한 연산자들 *=, /=, %=, +=, -=, <<=, >>=, &=, ^=, |=은 이처럼 복잡한 할당문으로 만드는 것이 가능합니다.

할당문도 표현식임에 주의하세요. i = j;라는 할당문은 j의 값을 i에 대입할 뿐만 아니라 i = j라는 문장 자체가 i의 값을 가집니다.

 수학에서 (i = j)는 값이 아닙니다. 단지 할당문일 뿐입니다. 하지만 C에서 i = j는 표현식입니다. i = 3이라는 문장은 i 값을 3으로 바꿉니다. 또한 i = 3 표현식 자체는 3이라는 값을 가집니다.

그러므로 다음과 같은 문장을 사용하는 것은 가능합니다.

```
i = j = k = 0;
```

이 문장을 다음과 같이 해석하는 것은 엄격한 의미에서 잘못되었습니다.

"0을 k에 대입하고, 0을 j에 대입하여, 0을 i에 대입합니다."

올바른 해석은 다음과 같습니다.

"0을 k에 대입합니다. k = 0을 j에 대입합니다. j = (k = 0)을 i에 대입합니다."

그러므로 오른쪽의 0이 i에 대입된 것이 아니라 j = k = 0의 값 – 물론 이 값은 0입니다 – 이 i에 대입된 것입니다.

할당문을 사용할 때도 반드시 지켜야 할 규칙이 있습니다. 할당문을 함수의 파라미터로 사용할 때 한 개 이상의 할당문을 사용하지 마세요. 그리고 할당문을 사용해도 할당문에서 사용된 변수를 다른 파라미터로 넘기지 마세요. i = 2; j = 3인 경우 아래의 문장을 고려해 봅시다.

```
printf("%d\n",i = j);
```

위 문장은 j 값 3을 i에 할당하므로, i 값이 3이 됩니다. 또한 i = j라는 할당문 자체의 값이 3이므로 3을 출력합니다. 하지만 아래의 출력 결과에 주목하세요.

```
printf("%d,%d\n", i, i = j);
```

위 문장을 구현한 프로그래머의 의도는 i를 출력하고, i를 j 값으로 초기화시킨 다음, i = j를 출력하려고 했으므로 결과가 2, 3이 될 것이라고 예측할 것입니다. 하지만 결과는 3, 3입니다. 이 문제는 뒷장에서 파라미터 전달 방법(parameter passing method)을 이야기할 때 자세히 다루도록 하겠습니다. 아무튼 함수의 파라미터에 할당문을 되도록이면 사용하지 마세요.

비트(Bitwise)

연산자	의미
&	비트 논리곱(bitwise AND) 연산자
|	비트 논리합(bitwise OR) 연산자
^	비트 배타적 논리합(bitwise exclusive OR) 연산자
~	단항 비트 논리 부정(bitwise NOT) 연산자
<<	비트 왼쪽 시프트(bitwise shift left) 연산자
>>	비트 오른쪽 시프트(bitwise shift right) 연산자

앞의 비트 연산자들과 논리 연산자(&&, ||, !)의 연산의 차이에 대해서 주의하세요. 비트 연산자는 전체 숫자 값에 대해서 적용되는 것이 아니고 각각의 비트에 대해서 적용됩니다. 각 비트 연산자의 역할은 다음과 같습니다.

연산자	의미
&	bitwise AND: 두 비트가 모두 1이면 1이고, 그 외의 경우는 0입니다.
|	bitwise inclusive OR: 두 비트가 모두 0이면 0이고, 그 외의 경우는 1입니다.
^	bitwise exclusive OR: 1의 수가 홀수 개이면 1이고, 그 외의 경우는 0입니다.
~	bitwise complement: 단항 연산자이므로 피연산자가 1개이고 0과 1을 토글(toggle)합니다. 즉 1의 보수를 구합니다.
>>	bitwise shift right: 비트열(bit sequence)을 오른쪽으로 이동(shift)합니다. 빈 자리에는 0 혹은 1로 채워집니다.
<<	bitwise shift left: 비트열을 왼쪽으로 이동합니다. 빈 자리에는 0으로 채워집니다.

 1 ^ 1 = 0임에 주의하세요. 1 ^ 1 ^ 1은 (1 ^ 1) ^ 1 = 0 ^ 1 = 1입니다.

 남는 자리가 잘려나간 비트로 채워지는 것을 '회전(rotation)'이라고 합니다. 회전은 C의 연산자에서 지원하지 않지만, 구현할 수 있습니다. 연습문제를 참고하세요.

비트 연산자들의 피연산자의 형은 반드시 정수 호환형 - char, int, long, enum 등 - 이어야 합니다. 실수나 포인터에 비트 연산자를 적용하는 것은 의미가 없습니다.

다음의 진리 값(truth value) 테이블을 참조하세요.

E1	E2	E1 & E2	E1 | E2	E1 ^ E2
0	0	0	0	0
0	1	0	1	1
1	0	0	1	1
1	1	1	1	0

▲ 비트 연산자의 진리표

아래 프로그램의 결과를 계산해 보세요.

```c
#include <stdio.h>

void main() {
    int i = 2,  // 0000 0000 0000 0010
        j = 3,  // 0000 0000 0000 0011
        k = 5;  // 0000 0000 0000 0101

    printf("%d,%d,%d,%d,%d\n", i & j, i | j, i^j^k, i << 2, k >> 1);
    // 2 3 4 8 2
}
```

시프트(shift) 연산자는 이진수의 특성상 2의 지수 곱셈에 대한 특별한 의미를 가집니다. 다음의 표현식을 봅시다.

```
i << n
```

위 표현식은 i * 2^{n}과 동일합니다. 오버플로(overflow)는 고려하지 않았습니다.

```
i >> n
```

위 문장은 i / 2^{n}과 동일합니다. 언더플로(underflow)는 고려하지 않았습니다.

또한 &와 |의 비트 마스크(bit mask) 기능에 주목할 필요가 있습니다. 비트 마스크는 다음과 같은 두 가지의 기능을 구현하는 데 사용됩니다.

(1) bit set: 비트열의 특정한 부분을 1로 만듭니다.
(2) bit clear: 비트열의 특정한 부분을 0으로 만듭니다.

비트열의 특정한 부분을 1로 만들기 위해서는 | 연산자를 사용하고, 비트열의 특정한 부분을 0으로 만들기 위해서는 & 연산자를 사용합니다. 아래의 예제는 16진수 비트열의 11, 10 ,9, 8 위치의 비트를 0으로 지우고, 7, 6, 5, 4 위치의 비트를 1로 설정합니다.

```
#include <stdio.h>

void main() {
    unsigned int i = 0x1234; //0001 0010 0011 0100

    printf("%x\n", i&0xf0ff);
    // 1034
    printf("%x\n", i|0x00f0);
    // 12f4
    printf("%x\n", i&0xf0ff|0x00f0);
    // 10f4
}
```

^ 연산자는 특정한 숫자를 토글(toggle)시키기 위해 사용할 수 있습니다.

 n과 m을 토글시키기 위해서 i = n; i = i ^ (n ^ m);을 사용할 수 있습니다.

i = 0일 경우, 아래의 문장은 0과 1을 토글합니다.

```
i = i ^ 1;
```

아래의 ~ 연산의 결과를 정확하게 계산해 봅시다.

 3은 2의 보수로, 0000 0011입니다. ~3은 비트를 반전시키므로, 1111 1100입니다. 이것은 부호 있는 2의 보수 표현에서, 최상위 비트가 1이므로 음수이며, 값은 1111 1100의 2의 보수입니다. 1111 1100의 2의 보수는 0000 0100이므로 4이므로 -4가 값입니다.

```
#include <stdio.h>

void main() {
    char i = 3;
    printf("%d\n",~i);
    // -4
}
```

&, >>, << 연산자는 문맥에 따라 의미가 달라지므로 주의하세요. &는 주소 연산자로 혹은 참조에 의한 변수 전달 선언으로, <<와 >>는 C++의 표준 클래스 라이브러리(iostream)에서 출력과 입력 연산으로 오버로딩되어 있습니다.

논리 연산자 - &&, || -는 혼돈되지 않도록 아래의 문장을 기억해 둡시다.

"비트는 한 자리를 의미합니다. 그러므로 비트 연산자는 1개의 심벌 - &, | - 을 사용합니다."

비트 연산자와 논리 연산자의 결과는 다르다는 것에 주의하세요. 아래의 문장은 i와 j의 값이 모두 참인 경우 "hello"를 출력하는 if문입니다. i = 1이고 j = 2인 경우 "hello"가 출력됩니다.

 C언어는 0은 거짓이고, 0이 아니면 참으로 간주합니다. 그러므로 -1도 참입니다.

```
int i = 1, j = 2;
if (i && j) printf("hello");
```

위의 문장을 프로그래머의 실수로 if문을 다음과 같이 적었다고 가정해 봅시다.

```
if (i & j) printf("hello");
```

이제 "hello"는 출력되지 않습니다.

 i & j는 0000 0001 & 0000 0010이므로 결과는 0000 0000입니다.

 C++에서만 사용 가능(C++ specific)

아래와 같은 연산자들은 C++에서만 사용할 수 있습니다.

연산자	의미
::	범위 접근/해결 연산자(Scope access (or resolution) operator)
.*	클래스 멤버의 포인터의 재참조(Dereference pointers to class members)
->*	클래스 포인터 멤버의 포인터의 재참조(Dereference pointers to pointers to class members)

 클래스 멤버에 대한 포인터 변수가 선언되었을 때 특정 객체의 해당 멤버를 접근하기 위해서 사용합니다.

연산자	의미
new	동적으로 메모리를 할당하고 클래스의 생성자를 호출합니다.
delete	파괴자를 호출하고 동적으로 메모리를 해제합니다.
typeid	형이나 표현식에서 실행 시간 정보(run-time identification)를 얻습니다.
dynamic_cast	포인터를 원하는 형(type)으로 변환(cast)합니다.
static_cast	포인터를 원하는 형으로 변환합니다.
const_cast	형(type)으로부터 const 혹은 volatile 변경자를 추가하거나, 제거합니다.
reinterpret_cast	안전하지 않거나(unsafe) 구현 의존적인(implementation dependent) 변환을 위한 형 변환에 사용합니다.

　범위 해결 연산자(::)를 범위 이름 없이 사용하면 전역 범위를 의미합니다. 이것은 블록 안에서 선언된 변수/함수와 이름이 같은 전역 변수/함수를 참조할 수 있도록 합니다. 또한 클래스의 멤버 함수를 정의하기 위해 클래스의 정적 변수를 참조하거나, 정적 멤버 함수를 호출하기 위해 사용하거나, 상속받은 클래스에서 부모 클래스의 변수/함수를 참조하기 위해서도 사용합니다. 클래스의 멤버 함수를 구현할 때 지역 변수와 클래스의 멤버 변수를 구분하기 위해서도 사용할 수 있습니다.

　다음의 예제를 통해 그 사용법을 익혀두기 바랍니다. 아직은 설명하지 않은 내용 때문에 이해되지 않는 부분은 후에 다시 참고하기 바랍니다.

1 전역 변수/함수의 참조

 멤버 함수가 아닌 함수를 '전역 함수(global function)'라고 합니다. '일반 함수(generic function)'란 말이 더 적당할 것 같지만, C++의 일반 함수와 구분하기 위해 '전역 함수'란 말을 사용합니다.

```
#include <stdio.h>

int i = 1;

void Print() {
    printf("%d\n", i);
} // Print

class CTest {
    int i;
  public:
    CTest(int j) {
        i = j;
    } // CTest
    void Print() {
        ::Print(); // 전역 함수 Print( )를 호출합니다.
        printf("%d\n",i);
    } // Print
}; // CTest

void main() {
    CTest c(2);
    char i = 3;

    {
        int i = 4;

        printf("%d,%d\n",i,::i); // ::는 전역 변수를 참조합니다.
    }
    c.Print();
} // main
/*
    4,1
    1
    2   */
```

결과를 소스의 아래에 설명문으로 적어두었으므로 실행해 보고 범위 해결사의 용도를 익혀두세요.

② 클래스 멤버 함수의 정의

위의 예에서 CTest의 멤버 함수 Print( )를 클래스 블록의 밖에서 정의하려면, 다음과 같이 합니다. 이때 범위 해결사는 멤버 함수가 속한 클래스를 연결하는 역할을 합니다.

```
void CTest::Print() {
    ::Print(); // 일반 함수 Print()를 호출합니다.
    printf("%d\n",i);
} // Print
```

③ 클래스 정적 멤버 변수(static member variable)의 초기화, 정적 멤버 함수의 호출

정적 멤버 변수는 객체마다 할당되지 않고 같은 형의 클래스의 객체가 모두 접근할 수 있는 메모리 영역에 할당됩니다. 정적 멤버 변수를 다음과 같이 초기화하는 것은 에러입니다.

```
#include <stdio.h>

class CTest {
    static int counter=0; // 이 문장은 에러입니다.
public:
    CTest() {
        ++counter;
    } // CTest
    static void PrintNOfObject() {
        printf("%d\n",counter);
    } // PrintNOfObject
    ~CTest() {
        --counter;
    } // ~CTest
};
```

단순한 정적 변수를 클래스를 선언하면서 초기화 할 수는 없습니다. 이러한 초기화의 실질적인 문제는 클래스가 별도의 헤더 파일에 선언되었을 때, 헤더 파일의 소유자가 정적 변수의 값을 각각 변경한다면 정적 변수의 초기값이 경우에 따라 달라지는 문제가 발생합니다. 하지만 const 변경자를 붙이면 이 정적 변수의 값이 변경되지 않는다고 보장할 수 있으므로 클래스 선언문 안에서 초기화하는 것이 가능합니다. 정적 변수를 초기화하는 것과 정적 함수를 호출하는 소스는 아래와 같습니다.

```
#include <stdio.h>

class CTest {
    static int counter;
  public:
    CTest() {
        ++counter;
    } // CTest
    static void PrintNOfObject() {
        printf("%d\n", counter);
    } // PrintNOfObject
    ~CTest() {
        --counter;
    } // ~CTest
};

int CTest::counter = 0;

void main() {
    CTest a, b, c;

    CTest::PrintNOfObject();
}/ // main
```

앞의 프로그램의 출력 결과는 3입니다.

4 상속 받은 클래스에서 부모 클래스의 변수/함수 참조

다음은 Base를 상속받은 Derived 클래스에서 이름이 같은 Base의 멤버들을 접근하는 방법을 보여주는 예입니다.

```
#include <stdio.h>

class Base {
    int i;
  protected:
    int j;
  public:
    Base(int t = 0) {
        i = j = t;
    } // Base
    void Print() {
        printf("%d\n", i);
    } // Print
}; // class Base

class Derived : public Base {
    int j;
  public:

    Derived(int t) {
        j = t;
    } // Derived
    void Print() {
        Base::Print(); // Base의 Print()를 호출합니다.
        printf("%d,%d\n",Base::j,j); // Base의 j를 참조합니다.
    } // Print
}; // class Derived

void main() {
    Derived d(3);

    d.Print();
} // main
```

출력 결과는 아래와 같습니다.

```
0,3
```

5 지역 변수와 멤버 변수의 구분

명시적으로 클래스의 이름을 사용하고 범위 해결사를 사용하는 것은 같은 이름의 변수이지만, 변수가 속한 곳을 명시적으로 표현하는 곳에 사용할 수 있습니다. 아래의 예는 같은 이름을 가지는 지역 변수 i와 멤버 변수 i가 있을 때 멤버 변수에 접근하는 방법을 보여줍니다.

```
#include <stdio.h>

class CTest {
    int i;
 public:
    CTest(int i) {
        CTest::i = i;
    } // CTest
    void Print() {
        printf("%d\n",i);
    } // Print
}; // CTest

void main() {
    CTest t(3);

    t.Print();
} // main
```

출력 결과는 3입니다.

.*와 ->*는 클래스 멤버의 포인터로 선언된 변수에 대해 객체의 해당 멤버를 참조하기 위해 사용합니다.

8 연산자(operator) 137

클래스 멤버의 주소는 특별하게 취급되어야 합니다. 그것은 메모리의 절대 주소를 말하는 것이 아니라 객체가 할당된 곳에서 상대적인 주소를 나타냅니다.

아래의 예를 참조하여 개념을 파악해 두기 바랍니다.

```
#include <stdio.h>

class CTest {
    int a,b,c;
  public:
    CTest() { a = b = c = 0; }
    friend void SetValue(CTest &t,int i);
    void Print() { printf("%d,%d,%d\n",a,b,c); }
};

void SetValue(CTest &t,int i)
{
    int CTest::* ip;

    ip = &CTest::a;
    t.*ip = i;
} // CTest::SetValue

void main()
{
    CTest t;

    SetValue(t,100);
    t.Print();
} // main
```

프로그램의 출력 결과는 100, 0, 0입니다. 위의 예에서 SetValue( )는 t 객체의 멤버 a를 100으로 초기화합니다. 지금 설명한 부분이 이해되지 않으면 이 부분을 건너뛰어도 좋습니다. 후에 C++을 다루는 책을 참고하기 바랍니다. ->*의 사용 역시 .*와 동일합니다. ->*를 사용하기 위해서는 SetValue( )를 어떻게 수정해야 할까요?

new

C에서 메모리 할당은 함수가 할 수 있었습니다. 하지만 C++에서는 여러 가지 복잡한 기능을 지원해야 하므로 새로운 **동적 메모리 할당**(dynamic memory allocation) 연산자 new가 추가되었습니다. new는 C++에서 예약어(reserved word)이므로 변수 이름으로 new를 사용할 수 없습니다.

C에서는 동적으로 메모리를 할당하기 위해 주로 malloc( )이라는 표준 함수를 이용했습니다. 예를 들어 10개의 short 정수를 저장하기 위해서 메모리를 할당하는 경우 – 20바이트 할당 – 다음과 같은 문장을 사용할 수 있습니다.

```
i = (short *) malloc(sizeof(short) * 10);
```

물론 i는 short *로 선언되어 있어야 하며, 포인터 연산의 정확성을 보장하기 위해, (short *)를 사용하여 형 변환(casting)을 해 주는 것이 필요합니다.

> 우리는 char *와 int *의 차이점을 이해하고 있어야 합니다. 동적으로 메모리를 할당하는 경우 포인터의 대상형(dereferenced type)을 알 수 없으므로 명시적인 형 변환이 반드시 필요합니다. 이러한 형 변환은 포인터 증감 연산 시 포인터의 바른 동작을 보장합니다. char *와 int *의 차이점은 다음과 같습니다. char *cp인 경우, cp = cp + 1은 cp 값이 1 증가합니다. 하지만 int *ip인 경우 ip = ip + 1은 ip를 4 증가시킵니다.

메모리 사용 후 해제(free) – 할당된 메모리를 다시 사용 가능하다고 운영체제에게 알려주기 위하여, 다음과 같이 사용합니다.

```
free(i);
```

malloc( )와 free( )는 함수이므로 이것들을 사용하기 위해서는 stdlib.h를 포함(inlcude)시키는 다음과 같은 문장이 필요합니다.

 과거에 malloc( ) 함수는 alloc.h 혹은 mem.h에 선언되어 있었습니다. 이제 C11 표준에서 이 함수는 stdlib.h에 선언되어 있습니다.

```
#include <stdlib.h>
```

이러한 사용에서 명시적인(explicit) 형 변환(type conversion)이 왜 필요한지 알아봅시다. 아래 프로그램의 출력 결과는 얼마일까요?

```
#include <stdio.h>
#include <stdlib.h>

void main() {
    short a[] = {0x1234,0x5678,0x9012};
    short *ip = a;
    char *cp = (char *)a;

    printf("%x,%x\n",*(ip+1),*(cp+1));
    // 5678,12
} // main
```

출력 결과는 놀랍게도 5678,12입니다! 우리는 이 프로그램의 결과를 이해하기 위해서 먼저, 인텔 CPU의 **역워드**(inverted word) 구조에 대해서 이해해야 합니다.

 이것을 'little endian' – 이진수 표현에서 가중치가 작은 쪽(little)이 메모리에서 낮은 주소에 위치한다는 의미로 – 이라고도 합니다. little endian이 아닌 경우 'big endian'이라고 합니다. 이러한 엔디안 구조는 데이터 통신에서도 사용되므로 개념을 숙지하기 바랍니다.

위 프로그램의 메모리 상태가 아래 그림과 같다고 생각할 수 있으며, 개념적으로 틀리지 않습니다.

```
         0×12        1000
         0×34
         0×56        1002
         0×78
         0×90        1004
         0×12
                     1006
        ip = 1000

                     1010
        cp = 1000
```

▲ 메모리 상태

short형의 배열이 1000번지에 할당되었으며, 각각의 배열 요소는 short이므로 2바이트의 메모리 공간을 차지합니다. 또한 ip는 포인터이므로 4바이트 메모리 공간을 차지하는데, cp도 마찬가지입니다. 초기화 문장에 의해 ip와 cp 모두 1000번지를 가리킵니다. 어떤 CPU의 경우 이 그림은 맞습니다. 하지만 인텔 호환 마이크로 CPU를 사용하는 PC인 경우 실제의 메모리 그림은 다음과 같습니다.

```
0×34      1000
0×12
0×78      1002
0×56
0×12      1004
0×90
          1006
ip = 1000

          1010
cp = 1000
```

▲ 인텔 CPU인 경우 메모리 구조

인텔 CPU는 2바이트 이상의 변수를 위해 메모리 할당하는 경우 낮은 바이트는 낮은 메모리 영역에, 높은 바이트는 높은 메모리 영역에 할당합니다. 이것을 **역워드** 형식이라고 합니다.

0x1234가 메모리에 할당되는 경우 1000번지에 할당된다고 합시다. 0x1234는 2바이트 정수이므로 1000번지와 1001번지에 걸쳐서 저장됩니다.

 별다른 표시가 없는 한 상수는 4바이트 정수(int)입니다.

12는 1234의 상위 바이트에 해당되므로 상위 번지인 1001번지에 저장됩니다. 하위 바이트 34는 하위 번지인 1000번지에 저장됩니다. 그러므로 메모리의 구조가 위의 그림처럼 결정되는 것입니다.

왜 ip+1과 cp+1이 같지 않을까요? ip와 cp 모두 1000임에는 틀림없습니다. 하지만 차이점이 존재합니다. ip는 short 포인터(short *)이므로 ip+1은 다음과 같이 해석합니다.

"ip에서 1번째 떨어진 short 정수"

그러므로 ip+1은 1001이 아니라 1002입니다. 또한 *(ip+1)도 1002번지의 내용이 아니라 1002번지와 1003번지의 내용입니다. 그러므로 결과는 0x5678입니다.

cp+1은 다음과 같이 해석합니다.

"cp에서 1번째 떨어진 1바이트 정수"

그러므로, cp+1은 1001이며, *(cp+1)은 0x12가 맞습니다. 이것이 왜 (char *)의 명시적인 형 변환이 필요한지에 대한 해답입니다. 일반적으로 포인터 ip의 증감 n의 의미는 다음과 같습니다.

ip+n ≡ ip+sizeof(*ip)*n

그러므로 ip가 int *라면, ip+2는 ip를 8 증가시킵니다.

이제 **동적 메모리 할당**에 대해서 알아봅시다. 아래의 프로그램 소스는 어디가 잘못되었을까요? 문법적인 에러는 없으므로 논리적인 에러를 찾아보세요.

```
#include <stdio.h>
#include <stdlib.h>

void main() {
    int *ip;

    *ip = 10;
    printf("%d\n",*ip);
} // main
```

위의 프로그램을 도스(DOS) 환경에서 실행한다면, 실행될지도 모릅니다. 하지만 윈도우 7 환경에서 실행한다면, **일반 보호 에러**(GPF, General Protection Fault)가 발생하면서 프로그램은 중단될 것입니다.

위의 코드에서는 ip가 할당된 것이지, *ip가 할당된 것이 아닙니다. 즉 할당되지도 않은 *ip 영역에 변수를 대입하는 오류를 범하고 있습니다. 이것은 분명히 잘못된 메모리 접근입니다. 아래 그림을 보면 ip에는 의미 없는 값이 들어 있는 것을 알 수 있습니다.

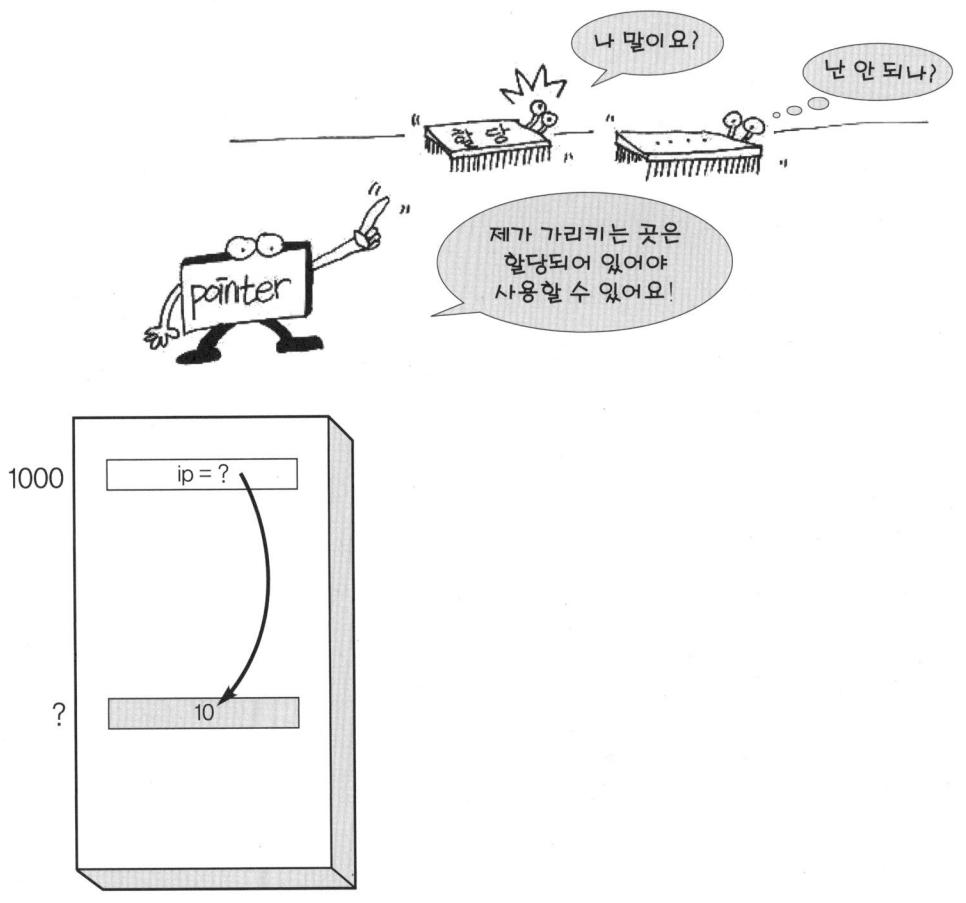

▲ 초기화되지 않은 포인터(uninitialized pointer)

ip가 1000번지에 할당되었다고 합시다. 처음 ip에 들어 있던 값을 ?라고 하면, *ip = 10은 메모리의 ?의 곳에 10을 대입합니다.

 이것을 '쓰레기 값(garbage value)' 이라고 합니다.

이것은 명백한 위법입니다. ?가 가리키는 곳이 이미 실행중인 다른 프로그램이 있는 곳이라면, 어떻게 될까요? 위의 프로그램은 간단한 다음 규칙을 위배하고 있습니다.

"변수는 쓰기 전에 메모리를 할당해야 합니다."

지금은 *ip를 사용할 것이므로 *ip를 위해 메모리를 할당해 주어야 합니다. 이것은 실행 시간(run time)에 할당되므로 **동적 메모리 할당**이라고 합니다. 일반적인 변수 선언문 int i; 같은 것은 컴파일 시간(compile time)에 변수의 메모리 위치가 결정되므로 **정적 메모리 할당**(static memory allocation)이라고 합니다.

 변수나 함수의 주소를 결정하는 것을 '바인딩(binding)'이라고 합니다. 동적 메모리 할당은 바인딩이 실행 시간에 일어나므로 '늦은 바인딩(late binding)'이라고 합니다. 늦은 바인딩이 아닌 것을 '이른 바인딩(early binding)'이라고 합니다.

위의 소스는 동적 메모리 할당을 사용하도록 아래와 같이 고쳐야 합니다.

```c
#include <stdio.h>
#include <stdlib.h>

void main() {
    int *ip;

    ip = (int *)malloc(4);
    *ip = 10;
    printf("%d\n",*ip);
    free(ip);
} // main
```

malloc(4)는 4바이트의 사용 가능한 메모리를 할당하여 시작 주소를 리턴합니다. 그러므로 ?(144쪽 메모리 그림에서 주소 왼쪽의)가 가리키는 곳은 할당된 곳이므로 이제는 불법이 아닙니다. malloc( )이 메모리의 어디를 할당할 것인가는 염려하지 않아도 됩니다. CRT 힙 관리자(heap manager)에 의해 알맞은 메모리 장소가 결정됩니다. 또한 ip를 위해 (int *)의 형 변환이 반드시 필요합니다. 프로그램을 종료하기 전에 동적으로 할당된 메모리는 반드시 해제해야 합니다. 그렇지 않으면, 다른 프로세스가 사용하지 못하는 메모리 영역이 점점 쌓여갈 것입니다.

 '메모리 누수(memory leak)'라고 합니다. 메모리 누수는 할당된 메모리를 해제하지 않아서 발생하며, 사용할 수 있는 메모리의 양이 점점 줄어듭니다.

C++에서는 연산자 new를 사용하여 동적 메모리 할당을 할 수 있습니다. C++에서 동적 메모리 할당 연산자가 필요한 이유는 객체에 대한 동적 메모리 할당에서 생성자 함수를 자동으로 호출할 필요가 있기 때문입니다.

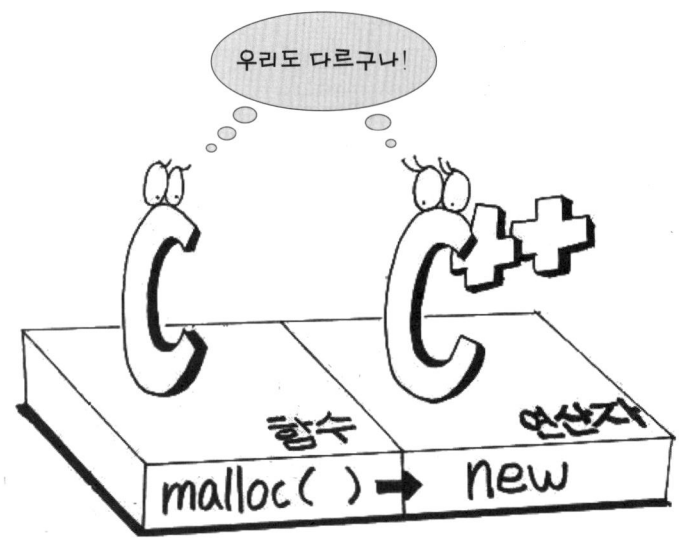

C++에서는 위의 소스를 다음과 같이 new/delete를 사용하여 구현할 수 있습니다.

```c
#include <stdio.h>

void main() {
    int *ip;

    ip = new int;
    *ip = 10;
    printf("%d\n", *ip);
    delete ip;
} // main
```

stdlib.h를 포함하는 것은 더 이상 필요 없습니다. 또한 new에 더 이상의 형 변환이 필요 없습니다. new int는 sizeof(int) 크기의 메모리 4바이트를 할당하여 시작 주소를 리턴합니다. 그러므로 ip =

new int는 타당한 메모리 할당 문장이고 메모리 해제는 delete ip처럼 사용합니다. new의 문법은 다음과 같습니다.

```
[::]new <type>[(초기값)]
```

new 앞에 범위 해결사 ::는 옵션(option)입니다. 후에 오버로딩된 new와 구분하기 위해서 ::new처럼 사용할 필요가 생깁니다. 이것은 오버로딩된 new를 사용한다는 것이 아니라 원래의 전역 new를 사용한다는 것을 보장해 줍니다. new의 뒤에 적는 type은 생략해서는 안 됩니다. new type은 sizeof(type)만큼의 메모리를 할당해서 시작 주소를 리턴합니다. 아래의 문장은 4바이트를 할당합니다.

```
long *lp;
lp = new long;
```

delete는 할당된 크기에 상관없이 다음과 같이 사용합니다.

```
delete lp;
```

메모리 할당 후 대부분은 초기화가 필요합니다. 그래서 new는 메모리 할당과 동시에 초기화를 허용합니다. 물론 초기화는 생략될 수 있습니다. 위의 소스는 new의 초기화 문장을 사용하여 다음과 같이 고칠 수 있습니다.

```
#include <stdio.h>

void main() {
    int *ip;

    ip = new int(10);
    printf("%d\n",*ip);
    delete ip;
} // main
```

이제 10개의 int형 변수를 할당하기 위해서는 어떻게 해야 하는지 알아봅시다. new는 이러한 여러 개의 기본형을 위한 메모리를 할당하기 위해서 다음과 같은 문법을 지원하는데 이것은 new가 지원하는 두 번째 문법입니다.

```
[::]new type '['표현식']'
```

표현식을 둘러싼 브래킷(bracket; [or])은 선택 사항을 나타내는 심벌이 아니라 문법 심벌입니다. 즉 생략해서는 안 됩니다. 아래의 문장은 정수 3개를 저장하기 위해서 12바이트의 메모리를 할당합니다.

```
new int[3]
```

그러므로 아래의 문장에서 ip는 12바이트의 시작 주소를 가리킵니다.

```
int *ip;
ip = new int[3];  // 이것은 정수 3개의 정수를 할당합니다.
```

이것을 4바이트를 할당해서 3으로 초기화하는 아래 문장과 혼동하지 마세요.

```
int *ip;
ip = new int(3);  // 이것은 정수 1개를 할당합니다.
```

여러 개의 기본 형으로 메모리를 할당한 경우 delete의 문법 또한 다릅니다. new int[3]처럼 할당된 메모리는 delete[ ]로 해제해야 합니다. 그러므로 위의 12바이트 정수 세 개를 할당하는 예제에서 메모리는 다음과 같이 해제합니다.

```
int *ip;
ip = new int[3];
      ⋮
delete[] ip;
```

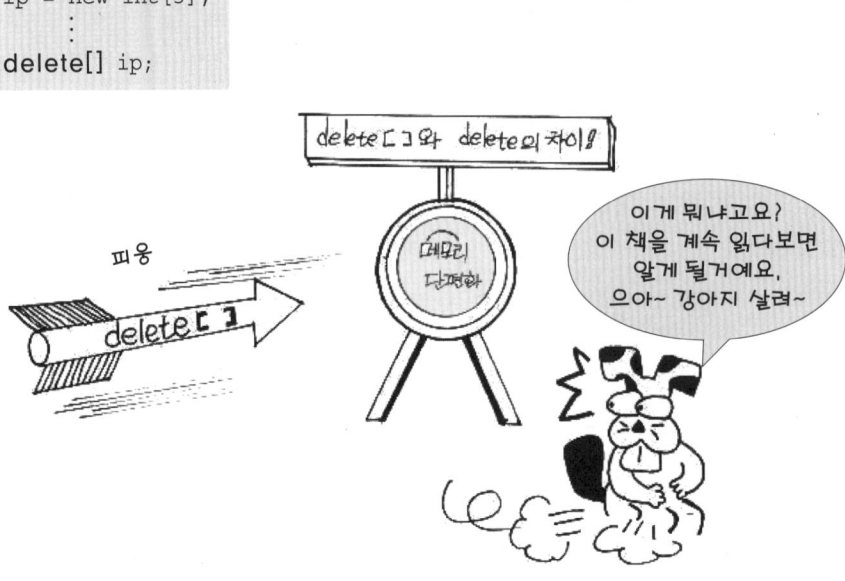

아래의 예제를 참고하세요.

```c
#include <stdio.h>

void main() {
    int *ip;

    ip = new int[3];
    *ip = 1; *(ip+1)=2; *(ip+2)=3;
    printf("%d,%d,%d\n",*ip, *(ip+1), *(ip+2));
    delete[] ip;
} // main
```

여러 개의 기본 형으로 메모리를 할당하면서 초기화하는 다음과 같은 문장은 허락되지 않습니다.

```c
ip = new int[3](1,2,3);
```

나중에 설명할 연산자 오버로딩을 이용하면, 아래와 같은 문장이 가능하도록 코드를 작성할 수 있습니다. 이때 new는 연산자는 적절히 오버로딩되어야 합니다.

```c
ip = new(1,2,3) int[3];
```

오버로딩된 new가 존재하면, 원래의 new를 호출하기 위해서는 다음과 같이 범위 해결사를 사용합니다.

```c
ip = ::new int[3];
```

우리는 내용 연산자(contents-of operator) [ ]에 대해 배웠는데 *(ip+n)은 ip[n]과 동일합니다. 그러므로 위의 소스는 아래와 같이 고쳐 쓸 수 있습니다.

 이때 ip는 포인터 변수여야 하며, n은 정수형입니다.

```c
#include <stdio.h>

void main() {
    int *ip;

    ip = new int[3];
    ip[0] = 1; ip[1] = 2; ip[2] = 3;
    printf("%d,%d,%d\n",ip[0], ip[1], ip[2]);
    delete[] ip;
} // main
```

new를 사용하여 2차원처럼 사용할 수 있는 메모리를 할당할 수 있습니다. 아래의 예제를 참고하세요. 2차원 배열 a[ ][ ]에서 a는 포인터의 포인터로 취급되므로 2차원처럼 사용하는 메모리를 할당하기 위해서는 포인터의 포인터 변수 선언이 필요합니다.

```cpp
#include <iostream>

void display(long double **);
void de_allocate(long double **);

int m = 3;
  // 행의 수
int n = 5;
  // 열의 수

int main(void) {
   long double **data;

   data = new long double*[m];           // 1단계: 행을 설정합니다.
   for (int j = 0; j < m; j++)
      data[j] = new long double[n];      // 2단계: 열을 설정합니다.

   for (int i = 0; i < m; i++)
      for (int j = 0; j < n; j++)
         data[i][j] = i + j;             // 임의의 초기화

   display(data);
   de_allocate(data);
   return 0;
}

void display(long double **data) {
   for (int i = 0; i < m; i++) {
      for (int j = 0; j < n; j++)

         cout << data[i][j] << " ";
      cout << "\n" << endl;
      }
}

void de_allocate(long double **data) {
   for (int i = 0; i < m;  i++)
      delete[] data[i];                  // 1단계 : 열을 삭제합니다.

   delete[] data;                        // 2단계: 행을 삭제합니다.
}
```

> 윽~~ POlneer뿐이잖아! 난 포인터가 정말 싫어.

C++11의 초기화 리스트(initialization list)를 사용하면 new[ ]로 메모리를 할당할 때 각각의 초기화를 지정하는 것이 가능합니다. Visual Studio 2013 이상에서 이 문법을 지원합니다. 위의 예는 다음과 같이 작성할 수 있습니다.

```c
#include <stdio.h>

void main()
{
    int *ip;

    ip = new int[ 3 ]{1,2,3};
    printf( "%d,%d,%d\n", *ip, *(ip + 1), *(ip + 2));
    delete[] ip;
} // main
```

초기화 리스트의 문법은 new type{ }입니다. {와 } 안에 할당하는 단위 개수만큼의 초기값을 적습니다.

사실 new를 사용하는 이유는 클래스(class) 타입의 객체(object)를 위하여 메모리를 할당하고, 생성자(constructor)를 호출하기 위함입니다. 아직 클래스에 대해서 다루지 않았으므로 이 부분은 나중에 필요할 때 설명하도록 하겠습니다.

delete

delete에는 아래의 두 가지 문법이 있습니다.

```
[::]delete <pointer>;
[::]delete[] <pointer>;
```

할당이 ip = new int처럼 되었다면, delete ip를 사용합니다. 할당이 ip = new int[3]처럼 사용되었다면, 반드시 delete[] ip를 사용합니다. delete를 잘못 사용하면 메모리 릭(memory leak)이 발생하는 원인이 됩니다. delete와 delete[]의 차이점은 C++을 다루는 책을 참고하세요.

ip가 포인터의 포인터로 선언되었을 때 포인터의 포인터에 해당하는 값, 즉 배열의 두 번째 인덱스에 해당하는 메모리를 해제할 때는 delete[] ip[0]의 형식으로 사용할 수 있습니다. 이러한 사용은 두 번째 문법 형식에 포함됩니다.

typeid

C++의 typeid를 사용하면 실행 시간에 표현식이나 형의 형 정보(type information)를 구할 수 있습니다. typeid는 type_info라는 클래스의 상수 참조를 리턴하므로 typeid를 사용하기 위해서는 typeinfo.h를 포함해야 합니다.

아래의 예는 typeid를 이용해서 실행 시간에 형의 이름이나 베이스 클래스의 이름을 얻는 방법을 보여줍니다.

```
#include <iostream>
#include <string>
#include <typeinfo>

struct Base {}; // 비다형성(non-polymorphic)
struct Derived : Base {};

struct Base2 {virtual void foo() {} }; // 다형성(polymorphic)
struct Derived2 : Base2 {};

int main()
{
    int myint = 50;
    std::string mystr = "string";
```

```cpp
    double *mydoubleptr = nullptr;
    std::cout << "myint has type: " << typeid(myint).name() << '\n'
        << "mystr has type: " << typeid(mystr).name() << '\n'
        << "mydoubleptr has type: " << typeid(mydoubleptr).name()
            << '\n';

    // 비다형성 | 값은 static 형입니다.
    Derived d1;
    Base& b1 = d1;
    std::cout << "reference to non-polymorphic base:
            " << typeid(b1).name() << '\n';

    Derived2 d2;
    Base2& b2 = d2;
    std::cout << "reference to polymorphic base:
            " << typeid(b2).name() << '\n';
}
```

출력 결과는 다음과 같습니다.

```
myint has type: int
mystr has type: class std::basic_string<char,struct std::char_
        traits<char>,class std::allocator<char> >
mydoubleptr has type: double *
reference to non-polymorphic base: struct Base
reference to polymorphic base: struct Derived2
```

하위 클래스(derived class)의 정보를 얻기 위해서 베이스 클래스의 객체를 이용하는 경우, 베이스 클래스가 다형성(polymorphic) 클래스가 아닌 경우, type_info는 원래의 형 정보를 얻어낼 수 없습니다. type_info가 원래의 형 정보를 얻어내려면, 베이스 클래스가 다형성 클래스로 선언되어야 합니다.

typeid가 동작하기 위해서는 프로젝트 설정에서 실행 시간 형식 정보를 사용하도록 설정해야 합니다.

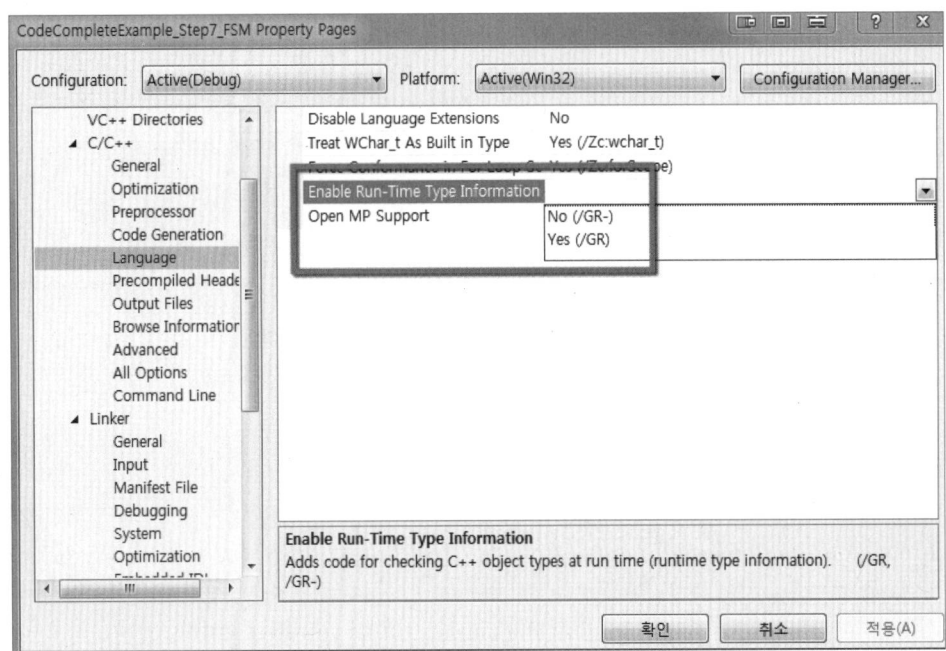

▲ Visual Studio 2013의 런타임 형식 정보 활성화 설정

C++11에서는 해시 컨테이너의 인덱스로 사용할 수 있도록 type_info를 std::type_index의 파라미터로 전달할 수 있습니다. type_index를 사용하는 예는 C++ 관련 책을 참고하기 바랍니다.

 클래스와 클래스의 상속성(inheritance)에 대해 확실히 개념을 파악하지 못했다면 이 부분을 건너 뛰세요. 상속성에 대한 개념 없이 dynamic_cast를 이해하는 것은 불가능합니다.

dynamic_cast를 이해하기 전에 서브타입의 원리(subtype principle)에 대해 이해할 필요가 있습니다. 다음과 같은 클래스의 계층 구조를 생각해 봅시다.

▲ subtype principle

클래스 B의 포인터 변수 bp를 고려해서 다음과 같은 문장이 가능한지에 대해 이야기해 봅시다. 위의 그림에 해당하는 소스는 아래와 같습니다.

```
class A { void f(){} };
class B : public A { void f(){} };
class C : public B { void f(){} };
class D : public C { void f(){} };

void main() {
    B *bp;
    A a;
    B b;
    C c;
    D d;

    bp=&b; // 명시적인 형 변환이 없어도 가능합니다.
} // main
```

bp = &b는 타당한 문장입니다. bp는 클래스 B형의 객체 b의 시작 주소를 가리킵니다. 그러므로 bp -> f( )는 타당한 함수 호출이며, b의 멤버 함수 f( )가 호출됩니다. 그렇다면 다음 문장은 가능한가요?

```
bp = &a;
```

불가능합니다. 아래처럼 형 변환을 해주면 어떨까요?

```
bp = (B *)&a;
```

이것은 가능하지만 아주 위험한 형 변환입니다. 안전하지 않은 형 변환이기 때문입니다. 왜 그런가를 이해하기 전에 다음 문장을 고려해 봅시다.

```
bp = (B *)&c;
bp = (B *)&d;
```

위의 두 문장은 모두 가능하며, bp -> f( )는 각각 클래스 B의 멤버 함수 f( )를 호출합니다. c의 멤버 함수 f( )와 d의 멤버 함수 f( )가 호출하려면, f( )를 가상함수(virtual function)로 만들어야 합니다. 왜 하위 클래스 - subtype - 의 포인터를 가지는 것만 허용되는지, 또 어떻게 하위 클래스의 멤버 함수를 호출하는지는 C++의 중요한 주제입니다.

 상위 클래스를 supertype이라고 한다면, 상속 받은 하위 클래스는 subtype이 됩니다. 물론 super class/sub class, base class/derived class라는 용어도 사용합니다.

상위 클래스의 포인터 변수를 이용해 하위 클래스의 멤버를 접근하는 것은 자연스럽습니다. 하지만 하위 클래스의 포인터를 이용해 상위 클래스의 멤버 함수를 접근하는 것은 부자연스럽습니다. 어떻게 자식(child)이 부모(parent)의 소지품을 건드릴 수 있나요? bp가 B *이므로 등호의 오른쪽에는 당연히 &b가 올 수 있습니다. 여기에 서브 타입의 원리의 핵심이 있습니다. 원리는 다음과 같습니다.

"supertype이 올 수 있는 자리에는 항상 subtype이 올 수 있습니다."

등호의 오른쪽에 B *가 올 수 있으므로 B의 서브 타입에 해당하는 C *와 D *는 올 수 있습니다. 하지만 B *의 수퍼 타입에 해당하는 A *는 올 수 없습니다. 이 원리는 가상 함수와 함께 C++ 프로그래머라면 반드시 기억하고 있어야 합니다.

C++의 표준은 (안전하기만 하다면) 반대의 형 변환을 지원합니다. 이러한 형 변환은 실행시에 일어나므로, **동적 형 변환(dynamic casting)**이라고 합니다. 동적 형 변환을 위한 키워드는 dynamic_cast입니다. 이때 단 한 가지 제약이 있습니다. 형 변환이 되는 클래스는 반드시 **다형성 클래스(polymorphic class)**여야 합니다.

 1개 이상의 가상 함수를 가지는 클래스를 '다형성 클래스'라 합니다. 1개 이상의 순수 가상함수를 가지는 클래스는 객체를 만들 수 없으므로 '추상 클래스(abstract class)'라 합니다. 추상 클래스는 다형성 클래스에 속합니다. 다형성 클래스의 가상함수에 관한 호출은 실행할 때 결정되므로 '다형(polymorphic)'이란 말은 적절합니다.

8 연산자(operator)

즉 최소한 한 개 이상의 가상함수를 멤버로 가져야 합니다. 아래의 예제는 다음과 같은 클래스 계층 구조에서의 형 변환을 보여줍니다.

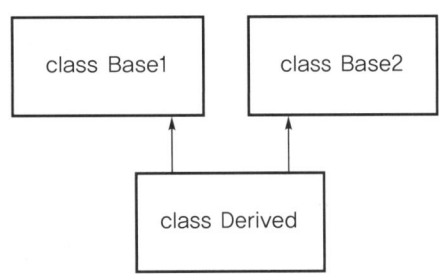

▲ 클래스 계층 구조

dynamic_cast를 사용하면, Base1 *를 Derived *로 안전하게 형 변환하는 것이 가능합니다. 또한 Base1 *를 Base2 *로 안전하게 형 변환하는 것도 가능합니다. 형 변환이 안전하다는 의미는 변환이 안전하지 않다면, 형 변환의 결과가 NULL을 리턴한다는 의미입니다. 단 Base1에는 반드시 1개 이상의 가상 함수가 존재해야 합니다. 문법은 다음과 같습니다.

> dynamic_cast<converted_class_pointer>(original_class_pointer)

위 문장은 original_class_pointer를 converted_class_pointer로 변환합니다. 물론 converted_class_pointer는 original_class_pointer의 서브 클래스가 될 수 있습니다. 다음의 예제를 참고하세요.

```cpp
// 이 프로그램은 -RT (RTTI 생성) 옵션으로 컴파일해야 합니다.
// 런타임 유형 정보는 볼랜드 C++ 3.1과 같은 일부 컴파일러에서 지원하지 않습니다.
#include <iostream>
#include <typeinfo.h>

class Base1 {
    // RTTI 메커니즘이 올바르게 작동하려면,
    // 기본 클래스는 다형성이어야 합니다.
    virtual void f(void) { /* 가상 함수는 클래스를 다형성으로 만듭니다.*/ }
}; // Base1 클래스

class Base2 { };
class Derived : public Base1, public Base2 { };

int main(void) {
    Derived d, *pd;
    Base1 *b1 = &d;

    // Base1에서 Derived로 다운 캐스트를 수행합니다.
    if ((pd = dynamic_cast<Derived *>(b1)) != 0) {
        cout << "The resulting pointer is of type "
            << typeid(pd).name() << endl;
    } // if

    // 계층 구조에 걸쳐 캐스트를 시도합니다.
    // 즉, 첫 번째 기본 클래스에서 가장 많이 파생된 클래스로 캐스팅한 다음
    // 액세스할 수 있는 다른 기본 클래스로 다시 캐스팅합니다.
    Base2 *b2;
    if ((b2 = dynamic_cast<Base2 *>(b1)) != 0) {
        cout << "The resulting pointer is of type "
            << typeid(b2).name() << endl;
    } // if
    return 0;
} // main
/* 결과 :
    결과 포인터는 Derived * 유형입니다.
    결과 포인터는 Base2 * 유형입니다. */
```

이 외에도 실행 시 형 정보(RTTI, Run Time Type Information)에 관한 키워드로 static_cast와 const_cast, reinterpret_cast가 있습니다. 이러한 키워드는 C++ 표준이 정해지기 전 발표된 몇몇 컴파일러에서는 지원되지 않았지만, Visual Studio 2013에서는 지원합니다. 그런데 현재 사용하는 컴파일러의 도움말 시스템을 이용하여 위에서 열거한 키워드에 대해서 찾아보세요. 이제 우리가 마지막으로 명심해야 할 문장은 다음과 같습니다.

"subtype의 원리를 되도록 위반하지 마세요."

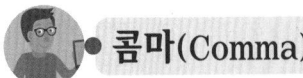
콤마(Comma)

콤마 연산자는 가끔 사용되기는 하지만, 유용합니다. 콤마 연산자의 문법은 다음과 같습니다.

```
표현식, [표현식], [...]
```

표현식은 콤마에 의해 계속 연결될 수 있으며, 콤마에 의해 연결된 표현식은 하나의 문장입니다. 그리고 문장의 값은 마지막 표현식의 값이 됩니다. 그러므로 다음 문장의 값은 3입니다.

```
1,2,3
```

위의 문장이 타당한 표현식임에 유의하세요. 아래의 소스는 i에 3을 할당합니다.

```
i = (1,2,3);
```

콤마 연산자는 우선 순위(priority)가 가장 낮습니다. i = 1, 2, 3이라는 문장은 (i = 1), 2, 3으로 해석되므로 i의 값은 1로 초기화되며, 문장의 값은 3입니다. 만약 j = ((i = 1), 2, 3)으로 쓰여졌다면, i에 1을 할당하며, 문장의 값 3을 j에 할당합니다.

```
i = 1, j = 2, k = 3;
```

위의 문장은 i에 1을 할당하고, j에 2를 할당하며, k에 3을 할당하고, 전체 문장의 값은 마지막에 실행된 문장의 값인 3이 됩니다. 콤마 연산자로 연결된 표현식은 왼쪽에서 오른쪽으로 평가됩니다. 또한 문장의 값은 마지막에 실행된 표현식의 값입니다.

위의 문장은 다음의 문장과는 다릅니다.

```
i = 1; j = 2; k = 3;
```

이것은 3개의 문장이며, 문장 각각이 1, 2, 3이라는 값을 가지지만, 전체 문장이 값을 가지는 것은 아닙니다. 문법에서도 언급했듯이 콤마 연산자로 연결할 수 있는 것은 표현식만입니다. 아래의 소스의 결과에 주목하세요.

```
#include <stdio.h>

void main() {
    int i;

    printf("%d\n",(1,2,3)); // 값은 3입니다.
    // 3
    i=(3,2,1); // 마지막 값인 1이 i에 할당됩니다.
    printf("%d\n",i);
    // 1
} // main
```

표현식만으로 연결되어야 하므로 다음 문장은 에러입니다.

```
i = 1, int j, k = 2;
```

두 번째 문장은 표현식이 아니므로, 즉 값을 가지지 않으므로 콤마로 연결할 수 없습니다.

콤마 연산자는 반드시 한 문장으로 표현해야 하지만, 2개 이상의 문장이 필요한 경우에 많이 사용됩니다. 사실 콤마는 이러한 경우에만 대부분 사용됩니다. i를 1부터 10까지 변화시키면서 j를 5부터 50까지 5의 배수로 크기를 변화시켜야 한다고 생각해 봅시다. 이 경우 for문을 사용하여 소스를 다음과 같이 작성할 수 있습니다.

```
j = 5;
for (i = 1; i <= 10;++i) {
            ⋮
    j+= 5;
} // for
```

이러한 문장이 가능은 하지만, 인덱스 변수가 2개라는 사실을 표현하는 데는 부족합니다. 콤마 연산자를 사용하여 다음과 같이 소스를 수정할 수 있습니다.

```
for (i = 1, j = 5;i <= 10; ++i, j += 5)
    :
```

마지막으로 아래 프로그램의 결과를 예측해 보세요.

```
#include <stdio.h>

void f(int i,int j) {
    printf("%d,%d\n", i, j);
} // f

void main() {
    int i,j,k;

    f((i = 1,j = 2),k = 3);
} // main
```

결과는 2, 3이 출력됩니다. 당신의 결과와 일치하나요? 이것은 콤마 연산자를 사용하여 초기화와 함수의 파라미터 전달을 동시에 한 경우의 적절한 예입니다. 마지막 조언은 다음과 같습니다.

"for문에서는 어쩔 수 없는 경우를 제외하고, 되도록이면 콤마 연산자를 사용하지 마세요. 즉 위와 같은 함수의 호출에 콤마 연산자를 사용하는 것은 좋지 않습니다."

 ## 조건(Conditional)

조건 연산자는 C에서 유일한 삼항 연산자(ternary operator)입니다. '삼항 연산자'라는 말에 유의하세요. 이항 연산자(binary operator)에서 피연산자(operand) 두 개가 모두 명시되어야 하듯이, 비록 필요 없는 경우가 생기더라도 조건 연산자의 피연산자 3개는 모두 명시되어야 합니다. 조건 연산자의 문법은 다음과 같습니다.

```
표현식 0 ? 표현식 1 : 표현식 2
```

위 문장은 표현식 0의 값이 0이 아니면, 즉 참(true)이면 표현식 1의 값으로, 아니면 표현식 2의 값으로 결정됩니다. 그러므로 아래 문장의 값은 2입니다.

 '문장'과 '표현식'을 혼용하여 사용하고 있지만, 명확히 구분할 필요가 있습니다. 사실 문장의 값이 수(number)이므로 '표현식'이라는 말이 정확합니다. 하지만 문장의 특성을 강조하기 위해서 표현식인 경우도 문맥에 따라 '문장'이라는 용어를 사용하고 있습니다.

```
0 ? 1 : 2
```

if문으로 표현된 아래 문장은

```
if (i > j)
    m = i;
else
    m = j;
```

다음의 조건 연산자로 표현된 문장과 동일합니다.

```
m = (i > j)? i : j;
```

즉 i와 j 중에서 큰 값을 m에 할당합니다. if문의 표현이

```
if (i > j)
    m = i;
```

라고 해서, 대등한 조건 연산자 표현으로 다음과 같이 사용할 수 없습니다.

```
m = (i > j)? i : ;
```

 굳이 사용해야 한다면 m = (i > j)>? i : m;처럼 사용하면 됩니다.

조건 연산자가 삼항 연산자이므로, 피연산자 어느 것도 생략해서는 안 됩니다. 아래의 연산자는 무엇을 의미하나요?

```
m = (i > j)? i:(j > k)? j: k
```

대등한 if문은 다음과 같습니다.

```
if (i > j)
    m = i;
else {
    if (j > k)
        m = j;
    else
        m = k;
}
```

그러므로 아래 프로그램의 결과는 5입니다.

```
#include <stdio.h>
#include <iostream>

void main() {
    int m,i = 2,j = 5,k = 3;

    m=(i > j)? i:(j > k)? j: k;
    cout << m << endl;
} // main
```

조건 연산자를 이용하여 MAX 혹은 MIN이라는 매크로 함수(macro function)를 다음과 같이 만들 수 있을 것입니다.

```
#define MAX(a,b) ((a)>(b)?(a):(b))
```

> 매크로 함수의 파라미터를 괄호로 감싸야 함에 유의하세요. 그렇게 하지 않으면, 연산자 우선 순위에 의해 심각한 문제가 발생할 수 있습니다. 이것은 '20장 전처리 명령어'에서 상세히 다룹니다.

```
#define MIN(a,b) ((a)<(b)?(a):(b))
```

C++에서 이러한 매크로 함수는 권장되는 사항이 아닙니다. C++에서는 위의 함수 대신 다음과 같은 인라인 함수(inline function)를 작성할 것입니다.

```
inline int MAX(int a,int b) {
    return a>b?a:b;
} // MAX
```

위의 MAX 함수는 정수형의 MAX에 대해서만 동작합니다. 모든 형에 대해 동작하는 MAX 함수는 템플릿(template)을 이용하여 구현 가능합니다.

```
template<class T> inline T MAX(T a,T b) {
    return a>b?a:b;
} // MAX
```

 ## 논리(Logical)

연산자	의미
&&	논리곱(logical AND) 연산자
||	논리합(logical OR) 연산자
!	단항 논리부정(logical NOT) 연산자

먼저 주의해야 할 사항이 있습니다. C에서의 논리 연산자와 수학에서의 논리 연산자는 의미가 다릅니다. 수학에서는 논리 연산자의 표현식이 논리 표현식이지만, C에서는 수치 표현식입니다.

> 표현식의 결과가 참(true: 1) 혹은 거짓(false: 0)인 표현식

즉 논리 연산의 결과는 참/거짓이 아니라 수(number)입니다. 이것을 제외한 다른 차이점은 없습니다. C는 0을 거짓으로 간주하며, 0이 아닌 숫자를 참으로 간주합니다.

 숫자가 0이 아니면, 비트열(bit sequence) 중 최소한 1비트는 1입니다. 그러므로 C 언어에서 참/거짓의 검사는 모든 비트가 0인지, 그렇지 않은지를 검사합니다.

0을 거짓으로 보고, 1을 참으로 본다면, 진리표는 아래와 같습니다.

값		&&	||
0	0	0	0
0	1	0	1
1	0	0	1
1	1	1	1

▲ 논리 연산자의 진리표

값	!
0	1
1	0

▲ 논리 부정의 진리표

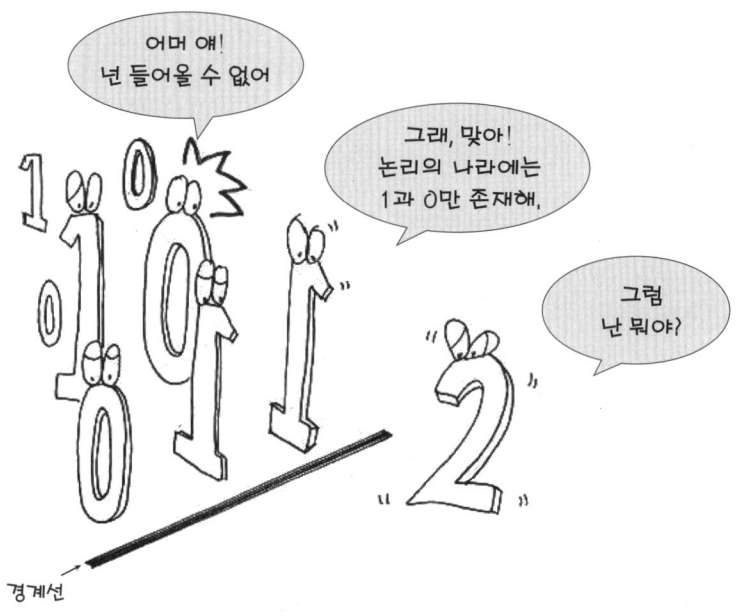

0은 거짓이지만, 0이 아니면 항상 참이라는 것에 주목하세요. 1은 참입니다. 100도 참이며, -1도 참입니다. 그러므로 !0은 참입니다. !1, !100, !-1은 참을 부정하는 문장으로 간주하므로 거짓(0)입니다. printf("%d\n", !-1)은 0을 출력합니다. 아래 프로그램의 결과는 얼마일까요?

```
int i = 2,j = 3, k = 4;

if (i < j && j <= k)
    printf("logical operator\n");
```

문자열 "logical operator"는 출력됩니다. 왜 문자열이 출력될까요? 아래와 같은 대답은 맞을까요?

"i < j는 참입니다. j <= k는 참입니다. '참 AND 참'은 참이므로 if의 조건이 만족됩니다. 그러므로 printf( )가 실행됩니다."

위의 대답이 틀린 것은 아니지만, 좀 더 정확한 대답은 다음과 같습니다.

"i < j는 관계 비교가 참이므로 1입니다. j <= k도 1입니다. '1 AND 1'은 1이므로 printf( )가 실행됩니다."

즉 if문이 실행된 이유는 괄호 안의 조건이 참이기 때문이 아니라 괄호 안의 표현식이 1이기 때문입니다. C에서 참/거짓이란 값은 존재하지 않습니다. 0이면 조건 비교를 거짓으로 간주하고, 0이 아니면 참으로 간주합니다. 이 개념을 확실히 알고 있다면, 참/거짓이란 말을 사용해도 좋습니다.

그러므로 아래 프로그램의 출력 결과는 1입니다.

```
#include <stdio.h>

void main() {
    int i = 2,j = 3,k = 4;

    printf("%d\n",i < j && j <= k);
} // main
```

⑧ 연산자(operator)

핵심(key)은 다음과 같습니다.

"논리 연산자와 관계 연산자의 결과는 0 아니면 1입니다. 즉 숫자 표현식입니다."

논리 연산자를 다룰 때 '짧은 평가(short circuit)'에 관한 것을 주의해야 합니다. 앞의 예에서 if의 조건이 논리합(OR)이라면 결과는 얼마인가요?

```c
#include <stdio.h>

void main() {
    int i = 2, j = 3, k = 4;

    if (i < j || j <= k) // 짧은 평가에 의해, j <= k는 평가하지 않습니다.
        printf("short circuit\n");
} // main
```

물론 "short circuit"이란 문자열은 출력됩니다. 둘 다 참(1)이므로 논리합의 결과도 참입니다. 핵심은 여기에 있습니다. j <= k를 평가해야 하는가요? 사실 이 평가는 불필요합니다. i < j가 참이라면 논리합의 특성에 의해 두 번째 표현의 참/거짓에 관계없이 항상 참입니다. 실제로 컴파일러는 j <= k를 평가하지 않는데, 이것을 짧은 평가라고 합니다. 물론 논리곱(AND)에 대해서도 짧은 평가는 성립합니다. 짧은 평가에 관한 조언은 다음과 같습니다.

"연속된 조건을 명시할 때 빠르게 참/거짓이 결정될 것 같은 문장을 앞쪽(왼쪽)에 사용하세요, 이것은 짧은 평가에 의해 약간의 속도 향상을 꾀할 수 있습니다."

논리 부정(NOT)은 전체 논리식을 부정합니다. 사실상 수학에서와 같이 논리 부정은 다음 연산자를 서로 교환(swap)합니다.

```
&&  ↔  ||
>   ↔  <=
>=  ↔  <
==  ↔  !=
```

아래의 표현식을 고려해 봅시다.

`!(i > j && j != k)`

위 문장은 아래 문장과 같습니다.

`(i <= j || j == k)`

그렇다면 언제 논리 부정 연산자를 사용할까요? 문맥에 맞게 논리 부정을 사용하세요. 우리의 의도가 'i가 j보다 크지 않은지 비교한다'면 i <= j 보다 !(i > j)가 적당할 것입니다. 물론 차이는 없지만 이렇게 코딩하면 프로그램을 읽기 쉽게(improve readability) 됩니다.

다음은 논리 연산자의 전체적인 예를 들었습니다. 프로그램의 결과는 적지 않습니다. 꼭 실행해서 결과를 확인해 보세요.

```
#include <stdio.h>

void main() {
    int i = 2, j = 3, k = 4;

    printf("%d\n",i && j);
    printf("%d\n",!i && !j);
    printf("%d\n",i > j || j == k);
    printf("%d\n",!(i > j));
    printf("%d\n",!(!(i < j)));
    printf("%d\n",!(j != k));
} // main
```

 1 0 0 1 1 0이 출력됩니다.

종종 무한 루프(infinite loop)를 만들어야 하는 경우가 생깁니다. 논리 연산의 특징을 이용해서 다음과 같은 무한 루프를 만들 수 있습니다.

```
while(1) { ... }
do { ... } while(1);
for(;1;) { ... }
```

 for(;;) { ... }도 무한 루프입니다. for문에서 생략된 비교 문장은 참을 의미합니다. 어떤 방법이든 for를 사용한 무한 루프는 직관적이지 않으므로 추천하지 않습니다.

while(-1) { ... }도 무한 루프입니다. 하지만 관례(convention)상 무한 루프를 만드는 표현식은 1을 사용합니다.

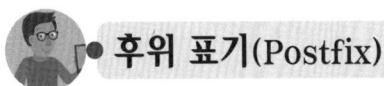 후위 표기(Postfix)

C에서 연산자처럼 느껴지지 않는 몇몇 연산자들은 **후위 표기법**(postfix notation)을 사용합니다. 아래의 연산자들은 후위 표기법으로 표현합니다.

> 일반적으로 연산자(operator)는 피연산자(operand)들의 사이에 위치합니다. i+j는 일반적입니다. 하지만, 피연산자가 연산자보다 먼저, 혹은 나중에 위치하도록 표기할 수도 있습니다. +ij는 '전위표기법(prefix notation)'이라고 합니다. ij+는 '후위 표기법'이라고 합니다. 어떤 경우 후위 표기법 등이 연산을 처리하기에 훨씬 효과적인 경우가 많습니다. 실제적으로 계산기의 표현식 평가는 중위 표기법(infix notation)을 후위 표기법으로 전환(transform)한 다음 평가합니다.

분명히 연산자이지만, 표현식이 아닌 것도 있습니다. 예를 들면 ( )가 함수 호출 연산자(function call operator)로 사용된 경우 결과가 수(number)인 것은 아닙니다.

연산자	의미
( )	표현식을 그룹화하기 위해, 조건 표현식을 독립시키기 위해, 함수를 호출하기 위해, 함수의 파라미터를 지정하기 위해 사용합니다. '함수 호출 연산자(function call operator)'라고 합니다.
[ ]	배열의 첨자(subscript)를 가리키기 위해, 포인터가 가리키는 곳의 내용을 참조하기 위해 사용합니다. '첨자 연산자' 혹은 '내용 연산자(contents-of operator)'라고 합니다.
{ }	복합문(compound statement)의 시작과 끝을 나타내기 위해 사용합니다. 복합문은 하나의 문장으로 취급됩니다. '블록(block)'이라고 합니다.
.	구조체(structure), 공용체(union)와 클래스(class)의 멤버를 접근(access)하기 위해 사용합니다. '멤버 연산자(member operator)'라고 합니다.
->	포인터로 선언된 구조체 등의 멤버를 접근하기 위해 사용합니다. '포인터 멤버 연산자(pointer member operator)'라고 합니다.

함수 호출 연산자 ( )는 함수 호출이라는 특별한 목적 이외에도 문법 구조를 이루는 심벌로 자주 등장합니다. 2+3*4는 14입니다. 하지만 (2+3)*4는 20입니다. 이것은 2+3이라는 것을 그룹화한 것을 의미합니다. ( )는 연산자의 우선 순위가 가장 높습니다.

함수 호출 연산자에 대해 살펴봅시다. 아래의 소스를 보세요. 무엇이 잘못되었나요?

```
#include <stdio.h>
#include <conio.h>

void main() {
    int i;

    printf("Press y key");
    i = getch;  // 이 부분이 잘못인가요?
    if (i == 'y')
        printf("You pressed small y key\n");
} // main
```

아마도 사용자는 getch의 뒤에 괄호 ( )를 적는 것을 빠뜨린 것 같습니다.

 getch( )는 키보드에서 한 개의 키를 입력받아 그 키의 아스키(ASCII) 코드 값을 정수로 리턴합니다. 이것은 표준 함수가 아니므로 conio.h에 선언되어 있습니다.

하지만 주의해야 할 사항이 바로 여기에 있습니다. 컴파일 시간 에러가 난 원인은 다음과 같습니다.

"getch 뒤에 ( )가 없어서 에러가 난 것이 아닙니다. getch는 함수의 시작 주소를 나타내는 함수 포인터(function pointer)이고, i는 정수(integer)이기 때문에 형 불일치(type mismatch) 에러가 발생한 것입니다."

앞의 에러 원인은 float형의 변수를 int에 대입하려고 했을 때 발생하는 에러와 같습니다. 그렇다면 getch는 무엇인가요? 바로 getch의 시작 주소입니다. 그러므로 함수 호출이 일어나기 위해서는 함수 호출 연산자를 함수의 시작 주소 뒤에 명시해 주어야 합니다. 수정된 소스는 아래와 같습니다.

```c
#include <stdio.h>
#include <conio.h>

void main() {
    int i;

    printf("Press y key");
    i = getch(); // 함수 호출이 일어납니다.
    if (i =='y')
        printf("You pressed small y key\n");
} // main
```

나중에 포인터를 다룰 때 함수 포인터에 대해서 자세히 다룰 것입니다. 지금 이해가 되지 않는다고 걱정할 필요는 없습니다.

[ ]는 배열의 인덱스 연산자로 알고 있지만, 실제로는 **내용 연산자**(contents-of operator)입니다. 배열의 인덱스 연산자는 배열의 이름이 시작 주소이기 때문에 얻어지는 내용 연산자의 부산물(added goods)입니다. C++에서 [ ]는 배열보다 포인터에 대해 적용하는 것이 일반적입니다. 이 부분 역시 '*6장 포인터, [ ] 연산자*'에서 자세히 다루었으므로 넘어갑니다. 여기에서는 배열의 인덱스 연산자로 쓰이는 부분만 간단히 알아봅시다.

`int a[5] = {1, 3, 5, 7, 9}`는 크기가 5인 정수형 배열을 선언하여 1부터 시작하는 홀수로 배열의 각 셀(cell)을 초기화합니다. 실제로 할당된 메모리는 20바이트이며, 각각의 정수는 인덱스(index)를 이용하여 참조합니다. 타당한(valid) 인덱스는 0부터 4입니다. 배열의 인덱스가 0부터 시작한다는 데 주의하세요. 파스칼(Pascal) 같은 언어 등에서는 1부터 시작하기도 합니다.

이런 상황에서 배열 a의 두 번째 요소 3을 출력하기 위해서는 다음과 같이 사용할 수 있습니다.

```
printf("%d", a[1]);
```

배열의 요소를 참조하기 위해 사용하는 [ ]을 배열의 **인덱스 연산자**라고 합니다.

여러 개의 문장이 모여 하나의 문장을 이룰 때 이를 **복합문**(compound statement)이라고 합니다. {}는 복합문, 즉 **블록 구조**(block structure)를 만들기 위해 사용합니다. '복합문'이라는 단어가 의미하듯이 복합문이 하나의 문장이라는 것에 주의하세요.

우리가 알고 있는 if문의 문법은 다음과 같습니다.

```
if (표현식 1)
    문장 1;
[else if (표현식 2)
    문장 2;][...]
[else
    문장 3;]
```

이것은 if 뒤의 괄호 안의 표현식이 참이면(0이 아니면), 연속하는 1개의 문장을 실행한다는 의미입니다. 예를 들어 아래의 소스를 고려해 봅시다.

```
int i = 2, j = 3;
if (i < j)
    printf("i is greater than j.\n");
```

i < j가 참이므로, printf( )를 실행합니다. 만약 괄호 안의 조건이 참이 될 때 실행할 문장이 두 문장 이상이라면, 어떻게 할 것인가요?

```
if (i < j)
    printf("i is greater than j.\n");
    printf("it\'s joke.\n");
```

위와 같은 단순한 들여쓰기에 의해 두 개의 printf( )문이 실행되는 것은 아닙니다. if의 문법에서 보듯이 괄호 안의 조건이 만족된다면, 항상 바로 밑에 있는 1개의 문장을 실행합니다. 그러므로 위의 소스는 if의 조건에 상관없이

```
printf("it\'s joke.\n");
```

을 항상 실행합니다. 어떻게 이 문제를 해결할 것인가요? 바로 복합문 연산자, 즉 두 개의 문장을 하나의 문장으로 만드는 것입니다. { }를 사용하여 해결한 소스는 아래와 같습니다.

```c
if (i < j) {
    printf("i is greater than j.\n");
    printf("it\'s joke.\n");
}
```

. 어떤 곳에서는 if의 문법을 설명하기 위해

```
if (표현식)
    문장;

    or

if (표현식) {
    문장;
      ⋮
}
```

이라는 2개의 표현을 병행하고 있습니다. 틀린 것은 아니지만, 복합문 연산자, 즉 블록 구조를 만드는 {와 }의 역할을 제대로 이해하고 있지 못하기 때문입니다. 즉 제어 구조(control structure)에서 사용된 - switch 문을 제외하고 - { }는 제어 구조의 문법을 이루는 심벌이 아니라 블록 구조를 나타내는 심벌입니다.

 제어 구조에는 if, switch, for, while과 do문 등 5개의 구분이 있으며, 놀랍게도 이것이 전부입니다!

블록 구조(block structure)는 다음과 같은 특징이 있습니다.

(1) 하나의 문장으로 취급됩니다.
(2) - a 블록의 <u>첫 부분에</u>, 변수 선언을 가질 수 있습니다.(예전의 C 언어)
  - b 블록 안에서는 어디나 변수 선언을 가질 수 있습니다. (C++ 언어)
[(3) 겹쳐질(nesting) 수 있습니다.]

(3)은 블록이 하나의 문장 취급되므로, 당연한 사실입니다. 이것은 제어 구조가 아니더라도, 블록 안에 얼마든지 블록을 만들 수 있음을 의미합니다.

```
#include <stdio.h>

void main() {
    printf("a");
    {
        printf("b");
        {
            printf("c");
        }
    }
}
```

위 소스는 에러가 아니며, 완전합니다. 함수의 정의가

〈함수의 헤더〉〈블록〉

으로 이루어져 있음에 주목하세요. void main( )은 함수의 헤더에 해당하고, { }는 바로 1개의 블록입니다. 흔히 함수의 블록은 **몸체(body)**라고 합니다.

(2)번 성질은 왜 함수의 몸체에 변수 선언이 타당한가에 대한 근거입니다.

```
{
    int i,j; // C에서 변수 선언은 반드시 블록의 시작에 위치합니다.

    printf("C specific");
}
```

위의 소스는 C/C++에서 모두 가능하지만, 아래의 소스는 C11/C++에서만 가능합니다. 후에 이 기능은 C의 표준으로 포함되어서 최신 C 컴파일러에서는 변수를 임의의 곳에 선언할 수 있게 되었습니다.

```
{
    int i,j;

    printf("C specific");

    int k; // C++에서는 블록의 임의의 위치에서 변수를 선언할 수 있습니다.

    printf("C++ specific");
}
```

블록 개념을 이해하면서 이해해야 할 또 한 가지는 블록 안에서 선언된 변수에 관한 것입니다. 블록 안에서 선언된 변수는 블록 안에서만 사용할 수 있습니다. 이것을 변수가 **블록 범위(block scope)**를 가진다고 하고 블록 범위를 가지는 변수를 **지역 변수(local variable)**라고 합니다.

변수의 입장에서 블록 범위를 가집니다. 변수를 사용하는 입장에서, 블록 안에서만 변수가 보입니다. 그래서 로컬 변수는 블록에서만 보인다(block visibility)고 합니다. 즉 scope와 visibility는, 입장의 차이에서 생겨난 같은 개념입니다.

.와 ->는 C에서 구조체/공용체의 **멤버 연산자**로 사용되었습니다. 물론 C++에서 클래스의 멤버를 접근하기 위해서 사용됩니다. 클래스는 구조체의 확장된 개념이므로 이것이 자연스럽습니다. 후에 클래스와 구조체에 대해서는 자세히 다루므로 여기서는 구조체에 대해서만 간단하게 설명합니다.

구조체는 여러 개의 서로 다른 데이터 형(data type)을 **필드(field)**로 가지는 데이터 형입니다. 다른 언어에서는 이것을 **레코드(record)**라고도 합니다. 클래스와의 호환성을 위해 '필드' 대신 '멤버'란 말을 사용하기로 합시다. 구조체에 관한 설명과 구조체를 정의하는 법은 '*17장 구조체*' 부분을 참고하기 바랍니다. 아래의 예제에서 STest라는 구조체는 2개의 멤버를 가지며, 이 멤버를 참고하기 위해 .을 사용하고 있습니다.

```
#include <stdio.h>
// #include <string.h>
#include <iostream>

struct STest {
    int age;
    char name[80];
}; // struct STest

void main() {
    struct STest s = {30, "Seo JinTaek"};

    cout << s.age << endl; // STest의 멤버 age를 참고하기 위해 .을 사용합니다.
    cout << s.name << endl;
} // main
```

C에서는 구조체의 형 이름은 struct STest이지만, C++에서는 STest도 형 이름입니다. 만약 C++ 모드에서 이 프로그램을 컴파일한다면, struct STest를 STest로 대치해서 컴파일해도 문제가 없습니다. 이것은 클래스와의 호환성 때문에 C++에서 개선된 사항입니다.

배열과는 다르게 s는 구조체 자신임 – 이것이 무엇이든 – 을 주의하세요. 구조체의 시작 주소를 얻으려면 &s를 사용해야 합니다.

구조체가 선언되지 않고 구조체를 가리키는 포인터가 선언된 경우에는 어떻게 할 것인가요?

```c
#include <stdio.h>
#include <string.h>
#include <iostream>

struct STest {
    int age;
    char name[80];
}; // struct STest

void main() {
    struct STest *s;

    s = new STest; // 포인터이므로 메모리 할당이 필요합니다.
    (*s).age=30;
    strcpy((*s).name, "seojt");// (*s).name = "seojt"는 왜 안 되나요?
    cout << (*s).age << endl;
    cout << (*s).name << endl;
    delete s; // new로 할당한 메모리를 반드시 delete합니다.
} // main
```

s가 구조체가 아니라 s가 가리키는 내용, 즉 *s가 구조체라는 것을 알고 있습니다. 그러므로 구조체 *s의 멤버를 접근하기 위해 .을 사용하여 (*s).age처럼 사용합니다. 연산자의 우선순위 때문에 괄호가 반드시 필요합니다.

(*s).age는 s -> age와 동일합니다. 즉 ->는 구조체 포인터 변수에서 쉽게 멤버를 접근하기 위해 사용되는 연산자입니다. 이것은 구조체가 포인터로서 사용될 일이 많기 때문에 효율적인 코딩 - 타이핑을 줄이기 위해 - 을 위해서 만들어진 연산자입니다. 수정된 소스는 아래와 같습니다.

```
#include <stdio.h>
#include <string.h>
#include <iostream>

struct STest {
    int age;
    char name[80];
}; // struct STest

void main() {
    struct STest *s;

    s=new STest;
    s->age=30;
    strcpy(s->name,"seojt");
    cout << s->age << endl;
    cout << s->name << endl;
    delete s;
} // main
```

 ● 전처리(Preprocessor)

연산자	의미
#	스트링화 연산자
##	토큰 연결(token concatenation) 연산자

#는 '파운드 기호(pound sign)'라고 읽고, ##는 '더블 파운드 기호(double pound signs)'라고 읽습니다. 일반적으로 '샵(sharp)'이라고 읽으므로 이렇게 읽어도 무방합니다.

우리는 '처리(processing)'란 말이 컴파일러가 기계어 코드를 생성하는 과정을 의미한다는 것을 알고 있습니다. 그래서 컴파일 전에 사용되는 명령문을 전처리 명령문(preprocessing operator) 혹은 컴파일러 지시자(compiler directive)라고 하

고, 컴파일하기 전에 어떤 일을 지시하는 것입니다. 앞의 두 가지 연산자는 전처리 명령문에 사용되기 때문에 전처리 연산자로 구분됩니다.

#은 큰따옴표(")가 없는 문자 순서(string sequence)를 문자열로 만듭니다.

```
#define stringit(x) #x
```

라고 선언된 경우 프로그램 소스에서

```
stringit(Seo JinTaek)
```

라고 쓰면, 컴파일 전에 "Seo JinTaek"이라고 치환됩니다.

##는 두 개의 토큰(token)을 컴파일 전에 연결하는 연산자입니다.

 컴파일러가 기계어 코드를 만들기 위해 처리하는 기본 단위를 '토큰'이라고 합니다. void main( ) 에서 토큰은 4개입니다.

```
#define tokencat(x, y) x##y
```

위에서처럼 tokencat을 정의했을 때 다음과 같이 사용할 수 있습니다.

```
tokencat(i, j)
```

그러면 컴파일 전에(전처리 시간에) ij로 치환됩니다. 다음의 소스를 참고하세요.

```
#include <iostream>

// #define charit(x)  #@x  // 이 연산자 #@는 각자가 사용하는 컴파일러의 도움말을 참고하세요.
#define stringit(x)  #x
#define tokencat(x,y) x##y

void main(void)
{
    int i = 1,j = 2,ij = 3;

    cout << stringit(hello) << '\n';
    cout << tokencat(i,j) << '\n';
}
/* hello
   3     */
```

 참조/역참조(Reference/Dereference)

연산자	의미
&	참조 연산자 혹은 주소 연산자(address-of operator)
*	역참조 연산자

 '재참조 연산자', '간접 지정 연산자(indirect operator)'라고도 합니다.

&는 '앰퍼샌드(ampersand)'라고 읽으며, *는 '애스터리스크(asterisk)'라고 읽습니다. *는 '별표 (star)'라고 읽어도 무방합니다.

&는 데이터가 저장된 곳의 주소를 얻기 위해 사용합니다.

```
int i = 2;
```

위에서처럼 선언된 변수 i에 대해 i는 2를 의미합니다. 하지만 &i는 실제 값 2가 들어 있는 곳의 메모리의 위치, 즉 주소(address)를 의미합니다. i 값을 의미하는 것이 아니라 i 값이 있는 곳의 참조 (reference)를 의미할 수 있는데, 이때 &를 **참조 연산자**라고 합니다.

C에서 &의 결과는 주소를 의미하므로 포인터 변수에만 대입 가능합니다.

```
int j;
```

위의 문장에 대해 다음과 같이 적는 것은 불가능합니다.

```
j = &i;
```

형이 다른 변수끼리는 대입이 불가능하기 때문입니다. 아래의 소스는 j를 i의 참고 값, 즉 i의 주소로 초기화시킵니다.

```
#include <stdio.h>

void main() {
    short i = 2;
    short *j;

    j = &i;
}// main
```

i는 1000번지에 할당되었고, j가 1002번지에 할당되었다면 메모리의 구조는 다음과 같습니다.

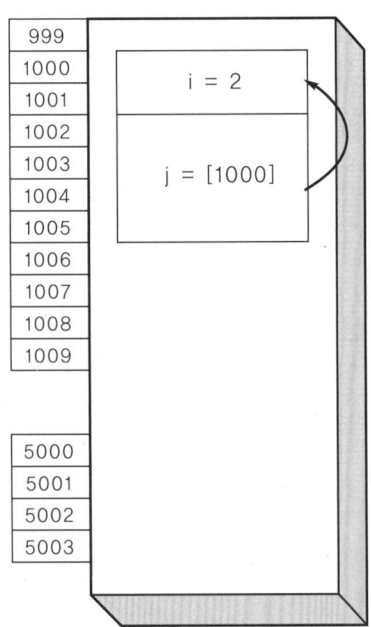

▲ 메모리의 구조

즉 j에는 i의 주소 값 1000이 들어 있습니다.

 정수 1000과 주소 1000을 구분하기 위해 문맥에 따라 [1000]을 주소 1000으로 사용합니다.

j가 가리키는 값 – i 값, 즉 1000번지에 있는 값 – 을 참조하기 위해서는 어떻게 할 것인가요? 바로 역참조 연산자 *를 사용하는 것입니다. *j는 j가 가리키는 값, 즉 정수 2를 의미합니다. 아래 프로그램의 결과를 주의해서 살펴보세요.

```
#include <stdio.h>

void main() {
    short i = 2;
    short *j;

    j = &i;
    printf("%d, %p, %p\n",*j, j, &j);
} // main
```

메모리의 구조가 위의 그림과 같다면, 출력 결과는 다음과 같습니다.

`2,[1000],[1002]`

역참조 연산자는 오직 포인터 변수에만 쓸 수 있습니다. *i는 무의미하며, 컴파일되지도 않습니다. 그리고 변수를 선언(declaration)하는 시점의 *와 사용(use)하는 시점의 *를 구분하세요.

`short *j;`

위 문장은 j가 short를 가리키는 포인터 변수임을 의미합니다.

`*j`

8 연산자(operator) 183

이제 선언 이후에 앞에서처럼 사용하면, j가 가리키는 값을 의미합니다. j값을 사용하려면, 다음과 같이 j만 적어야 합니다.

    j

마지막으로는, 문맥에 따라 &는 비트곱(bitwise AND), 참조 연산자로도 사용되며, *는 곱하기(multiply) 연산자로도 사용된다는 점에 주의합니다.

관계(Relational)

연산자	의미
==	같음 연산자(equality operator)
!=	같지 않음 연산자(inequality operator)
<	작다 연산자(less-than operator)
>	크다 연산자(greater-than operator)
<=	작거나 같다 연산자(less-than or equal operator)
>=	크거나 같다 연산자(greater-than or equal operator)

일반적으로 기준이 되는 수(number) n이 왼쪽에 있다고 가정합니다. 그러므로 n<의 형태이므로 '보다 작다(less than)'라고 읽습니다.

수학에서는 관계 연산자의 결과가 참/거짓이지만, C에서는 1/0입니다. 이것은 관계 연산자가 수치 표현식(numerical expression)임을 의미합니다. 비록 1을 참이라고 간주해도 되지만, 정확한 것은 아닙니다. 1은 참이 아니라 정수 0000 0000 0000 0001$_{(2)}$입니다.

==은 할당 연산자 =와 구분하세요.

```
i == j
```

와

```
i = j
```

는 매우 다릅니다. i == j는 i와 j의 값을 비교하여 같으면 1, 아니면 0이 되는 표현식이므로 이 표현식을 거친 후 i, j의 값에는 변함이 없습니다. 하지만 i = j는 j의 값을 i에 할당하며, 표현식을 거친 후 i의 값은 j의 값으로 바뀝니다. 만약

```
if (i == j)
```

라고 표현되어야 할 문장이

```
if (i = j)
```

라고 표현되었다면 심각한 문제가 발생합니다. 두 번째 if문은 j가 0이 아니라면 조건은 항상 참(1)입니다.

!=는 수학의 ≠에서 유래(origin)하였습니다.

>= 같은 연산자가 =>나 >=처럼 표현되어서는 안 됩니다. 2개의 심벌이 1개의 토큰을 이루는 경우입니다. 아래의 종합적인 예제를 참조하세요.

```c
#include <stdio.h>

void main() {
    int i = 2, j = 3, k = 4;

    printf("%d,%d,%d,%d\n", i > j, i == j, i != j, j <= k);
    // 0  0  1  1
} // main
```

sizeof

```
sizeof <expression>
sizeof ( <type> )
```

sizeof 연산자는 표현식이나 형이 차지하는 바이트 수(number)를 구하기 위해 사용합니다. sizeof가 구하는 바이트 수가 형(type)에 관한 것이면, 반드시 괄호를 필요로 합니다. 하지만 표현식이라면 괄호가 없어도 되므로 sizeof 2는 sizeof(2)와 동일합니다. 하지만, sizeof int라고는 쓸 수 없고, sizeof(int)라고 써야 합니다.

이것이 함수 호출처럼 보이지만, 연산자임에 주의하세요.

현재 사용하는 운영체제가 16비트 운영체제라면, 혹은 컴파일러가 16비트용이라면, sizeof 2와 sizeof(int)의 값은 모두 2일 것입니다. 아래의 예제를 참고하세요.

int는 어떤 기계에서는 4바이트입니다. 10진 상수 표현 2는 일반적으로 정수 상수이므로 int의 크기와 동일합니다. 크기가 큰 정수형 상수를 명시적으로 선언하기 위해서는 접미어(postfix) L, UL 등을 붙입니다.

이 예제는 16비트 컴파일러에서 컴파일되었으므로 결과는 다음과 같습니다.

```
2,2
2,4
```

```
#include <stdio.h>

void main() {
    int i,j;

    i = sizeof(int);
    j = sizeof i;
    printf("%d,%d\n",i,j);
    printf("%d,%d\n",sizeof 2,sizeof 2L);
} // main
```

sizeof는 동적 메모리 할당에서 크기를 얻기 위해 빈번히 사용됩니다. 아래의 소스는 무엇이 잘못되었나요?

```
#include <stdio.h>
#include <stdlib.h>

void main() {
    int *ip;

    ip = (int *)malloc(2); // 왜 2바이트를 할당해야 하나요?
      // ! 위 문장은 정수 할당을 보장하지 못합니다.
    *ip = 2;
    printf("%d\n",*ip);
    free(ip);
} // main
```

int가 2바이트라면, 위의 소스는 에러가 없습니다. 하지만 int가 4바이트인 컴파일러에서 실행한다면, 실행 시(run time)에 에러가 발생할 소지(possibility)가 있으며 에러가 발생하지 않더라도 틀린 것입니다. 위의 소스는 아래와 같이 바르게 고쳐서 사용해야 합니다.

```
#include <stdio.h>
#include <stdlib.h>

void main() {
    int *ip;

    ip = (int *)malloc(sizeof(int)); // 확실하게 정수 할당을 보장합니다.
    *ip = 2;
    printf("%d\n",*ip);
    free(ip);
} // main
```

sizeof를 포인터 변수에 대해서 쓸 때 주의해야 할 사항이 있습니다. 다음의 소스는 어디가 잘못되었나요?

```
#include <stdio.h>
#include <stdlib.h>
#include <string.h>

struct STest {
    int age;
    char name[80];
}; // struct STest

void main() {
    struct STest *s;

    s=(struct STest*)malloc(sizeof(s)); // s는 4바이트입니다.
    s->age=30;
    strcpy(s -> name,"seojt");
    printf("%s : %d\n", s->name, s->age);
    free(s);
} // main
```

s는 포인터이므로 4바이트입니다. 그러므로 sizeof(*s)가 되는 것이 맞는데, 확실하게 sizeof(struct STest)라고 하는 것이 좋습니다.

 물론 메모리 모델(memory model)과 기계(machine)에 따라 2바이트가 될 수도 있습니다.

```
#include <stdio.h>
#include <stdlib.h>
#include <string.h>

struct STest {
    int age;
    char name[80];
}; // struct STest

void main() {
```

```
    struct STest *s;

    s=(struct STest*)malloc(sizeof(struct STest));
    s->age=30;
    strcpy(s->name,"seojt");
    printf("%s : %d\n",s->name,s->age);
    free(s);
} // main
```

sizeof 와 더불어 주의해야 할 사항은 size_t에 관한 것입니다. 이 부분은 C++ 관련 서적을 참고하세요.

 형 변환(casting, type conversion)

아래 프로그램의 결과는 얼마일까요?

```
#include <stdio.h>

void main() {
    char c = 12;
    short i = 0x1234;

    c=i; // 이 문장에서 무엇이 일어났나요?
    printf("%x\n",c);
}
```

결과는 다음과 같습니다.

`34`

▲ 16진수로 인쇄된 것입니다.

결과가 예상과 같습니까? 위의 프로그램은 분명히 잘못입니다. 왜냐하면 2바이트 정수를 1바이트 정수에 대입하려고 시도했기 때문입니다. main( )에서 아래의 문장은 2바이트 정수 i를 1바이트 정수 c에 대입하려고 시도합니다.

`c = i;`

하지만 이것은 불가능합니다. 비둘기집이 5개이고, 비둘기가 6마리이면, 1마리의 비둘기는 집이 없습니다. 그래서 C++ 컴파일러는 2바이트 정수를 1바이트 정수로 형을 변환하려고 시도합니다. 이 예의 경우 i의 2바이트 값 중 상위 바이트(higher byte) 0x12를 무조건 버립니다. 그리고 하위 바이트 (lower byte) 0x34를 c에 대입하는 것입니다.

실제로 앞의 문장은 다음과 같이 사용해야 합니다.

```
c = (char)i;
```

형 변환 연산자(char)는 연산자로서 피연산자가 1바이트 정수로 형 변환되도록 지시합니다. 이러한 연산자를 '**형 변환 연산자**'라고 합니다. 하지만 위의 예에서처럼 명시적으로 (char)를 지정하지 않아도 형 변환이 일어나는데, 이러한 형 변환을 **자동 형 변환**(automatic casting)이라고 합니다. 하지만 자동 형 변환에 의존하는 것은 좋은 프로그램 습관이 아닙니다. 아래의 예를 보고, 잘못된 부분을 수정해 보세요.

```
#include <stdio.h>

void main() {
    char c = 12;
    short i = 0x1234;

    i = c;
    printf("%x\n", c);
}
```

실행 결과는 다음과 같습니다.

12의 16진수는 c입니다.

위의 예에서 i = c;란 문장에서 역시 자동 형 변환이 일어났습니다. 1바이트 정수값 c를 2바이트 정수값 i에 대입한 것입니다. 이 경우 자동 형 변환은 안전(safe)합니다. 왜냐하면 1바이트를 2바이트로 확장하는 경우 오버플로가 발생하지 않기 때문입니다. 그럼에도 불구하고 위의 소스는 잘못되었습니다.

```
i = c;
```

위 문장은 '1바이트 정수가 2바이트 정수로 형 변환이 일어났습니다 - 그것이 실제 일어남에도 불구하고 - 라는 표현'을 하지 못합니다. 그러므로 다음과 같이 소스를 수정하는 것이 바람직합니다.

```c
#include <stdio.h>

void main() {
    char c = 12;
    short i = 0x1234;

    i=(short)c;
    printf("%x\n",c);
}
```

물론 위의 소스는 이전 소스와 동작과 결과가 같습니다. 하지만 분명한 형 변환을 명시하므로 이전의 소스보다 읽기 좋습니다. 정수형끼리 실수형끼리, 형 변환은 자동으로 일어납니다. 형 변환은 모든 형에 대해서 허용됩니다. 즉 괄호 안에 명시할 수 있는 형은 사용자 정의형을 포함하여 모든 형을 명시할 수 있습니다. C++에서는 형 변환 연산자를 오버로드하는 것까지 허용합니다.

실행할 때 클래스의 계층 정보를 이용하여 안전하게 형을 변환하는 것을 허용하기 위하여 새로운 4개의 형 변환 연산자가 추가되었습니다. 이 주제는 〈만화가 있는 C++〉에서 자세히 다룰 것입니다.

분명하게 형 변환 연산자를 써야 하는 경우가 발생합니다. 그것은 대부분의 경우 포인터와 연관된 것입니다. 아래의 소스에서는 무엇이 잘못되었나요?

```c
#include <stdio.h>
#include <stdlib.h>

void main() {
    int* ip;

    ip = malloc(sizeof(int));
    *ip = 100;
    printf("%d\n",*ip);
    free(ip);
}
```

Visual C++에서 실행하면 다음과 같은 에러 메시지가 발생합니다.

```
cannot convert from 'void *' to 'int *'
```

malloc()은 힙에서 동적으로 메모리를 할당합니다. 위의 예에서 malloc()은 정수를 위해 메모리를 할당하고 그것의 시작 주소를 리턴합니다. 만약 그것이 [1000]이었다면, [1000]을 ip에 대입합니다. 하지만 여기서 오류가 발생합니다. malloc()은 자신이 할당한 메모리가 어떤 용도로 사용될지 알지 못합니다. 그래서 malloc()이 리턴하는 포인터 형은 void*입니다.

```c
ip = malloc(sizeof(int));
```

위 문장에서는 void*를 int*로 대입하려고 하므로, 에러가 발생하는 것입니다. 서로 다른 형 사이에 실제로는 대입이 불가능합니다. 알다시피 포인터의 경우는 가리키는 대상이 무엇이냐에 따라 가감의 해석이 달라지므로 형 변환은 매우 중요합니다. 그래서 컴파일러가 에러를 발생하는 것이므로 소스는 다음과 같이 수정되어야 합니다.

```c
#include <stdio.h>
#include <stdlib.h>

void main() {
    int* ip;

    ip = (int*)malloc(sizeof(int));
    *ip = 100;
    printf("%d\n",*ip);
    free(ip);
}
```

실행 결과는 다음과 같습니다.

```
100
```

어떤 명시적인 형 변환이 항상 안전하게 일어나는 것일까요? C++의 클래스가 복잡하게 계층이 얽힌 경우 반드시 그렇지 않습니다. 결론부터 말하면, C의 형 변환은 그 변환이 안전하다라고 보장하지 못합니다. 그래서 C++에는 항상 안전하게 형 변환을 하도록 4개의 새로운 형 변환 연산자가 추가되었습니다. C++의 형 변환 연산자를 사용하면 형 변환이 안전하지 않은 경우는 NULL을 리턴하거나 컴파일 시간 에러가 발생합니다.

함수형 형 변환(functional casting)

정수형(int)의 변수 i를 문자형(char)의 변수 c로 변환하기 위한 문장은 다음과 같습니다.

```c
int i = 65;
char c;
c = (char)i;
```

위의 형 변환 문장은 함수 호출처럼 사용할 수 있습니다.

```c
c = char(i);
```

위의 문장이 비록 파라미터 i를 가지는 char() 함수를 호출하는 것처럼 보이지만, 위의 문장은 c = (char)i;와 같습니다. 즉 i의 형을 명시적으로 char로 변환하여 결과를 c에 대입합니다. 아래의 프로그램은 A를 출력합니다.

```cpp
#include <iostream>

void main() {
    int i = 65;
    char c;

    c = char(i);
    cout << c << endl;
} // main
```

결과는 다음과 같습니다.

```
A
```

1 x^y를 계산하는 최적의 방법을 기술하세요.

2 16^n을 계산하기 위해 <<를 어떻게 이용할 수 있습니까?

3 어셈블리어의 회전 연산자(rotate operator)를 함수로 구현하세요.

4 C에서 사용 가능한 모든 연산자를 체계적으로 구분하고 간단히 설명하세요.

5 아래의 소스에서 잘못된 부분이 있으면, 잘못된 부분을 수정하세요.

```
           #include <stdio.h>

           void main() {
line4:     printf("hello");
line5:     printf("world");
           }
```

6 아래의 소스에서 t.* 대신 t ->*를 사용하도록 하려면, 소스를 어떻게 수정해야 할까요?

```
void SetValue(CTest &t,int i)
{
    int CTest::*ip;

    ip = &CTest::a;
    t.*ip = i;
} // CTest::SetValue
```

9 scanf()에 &가 필요한 이유: 스택 동작

자료구조(data structure)는 데이터를 어떻게 표현하고 보관할 것인가를 표현합니다. 자료구조 중에서도 스택(stack)은 빈번하게 이용되므로 그 개념을 정확하게 파악하는 것이 중요합니다.

 ## 스택(stack): 자료구조의 정상

스택은 큐(Queue)와 더불어 많은 알고리즘에 빈번히 사용되는 자료구조입니다. 스택은 스택이 보관하는 자료형과 자료를 넣는 푸시(Push), 자료를 꺼내는 팝(Pop) 동작으로 구성됩니다. 스택은 가장 나중에 푸시된 데이터가 가장 먼저 팝되기 때문에 LIFO(Last In First Out)라고 합니다.

 큐(Queue)는 FIFO(First In First Out)라고 합니다. 일반적인 큐는 가장 먼저 들어간 데이터가 가장 먼저 나가는 구조입니다.

스택은 적절한 푸시와 팝 동작을 지원하기 위해 두 개의 포인터(Pointer)를 유지하는데, 스택의 밑바닥(Bottom)을 가리키는 Stack Bottom Pointer와 스택에 데이터가 들어갈 윗부분(Top)을 가리키는 Stack Top Pointer가 있습니다. 일반적으로 Stack Top Pointer를 SP(Stack Pointer)라고 하고, 구현할 때 Stack Bottom Pointer는 일반적으로 0이므로 무시합니다.

 포인터는 문맥에 따라 단순히 정수로 사용하거나 C++의 번지를 가리키는 주소 변수라는 의미로 적절히 사용됩니다.

빈 스택의 상태는 Stack Bottom Pointer와 SP가 같은 곳을 가리킵니다. 이때를 '스택 비어있음(Stack Empty)'이라고 합니다. 이때의 상태를 아래 그림에 나타냈습니다.

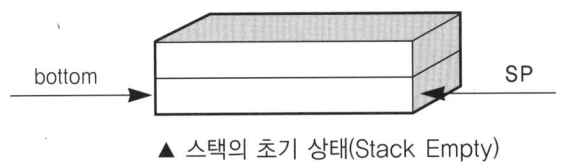

▲ 스택의 초기 상태(Stack Empty)

푸시는 SP가 가리키는 곳에 데이터를 넣고, SP를 1증가시킵니다.

```
Stack[SP++] = data;
```

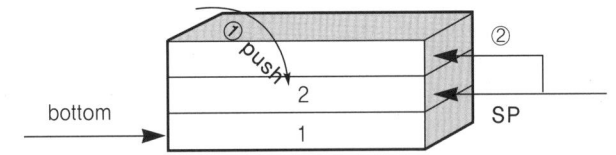

▲ 푸시(Push): SP가 가리키는 곳에 데이터를 넣고, SP를 증가시킵니다.

팝은 SP를 먼저 감소시키고, SP가 가리키는 곳의 데이터를 꺼냅니다.

```
return Stack[--SP];
```

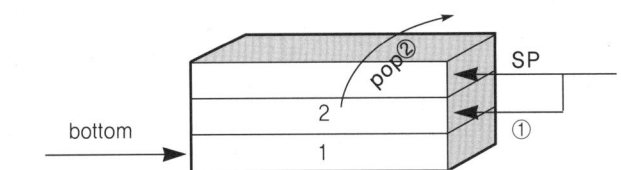

▲ 팝(Pop): SP를 먼저 감소시킨 후 SP가 가리키는 곳의 데이터를 리턴합니다.

스택은 다음과 같이 구현할 수 있습니다. 이 소스는 클래스를 사용하였으므로 지금은 이해하지 말고 구조만 대충 기억해 두기 바랍니다.

```
class CStack {
    int sp;
    // 데이터를 관리하기 위해 자료형의 배열이나 링크드 리스트의 포인터가
    // 선언되어야 합니다.
public:
    CStack() {
        sp = 0;
        // 일반적으로 동적으로 메모리를 할당하는 문장이 명시됩니다.
    }
    ~CStack() {
        // 동적으로 할당된 메모리를 해제하는 문장이 명시됩니다.
    }
    void Push(type data);
    type Pop();
};
```

예를 들어 정수 데이터에 대한 스택에 관한 아래의 일련의 명령어들의 결과를 그림으로 나타내보면 다음과 같습니다.

```
stack->Push(10);
stack->Push(20);
stack->Push(30);
i = stack->Pop();  // 30이 팝됩니다.
stack->Push(40);
stack->Push(50);
i = stack->Pop();  // 50이 팝됩니다.
```

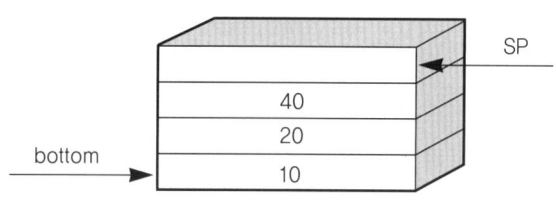

▲ 위 연산 실행 후 스택의 최종 상태

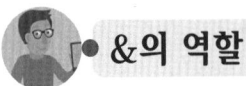
&의 역할

&는 주소 연산자(address-of operator), C++의 참조 연산자(reference operator), 그리고 비트 곱(bitwise AND) 연산자로 사용됩니다. 이 장에서는 주소 연산자로서의 &만 다룰 것입니다. &는 모든 데이터형(type)의 앞에 붙여서 사용할 수 있으며, 이렇게 사용했을 때 &는 피연산자(operand)의 주소를 계산합니다.

 &는 '앰퍼샌드(ampersand)'라고 읽습니다.

```
#include <stdio.h>

void main() {
    short i,*j;

    j = &i; // i의 주소가 j에 할당됩니다.
    *j = 100;
    printf("%d\n", i); // 100
} // main
```

위 프로그램의 출력 결과는 100입니다. i의 주소가 한 번 j에 지정되고 나면, i와 전혀 상관없는 것처럼 보이는 j를 이용하여 i의 값을 바꿀 수 있다는 것은 놀라운 일입니다! 위 프로그램의 메모리 구조는 다음과 같습니다.

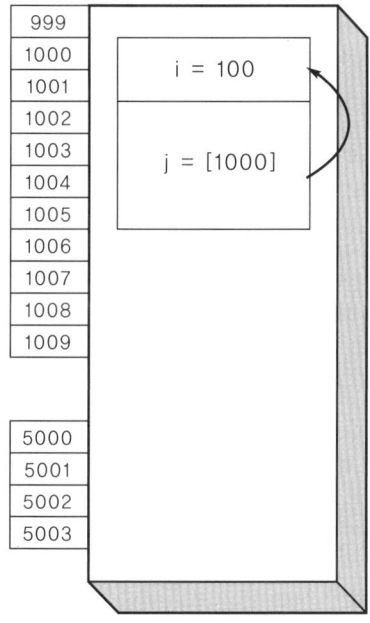

▲ 메모리 상태: i는 2바이트를 차지하지만, j는 포인터이므로 4바이트를 차지합니다.

i는 short 타입이므로 2바이트를 차지하지만, j는 포인터이므로 4바이트를 차지하고 있다는 것에 주의하세요. 이제 아래의 문장이 무엇을 출력할지 예상해 봅시다.

```
printf("%p, %p, %p, %d\n", &i, j, &j, *j);
```

포인터 값을 찍기 위해서 %p를 사용합니다. %p는 주소를 16진수로 출력하고, 이것의 출력 결과는 다음과 같이 예상할 수 있습니다.

```
[1000],[1000],[1002],100
```

실제 결과는 아래와 같습니다.

```
496F2020,496F2020,496F201C,100
```

예상되는 결과와 실제 결과의 차이점을 발견했나요? 다음과 같은 의문이 생깁니다.

'그림에서 j의 주소는 i보다 2만큼 큰데, 왜 실제 출력 결과는 j의 주소가 4만큼 작을까요?'

위와 같은 의문은 지역 변수가 할당되는 메모리 공간인 스택의 동작을 정확히 이해하지 못하기 때문에 발생합니다. 확실히 앞의 메모리 그림은 잘못 그린 것입니다.

블록 안에서 선언된 변수의 **가시 범위**(visibility scope)는 블록 안입니다. 이것은 이 변수가 블록 안에서 사용되다가, 블록을 빠져나왔을 때는 더 이상 사용되지 않고, 이것은 블록 안의 문장이 실행될 때에만 변수가 메모리 할당된다는 의미입니다. 이러한 변수는 자동으로 메모리에 할당되었다가 블록을 탈출하는 순간 자동으로 메모리에서 해제되므로 **자동 변수**(auto variable)라고도 하며, 스택에 할당되므로 **스택 변수**(stack variable)라고도 합니다.

 컴파일러가 이러한 동작을 위해 코드를 생성하는데, 프로그래머의 입장에서는 이러한 컴파일러의 자동화 부분의 동작을 이해하는 것은 필요합니다. C에서 auto는 변수가 스택에 할당된다는 의미였지만, C++11에서 auto는 변수의 타입을 컴파일러가 컴파일 시간에 결정한다는 의미로 변경되었습니다.

블록 안에서 몇 개의 지역 변수가 사용될지 알 수 없으므로 스택을 이용해서 메모리를 할당하는 방법은 좋은 해결책입니다. 어떤 블록이 3개의 지역 변수(local variable)를 사용한다면, 컴파일러는 3개의 지역 변수를 스택에 할당한 다음, 스택의 상위에 자신이 할당한 변수의 개수 3을 푸시(push)함으로써 블록을 탈출하는 순간, 스택의 상위에 푸시된 3을 보고 블록에 진입하기 전의 메모리 상태를 회복할 수 있을 것입니다.

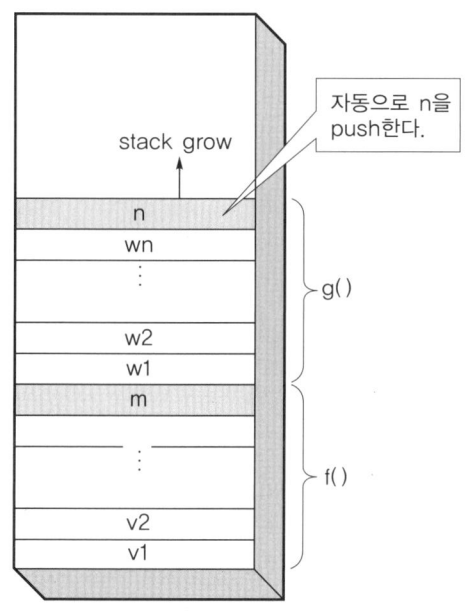

▲ 스택에 n개의 지역 변수를 유지하는 방법: 실제로는 지역 변수 외에도 기타 정보들이 스택에 저장됩니다. 어떤 함수 f( )에서 m개의 지역 변수를 사용하고 있는데, 이 함수가 g( )를 호출했을 때, g( )는 n개의 지역 변수를 사용합니다. g( )가 빠져나오기 전, n개의 지역 변수를 스택에서 해제함으로써 g( )를 호출하기 전, f( )가 동작하는 메모리 상태로 복귀가 가능합니다. g( )가 n개의 변수를 해제하려면 스택의 상위에서 값을 읽어서 이 값만큼 팝(pop)하면 됩니다.

윈도우 운영체제에서 스택은 메모리의 상위 번지(high address)에 할당되어 상위 번지에서 하위 (low) 번지로 자라납니다. 이것은 먼저 선언된 변수가 먼저 할당이 되었을 때, 나중에 선언된 변수보다 상위 번지에 할당됨을 의미합니다. 그러므로 위의 예에서 i가 1000번지에 할당되었다면, j는 4바이트이 므로 1,000보다 4 작은 996번지에 할당될 것입니다.

우리는 다음 문장을 기억해 두어야 합니다.

"블록 안에서 선언한 변수는 (static을 제외하고) 항상 스택에 자동으로 할당되며,
블록 범위를 벗어나는 순간 자동으로 해제됩니다."

두 개의 변수의 값을 바꾸는(swap) 함수 Swap( )을 만들어 봅시다. 이 함수는 두 개의 정수 a, b를 받아 a와 b의 값을 교환합니다.

```
void Swap(short a, short b) {
    short t = a; // a의 값을 t에 보존합니다.
    a = b;
    b = t; // 보존된 a 값을 b에 대입합니다.
} // Swap
```

위의 함수는 분명히 a와 b의 값을 바꿉니다. 그렇다면 아래 프로그램의 출력 결과를 예측할 수 있을 것입니다.

```
#include <stdio.h>

void Swap(short a, short b) {
    short t = a;
    a = b;
    b = t;
} // Swap

void main() {
    short a = 2, b = 3;
    Swap(a, b);
    printf("%d,%d\n", a, b);
} // main
```

결과는 다음과 같습니다.

3, 2

이 예측이 맞는지 직접 실행해 보면 예상과는 다르게 결과가 2, 3입니다. 왜 그럴까요? 바로 스택 동작 때문에 그렇습니다. 위 프로그램의 메모리 구조를 그려봅시다.

`main()` 함수의 블록에 진입했을 때 블록 안에서 선언된 2개의 지역 변수는 스택에 할당될 것이고, 각각 2,3으로 초기화될 것입니다. 이 상태를 아래의 그림에 나타내었습니다.

▲ main( )에 진입했을 때 메모리 스택의 상태: a가 먼저 선언되었으므로 a가 먼저 스택에 push되었습니다.

main( )에서 Swap( )을 호출하고 있습니다. Swap( )이 3개의 지역 변수를 사용하고 있다는 점에 주목하세요. 비록 Swap( )의 블록에서는 변수 t만 선언했지만, 파라미터로 넘겨온 변수 a, b도 이 함수에서만 필요하므로 지역 변수로 스택에 푸시됩니다. 또한 파라미터로 a가 먼저 명시되었지만, b부터 스택에 푸시됩니다. 그러므로 스택에는 차례대로 b, a, t가 푸시됩니다. 이 상태를 아래의 그림에 나타냈습니다.

 이것은 **파라미터 전달 방법(parameter passing method)**이 C 방법을 사용하기 때문입니다. 만약 파스칼 언어의 전달 방법을 명시한 _pascal을 명시한다면, a부터 push될 것입니다. C 방법은 C 선언(C declaration)을 의미하는 _cdecl을 사용하며, 이것이 기본값(default)입니다. ANSI의 표준 키워드는 pascal과 cdecl을 사용합니다.

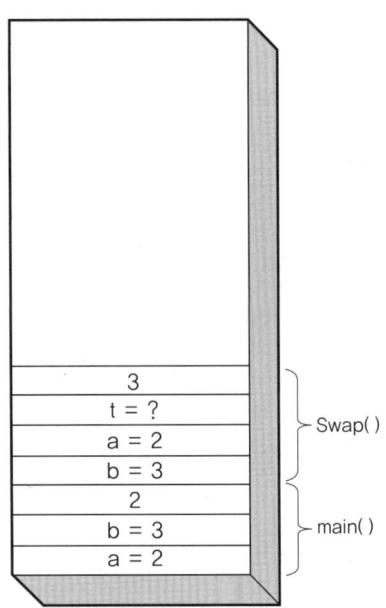

▲ Swap( )에 진입하는 순간 3개의 지역 변수가 차례대로 스택에 push, 즉 할당됩니다. main( )에서 Swap(a, b) 형식으로 호출했을 때, main( )의 a의 값과 b의 값이 각각 Swap()의 a,b에 복사(copy)되었습니다. 이러한 함수 호출 방식(function call method)을 '**값에 의한 호출(call by value)**'이라고 합니다.

먼저 a의 값이 t에 할당됩니다. a에는 b의 값이 할당되므로 a == 3이 됩니다. b에는 보존해 둔 a 값인 t가 할당되므로 b == 2가 됩니다. 확실히 a와 b의 값이 바뀌지만, 이것은 Swap( )의 지역 변수 a, b를 교환(swap)합니다. main( )의 a, b는 바뀌지 않습니다. 이것을 다음 그림에 나타내었습니다.

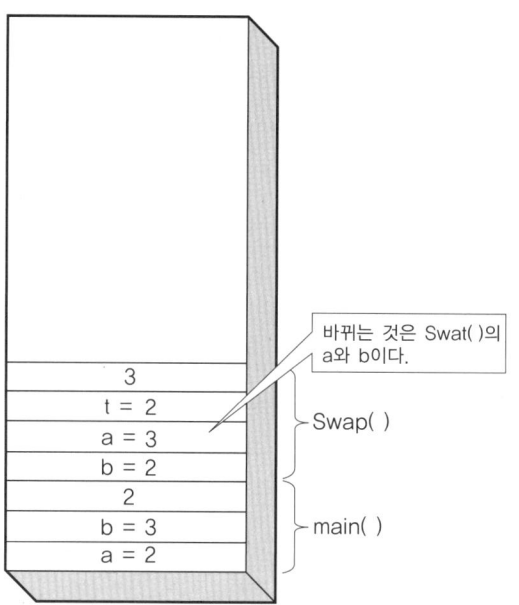

▲ Swap( )의 지역 변수: Swap( )의 a, b는 확실히 교환되지만, main( )의 a, b는 교환되지 않습니다.

이제 작업을 끝내고 Swap( ) 함수를 빠져나옵니다. 스택의 상단에 3이 있으므로 이것을 팝(pop)한 후에 다시 3개를 스택에서 팝(pop)할 것입니다. 그러면 다시 아래와 같은 메모리 상태가 될 것입니다. 이것은 main( )에서 Swap( )을 호출하기 전의 메모리 상태입니다.

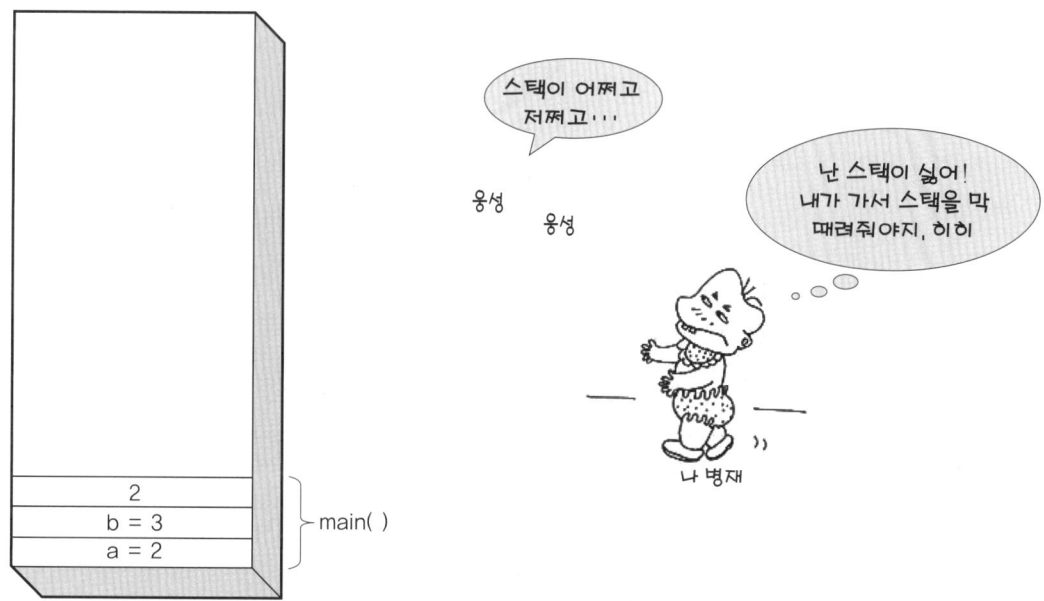

▲ Swap( )을 호출한 후의 메모리 상태: Swap( )을 호출하기 전의 메모리 상태로 복구되었습니다.

그렇다면 main( )의 지역 변수인 a와 b를 바꾸려면 함수로 무엇을 전달해야 할까요? 그렇습니다. a의 주소와 b의 주소를 전달해야 합니다! 그리고 a의 주소와 b의 주소를 안다면, *a와 *b를 이용해서 값을 참조하고, main( )의 a, b를 수정할 수 있습니다. 다음 페이지와 같이 프로그램을 수정해야 합니다. 정수에 대해서 short를 그대로 사용해도 되지만, int를 사용했습니다. 이제 a와 b는 4바이트의 메모리를 차지합니다.

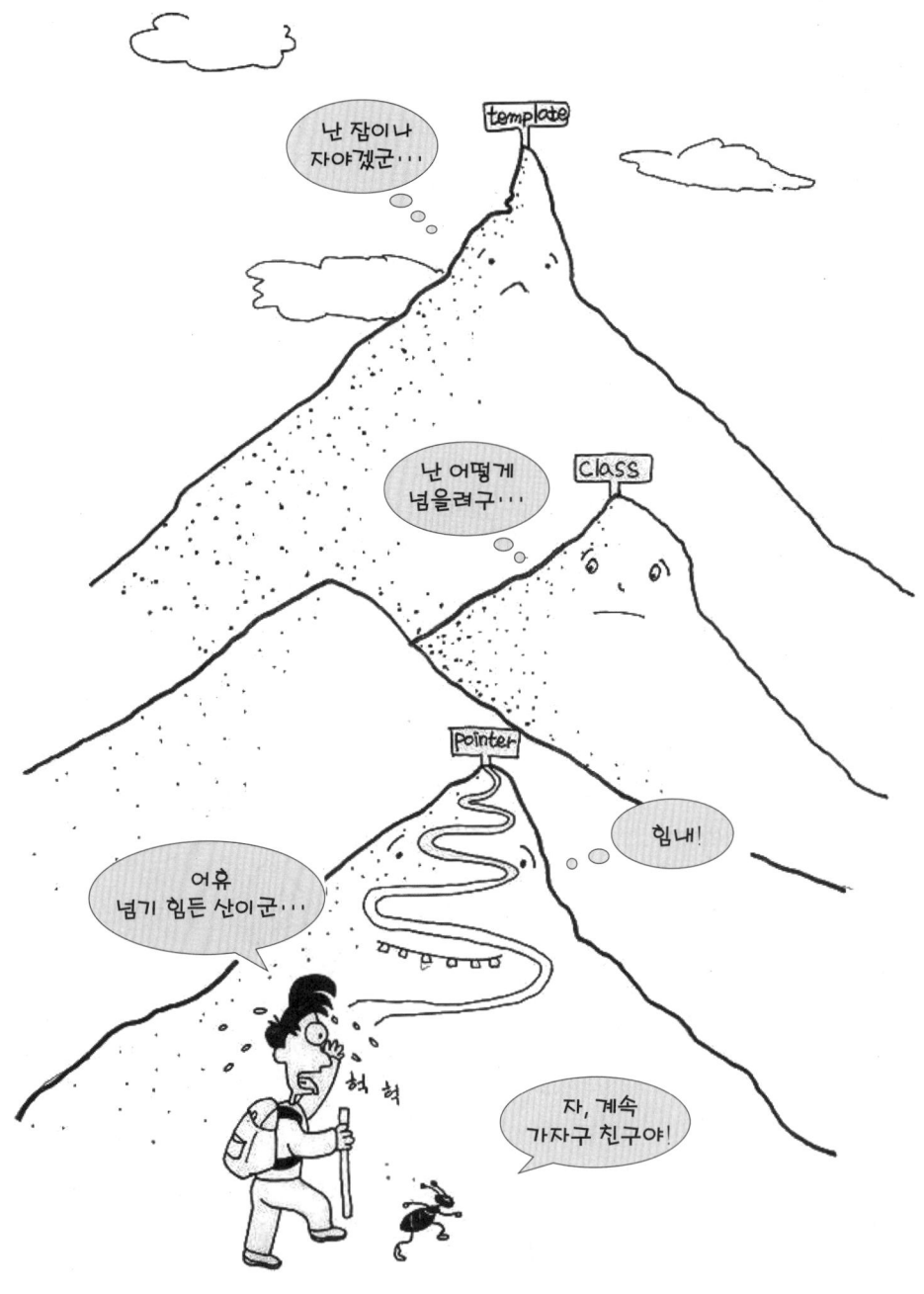

```
#include <stdio.h>

void Swap(int *a, int *b) {
    int t = *a;  // a가 가리키는 값을 t에 대입합니다.
    *a = *b;  // b가 가리키는 값을 a가 가리키는 곳에 대입합니다.
    *b = t;  // t를 b가 가리키는 곳에 대입합니다.
} // Swap

void main() {
    int a = 2, b = 3;
    Swap(&a, &b);  // a와 b의 주소를 전달해야 합니다.
    printf("%d,%d\n", a, b);
} // main
```

main( )에서 Swap( )을 호출할 때 &a와 &b를 사용했다는데 주의하세요. 이것은 Swap( )이 받는 파라미터 형(parameter type)이 int *이기 때문입니다. 이제 Swap( )은 a의 값과 b의 값을 전달받지 않습니다. a와 b의 주소(address)를 전달받습니다. 주소를 저장하는 변수는 **포인터(pointer)**입니다. 이 포인터는 정수(int)를 가리키므로 아래와 같이 선언해야 합니다.

```
Swap(int *a, int *b)
```

위의 프로그램의 출력 결과는 이제 다음과 같이 의도한 대로 출력됩니다.

```
3, 2
```

동작 과정의 메모리 상태를 살펴봅시다. main( ) 블록에 진입했을 때 두 개의 지역 변수는 스택에 푸시(push)됩니다. a가 스택의 5000번지에 할당된다면, b는 다음에 푸시(push)되므로 4996번지에 할당될 것입니다. 그리고 각각의 변수는 2, 3으로 초기화됩니다. 이 상태를 다음 그림에 나타냈습니다.

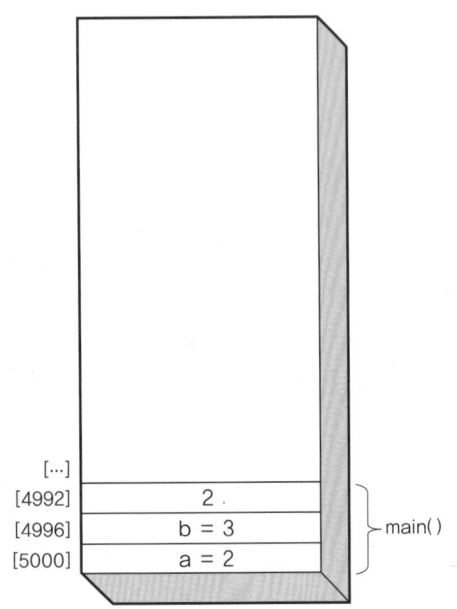

▲ main( )에서 2개의 변수가 스택에 푸시(push)됩니다. 각 변수의 번지를 왼쪽 박스에 나타냈습니다.

main( )에서 Swap( )을 호출하고 있습니다. Swap( )은 먼저 b를 푸시(push)합니다. b는 포인터 변수이므로 4바이트가 할당될 것입니다. 그리고 b 변수의 주소는 4988번지가 될 것입니다. b가 정수가 아니라 정수를 가리키는 포인터라는 것을 주의하세요. 즉 Swap( )은 main( )의 정수 b가 있는 곳의 주소인 &b == [4996]로 b를 초기화합니다. 다음에 a는 [5000]으로 초기화되며, t가 스택에 할당될 것입니다.

주소	값	
[...]		
[4976]	3	
[4980]	t = ?	⎫
[4984]	a = [5000]	⎬ Swap( )
[4988]	b = [4996]	⎭
[4992]	2	⎫
[4996]	b = 3	⎬ main( )
[5000]	a = 2	⎭

▲ Swap( )의 a,b는 포인터 변수이므로 각각 4바이트의 스택 메모리를 차지합니다. t는 할당되었지만, 초기화되지는 않았으므로 쓰레기 값(garbage value)을 가지고 있습니다. 스택의 상단에는 3이 푸시(push)될 것입니다.

Swap( )의 a는 main( )의 a와 다릅니다. Swap( )의 a는 main( )의 a를 가리키는 포인터입니다. 아래 문장이 Swap( )에서 실행된다면, 어떻게 출력될지 예상해 봅시다.

```
printf("%p,%p,%d",&a,a,*a);
```

다음과 같이 출력될 것입니다.

```
[4984],[5000],2
```

9. scanf()에 &가 필요한 이유: 스택 동작

아래 그림을 참고하세요.

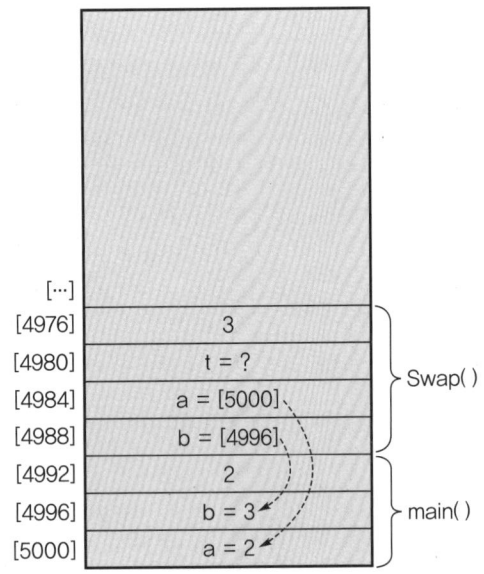

▲ Swap( )의 a와 b는 main( )의 a와 b를 가리키고 있습니다.

main( )의 a, b를 교환하기 위해서는 이제 간접 지정 연산자 *를 사용해야 합니다. 이 연산의 수행 결과는 다음 그림과 같이 될 것입니다.

Swap( )의 a, b는 전혀 바뀌지 않았다는 것에 주목하세요. Swap( )의 어느 곳에서도 a, b를 바꾸는 문장은 없습니다. Swap( )은 *a와 *b를 바꾸고 있으며, 이것은 a, b가 가리키는 값, 즉 main( )의 a, b입니다.

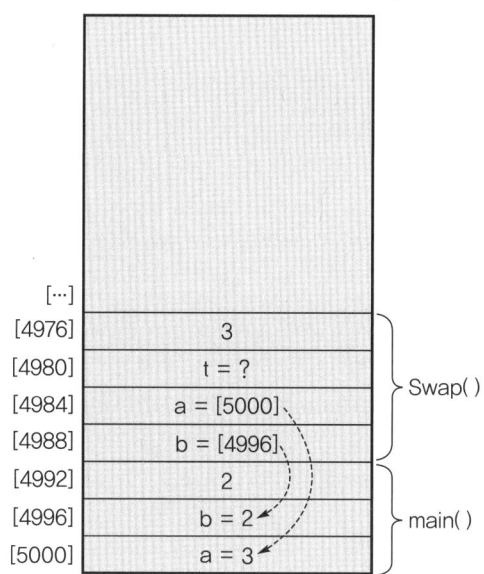

▲ Swap( )은 main( )의 a, b를 교환합니다.

Swap( ) 함수를 종료하는 순간 메모리의 상태는 Swap( )을 호출하기 전의 메모리 상태로 회복될 것입니다. 다음의 그림을 보세요.

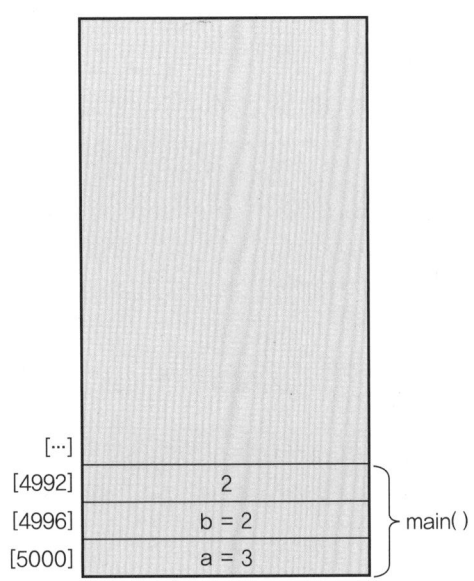

▲ 메모리가 Swap( )을 호출하기 전의 상태로 돌아왔습니다. 하지만, a, b는 바뀌어져 있습니다.

함수를 호출할 때 이렇게 변수의 값을 전달하는 것이 아니라 변수의 주소를 전달하는 것을 **주소에 의한 호출**(call by address)이라고 불러도 무난하지만, 이것은 엄격하게 값에 의한 호출입니다. 주소 값을 전달한 것이니까요. 이것이 **참조에 의한 호출**(call by reference)이 아니라는 것에 주의하세요. 변수의 참조가 넘어간 것이 아니라 단지 변수의 주소를 넘겨주어 참조의 효과를 본 것입니다. 후에 C++에서는 참조에 의한 전달이 문법적으로 추가되었습니다.

정리하면, 우리가 기억해야 할 내용은 다음과 같습니다.

> "함수의 파라미터로 넘어간 변수를 함수 안에서 바꾸었을 때,
> 함수를 빠져나왔을 때도 값이 바뀌게 하려면, 변수의 주소를 전달해야 합니다."

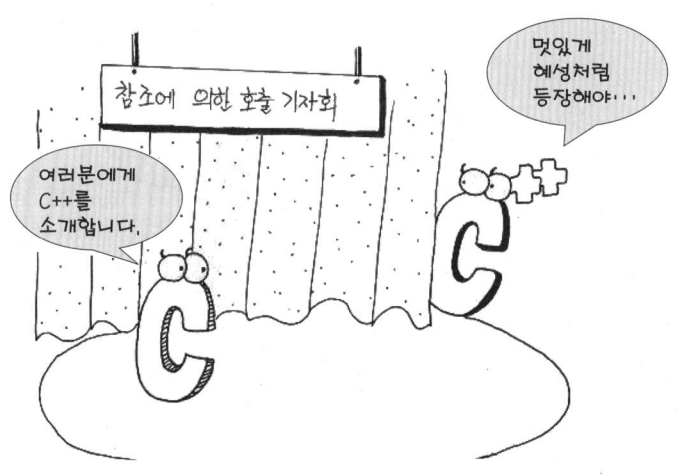

scanf()에 &를 적어야 하는 이유

이것은 우리가 C를 배울 때 처음 접하게 되는 scanf( ) 함수에서 변수의 주소를 명시해야 하는 이유입니다. 우리는 키보드를 통해 정수를 한 개 입력받는 함수를 아래와 같이 만들 수 있습니다.

```
int i;
scanf("%d",i);
```

무엇이 잘못되었을까요? 사용자가 입력한 변수는 scanf( )의 내부에서 분명히 i에 할당될 것입니다. 즉 값이 변경될 것입니다. 하지만 scanf( )를 빠져나오는 순간 i의 값은 스택에서 팝(pop)되므로 scanf( )를 호출하기 전의 i 값으로 남아있을 것입니다. scanf( )에서 바뀐 값이 scanf( )를 빠져나왔을 때도 바뀌게 하려면, i의 주소인 &i를 전달해야 합니다.

```
int i;
scanf("%d",&i);
```

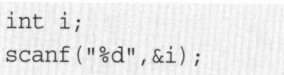

이미 i가 int *로 선언되었다면, 아래의 예처럼 사용해야 합니다.

```
int *i;
     ⋮
scanf("%d",i);
```

마지막으로 &의 사용에 대해 익혀둡시다. 다음 절에서 설명하는 에러는 초보자들이 흔히 저지르는 실수 중의 하나입니다.

진보된 주제: 포인터를 바꾸려면?

정수를 바꾸기 위해서 정수의 포인터(int *)를 전달했습니다. 하지만 바꾸어야 하는 값이 정수의 포인터라면, 무엇을 전달해야 할까요? 바로 <u>정수의 포인터를 가리키는 포인터(int **)를 전달해야 합니다</u>. 먼저 아래 프로그램을 실행해 보세요.

```c
#include <stdio.h>
#include <stdlib.h>

void main() {
    int *ip;

    ip = (int *)malloc(sizeof(int));
        // ip는 int *이므로 (int *)를 사용해서 명시적인 형 변환이 반드시 필요합니다.
    *ip = 100;
    printf("%d\n",*ip);
    free(ip);
} // main
```

결과는 100이 출력됩니다. ip는 포인터 변수이므로, malloc( ) 혹은 C++의 new를 사용해서 메모리 할당 후에 사용해야 합니다. 우리가 처음으로 C를 접한다면, C++의 새로운 연산자 new에 익숙해져야 합니다. new를 사용해서 수정한 소스는 아래와 같습니다.

 malloc( )과 new는 같지 않습니다. new는 함수가 아니라 연산자이며, malloc( )과는 다르게 메모리 할당 후에 생성자를 호출합니다. 하지만 이 소스에서는 클래스를 사용하지 않았으므로 동작은 같습니다.

```c
#include <stdio.h>

void main() {
    int *ip;

    ip = new int; // int만큼, 즉 4바이트를 할당해서 시작 주소를 ip에 대입합니다.
    *ip = 100;
    printf("%d\n",*ip);
    delete ip;
} // main
```

메모리 할당하는 부분을 하나의 함수로 만들기 위해 소스를 아래와 같이 수정하였습니다. 하지만 아래의 소스는 틀린 곳이 있습니다.

```c
#include <stdio.h>

void f(int *ip) {
    ip = new int;
} // f

void main() {
    int *ip;

    f(ip);
    *ip = 100;
    printf("%d\n",*ip);
    delete ip;
} // main
```

f()에서 바꾸어야 하는 값은 ip가 가리키는 값(int)이 아니라 ip(int *)입니다. 정수를 바꾸어야 한다면, 정수 포인터를 전달하는 위 함수 f()는 바르게 동작합니다. 하지만 지금은 정수 포인터(int *)를 바꾸어야 하므로 함수 f()는 잘못 작성된 것입니다. 그러므로 f()는 정수 포인터의 포인터를 전달받아야 하며, main()에서 f()를 호출할 때 파라미터에는 ip를 전달해서는 안 되고, ip의 주소인 &ip를 전달해야 합니다. &ip는 정수 포인터의 포인터이므로 f()쪽에서 다음과 같이 선언해야 합니다.

```
int **
```

수정된 소스를 아래에 리스트로 나타냈습니다.

```c
#include <stdio.h>

void f(int **ip) {
    *ip = new int;
} // f

void main() {
    int *ip;

    f(&ip);// ip의 주소를 넘겨 주어야 합니다.
    *ip = 100;
    printf("%d\n",*ip);
    delete ip;
} // main
```

위 프로그램의 동작 과정을 메모리로 그리지는 않습니다. 그러므로 책을 읽는 여러분이 스택 메모리를 그리면서 꼭 손으로 직접 실행해 보기 바랍니다.

1 다음 프로그램의 잘못된 부분을 수정하세요. (힌트: 포인터 변수는 사용하기 전에 할당(allocation) 해야 합니다.)

```c
#include <stdio.h>
#include <stdlib.h>

void main() {
    int *i;
    scanf("%d",i);
}
```

2 아래 프로그램의 잘못된 부분을 수정하세요.

```c
#include <stdio.h>

void f(int **ip) {
    *ip = new int;
} // f

void main() {
    int **ip;

    f(&ip);
    **ip = 100;
    printf("%d\n",**ip);
    delete ip;
} // main
```

10 제어 구조

1984년경에 GW-BASIC이라는 언어를 써 본 적이 있습니다. 그 시절 베이직 언어에서 흐름(flow)을 제어하는 유일한 방법은 GOTO였습니다. 다음 그림을 통해 GOTO문이 얼마나 프로그램을 복잡하게 만드는지 살펴볼 수 있습니다.

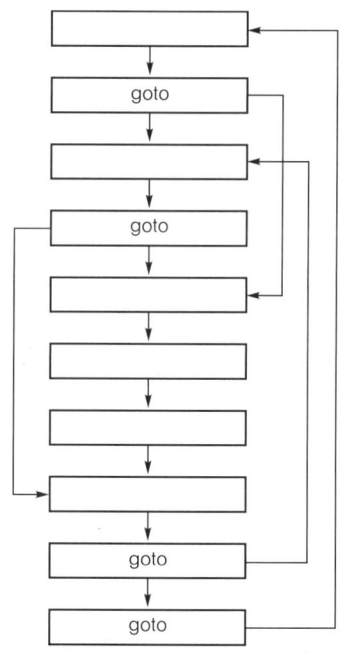

▲ GOTO의 난잡한 사용: GOTO의 사용은 에러의 지역성(locality)을 보장하지 못합니다.

이러한 GOTO의 난잡한 사용은 1960년대 초반, 하드웨어의 급속한 성장을 소프트웨어가 따라가지 못하는 **소프트웨어의 위기**(software crisis)를 맞게 되었습니다. 물론 그 이후에 그 상황에 붙여진 이름이었지만, 이를 극복하기 위한 많은 노력이 여러 사람들에 의해 이루어졌습니다. 우리가 당연하게 사용하고 있는 `if`, `while` 같은 문장들로 구성된 코드가 그 당시에는 유용하지 않았습니다. 에러의 국부성(locality)이 보장되지 않았기 때문입니다. while문 안에서 발생한 에러는 while에만 영향을 끼쳐야 합니다. 어떻게 GOTO로 할 수 있는 모든 일을 하면서, 에러의 국부성을 보장할 수 있을까요? 바로 블록(block)이라는 개념과 제어 구조(control structure)가 문제를 해결하는 열쇠였습니다.

대부분의 프로그래밍 언어들 - C, C++ - 은 블록과 제어 구조를 지원하는데, 이처럼 블록과 제어 구조를 지원하는 언어를 **구조적 언어**(structured programming language)라고 합니다. C++는 구조적 언어에 클래스와 관련된 개념이 결합된 **객체 지향 언어**(object oriented language)입니다. 물론 객체 지향 언어는 구조적 언어입니다. 하지만 구조적 언어가 객체 지향 언어인 것은 아닙니다. 대부분의 구조적 언어는 흐름을 제어하기 위해 세 가지의 흐름 제어 구조(flow control structure)를 지원합니다. 그것이 ① 순차 ② 비교 ③ 반복 구조입니다.

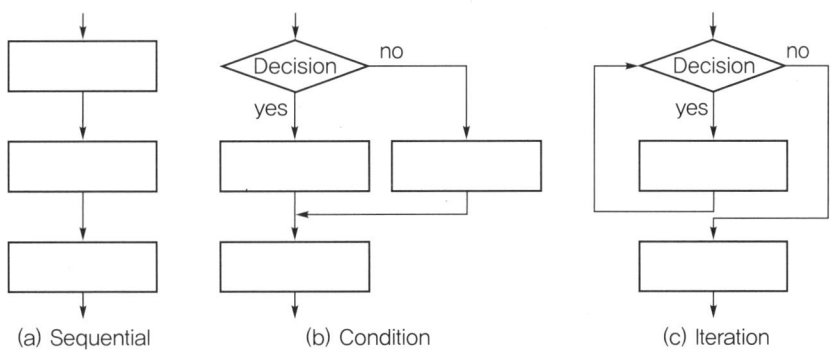

▲ 제어 구조: 이러한 세 가지 제어구조는 goto로 할 수 있는 모든 상황을 표현할 수 있습니다.

순차(sequential) 구조는 직관적(intuitive)입니다. 그것은 실행 단위 – 예를 들면 문장(statement) – 가 위에서 아래로 실행됨을 의미합니다. 즉 아래서 위로 실행되지 않는다는 의미입니다. 이것은 당연한 것 같지만, 문법에 의해서 정의되기 때문에 그런 것입니다. 실행 단위가 반드시 문장이 아님에 주의하세요. 한 실행 단위는 다른 순차 구조를 호출할 수도 있습니다.

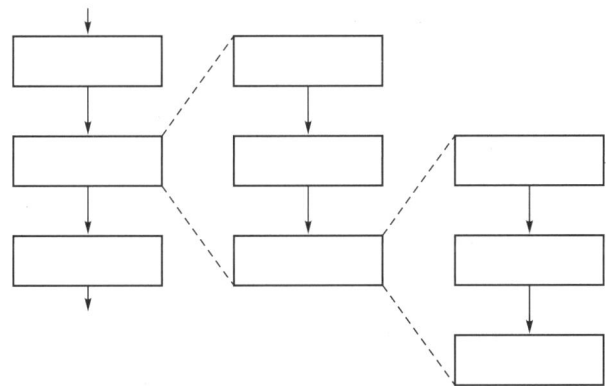

▲ 순차 구조의 의미: 순차 구조의 한 단위는 블록이며, 이것은 다른 제어구조가 될 수 있습니다.

실제로 실행 단위는 블록입니다. 블록 안에서 발생한 에러는 전역변수(global variable)를 건드리지 않는다면, 외부에 영향을 미치지 않습니다. 이것은 **복귀 에러**(regression fault) 발생을 미연에 방지합니다.

> 에러가 발생한 소스의 일부를 고쳤을 때 이와 전혀 상관이 없는 부분에 에러가 연달아 발생한다면, 이를 '복귀 에러'라고 합니다. 구조적 언어에서도 복귀 에러가 발생하지 않도록 조심스럽게 코딩하는 것이 필요합니다. 이러한 복귀 에러는 객체 지향 개념을 적용하면, 상당히 줄일 수 있습니다.

비교(conditional) 구조는 특정한 조건을 비교한 후 조건의 결과인 참/거짓에 따라 실행할 문장을 결정합니다. 비교를 지원하는 제어문에는 if, switch가 있습니다.

반복(iterational) 구조는 특정한 조건이 참/거짓인 동안 문장을 실행합니다. 반복을 지원하는 제어문에는 for, while과 do가 있습니다.

이 5개의 문장으로 GOTO의 모든 역할을 대신할 수 있습니다. C가 goto를 지원하지 않는 것은 아닙니다. 하지만 가능하면 사용하지 않아야 합니다.

다섯 가지 제어문의 문법은 각각 다음과 같습니다.

① if문

```
if (표현식 1)
    문장 1;
[else if (표현식 2)
    문장 2;] [...]
[else
    문장3;]
```

② switch문

```
switch (표현식) {
    [case 표현식:
        문장;
        [break;]] [...]
    [default:
        문장;
        [break;]]
}
```

③ for문

```
for ([표현식 1]; [표현식 2]; [표현식 3])
    문장;
```

④ while문

```
while (표현식)
    문장;
```

⑤ do문

```
do
    문장;
while (표현식);
```

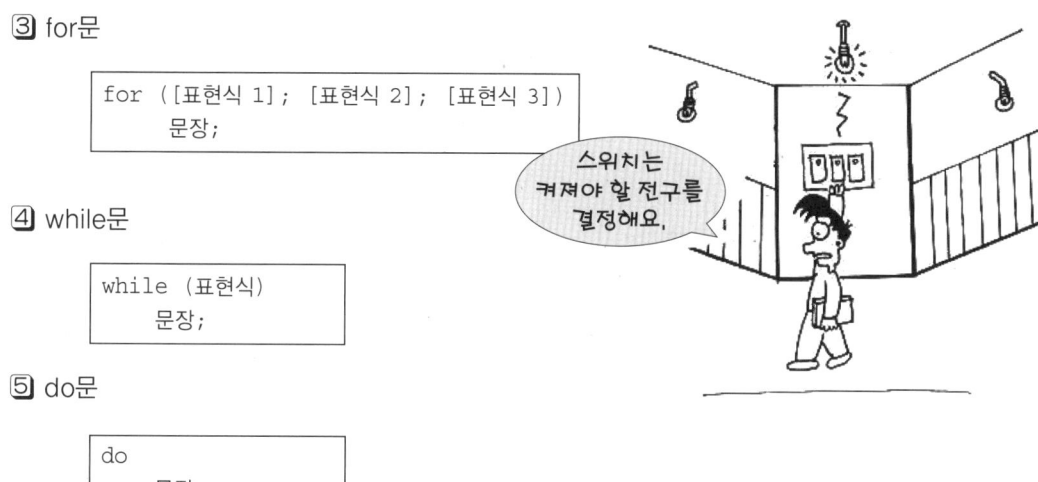

 if문

if문은 문법이 상당히 복잡한 것처럼 보이지만 실제로 그렇지는 않습니다.

```
if (표현식 1)
    문장 1;
[else if (표현식 2)
    문장 2;] [...]
[else
    문장 3;]
```

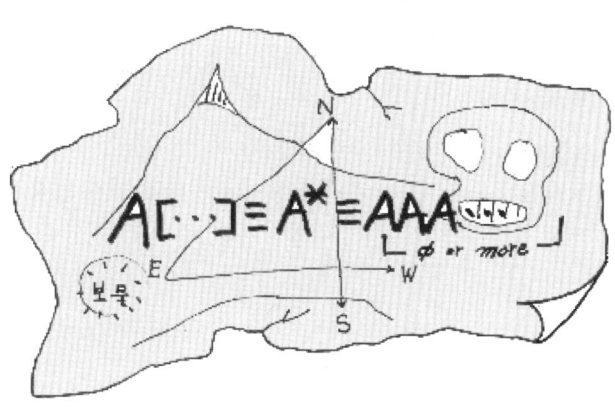

[와]로 둘러싸인 부분은 그 부분이 생략될 수 있다는(option) 의미입니다. [...]는 앞부분이 0번 이상의 반복 가능함(0 or more repetition)을 의미합니다. 이것은 else if 부분이 없어도 되고, 여러 번 반복되어도 가능함을 의미합니다. 마지막의 else 부분은 선택 사항이므로 없어도 되지만, 있다면 반드시 한 번만 있어야 합니다.

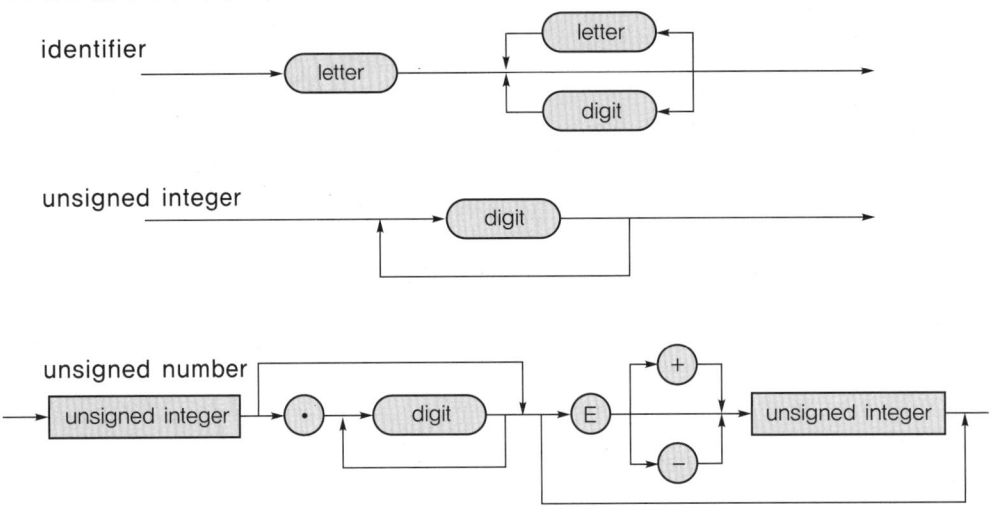

▲ 언어의 문법을 나타내는 도식(diagram)

위의 그림은 언어의 문법을 나타내는 도식(diagram)입니다. C++ 언어의 문법은 CFG(Context Free Grammar)를 이용하여 나타낼 수 있습니다. 하지만 이 그림은 CFG와 대등하며, CFG보다 이해하기 쉽습니다. 언어의 문법은 필요한 경우만 설명하지만, 우리는 이러한 도식은 사용하지 않습니다. 하지만 우리는 이러한 도식이 어떤 문법을 나타내는지 알아야 하며, C++의 문법을 이러한 도식으로 표현할 수 있어야 합니다.

if나 else if에서 조건을 판단하는 부분은 괄호 ( ) 안의 표현식입니다. 이때 괄호 안이 표현식임에 주의하세요. 표현식이 0이면 if는 거짓으로 간주하고 0이 아니면, 참으로 간주합니다. *표현식 1*이 참(not 0)이라면 *문장 1*을 수행합니다. 그리고 if문을 종료합니다. *표현식 1*이 거짓이라면 else if의 *표현식 2*를 검사합니다. 이 문장이 참이면 *문장 2*를 수행합니다. else if의 모든 조건이 다 거짓이라면, 마지막 else에 지정된 *문장 3*을 수행합니다. if문을 사용할 때 아래의 사항들을 주의해야 합니다.

(1) if나 else if에서 명시된 표현식 중 두 가지 이상이 참이라면 제일 먼저 만난 표현식이 평가되므로 두 번째 이하부터의 문장부터는 실행되지 않습니다. 즉 여러 개의 조건이 참일지라도 첫 번째 조건만 실행됩니다.

(2) else가 없는 if문일 경우 한 문장도 실행되지 않을 수 있습니다.

(3) else가 있는 if문은 최소한 한 문장은 실행됩니다.

```
#include <stdio.h>

void main() {
    int i = 2, j = 3, k = 4;

    if (i < j)
        printf("i is less than
            j\n"); // 이 문장이 실행됩니다.
} // main
```

위의 예에서 단독으로 사용된 if는 조건이 만족되므로 printf( )가 실행됩니다.

```
#include <stdio.h>

void main() {
    int i = 5, j = 3, k = 4;

    if (i < j)
        printf("i is less than j\n");
    else
        printf("i is greater or equal than j\n"); // 이 문장이 실행됩니다.
} // main
```

위의 예에서 if의 조건은 거짓(0)이므로 else의 printf( )가 실행됩니다.

```
#include <stdio.h>

void main() {
    int i = 5, j = 4, k = 3;

    if (i < j)
        printf("i is less than j\n");
    else if (j <= k)
        printf("j is less than or equal to k\n");
    else if (i == k)
        printf("i is equal k\n");
} // main
```

위의 예에서는 if나 else if의 모든 조건도 거짓이므로 어느 문장도 실행되지 않습니다. 하지만 아래의 예에서는 두 조건이 참이지만, 첫 번째 비교된 문장만 실행된다는 데 주의해야 합니다.

```
#include <stdio.h>

void main() {
    int i = 2, j = 3, k = 2;

    if (i < j) // 이 조건은 참입니다.
        printf("i is less than j\n"); // 이 문장이 실행됩니다.
    else if (j <= k)
        printf("j is less than or equal to k\n");
    else if (i == k) // 이 조건도 참입니다.
        printf("i is equal k\n");
} // main
```

즉 마지막 else if (i == k)가 참임에도 불구하고, 첫 번째 if (i < j)의 조건이 만족되므로 마지막 else if (i == k)는 평가조차 되지 않습니다. if문은 만족되는 조건이 여러 개일지라도 처음의 한 문장밖에 실행되지 않는 것입니다(잘못 작성된 if문입니다).

아래의 예에서는 else가 쓰인다면, 최소한 한 문장은 실행된다는 것을 보여줍니다.

```
#include <stdio.h>

void main() {
    int i = 5, j = 4, k = 3;

    if (i < j)
        printf("i is less than j\n");
    else if (j <= k)
        printf("j is less than or equal to k\n");
    else if (i == k)
        printf("i is equal to k\n");
    else
        printf("i is greatest\n"); // 이 문장이 실행됩니다.
} // main
```

if문의 조건이 만족되면 실행되는 문장은 한 문장이라는 것에 주의하세요. if의 조건이 만족되었을 때 두 문장 이상이 실행되면, **블록(block, 복합문(compound statements))**을 만들어야 합니다. 블록은 여러 개의 문장을 하나의 문장처럼 만들어 주는 문법 구조입니다.

```
#include <stdio.h>

void main() {
    int i = 5, j = 4;

    if (i < j)
        printf("i is less than j\n");
        printf("this string will be printed always\n");
            // 잘못된 들여쓰기
} // main
```

위의 예에서 두 번째 printf( )는 항상 실행됩니다. 단순한 들여쓰기(indentation)가 문법을 결정 짓는 것은 아닙니다. 사용자의 의도대로라면, 두 문장을 하나의 문장처럼 만들어 주어야 하는데, 블록을 이용하여 수정한 소스는 아래와 같습니다.

```
#include <stdio.h>

void main() {
    int i = 5, j = 4;

    if (i<j) {
        printf("i is less than j\n");
        printf("this string will be printed always\n");
    } // if
} // main
```

이러한 블록이 if에만 적용되는 사항이 아니라 모든 곳에 적용 가능하다는 것에 주의하기 바랍니다.

if문을 다루면서 모호한 else 문제(dangling else problem)를 다시 살펴보겠습니다. 아래의 예에서 else는 어느 if와 짝지어져도 문법적인 에러가 아닙니다. 그러면 else를 누구와 – 어느 if와 – 짝지어야 할까요? 바로 이 문제가 모호한 else 문제입니다.

```
#include <stdio.h>

void main() {
    int i = 2, j = 3, k = 4;

    if (i < j)
        printf("i is less than j\n");
        if (j < k)
            printf("j is less than k\n");
    else // 어느 if와 짝인가? if (i<j)인가? if (j<k)인가?
        printf("which if is my partner?\n");
} // main
```

이 문제의 해결 방법이 알려져 있으면, 모든 프로그래밍 언어는 이 해결 방법을 사용합니다. 이 해결 방법의 이름은 '결혼하지 않은 가장 가까운 이웃(not married nearest neighbor)'이며, 해결 방법은 다음과 같습니다.

"else의 짝은 else를 만나기 전 거친 if 중 else와 아직 짝이 없으면서 가장 가까운 if입니다."

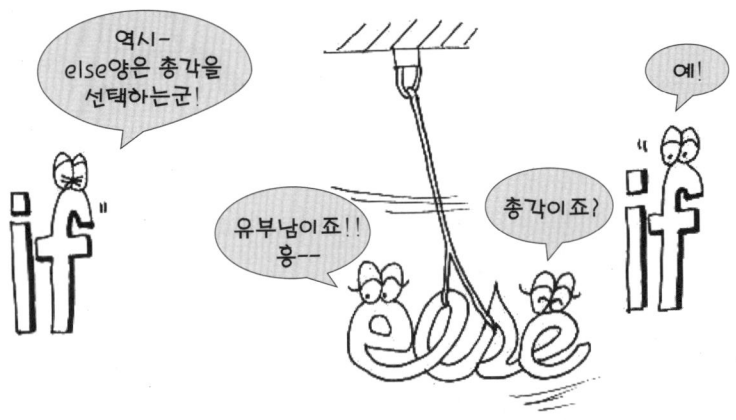

위의 예에서 가장 가까운 짝이 없는 if는 if (j < k)이므로 이 문장과 짝 지어집니다. 그러므로 위 프로그램의 출력 결과는 다음과 같습니다.

```
i is less than j
j is less than k
```

이 규칙이 있지만, 명시적인 블록으로 이를 구분하는 것이 좋은 방법입니다. 명시적인 블록으로 구분된 소스는 다음과 같습니다.

```c
#include <stdio.h>

void main( ) {
    int i = 2, j = 3, k = 4;

    if (i < j) {
        printf("i is less than j\n");
        if (j < k)
            printf("j is less than k\n");
        else
            printf("which if is my partner?\n");
    } // if
} // main
```

사용자의 의도가 else를 첫 번째 if와 짝짓는 것이었다면, 아래와 같이 블록을 만들 수 있습니다.

```c
#include <stdio.h>

void main( ) {
    int i = 2, j = 3, k = 4;

    if (i < j) {
        printf("i is less than j\n");
        if (j < k)
            printf("j is less than k\n");
    } else
        printf("which if is my partner?\n");
} // main
```

switch문

```
switch (표현식) {
        [case 표현식:
          문장;
            [break;]] [...]
        [default:
          문장;
            [break;]]
}
```

if문으로 비교 문장을 작성할 경우 같은 변수에 대한 고정 값(fixed value) – 범위가 아닌 값 – 으로 비교해야 할 경우가 종종 발생합니다. 이때는 switch문을 사용해야 읽기(readability) 쉽습니다. 아래의 소스는 입력한 문자(character)가 a, b 혹은 c인지 검사합니다.

```
#include <stdio.h>
#include <conio.h>

void main() {
    int i;

    printf("Enter a char:");
    i = getch();
    if (i == 'a')
        printf("a pressed\n");
    else if (i == 'b')
        printf("b pressed\n");
    else if (i == 'c')
        printf("c pressed\n");
    else
        printf("which key pressed?\n");
} // main
```

getch( ) 함수는 키보드로부터 1개의 문자를 입력받아 그 문자의 아스키코드를 2바이트 정수로 리턴하는 함수입니다.

위 문장은 switch를 사용하여 아래와 같이 대등하게 바꿀 수 있습니다.

```c
#include <stdio.h>
#include <conio.h>

void main() {
    int i;

    printf("Enter a char:");
    i = getch();
    switch (i) {
        case 'a':
            printf("a pressed\n");
            break;
        case 'b':
            printf("b pressed\n");
            break;
        case 'c':
            printf("c pressed\n");
            break;
        default:
            printf("which key pressed?\n");
            break;
    } // switch
} // main
```

switch는 괄호 안의 표현식을 평가한 후 평가 값이 case 뒤에 명시된 값과 일치하는지 검사합니다. 값이 일치하면 case 이후의 문장을 실행하기 시작하다가 break를 만나면 switch문을 탈출(exit)합니다.

콜론(colon, :)으로 끝나는 문장이 라벨(label) 취급됨을 주의해야 합니다. 라벨은 실행 문장이 아닙니다. 단지 컴파일 시간에 goto가 분기해야 할 주소를 결정짓기 위해 사용됩니다. 실제로 switch 문장은 컴파일러에 의해 goto 문장으로 번역될 수 있습니다. 그리고 switch문에서 사용된 break를 만나면, 무조건 switch의 끝으로 분기(jump)합니다. 즉 switch문을 탈출합니다.

goto문은 설명하지 않지만, goto를 사용하려면 반드시 라벨을 사용해야 합니다.

 switch의 괄호 안에 쓰이는 것이 표현식임에 주의하세요. 위의 소스는 다음과 같이 수정할 수 있습니다(권장하는 방법은 아닙니다).

```c
#include <stdio.h>
#include <conio.h>

void main() {
    int i;

    printf("Enter a char:");
    switch (i = getch()) {
        case 'a':
            printf("a pressed\n");
            break;
        case 'b':
            printf("b pressed\n");
            break;
        case 'c':
            printf("c pressed\n");
            break;
        default:
            printf("Which key pressed?\n");
            break;
    } // switch
} // main
```

break는 선택 사항이므로 프로그래머의 의도에 따라 생략할 수 있다는 것에 주의하세요. 위의 소스는 대문자인 경우는 default:가 실행됩니다. 대문자인 경우도 의도대로 동작하려면 소스를 아래와 같이 수정합니다. 또한 마지막의 break는 생략해도 프로그램의 논리에 영향을 미치지 않습니다.

```c
#include <stdio.h>
#include <conio.h>

void main() {
    int i;

    printf("Enter a char:");
    switch ( i = getch()) {
        case 'A':
        case 'a':
            printf("a pressed\n");
            break;
        case 'B':
        case 'b':
            printf("b pressed\n");
            break;
        case 'C':
        case 'c':
            printf("c pressed\n");
            break;
        default:
            printf("Which key pressed?\n");
            // break; // 마지막의 break는 생략 가능합니다.
    } // switch
} // main
```

default가 꼭 마지막에 올 필요는 없습니다. 하지만 관례상 마지막에 사용할 것을 권장합니다.

 ## 진보된 주제: switch를 보는 컴파일러의 입장

switch를 사용하여 문장을 작성할 때 사소한 주의 사항이 있습니다. switch문을 컴파일러가 어떻게 번역할까요? switch용 코드를 생성할 때 다음과 같은 세 가지 방법이 있습니다.

- 단순히 if... else if... 구조로 번역합니다.
- Jump table을 사용합니다.
- Hashing table을 사용합니다.

위에 관한 자세한 사항은 언급하지 않지만, Jump table로 구현되었을 때 최적의 속도를 냅니다. 이렇게 하려면 case가 비교하는 상수는 연속된 값이어야 합니다. 그러므로 switch의 case에는 되도록 연속된 값을 사용하는 것이 좋습니다.

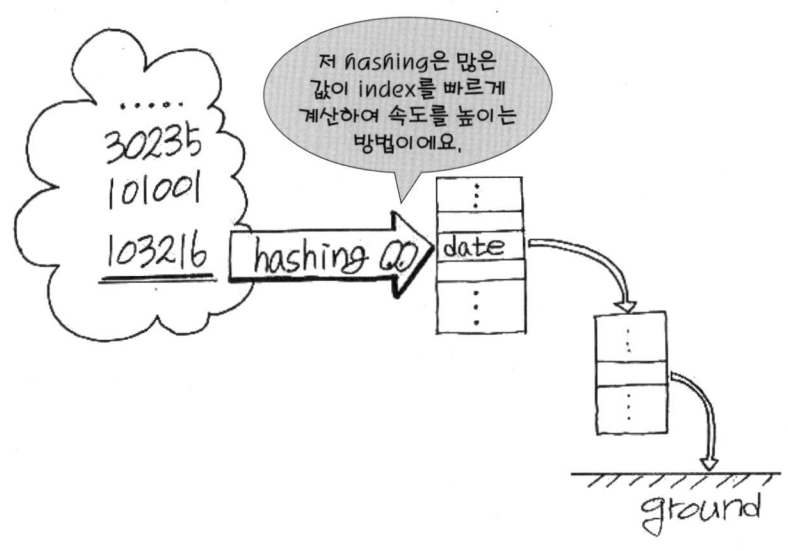

 ## for문

```
for ([표현식 1]; [표현식 2]; [표현식 3])
    문장;
```

for문은 일반적으로 정해진 반복을 수행하기 위해 사용합니다. 특정 문장을 10번 수행해야 한다면, for문은 최상의 선택입니다. 하지만 특정 조건이 참인 동안 반복을 수행하기 위해서 for문을 사용할 수도 있습니다.

for문은 다음과 같이 동작합니다.

① for문에 들어오기 전 '표현식 1'을 실행합니다.
② '표현식 2'를 평가합니다. 참이면 단계 ③으로 갑니다. 아니면 for문을 탈출합니다.
③ 문장을 수행합니다.
④ '표현식 3'을 수행합니다.
⑤ 단계 ②로 갑니다.

이와 같은 for문의 특징을 적용하여 for의 문법을 새로 쓰면, 아래와 같습니다.

```
for ([초기문]; [비교문]; [증가문])
    문장;
```

for문의 표현식들은 생략할 수 있다는 것에 주의하세요. 문장은 생략해도 되지만, 세미콜론(;)은 생략할 수 없습니다. 즉 for에서 ;은 문장의 끝을 나타내는 기호가 아니라, 문장을 구분하기 위한 문법 심벌입니다. 그러므로 위의 문장은 다음의 문장과 개념상 동일합니다.

```
초기문;
for (;[비교문];) {
    문장;
    증가문;
}
```

하지만 위의 문장처럼 사용하지 마세요. 또한 continue를 사용한다면, 동일하지 않은 결과를 얻을 것입니다. 다음 예제는 1부터 10까지의 정수를 출력합니다.

```
#include <stdio.h>

void main() {
    int i;

    for (i = 1; i <= 10; ++i)
        printf("%d\n", i);
} // main
```

아래의 예제는 위와 동일하게 출력합니다.

```
#include <stdio.h>

void main() {
    int i;

    i=1;
    for (;i <= 10;) {
        printf("%d\n", i);
        ++i;
    } // for
} // main
```

비교문 자체도 생략할 수 있음에 주목하세요. 비교문이 생략되면, 컴파일러는 참으로 간주합니다(권장하지 않습니다). 그러므로 아래의 코드는 **무한 루프**(infinite loop)를 만듭니다.

```
for (;;)
    문장;
```

for문을 사용하여 1부터 100까지의 합을 구하는 프로그램을 만들어 봅시다.

 실제로 프로그램을 이렇게 작성하지는 않을 것입니다. 1부터 n까지의 합을 구하는 공식 (n(n+1)) / 2를 사용하면, O(1)만에 구할 수 있습니다.

```
#include <stdio.h>

void main() {
    int s = 0, i;

    for (i = 1; i <= 100; ++i)
        s = s + i;
    printf("%d\n", s);
    // 5050
} // main
```

앞의 예에서 for문을 탈출했을 때의 i는 101이라는 사실을 주의하세요. 경계 조건(boundary condition)은 모든 제어문에서 대부분 중요합니다.

또한 반복문 – for문, while문, do문 – 에서 공통적인 사항은 break와 continue에 관한 것입니다. 각각의 용도는 아래와 같습니다.

① break는 자신을 둘러싼 <u>가장 가까운 반복문</u>을 탈출합니다.
② continue는 자신을 둘러싼 가장 가까운 반복문의 처음 – 조건 검사 부분 – 으로 분기합니다.

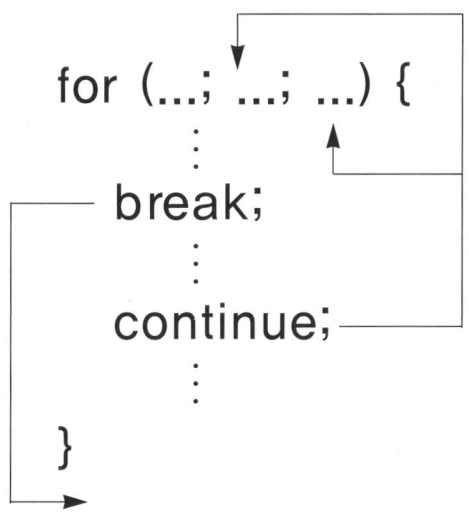

▲ break와 continue의 역할

for문에서는 continue가 바로 비교문으로 분기하지 않습니다. 마지막 증가문을 실행한 다음, 비교문으로 분기합니다. 아래의 소스는 1부터 10까지를 출력하지만, 5는 출력하지 않습니다.

```
#include <stdio.h>

void main() {
    int i;

    for (i = 1; i <= 10; ++i) {
        if (i == 5) continue;
        printf("%d\n",i);
    } // for
} // main
```

위의 소스는 continue의 특징 때문에 아래와는 다르다는 것을 주의하세요.

```
#include <stdio.h>

void main() {
    int i;

    i = 1;
    for (;i <= 10;) {
        if (i == 5) continue;
        printf("%d\n", i);
        ++i;
    } // for // 결과가 얼마일까요? 꼭 실행해 보세요.
} // main
```

흔히 break나 continue가 블록을 탈출한다고 생각하는 오류를 범합니다. 그러면 아래의 문장에서 break는 if를 탈출할까요?

```
#include <stdio.h>

void main() {
    int i;

    for (i = 1; i <= 10; ++i) {
        if (i == 5) {
            i = i + 1;
            break;
        } // if
        printf("%d\n", i);
    } // for
} // main
```

그렇지 않습니다. break는 자신을 둘러싼 가장 가까운 반복문을 탈출합니다. 그러므로 위 프로그램의 출력 결과는 다음과 같습니다.

```
1
2
3
4
```

만약 break를 둘러싼 가장 가까운 반복문이 없다면, 그것은 에러입니다. 다음 문장은 컴파일 시간 에러가 발생합니다.

```c
#include <stdio.h>

void main() {
    int i = 2, j = 3;

    if (i < j) {
        if (i == 1)
            break; // break를 둘러싼 반복문이 없습니다.
        printf("i is greater than 1 and less than j\n");
    } // if
} // main
/* 에러: main() 함수에 잘못 놓인 break */
```

그렇다면 연속된 두 개의 블록을 탈출하기 위해서는 어떻게 해야 할까요? 한 가지 해결책은 깃발 변수(flag variable)를 사용하는 것입니다.

```c
#include <stdio.h>
#include <conio.h>

void main() {
    int i, j, flag = 0;

    for (i = 2; i <= 100; ++i) {
        for (j = 2; j <= 9; ++j) {
            if (kbhit()) {
                flag = 1;
                break;
            } // if
            printf("%d*%d = %d\n", i, j, i*j);
        } // for
        if (flag == 1)
            break;
    } // for
} // main
```

> 안녕! 나 다시 등장했죠!

위 프로그램은 2부터 100단까지의 구구단을 출력하다가 사용자가 임의의 키를 누르면, 프로그램을 종료합니다. flag = 0으로 초기화되는데, 이것은 탈출 조건이 성립하지 않음을 나타냅니다. 임의의 키가 눌려지면, 안의 for문에서 flag = 1로 설정(set)되고, 안쪽의 for문을 탈출합니다. 바깥쪽의 for문에서 flag는 검사되고, flag == 1이므로 if의 조건이 만족되어 바깥 if문도 탈출합니다. flag는 오로지 if문을 탈출하기 위한 상태를 기록하기 위해 사용되었는데, 이러한 변수를 깃발 변수라고 합니다.

 **while문**

```
while (표현식)
    문장;
```

 표현식은 비교문입니다. 이 문장이 참이면(0이 아니면), while의 문장은 실행됩니다.

while문은 표현식이 참(1)인 동안 문장을 실행하고 for문과는 다르게 표현식을 생략할 수 없습니다. 무한 루프를 만들기 위해 아래처럼 사용할 수 없습니다.

```
while ()
    문장;
```

이것은 문법 에러(syntax error)입니다. 무한 루프는 표현식에 항상 참인 문장 – 일반적으로 1 – 을 적어서 가능합니다.

```
while (1)
    문장;
```

위의 문장은 무한 루프를 만드는 일반적인 방법입니다. 아래의 소스는 1부터 10까지의 정수를 출력합니다.

```c
#include <stdio.h>

void main() {
    int i = 1;

    while (i <= 10) {
        printf("%d\n", i);
        ++i;
    } // while
} // main
```

10 제어 구조

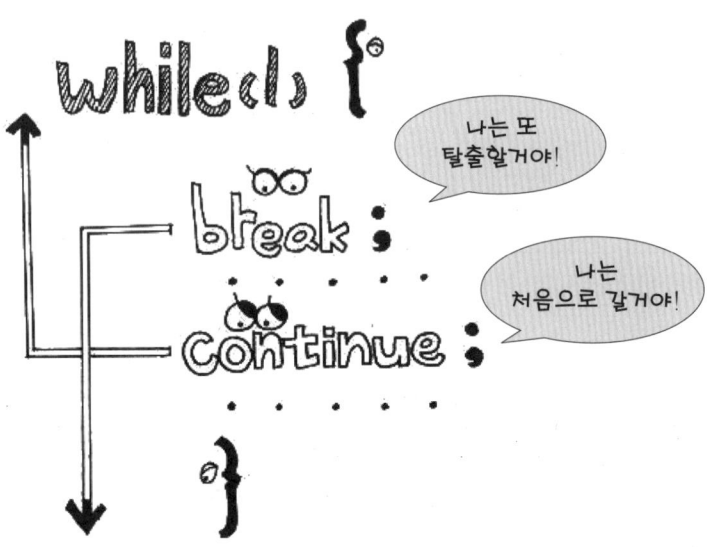

while문을 탈출했을 때 i의 값이 11이라는 것에 주의하세요. 종료 조건은 항상 중요합니다. 이러한 탈출 후의 변수 값은 여러 알고리즘에 중요하게 사용합니다.

while문도 반복문이므로 break와 continue를 가질 수 있습니다. break는 while문을 탈출하고, continue는 while문의 처음 – 표현식이 있는 조건 검사문 –으로 분기합니다. continue를 만나자마자 처음으로 분기하므로 조심스럽게 코딩하지 않으면, 귀찮은 일이 발생합니다. 다음은 이것을 보여주는 예입니다.

```c
#include <stdio.h>

void main() {
    int i = 1;

    while (i <= 10) {
        printf("%d\n",i);
        if (i == 5) continue;  // i가 증가하지 않으므로 무한 루프에 빠집니다.
        ++i;
    } // while
} // main
```

앞의 예에서 if의 continue는 while의 처음 비교문으로 분기하므로 이후의 다음 문장은 실행되지 않습니다.

```
++i;
```

결과는 1, 2, 3, 4까지 찍힌 후 무한 루프에 빠집니다. 프로그래머의 의도가 5만 찍지 않을 의도였다면, 소스를 아래와 같이 수정할 수 있습니다.

```c
#include <stdio.h>

void main() {
    int i = 0;

    while (++i <= 10) {
        if (i == 5) continue;
        printf("%d\n",i);
    } // while
} // main
```

1부터 인쇄하기 위해 i = 0으로 설정되었다는데 주의하세요. 원하는 조건이 발생했을 경우 문장을 실행하지 않기 위해서 if와 continue는 자주 결합되어 빈번히 사용됩니다.

do...while문

```
do
    문장;
while (표현식);
```

while문과 do문은 매우 비슷합니다. 하지만 while문이 조건을 먼저 검사하고 문장을 실행하는 반면, do문은 문장을 먼저 실행하고 표현식을 검사합니다. 이것에 의해 while문과는 미소한 차이가 발생합니다. 아래의 예는 1부터 10까지의 정수를 출력합니다.

```c
#include <stdio.h>

void main() {
    int i = 1;

    do {
        printf("%d\n",i);
        ++i;
    } while(i <= 10);
} // main
```

continue가 do쪽으로 분기하는 것이 아니라 while의 조건문쪽으로 분기한다는 데 주의하세요. 5를 빼고 10까지 출력하려면 아래와 같이 소스를 작성해야 합니다.

```c
#include <stdio.h>

void main() {
    int i = 0;

    do {
        ++i;
        if (i == 5) continue;
        printf("%d\n", i);
    } while(i < 10);
} // main
```

i를 먼저 증가시키기 때문에 i = 0으로 초기화하였고, 증가된 i를 인쇄하기 때문에 조건 검사가 i < 10으로 바뀌었습니다. while문을 탈출했을 때 i == 10입니다.

while문은 조건 검사가 먼저 이루어지므로 문장이 한 번도 실행되지 않을 수 있지만, do문은 최소한 한 번은 반드시 실행됩니다. 아래의 예에서 while의 문장들은 실행되지 않지만, do문은 한 번 실행됩니다.

```c
#include <stdio.h>

void main() {
    int i;

    i = 10;
    do {
        printf("%d\n",i);
        ++i;
    } while(i<10);

    i = 10;
    while (i < 10) {
        printf("%d\n",i);
        ++i;
    } // while
} // main
```

프로그래머의 의도에 따라 while과 do는 적절히 이용됩니다.

이제 모든 제어문의 설명을 마쳤습니다. 문장의 구조를 이용하여 문제를 풀 수 있는 능력을 기르기 위해서는 많은 연습이 필요합니다.

실습문제

1. for문, while문, do...while문에 사용된 break와 switch에 사용된 break의 차이점을 설명하세요. 왜 이것은 다른가요? switch문에는 왜 continue를 사용할 수 없나요?

2. 무조건 분기 명령/함수 중 return; break; exit( )에 대해서 비교 설명하세요. exit( )의 파라미터는 무엇을 명시하나요?

3. 재귀 함수(recursive function)를 비재귀 함수로 바꾸는 알고리즘은 goto를 사용합니다. 이 알고리즘을 기술하고 goto가 꼭 필요한지 설명하세요.

4. 다음 for문을 동등한 while문, do...while문으로 바꾸세요.

    ```
    for(i = 0; i < 10; i += 2)
        s = s * i + i;
    ```

11 프로젝트(project) 만들기

프로그램 한 개를 만들기 위해 여러 개의 소스가 필요한 경우 프로젝트 파일을 만들어야 합니다. 아마도 여러 개의 소스인 경우는 큰 프로젝트 프로그램일 것입니다. 그래서 이것을 **프로젝트 파일**이라고 합니다.

 윈도우 응용 프로그램인 경우 반드시 여러 개의 파일 - *.RC, *.DEF 등 - 이 필요하므로 반드시 프로젝트를 만들어야 합니다.

프로젝트에는 소스 프로그램의 관련 정보가 포함되어 컴파일 시에 이러한 정보를 참고합니다.

이번에 만든 프로젝트 예제는 다음 3개의 파일과 관련이 있습니다. 첫 번째 파일은 sub.cpp인데, 전역 변수와 함수가 각각 한 개씩 있습니다.

```cpp
// sub.cpp
int global = 100;

void swap(int *i, int *j) {
    int t = *i;
    *i = *j;
    *j = t;
} // swap
```

함수와 변수는 쓰기 전에 선언해야 합니다. 앞의 파일을 사용하는 프로그램마다 전역변수 global과 함수 swap( )에 대해 선언을 포함해야 합니다. 하지만 이것은 번거로운 일이어서 이러한 선언을 모아 둔 파일을 별도로 만들어 포함(include)하도록 구현해야 합니다. 두 번째 파일은 sub.h입니다.

 혼돈을 피하기 위해 sub.cpp의 선언을 모아둔 파일은 같은 파일 이름을 사용하여, sub.h로 하는 것이 좋습니다.

```
// sub.h
extern int global;
void swap(int *i,int *j);
```

 다른 파일에 있는 전역 변수이므로 extern을 붙여야 합니다. 전역 변수에 static 키워드가 명시되지 않으면, 전역 범위(global scope)를 가집니다. static 키워드가 명시되지 않은 전역변수를 다른 파일에서 참조하기 위해서는 extern을 사용합니다. 하지만 전역 변수가 static으로 선언되었다면, extern을 사용해도 그 변수를 참조할 수 없습니다. 이러한 전역 변수는 파일 범위(file scope)를 가집니다.

마지막으로 sub.cpp를 이용하는 main.cpp입니다.

```
// main.cpp
#include <stdio.h>
#include "sub.h"

void main() {
    int i = 2,j = 3;

    swap(&i,&j);
    printf("%d,%d,%d\n", i, j, global);
    // 3 2 100
} // main
```

프로젝트 파일에는 sub.cpp와 main.cpp가 지정되어야 합니다. 이때 sub.h는 지정될 필요가 없다는 데 주의하세요. sub.h는 main.cpp의 두 번째 줄에서 포함하고 있습니다.

의문이 있습니다. 어떻게 main( )에서 사용하는 swap( )이라는 함수가 sub.cpp에 있다는 것을 알려줄까요? 바로 프로젝트를 만들어서 이들 파일이 관련되어 있다는 것을 알려주는 것입니다. 컴파일러는 코드를 생성할 때 프로젝트에서 지정한 파일에 함수/변수가 있는지 검사합니다. 이것이 실패하면 표준 라이브러리(standard library)에서 검사합니다.

 표준 라이브러리가 아닌 LIB 파일의 함수를 사용하는 경우 프로젝트의 환경 설정에서 특정 LIB 파일을 명시해야 합니다.

각각의 컴파일러에서 프로젝트를 만드는 방법을 살펴봅시다. 간단하게 설명하기 위해 윈도우용 컴파일러에서는 콘솔(console) 프로그램을 만드는 것을 예로 들었습니다.

볼랜드(Borland) C++ 3.1인 경우

이 절은 사용하지 않는 오래된 도구들에서도 프로젝트를 만드는 방법을 포함합니다. 이 도구들은 이제 사용하지 않지만, 예전의 도구들에서는 어떻게 작업했는지 참고할 목적으로 남겨두었습니다.

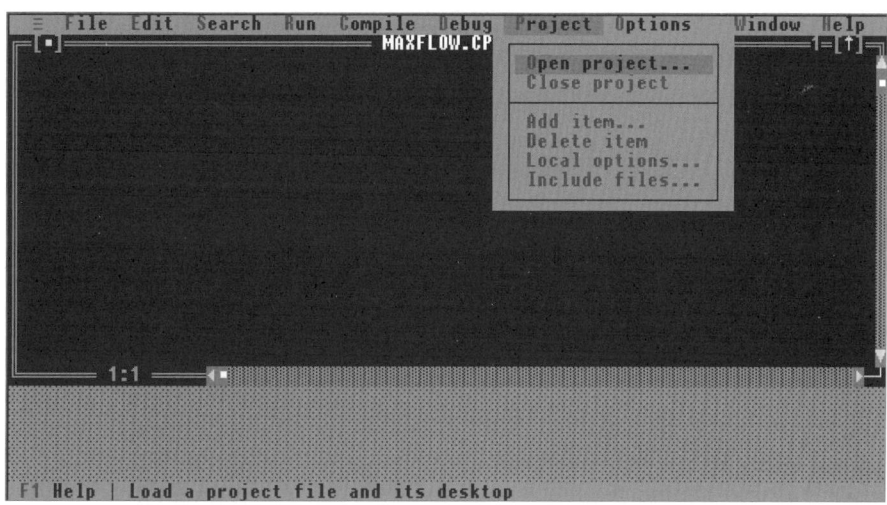

▲ [Project] → [Open project] 메뉴 선택하기

IDE의 메인 메뉴에서 [Project] → [Open project]를 선택합니다. 새로운 프로젝트를 만들 때도 [Open project]를 선택해야 합니다. 존재하는 프로젝트를 선택하거나 새로운 이름을 지정합니다.

 IDE는 'Integrated Develop Environment'의 약자로, '통합 개발 환경'이라고 합니다.

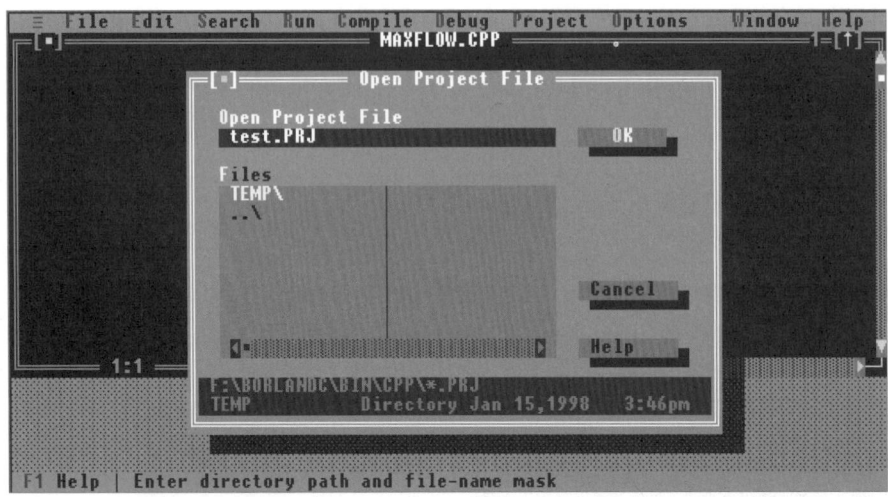

▲ test.prj 프로젝트 이름 지정하기

만들려고 하는 프로젝트 이름은 main.prj입니다. BC++ 3.1은 프로젝트의 확장자로 .PRJ를 사용합니다. 그림에 표시된 test.prj를 지우고 main.prj를 입력한 후 ■OK■를 선택합니다.

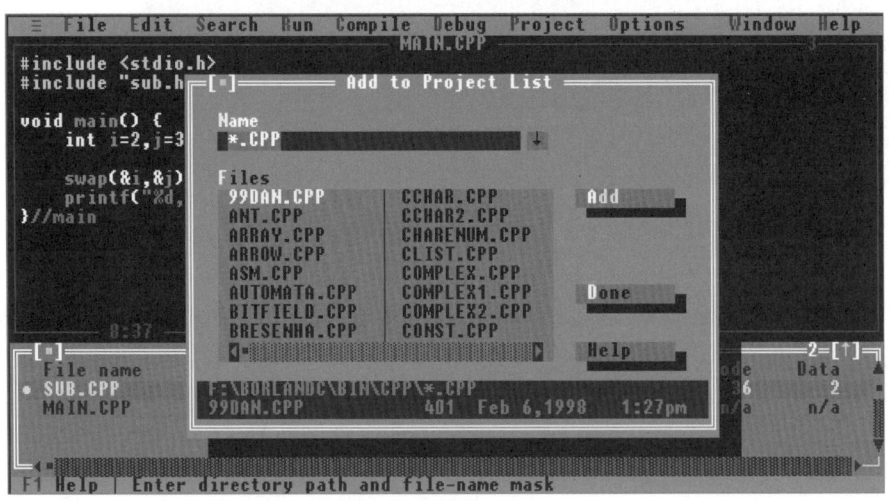

▲ 프로젝트에 sub.cpp와 main.cpp를 Add합니다.

프로젝트 윈도우가 나타나면서 항목을 추가하라는 대화상자가 나타나면 sub.cpp와 main.cpp를 추가합니다. 나중에 항목을 추가(add)하거나 삭제(delete)할 때 [Project] 메뉴의 [Add/Delete]를 선택합니다. 한 번 프로젝트가 선택되면, 에디터 창에 있는 소스와는 상관없이 항상 프로젝트가 실행된다는 것에 주의하세요.

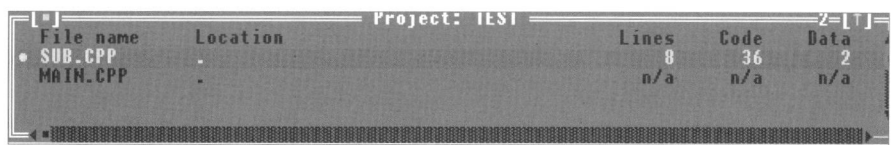

▲ 모든 파일이 추가된 후의 Project 윈도우: 항목을 추가/삭제하기 위해 [Insert] /[Delete] 키를 사용합니다.

최종적으로 완성된 프로젝트 윈도우의 모양은 위의 그림과 같습니다. n/a는 'Not Available'의 약자로 그 항목이 사용 불가능함을 나타냅니다.

볼랜드 C++ 4.5인 경우

1999년 4월경에 볼랜드 C++는 윈도우용으로 5.03까지 발매되어 있었습니다. 이것은 윈도우 라이브러리인 Object Window Library(OWL)를 지원했습니다. 여기서는 콘솔 응용 프로그램을 위한 프로젝트를 만드는 것을 예로 듭니다.

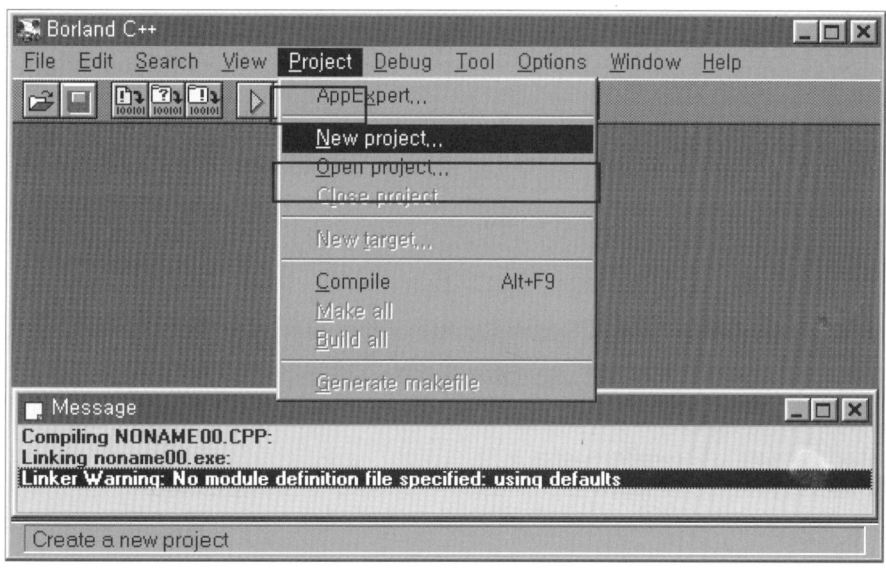

▲ [Project] → [New project] 메뉴 선택하기

[Project] → [New project]를 선택합니다.

11 프로젝트(project) 만들기 249

▲ 경로와 프로젝트 이름 main.ide 지정

경로와 프로젝트 이름 main.ide를 지정합니다. 볼랜드 C++ 4.5의 프로젝트 파일의 확장자는 .IDE (Integrated Development Environment)입니다. 일반적으로 프로젝트는 하나의 디렉토리에 만듭니다. [Target Type]에서 [EasyWin[.exe]를 선택하고, 이것은 Win32 콘솔 응용 프로그램(console application)을 생성합니다.

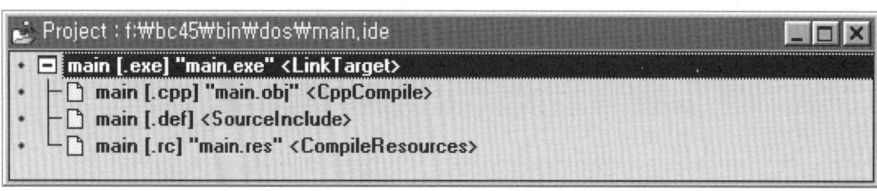

▲ 생성된 Project 윈도우

모든 지정이 끝나면, 프로젝트 윈도우가 나타납니다. 프로젝트 윈도우에 프로젝트 이름과 동일한 main.cpp, main.def와 main.rc가 자동으로 추가됩니다.

DEF 파일은 '프로그램 정의 파일(definition file)'이며, .RC 파일은 '리소스 정의(resource script)' 파일입니다.

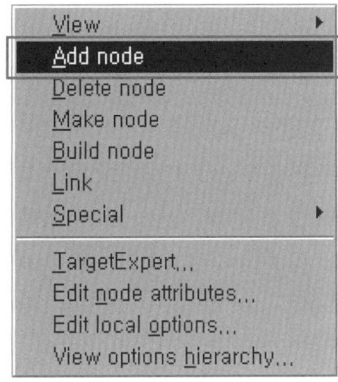

▲ 메뉴에서 [Add node] 선택하기

프로젝트 윈도우에서 마우스 오른쪽 버튼을 누르고 위 그림과 같은 메뉴가 나타나면 [Add node]를 선택합니다.

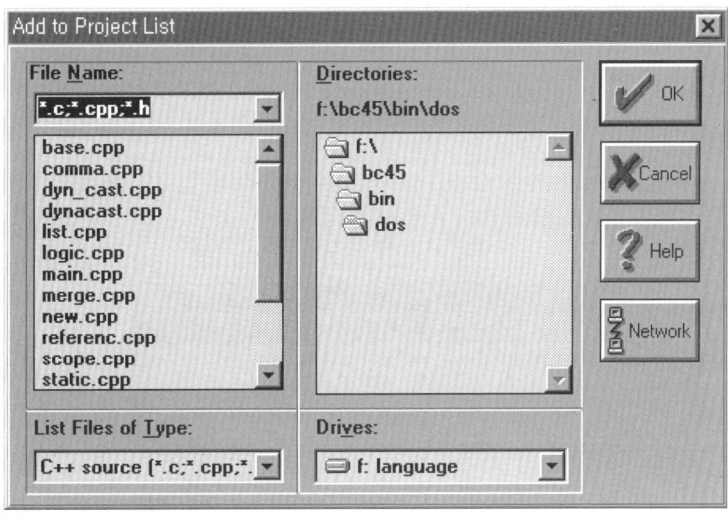

▲ sub.cpp와 main.cpp의 Add

[Add to Project List] 대화상자에서 sub.cpp를 추가합니다. main.cpp는 이미 지정되어 있으므로 추가할 필요가 없습니다.

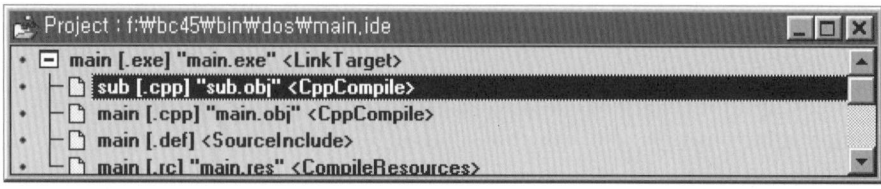

▲ sub.cpp와 main.cpp가 추가된 Project 윈도우

.DEF 파일과 .RC 파일은 윈도우용 응용 프로그램에만 필요하고, 콘솔 응용 프로그램에서는 필요 없으므로 이 노드를 삭제해야 합니다. 삭제를 원하는 노드 위에서 마우스 오른쪽 버튼을 누르면, 아래 그림과 같은 메뉴가 나타납니다.

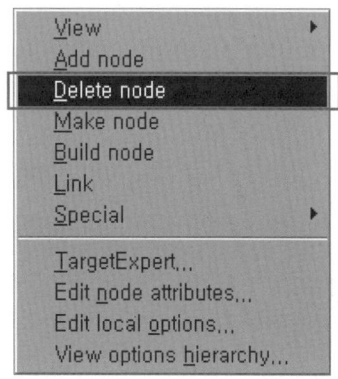

▲ main.def와 main.rc 삭제하기

[Delete node]를 선택해 필요 없는 main.def와 main.rc를 지웁니다.

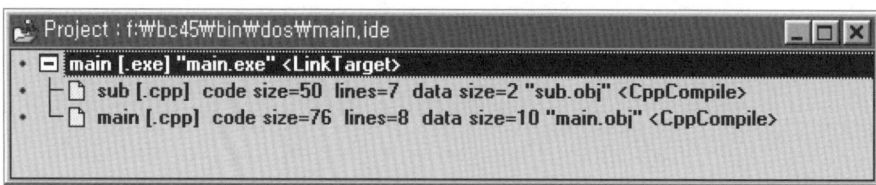

▲ 완성된 Project 윈도우

완성된 프로젝트 윈도우의 모양은 위의 그림과 같습니다.

 볼랜드 C++ 빌더(Builder)인 경우

C++ 빌더는 비주얼 RAD(Rapid Application Development) 툴(tool)입니다. 대부분 비주얼한 프로그램을 만들기 위해 있지만, 콘솔 프로그램을 만드는 것을 지원합니다.

▲ C++ 빌더의 메인 윈도우

C++ 빌더의 메인 윈도우는 위 그림과 같습니다.

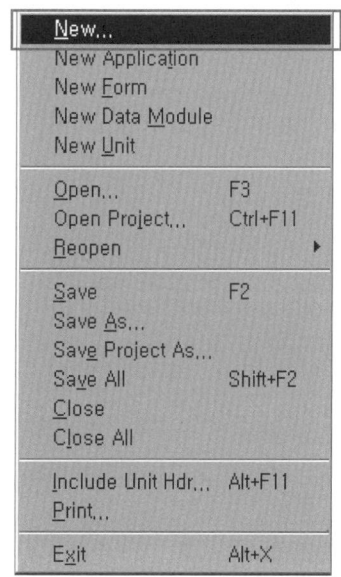

▲ [File] → [New] 선택하기

[File] → [New] 메뉴를 선택합니다.

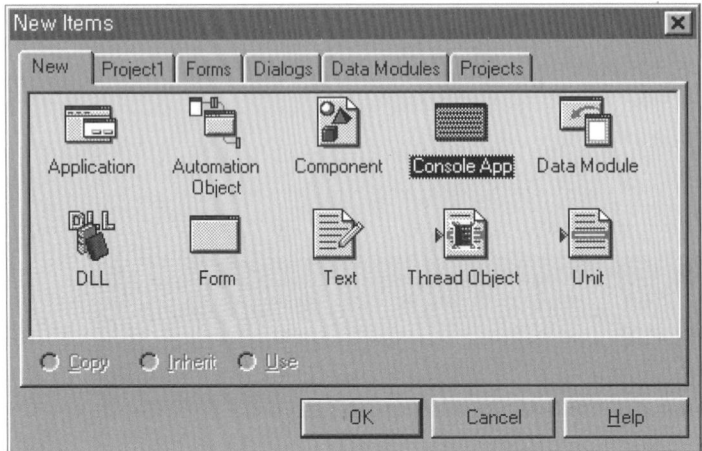

▲ [Console App] 선택하기

나타나는 대화상자에서 [Console App]을 선택합니다.

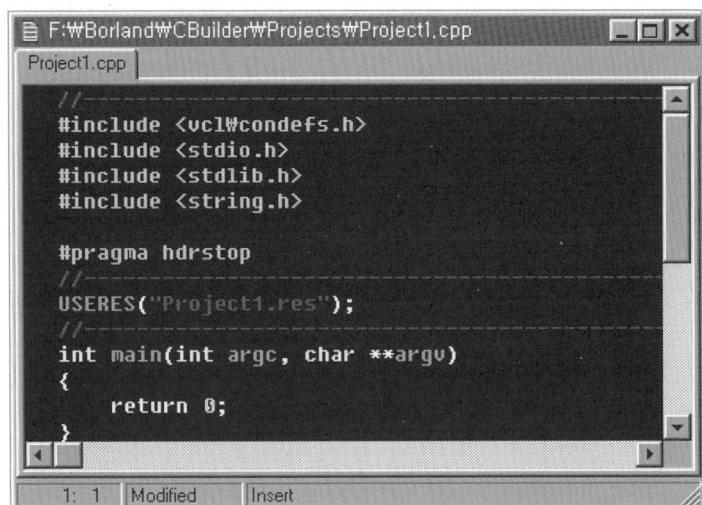

▲ 자동으로 생성된 Project1.cpp

환경에서 설정한 디렉토리에 자동으로 Project1.mak 파일이 만들어집니다.

 메이크(make) 파일로, 프로젝트를 컴파일하여 실행 파일을 만들기(make) 위한 정보를 포함한 스크립트 파일입니다. 윈도우용 프로그램의 프로젝트 파일은 .MAK를 사용할 수 있으며, 표준이므로 컴파일러들 사이에서 호환될 수 있습니다.

C++ 빌더의 프로젝트 파일의 확장자는 .MAK입니다. 그리고 코드 윈도우에 자동으로 생성된 project1.cpp 파일이 나타납니다.

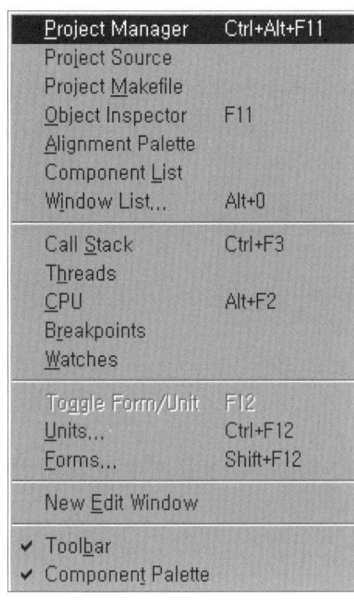

▲ [View] → [Project Manager] 메뉴의 선택하기

[View] → [Project Manager] 메뉴를 선택하여 [Project Manager]를 표시합니다.

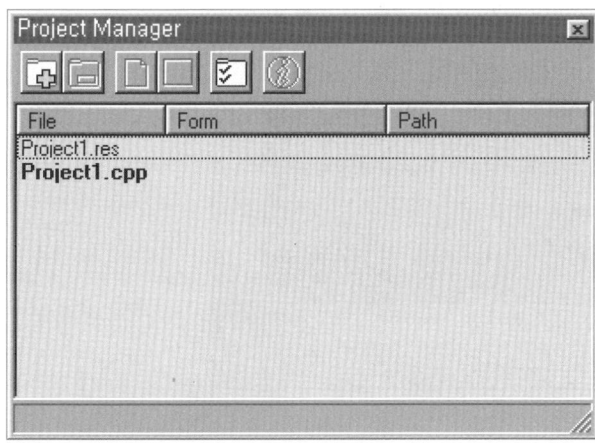

▲ Project Manager의 모양

이미 추가된 Project1.res와 Project1.cpp가 보입니다. sub.cpp를 추가해야 하므로 추가(Add) 아이콘을 선택합니다.

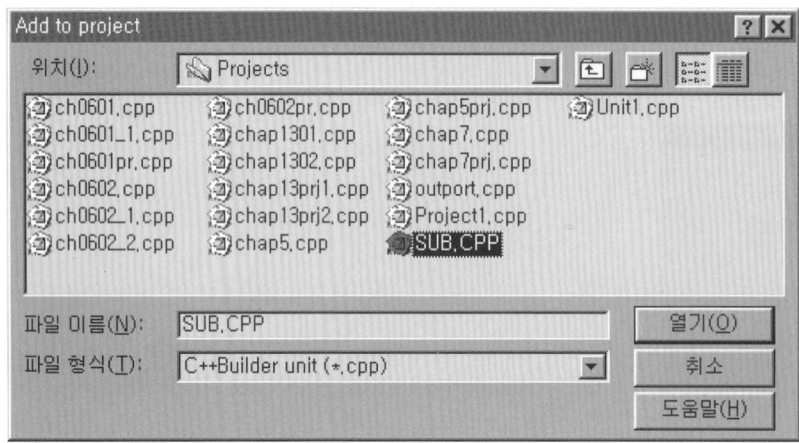

▲ sub.cpp 추가하기

[Add to project] 대화상자에서 sub.cpp를 추가하고 main.cpp는 추가하지 않습니다. main.cpp의 내용을 Project1.cpp에 적습니다. 만약 main.cpp를 그대로 사용하려면, [File] → [Save project as] 메뉴를 선택해 프로젝트 이름을 main.mak로 정합니다.

```
int global=100;

void swap(int *i,int *j) {
    int t=*i;

    *i=*j;
    *j=t;
}//swap
```

▲ 추가된 sub.cpp가 코드 윈도우에 나타난 모습

추가된 sub.cpp가 코드 윈도우에 나타납니다. 멀티 탭(multi-tab) 컨트롤로 소스 사이를 이동할 수 있습니다.

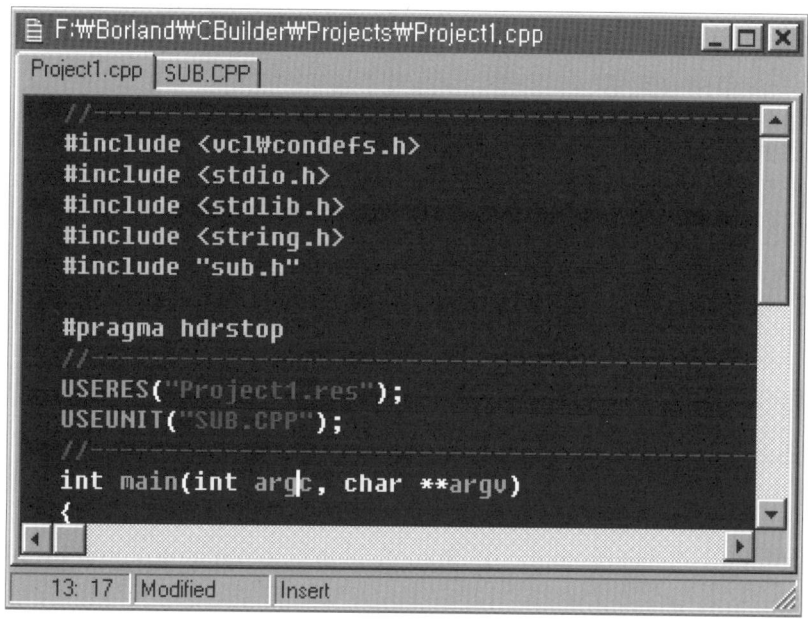

▲ Project1.cpp 수정; #include"sub.h" 추가하기

project1.cpp에 #include "sub.h" 문장을 추가합니다. main의 소스 코드에 원하는 작업을 코딩합니다.

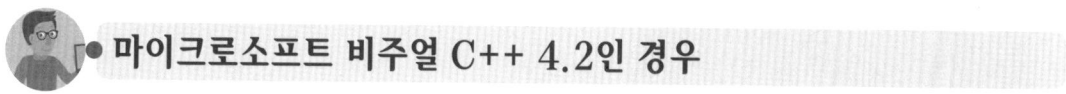

마이크로소프트 비주얼 C++ 4.2인 경우

Visual C++는 이 글을 쓰는 시점에 2017 버전까지 발매되어 있습니다. Visual C++ 4.2의 개발 환경은 다음 그림과 같습니다.

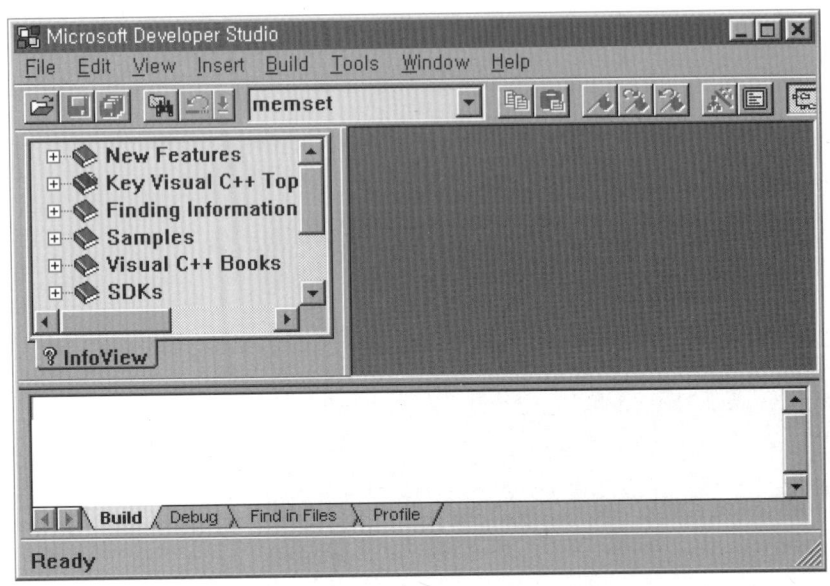

▲ VC++ 4.2의 IDE 윈도우

프로젝트가 이미 열려있다면, 프로젝트를 닫습니다. 콘솔 프로그램을 만들기 위해서 프로젝트를 만들어야 합니다. 소스 파일이 1개라도 윈도우용 프로그램은 기본적으로 여러 개의 파일이 필요하기 때문에 반드시 프로젝트를 만들고 시작합니다.

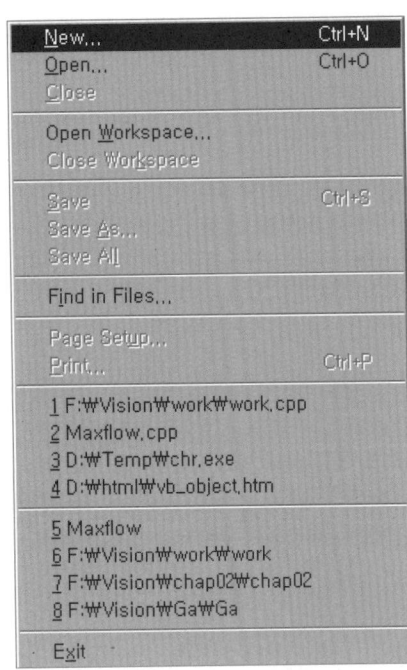

▲ [File] → [New] 메뉴 선택하기

[File] → [New] 메뉴를 선택합니다.

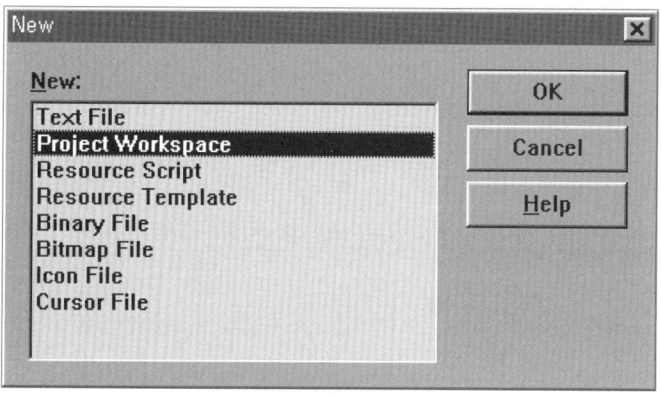

▲ [Project Workspace] 선택하기

[New] 대화상자에서 [Project Workspace]를 선택하고 OK 를 선택합니다.

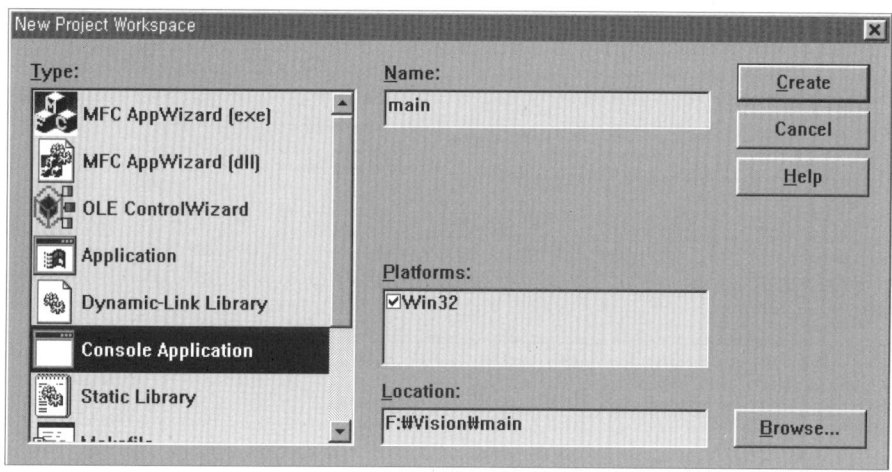

▲ [Console Application] 선택하기

프로젝트 타입을 묻는 대화상자에서 [Console Application]을 선택하고, 'Name'에 프로젝트의 이름을 지정합니다. 지금 예에서는 'main'이라고 정하였습니다. 확장자는 .MAK이지만 정하지 않아도 됩니다. 이것은 C++ 빌더와 호환되는 윈도우 표준 포맷의 텍스트 파일입니다.

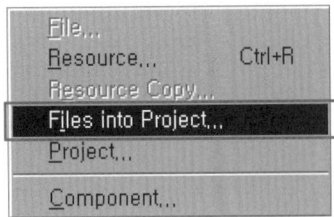

필요한 파일을 추가하기 위해, [Insert] → [Files into Project] 메뉴를 선택합니다.
▲ [Insert] → [Files into Project] 메뉴 선택하기

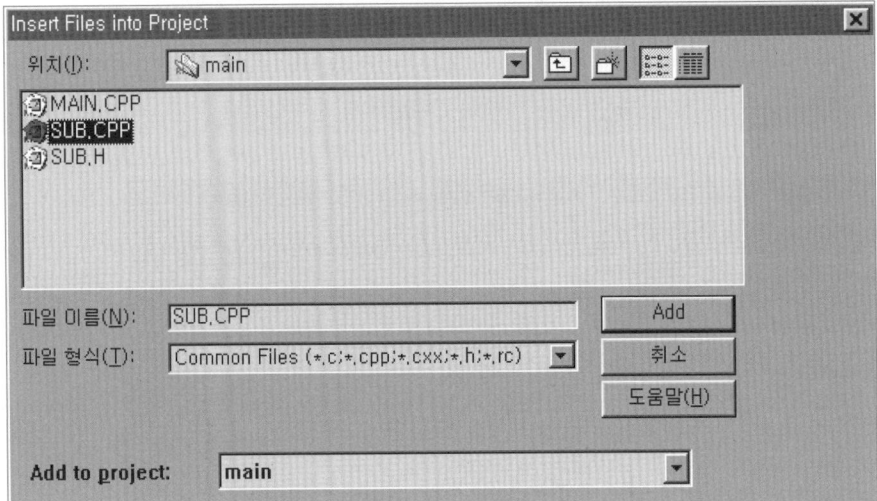

파일을 선택하는 [Insert Files into Project] 대화상자에서 sub.cpp와 main.cpp를 추가합니다.
▲ sub.cpp와 main.cpp의 추가하기

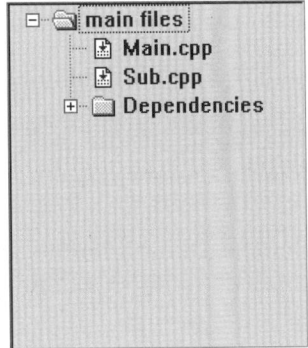

▲ 최종 Project Workspace 윈도우

VC++의 IDE에 프로젝트의 내용이 표시됩니다. 프로젝트는 Project Workspace 윈도우에 나타납니다.

마이크로소프트 비주얼 C++ 5.0인 경우

비주얼 C++ 5.0의 경우 MFC 라이브러리는 그대로 4.2 버전을 사용하고 있습니다. 하지만 새로운 C++의 키워드 - mutable, explicit, namespace 등 - 를 지원하며, 몇 가지 툴(tool)들이 추가되었고, ATL(Active Template Library)의 지원 기능이 강화되었습니다. 여기서는 Win32 Console Application의 프로젝트를 만드는 과정을 살펴봅시다.

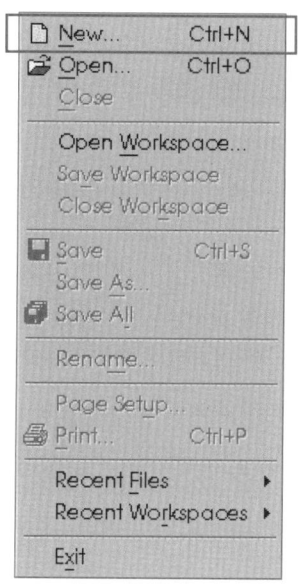

▲ [File] → [New] 메뉴를 선택하여 [프로젝트 타입] 결정하기

[File] - [New] 메뉴를 선택하면 프로젝트의 타입을 결정하는 대화상자가 실행됩니다.

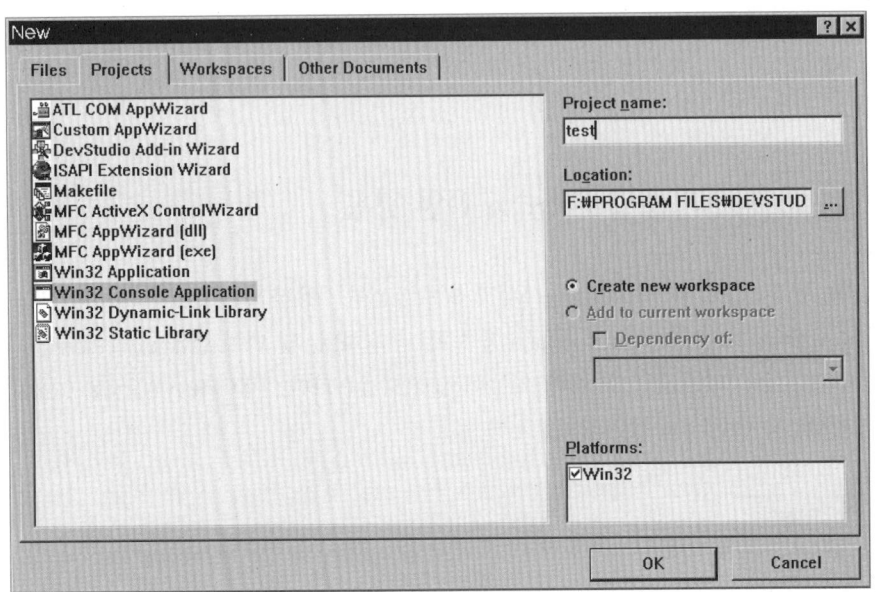

▲ [Projects] 탭에서 [Win32 Console Application]을 선택하고 'Project name' 글상자에 'test'를 입력합니다.

여러 가지 다양한 프로젝트 타입을 선택할 수 있는데, 이 책에서 사용하는 대부분의 예는 [Win32 Console Application]을 선택해야 합니다. 이것은 옛날 콘솔 프로그램 – 예를 들면 도스 창 같은 – 을 흉내(emulate)냅니다. 프로젝트 이름을 입력하는 글상자(text box)에 'test'를 입력합니다. 'Location'에 설정된 폴더에 'test'라는 폴더가 만들어지면서 필요한 파일들이 자동으로 생성됩니다.

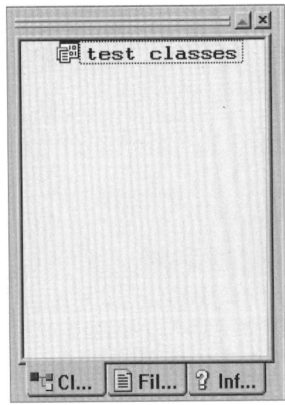

▲ Workspace 윈도우의 [File View] 탭에는 아직 파일이 추가되지 않았습니다.

Workspace 윈도우에 프로젝트의 골격이 형성되었지만 아무런 파일도 추가되지 않은 상태이므로, [Class View] 탭에는 클래스가 보이지 않습니다. 물론 소스에 클래스가 없다면, 파일이 추가되어야 클래스는 보이지 않을 것입니다.

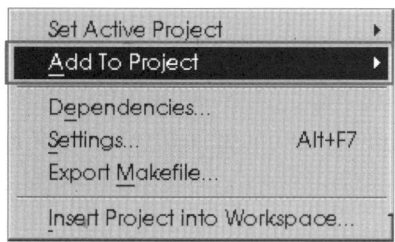

▲ [Project] → [Add To Project] → [New] 메뉴를 선택하면, 새로운 소스 파일을 만들 수 있습니다.

필요한 파일인 sub.cpp와 main.cpp을 프로젝트에 추가합니다. [Project] 메뉴의 [Add To Project]의 메뉴를 선택하면 새로운 파일을 만들거나 이미 존재하는 파일을 프로젝트에 추가하는 것이 가능합니다.

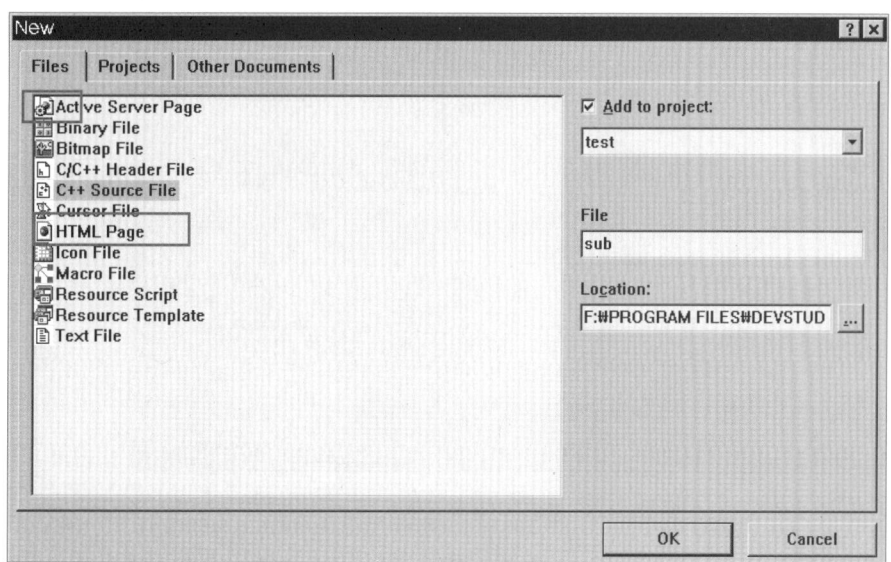

▲ [New] 대화상자의 [Files] 탭에서 [C++ Source File]을 선택하고 'File' 글상자에 'sub'를 입력합니다.

[Add To Project] → [New]를 선택했을 때 나타나는 대화상자에서 [C++ Source File]을 선택하고, File 이름을 입력하는 글상자에 'sub.cpp'를 입력합니다. 확장자는 입력하지 않아도 됩니다.

11) 프로젝트(project) 만들기 **263**

▲ 다시 [Project] → [Add To Project] → [New]를 선택해 sub.h와 main.cpp를 모두 추가하여야 합니다. 지금의 예는 [New]를 선택해 파일을 모두 새로 만드는 경우이지만, 소스 파일이 이미 존재하는 경우는 Files를 선택해서 추가합니다.

다시 [Add To Project] → [New]를 선택해 sub.h를 만들고, 프로젝트에 main.cpp를 추가해야 합니다.

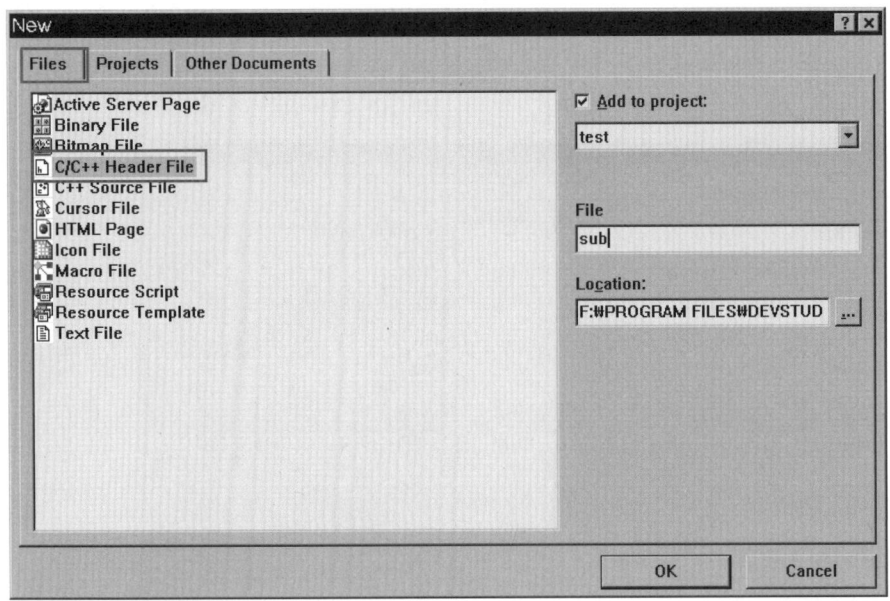

▲ 이번에는 [C/C++ Header] 'File'을 선택하고 File 글상자에 sub.h를 입력합니다. 물론 확장자 .h는 생략 가능합니다.

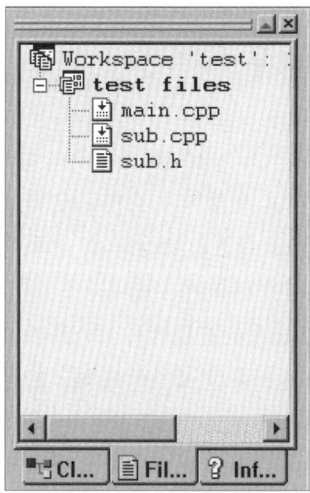

▲ Workspace 윈도우에 모든 파일이 추가된 모습

 Workspace 윈도우에 이제 모든 파일 - main.cpp, sub.cpp - 이 추가되었습니다. 그림에는 sub.h가 보이지만 실제로 이 파일은 프로젝트에 포함하지 않아도 됩니다. 지금의 경우는 파일이 디스크에 없으므로 만들기 위해서 추가된 것이므로 만들고 나서는 프로젝트에서 삭제합니다.

Workspace 윈도우에 모든 파일이 추가되었는데, 여기에서 sub.h는 파일을 만들기 위해서 추가하였으므로 프로젝트가 모두 완성된 후에는 *.h을 프로젝트에서 제거해도 됩니다.

 ## 비주얼 스튜디오(Visual Studio) 2013의 경우

C 언어의 태동기 시절 상용 제품이었던, Turbo-C의 통합 개발 환경(IDE, Integrated Development Environment) 툴에는 프로젝트를 만드는 과정이 없어도 소스를 빌드하고 실행하는 것이 가능했습니다. 하지만 그 이후의 통합 개발 환경을 사용할 때는 프로그램을 빌드하는 환경을 저장하고, 프로젝트 빌드에 사용하는 소스를 지정한 정보 등을 유지하기 위해서 **프로젝트 파일**을 만들어야 합니다.

이 책의 개정판에서 소개하는 대부분의 소스들은 Microsoft Visual Studio 2013에서 테스트하였습니다. 책의 소스들은 학습을 위하여 직접 입력해 볼 수 있습니다. 책에서 사용한 소스들을 테스트하려면 Visual Studio를 이용하여 프로젝트(project)를 만들어 주어야 합니다. 프로젝트를 만드는 과정은 다음과 같습니다.

Microsoft Visual Studio 2013을 실행합니다. [파일] → [새 프로젝트(H)...] 메뉴를 선택하여 프로젝트를 만드는 과정을 시작합니다.

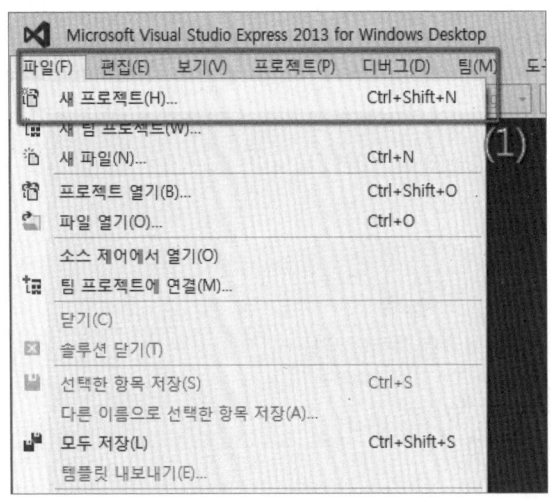

▲ [파일] → [새 프로젝트] 메뉴를 선택합니다.

C 언어를 학습하는 것이 목표입니다. 그러므로 프로젝트의 종류로 윈도우 응용프로그램이 아니라 (1) [Win32] 플랫폼에서 동작하는 간단한 (2) [Win32 콘솔 응용 프로그램]을 선택합니다. (3) 적절한 폴더의 위치를 지정하고 프로젝트 이름을 'ConsoleApplication'으로 설정합니다.

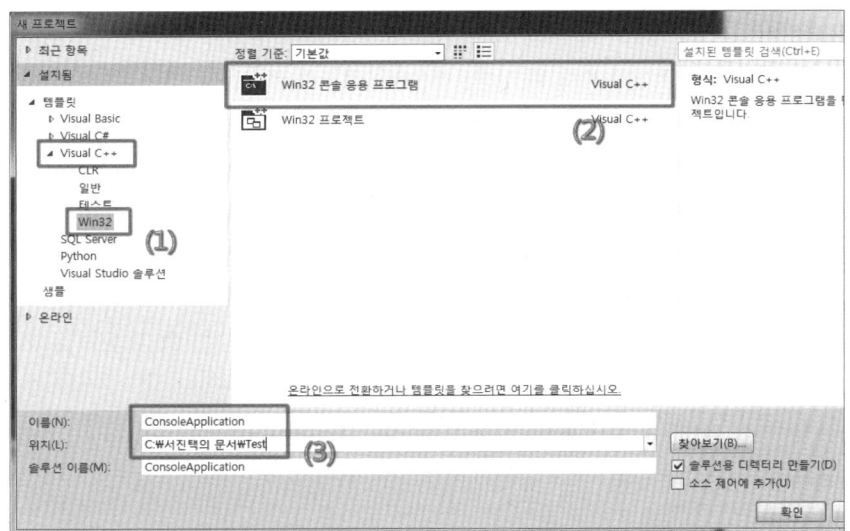

▲ [새 프로젝트] 대화상자에서 범주를 (1) [Visual C++] → [Win32]를 선택합니다. (2) 프로젝트의 종류로 [Win32 콘솔 응용프로그램]을 선택합니다. (3) 적당한 폴더 위치를 지정하고, 프로젝트의 이름도 적당하게 지정합니다.

생성되는 코드를 간단하게 하기 위해서, (1) [응용 프로그램 설정]에서, (3) [미리 컴파일된 헤더(P)]와 [SDL(Security Development Lifecycle) 검사(C)]의 체크 박스(check box)를 해제합니다. 그리고 [마침] 버튼을 선택해서 프로젝트를 생성합니다.

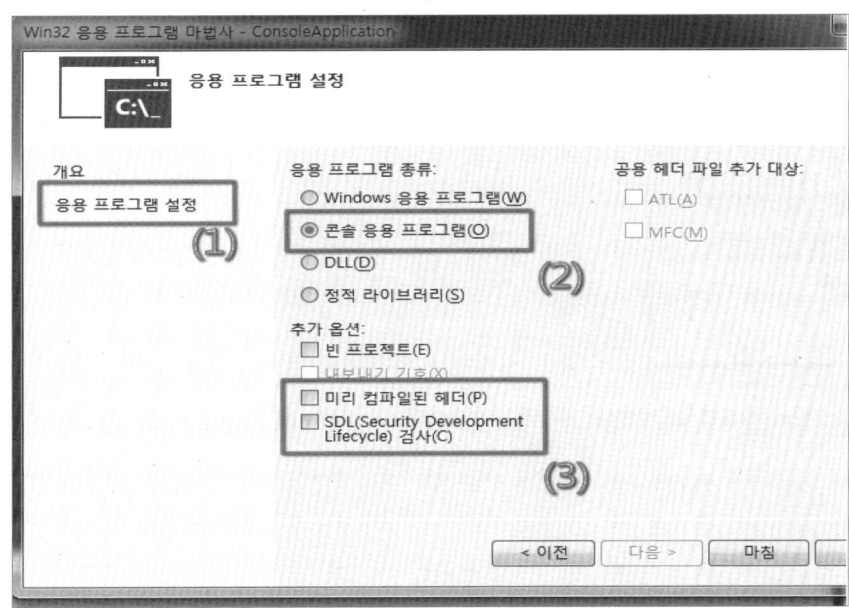

▲ 다음 단계에서는 (1) [응용 프로그램 설정]을 선택하고, (2) '응용 프로그램 종류'에서 [콘솔 응용 프로그램(O)]을 선택합니다. (3) '추가 옵션'의 [미리 컴파일된 헤더]와 [SDL 검사]의 체크를 해제합니다.

프로젝트가 생성되면 대상 폴더로 가서 생성된 파일들의 목록을 확인합니다. 파일 확장자가 .sln인 파일이 솔루션(solution) 파일인데, 솔루션 파일은 여러 개의 프로젝트를 포함하는 파일입니다.

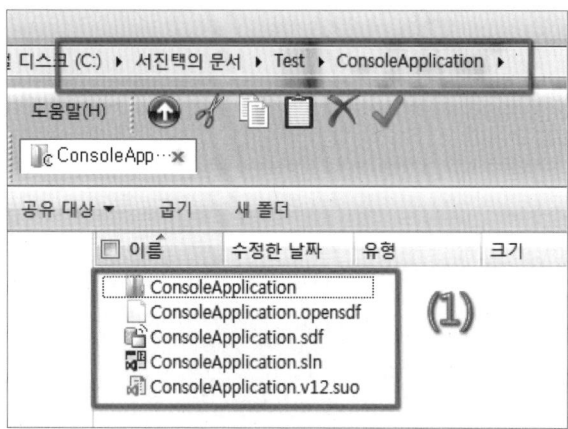

▲ (1) 대상 폴더로 이용하여 생성된 파일(file)을 확인합니다. Visual Studio가 프로젝트를 유지하는 데 필요한 파일들을 생성한 것을 확인할 수 있습니다.

'ConsoleApplication' 폴더로 이동해서 생성된 프로젝트 파일들을 확인합니다. 확장자가 .vcxproj인 파일이 Visual Studio 프로젝트 파일이고 ConsoleApplication.cpp 파일이 중심 C++ 소스 파일인데, 이 파일에 작업할 것입니다.

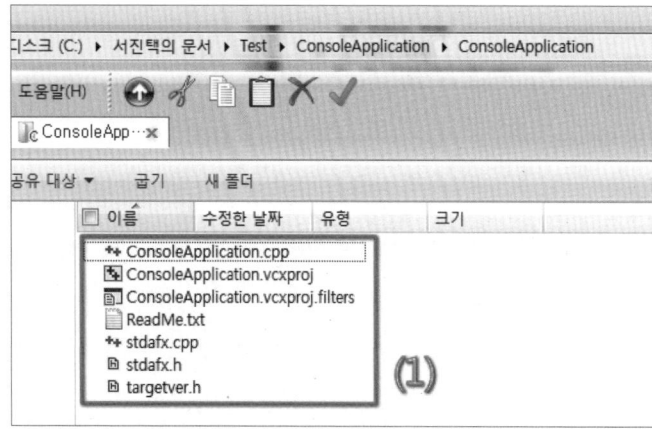

▲ 'ConsoleApplication' 폴더로 이동하면, C++ 소스 파일인 ConsoleApplication.cpp를 확인할 수 있습니다. 이 파일에 책의 소스를 입력해서 테스트합니다.

ConsoleApplication.cpp에 자동으로 생성된 소스 코드의 내용은 아래와 같습니다. 전통적인 C 프로그래밍에서 시작하는 함수(function)의 이름은 main( )입니다. 하지만 생성된 이름을 보면 이름이 약간 변경된 것을 볼 수 있습니다. 이 이유에 대해서는 다음에 설명하겠습니다. 하지만 _tmain( ) 부분을 설명문에 명시한 것처럼 작성해도 코드는 정상적으로 빌드됩니다.

```
#include "stdafx.h"

int _tmain(int argc, _TCHAR* argv[])
// int main(void) // 이렇게 작성해도 됩니다.
{
    return 0;
}
```

[빌드] 메뉴의 [솔루션 빌드(B)]를 선택합니다. 그러면 Visual Studio는 프로젝트에 있는 소스 파일들을 컴파일(compile)하고 링크(link)한 후에 실행 파일을 생성합니다.

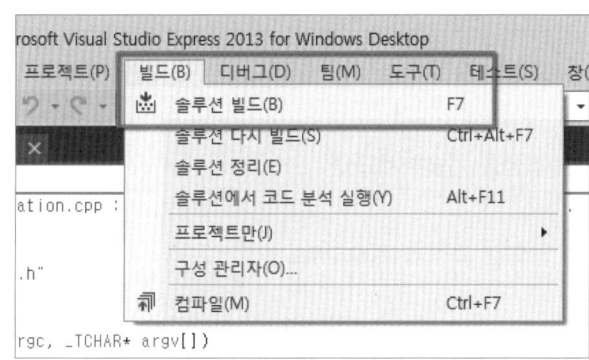

▲[빌드] → [솔루션 빌드] 메뉴를 선택합니다.

[출력] 창의 출력 문자열을 확인해서, 빌드가 성공한 것을 확인합니다.

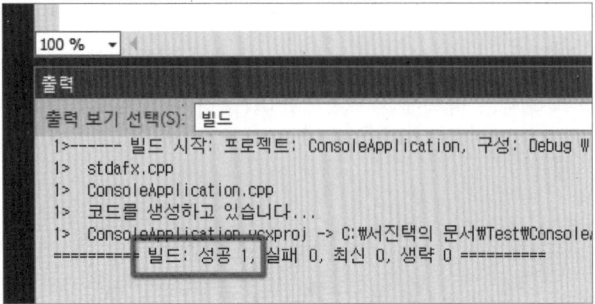

▲ [출력] 창에 빌드 성공 메시지가 출력됩니다.

책의 소스들은 방금 생성한 프로젝트의 ConsoleApplication.cpp에 작성한 후 빌드하고 테스트할 수 있습니다.

실습문제

1 Android Studio에서 프로젝트를 만드는 과정을 기술하세요.

2 Unity 4.x/5.x 버전에서 프로젝트를 만드는 과정을 기술하세요.

3 Visual Studio 2017에서 C++ 프로젝트를 만드는 과정을 기술하세요.

12 변수의 종류, 범위 규칙 (scope rule)

 변수의 종류에 따라 변수의 적용 범위와 메모리에 할당되고 해제되는 시기가 결정되므로 변수의 종류를 이해하는 것은 프로그램의 논리적인 부분을 이해하는 데 중요합니다. 변수의 종류를 구분하는 방법에는 몇 가지가 있습니다. '메모리의 어디에 기억되느냐'로 구분하는 기억 부류(storage class)에 의한 구분 방법과 '변수가 어느 범위에서 사용 가능하냐'로 구분하는 통용 범위(visible scope)에 의한 구분이 있습니다.

 이것을 '가시성(visibility)'이라고도 합니다. 이것은 변수가 선언된 시점에서 어느 곳에서 이 변수를 볼 수 있느냐의 의미입니다. 이러한 입장 차이는 전산학에서 빈번합니다. scope가 변수의 입장에서 사용하는 용어라면, visibility는 변수를 바라보는 입장의 용어입니다. C++에서 다루겠지만, 추상화(abstraction)와 캡슐화(encapsulation)도 그 예입니다.

 먼저 기억 부류에 의한 구분을 알아봅시다. 기억 부류의 지정은 기억 부류 지정자(storage class specifier)에 의해 이루어집니다. C 언어에서 기억 부류 지정자는 `auto`, `static`, `register`, `extern`, `mutable`이 있습니다. 이것은 각각 메인 메모리의 스택(stack), 메인 메모리의 힙(heap), CPU의 레지

스터(register)와 하드디스크(hard disk)의 파일 영역에 할당된 변수를 의미합니다. mutable은 C++에 새로 추가된 사항으로 〈만화가 있는 C++〉에서 자세히 다룹니다. 그리고 auto는 C++11 표준에서 예전의 의미로 사용되지 않고, 변수를 선언할 때 변수의 타입을 컴파일러가 자동으로 하라는 지시자로 변경되었습니다. 그래서 auto의 역할은 소스의 확장자가 .c일 때와 .cpp일 때 다릅니다.

- auto
- static
- register
- extern
- mutable

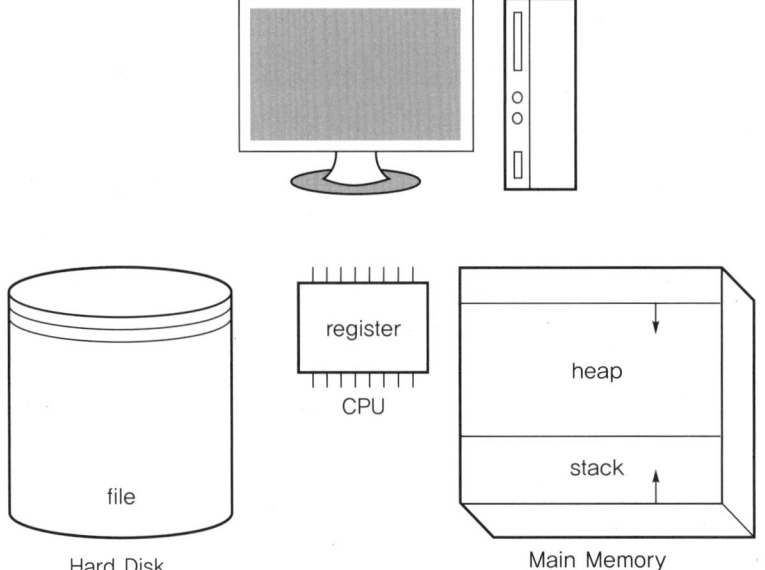

▲ 기억 부류: 각각의 변수는 고유의 기억 장치에 할당됩니다. 스택, 힙, 레지스터, 디스크는 모두 메모리입니다.

스택(stack)

C 언어에서 변수 이름의 앞에 붙은 auto는 이 변수가 메모리의 스택에 할당됨을 나타냅니다. 스택에 할당되는 변수는 컴파일러에 의해서, 자동으로 할당과 해제를 위한 코드가 생성되므로 **자동 변수(auto variable)**라고 합니다.

```
#include <stdio.h>

void f(int k) {
    int i = 3, j = 4;

    printf("%d, %d, %d\n", i, j, k);
} // f

void main() {
    int i;

    i = 2;
    f(i);
} // main
```

위의 예에서 main( ) 함수 안에서 사용하는 변수 i는 main( )의 블록에 처음 접근할 때 스택에 할당됩니다. 이 변수는 main( ) 안에서만 사용하고 밖에서는 필요 없는 변수이므로 스택에 할당되는 것이 바람직합니다. 이러한 변수의 주소는 컴파일 시간에 결정되므로 변수 선언문 int i;가 실제로 실행되는 것은 아닙니다. 스택에 할당된 변수 i는 main( ) 함수를 탈출하기 전, 스택 메모리에서 해제(free)됩니다.

 컴파일러의 디버그 트레이스(trace) 기능을 이용하여 추적해 보면 변수 선언문은 실행되지 않습니다. 단지 실행 코드를 생성할 때 변수의 적절한 스택에서의 상대 주소를 결정짓는 역할을 해 줍니다.

스택 메모리 메모리 할당과 해제에 관한 코드는 사용자의 의도와는 상관없이 자동으로 진행됩니다.

 컴파일러가 이러한 코드를 생성하는데, 이러한 코드를 'prefix', 'suffix'라고 합니다.

main( )에서는 함수 f( )를 호출하는데, 함수 f( )의 파라미터 k나 내부에서 선언된 변수 i, j도 함수 f( )가 종료되었을 때는 스택에서 해제됩니다. 함수의 내부에서 사용하는 변수의 수를 어떻게 효율적으로 관리할 것인가요? 바로 스택을 사용하는 것이 그 열쇠입니다. 스택에 관한 설명은 '9장 scanf( )에 &가 필요한 이유: 스택 동작'에서 설명하였습니다. 변수가 스택에 할당된다는 것을 알려주기 위해 auto를 변수의 형 이름 앞에 붙일 수 있습니다. 위의 소스는 다음과 대등합니다.

```c
#include <stdio.h>

void f(auto int k) {
    auto int i = 3, j = 4;

    printf("%d, %d, %d\n", i, j, k);
} // f

void main() {
    auto int i = 2;

    f(i);
} // main
```

블록 안에서 선언된 변수는 기본으로 자동 변수로 간주됩니다. 즉 auto를 명시하지 않아도 있는 것으로 간주합니다. C 프로그램을 코딩할 때 명시적으로 auto를 붙이지 않아도 좋으며, 이것이 일반적입니다.

스택에 할당되는 자동 변수들은 초기화가 이루어지지 않습니다. 초기화가 안 된 자동 변수 값은 얼마인지 모르는 값 - 할당된 메모리 위치에 있던 원래 값, 즉 **쓰레기 값**(garbage value) - 을 가집니다.

C++11에서 auto의 의미

Visual Studio 2013 이상의 버전에서 아래의 코드가 확장자가 .cpp인 소스에 포함되어 있다면 컴파일되지 않습니다.

```c
#include <stdio.h>
#include <memory.h>
#include <malloc.h>

void main()
{
    auto int i; // C++11에서 auto는 int와 결합할 수 없습니다.
    i = 3;
    printf("%i\r\n", i);
} // main()
```

C++11 표준이 정해진 이후 auto의 의미는 변경되었습니다. 거의 사용되지 않던 auto에 새로운 의미를 부여한 것입니다. auto는 사용자가 변수의 타입을 명시적으로 지정하지 않아도 컴파일 시간의 문맥에 의해서 자동으로 결정되는 타입의 변수를 선언할 때 사용합니다. 아래의 문장은 전통적인 int 변수 i를 선언하고 1로 초기화하는 문장입니다.

```
int i = 1;
```

C++11에서 이제 위 문장을 다음과 같이 작성할 수 있습니다.

```
auto i = 1;
```

컴파일러는 초기화 문장으로 i의 타입을 유추합니다. 1에 해당하는 적절한 값은 int이므로 컴파일 시간에 i의 타입을 int로 결정하는 것입니다. 다른 고급 언어가 지원하는 모든 타입의 변수를 저장할 수 있는 variation 타입과 다르다는 것에 주의하세요. C++에서 auto는 단지 변수의 타입을 컴파일러가 판단하라고 알려주는 역할을 하므로 변수의 타입을 컴파일러가 판단하지 못하는 경우는 에러가 발생합니다. 아래의 문장의 경우 C++11을 지원하는 Visual Studio 2013에서는 에러가 발생합니다. 초기화 값이 없으므로 i의 타입을 유추할 수 없기 때문입니다.

```
auto i;
```

Visual Studio 2013에서는 auto가 C의 의미로 사용될지, C++11에서의 의미로 사용될지는 파일의 확장자를 .c 혹은 .cpp로 지정해서 가능합니다.

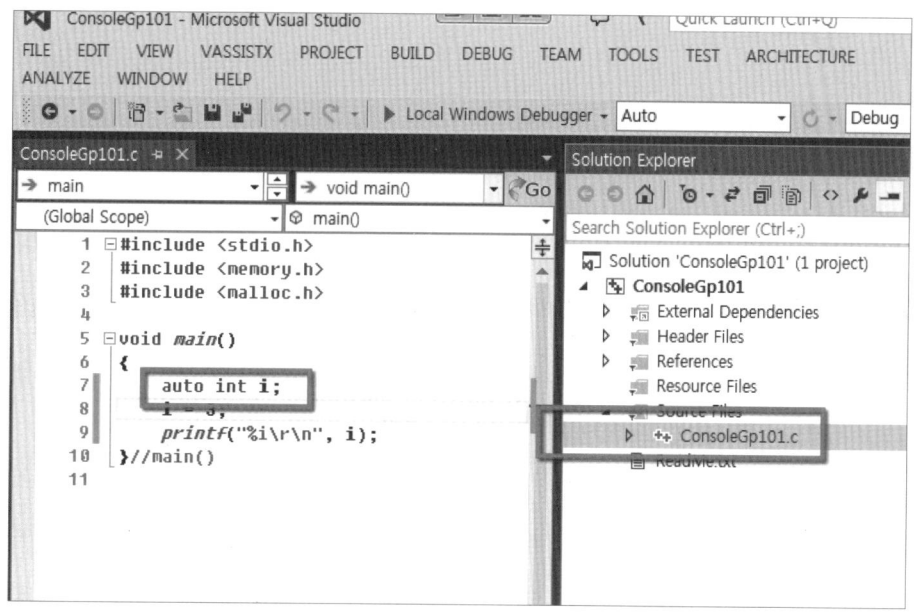

▲ C에서 auto의 의미: 이 그림에서 auto는 확장자 .c인 소스의 내부에서 사용되었으므로 변수가 stack에 할당되어야 한다고 지시하는 역할을 합니다.

위의 그림에서는 auto가 확장자 .c인 소스의 내부에서 사용되었으므로 auto의 의미는 변수의 할당 공간을 지정하는 역할을 합니다. 이제 확장자를 .cpp로 바꾸어서 빌드를 시도해 봅시다.

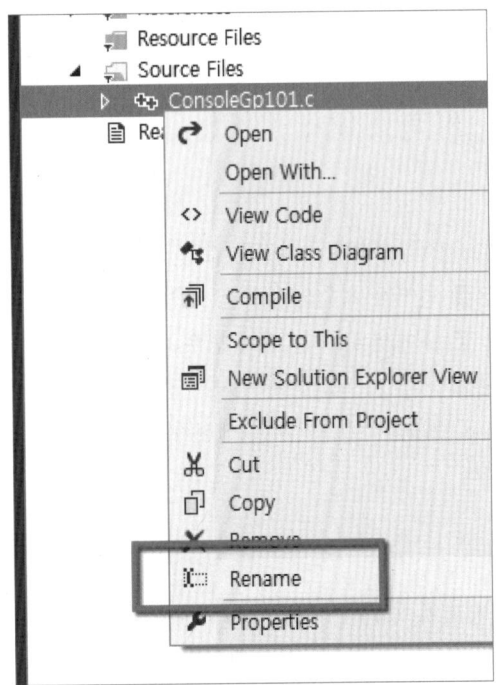

▲ Visual Studio 2013 IDE에서 파일 이름 변경: 마우스 오른쪽 버튼을 눌러서 소스 파일의 이름을 변경할 수 있습니다.

다음의 그림에서는 auto가 .cpp 확장자를 가지는 소스에서 사용되었습니다. 그러므로 auto는 변수의 타입을 컴파일 시간에 자동으로 결정하라는 지시자(directive) 역할을 합니다. C++11에서 auto는 변경자가 아니므로 변수의 형 이름과 결합될 수 없고, 아래와 같이 사용할 수 없습니다.

```
auto int i = 1;
```

컴파일 시간에 발생하는 에러를 없애기 위해서는 auto가 C++11에서의 의도에 적합하도록 사용해 주어야 합니다. 이제 int를 지우고 아래와 같이 선언할 수 있습니다.

```
auto i = 1;
```

그러면 '= 1'이라는 초기화에 의해서 컴파일러는 i의 타입을 int로 자동(auto)으로 결정합니다.

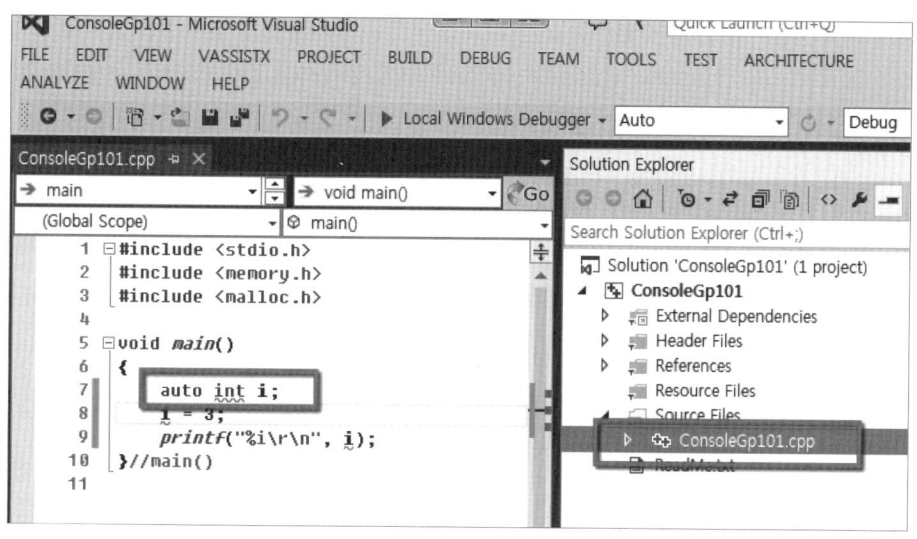

▲ C++11에서의 auto의 의미: 이 그림에서 auto는 확장자 .cpp인 소스에서 사용되었으므로 변수의 타입을 자동으로 결정하라는 지시자 역할을 합니다.

 힙(heap)

변수의 종속 기간이 블록이 아니라 프로그램이 시작하여 종료할 때까지라면, 이러한 변수는 스택보다는 힙(heap)에 할당되는 것이 바람직합니다. 힙은 프로그램 코드와 스택 사이의 빈(empty) 큰 메모리 덩어리(heap)를 말합니다. 힙은 일반적으로 동적 메모리 할당(dynamic memory allocation)할 때 사용됩니다. 이러한 변수들의 메모리 주소는 프로그램이 시작하여 종료할 때까지 변하지 않습니다. 또한 static이라는 변경자를 사용하거나 전역으로 변수를 선언하면, 프로그램이 종료할 때까지 변수를 유지하는 것이 가능합니다. 하지만 이러한 변수들이 할당되는 곳은 힙이 아닙니다. 스택 변수와는 다르게 정적 변수(static variable)는 프로그램이 시작할 때 0으로 초기화가 일어납니다. 아래의 예를 참고하세요.

```c
#include <stdio.h>

int i;

void main() {
    printf("%d\n",i);
    // 0
} // main
```

앞의 예에서 함수 밖, 즉 파일 안에서 선언된 변수 i는 전역 변수이지만 정적 변수는 아닙니다.

 파일 안에서 전역으로 선언된 변수는 그 파일에 있는 모든 함수뿐만 아니라 외부 소스 파일에서도 그 변수를 참조할 수 있으므로 '전역 범위(global scope)를 가진다'고 말합니다. 이 전역 변수가 static 변경자와 함께 사용되면 이 변수는 다른 외부 소스에서는 볼 수 없으므로 '파일 범위(file scope)를 가진다'고 합니다. 반면 블록 안에서 선언된 변수는 블록 범위(block scope)를 가집니다. 이 밖에도 **프로토타입 범위(prototype scope)**를 가지는 <u>변수처럼 보이는</u> 식별자(identifier)도 있습니다.

명시적인 초기화를 해 주지 않았지만, 0으로 초기화됩니다. 하지만 초기화를 해 주는 것은 좋은 습관입니다. 전역 변수를 static이라고 선언하는 것과, 그렇지 않은 것은 다릅니다. 전역 변수를 static으로 선언하면, 그 변수는 파일 범위를 가집니다. 하지만 static 변경자를 사용하지 않으면 전역 범위를 가집니다. 이 장의 실습문제 2, 3을 참고하세요.

```
#include <stdio.h>
static int i; // i의 범위는 파일로 제한됩니다.

void main() {
    printf("%d\n",i);
} // main
```

정적 변수 i를 1로 초기화시키기를 원한다고 가정해 봅시다. 그렇다면 아래와 같은 문장을 사용할 수 있습니다.

```
static int i = 1;
```

블록 안에서 선언된 변수는 auto가 디폴트(default)이지만, 블록 안에서 선언된 변수가 항상 auto인 것은 아닙니다. 즉 블록 범위(block scope)를 가지면서 정적(static)인 변수가 – 일반적인 것은 아니지만 – 존재합니다.

필자는 처음 C 언어를 배울 때 strtok()의 신비한 기능에 놀란 적이 있습니다.

 'String To Token'의 약자를 사용한 함수로, 표준 함수입니다. string.h에 선언되어 있고, 문자열에서 구분자(delimiter)로 구분되는 토큰을 구합니다.

strtok() 함수는 함수 호출 후에도 이전에 호출한 정보를 유지하고 있습니다. 함수가 종료된 후 함수의 상태를 어떻게 유지하나요? C에서 함수의 상태를 유지하는 방법은 전역 변수 혹은 정적 변수를 사용하는 것입니다.

 함수의 상태를 유지하기 위해서 전역 변수를 사용하는 것은 매우 위험합니다. 이것은 가능하지만 좋은 방법은 아닙니다.

```
#include <stdio.h>

void f() {
    int i = 0;

    printf("%d\n",i);
    ++i;
} // f

void main() {
    f();
    f();
    f();
} // main
```

위 프로그램의 출력 결과는 다음과 같습니다.

```
0
0
0
```

비록 f()의 마지막에서 ++i를 하더라도 이것은 자동 변수이므로 매번 할당과 해제가 반복됩니다. 그러므로 함수 f()를 빠져나오는 순간 스택에서 해제될 것이며, 이 값은 사라질 것입니다. 또한 함수 f()가 호출될 때마다 0으로 초기화가 일어날 것입니다. 하지만 f()의 변수 i를 정적(static)으로 선언하면, 이것은 별도의 공간에 유지되므로 함수가 호출될 때마다 초기화되지 않습니다.

```c
#include <stdio.h>

void f() {
    static int i; // 이 문장은 컴파일 시간에 단 한 번 실행됩니다.

    printf("%d\n",i);
    ++i;
} // f

void main() {
    f();
    f();
    f();
} // main
```

프로그램의 출력 결과는 다음과 같습니다.

```
0
1
2
```

위에서 f( )의 정적 변수 i는 초기화하지 않았지만, 초기화가 있다고 해서 이것을 매번의 초기화로 간주해서는 안 됩니다. 즉

```
static int i = 3;
```

이라는 문장을 f( )에서 썼다면, 이것은 함수 f( )가 호출될 때마다 3으로 초기화하라는 문장이 아니라 프로그램을 시작할 때 i를 3으로 초기화하라는 의미입니다.

```c
#include <stdio.h>

void f() {
    static int i = 3;

    printf("%d\n", i);
    ++i;
} // f

void main() {
    f();
    f();
    f();
} // main
```

위 프로그램의 출력 결과는 다음과 같습니다.

```
3
4
5
```

이제

```
int i = 3;
```

과

```
int i;
i = 3;
```

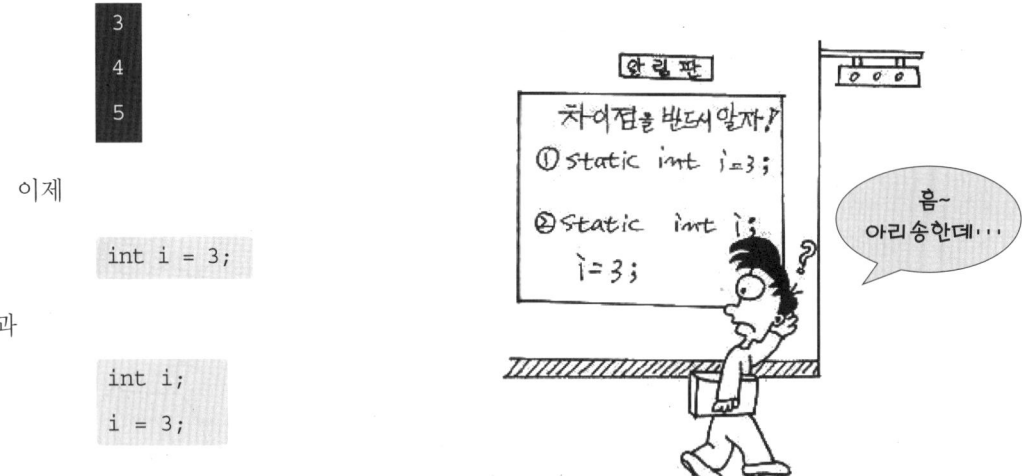

이 어떻게 다른지 알 수 있을 것입니다.

```
#include <stdio.h>

void f() {
    static int i;

    i = 3; // 이 문장은 매번 실행됩니다.
    printf("%d\n", i);
    ++i;
} // f

void main() {
    f();
    f();
    f();
} // main
```

위 프로그램의 출력 결과는 다음과 같습니다.

```
3
3
3
```

물론 자동 변수라면 `int  i = 3;`과 `int i; i = 3;`은 동일합니다.

컴파일러가 실행 코드를 생성할 때 정적 변수의 위치는 알려지므로 변수를 초기화하거나 선언하는 문장은 실제로 실행되기 전에 만들어져 있습니다. 그러므로 변수를 선언하는 문장은 실행할 때 실행되는 것이 아닙니다.

12 변수의 종류, 범위 규칙(scope rule)

실제로 변수의 선언문에 해당하는 코드가 실행되지 않고 변수가 할당될 수는 없습니다. 소스의 변수 선언문은 컴파일러가 적당한 스택 혹은 힙의 주소를 계산하여, 이것을 각 변수 자리에 넣어서 구현됩니다. 실행할 때는 변수의 선언문을 보고 스택 혹은 힙에 변수를 할당하는 것이 아니라, 이미 그만큼의 변수를 할당하는 코드가 생성되어져 있으므로 선언문은 실행되지 않습니다.

각 컴파일러의 디버그(debug) 기능을 이용하여 위의 소스 코드를 추적(trace)해 보세요. 변수 선언문은 실행되지 않을 것입니다. static 변수를 이용하면, 함수의 상태를 유지하도록 만들 수 있습니다. 물론 이것은 전역 변수로도 가능하지만, f( )만 사용하는 상태를 외부에 두는 것은 바람직하지 않습니다. strtok( )는 이렇게 동작합니다. 이 함수의 자세한 사용법은 컴파일러의 도움말에서 제공하는 예제를 참고하세요.

함수의 상태를 유지하기 위해 static 변수를 사용하는 것은 C에서 중요합니다. 하지만 C++에서는 어떠한 계산의 상태를 유지하기 위해 전역 객체와 이름 공간을 사용합니다. 이것에 대해서는 〈만화가 있는 C++〉에서 다루도록 하겠습니다.

 **레지스터(register)**

아래의 문장은 메모리를 몇 번 접근(access)하고 있을까요?

```
++i;
```

단지 i를 1 증가시키는 이 문장은 i 값을 읽기(read) 위해 한 번, 증가된 i 값을 쓰기 위해(write) 한 번 접근합니다. 모든 변수는 메모리에 있으므로 컴퓨터가 이 값을 증가시키기 위해서는 먼저 이 값을 CPU로 레지스터로 가져와야(fetch) 합니다. 그러면 명령어 코드(op-code) 부분을 해독하여 이 값을 증가시키는 것을 파악한 후, 레지스터의 값을 증가시킬 것입니다. 그리고 증가된 이 값을 다시 메모리의 원래 위치에 저장할 것입니다. 아래의 그림을 참고하세요.

 이것은 기계 사이클(machine cycle)로 알려져 있습니다. 대부분의 명령은 명령어 가져오기(fetch) → 명령어의 해독(decode) → 명령 실행(execute) → 결과 저장(store). 기계 사이클 중 가장 많은 시간을 차지하는 부분은 load와 store일 것입니다. 이것은 메모리의 성능에 따라 다르지만, 일반적으로 CPU의 레지스터에서 작업하는 것에 비해 수십 배 이상 느립니다.

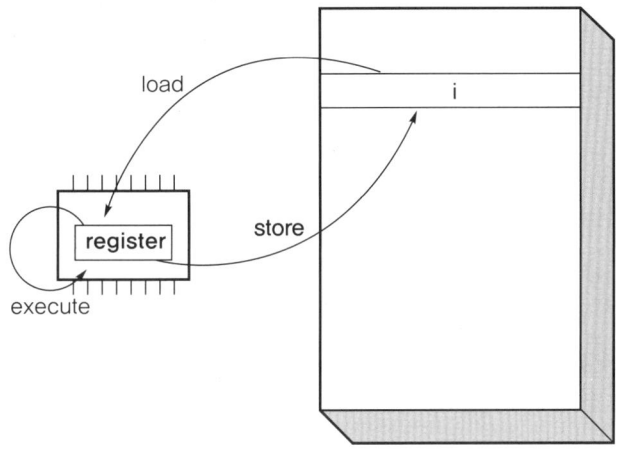

▲ 기계 사이클(machine cycle): 메모리에 있는 하나의 변수를 갱신하려면 두 번 메모리에 접근해야 합니다.

만약 변수가 메모리에 할당되지 않고 CPU의 레지스터에 할당된다면, 이러한 메모리 참조의 오버헤드는 없을 것입니다. 그리고 레지스터의 값이 바로 갱신되기 때문에 메모리에 선언된 변수에 비해 수십 배 이상 빠르게 처리될 것입니다. 이처럼 변수를 CPU의 레지스터에 할당하려면 register라는 키워드를 사용할 수 있습니다.

```c
#include <stdio.h>

void main() {
    register int ip;

    ip = 2;
    printf("%d\n",ip);
} // main
```

두 개 이상의 기억 부류 지정자를 사용할 수 없으므로 아래의 문장은 잘못입니다.

```
auto register int i; // error
```

register 지정이 반드시 레지스터에 변수가 할당된다고 보장하지 못한다는 사실을 명심하세요. 만약 프로그램이 수행중인 시점에서 CPU에 남는 레지스터가 있다면 그렇게 될 것입니다. 하지만 남는 레지스터가 없다면, 스택에 할당됩니다. 또한 register가 아닌 auto 변수도 레지스터에 할당되는 경우가 있습니다. 대부분의 컴파일러는 **최적화(optimization)**를 수행하는데, 속도를 증가시키기 위해 가능한 경우 스택 변수도 레지스터 변수로 전환할 것입니다. 이것은 볼랜드(Borland)와 마이크로소프트 컴파일러에서 모두 해당됩니다.

이런 응용은 어떤가요? 만약 메모리의 특정 영역이 특정 보조 장치의 상태를 나타내기 위해 사용되었다면, 이 부분을 읽는 코드를 작성할 수 있습니다. 반드시 이 부분이 가장 최근의 값으로 읽힌다는 보장이 없을 수도 있습니다. 컴파일러의 최적화 코드는 가장 최근에 읽은 이 부분의 내용이 아직 레지스터에 남아있다면, 이 부분을 읽지 않을 것입니다. 메모리의 내용은 보조 장치에 의해 갱신되었을 수도 있습니다. 이 경우 변수를 참조하기 위해 무조건 메모리의 내용을 읽으라고 지시해야 하는데 이때

volatile 키워드를 사용해야 합니다. volatile은 반드시 그 변수의 메모리 값이 읽힌다고 보장하는 코드를 생성합니다. 아래의 예제를 보세요.

```
volatile int ticks;

void timer() {
    ticks++;
}
void wait (int interval) {
    ticks = 0;
    while (ticks < interval); // 아무것도 하지 마세요.
}
```

위의 예제에서는 timer( )를 부르는 타이머 하드웨어가 배경 작업이라고 간주했습니다. 그러므로 타이머 틱(tick)을 가지는 ticks는 최적화의 대상이 되면 안 되므로 volatile을 사용하여 선언하였습니다. volatile은 인터럽트 루틴 혹은 I/O의 배경 루틴이 사용하는 전역 변수인 경우에 대부분 붙입니다.

파일(file)

마지막으로 살펴볼 변수의 기억 부류는 이 변수를 가리키는 소스 코드가 미리 컴파일되어 디스크에 다른 오브젝트 파일로 존재하는 경우에 발생합니다. 즉 하나의 프로그램이 여러 개의 소스 코드로 분리되어 작성된 경우에 이러한 extern 선언이 필요합니다. 예를 들어 성적 처리를 위한 프로그램이 3개의 소스 파일로 나뉘어 개발된다고 가정해 봅시다. 각각은 성적을 입력받는 input.cpp, 성적 처리를 하는 main.cpp와 성적 처리를 하는 output.cpp입니다. main.cpp는 input.cpp의 함수들과 output.cpp의 함수들을 사용하며, main( ) 함수를 가지고 있습니다. 학생의 전체 수가 input.cpp에서 아래처럼 전역 변수에 관리된다고 합시다.

```
// input.cpp
        :
int nTotalStudent; // 이 변수에 학생 전체 수가 관리된다고 가정해 봅시다.
        :
void ReadDataFromFile() {
        :
}
        :
```

input.cpp의 변수 nTotalStudent는 아마도 main.cpp와 output.cpp에서 모두 사용될 것입니다. 그렇다면 main.cpp와 input.cpp에서 사용하는 변수 nTotalStudent를 어떻게 선언하나요? 해답은 바로 extern입니다. extern 없이 아래와 같은 문장이 main.cpp에서 사용된다면 가능하다고 생각할 수 있습니다.

하지만 위의 소스 코드는 main.cpp에서 사용 가능한 또 하나의 전역 변수 nTotalStudent를 선언하는 문장입니다. 그러므로 nTotalStudent가 다른 소스 코드에 이미 선언되어 있는 변수라는 변경자를 붙여주어야 하는데, 이것이 extern입니다. main.cpp는 아래와 같이 작성해야 합니다.

```
// main.cpp
extern int nTotalStudent;
        :
```

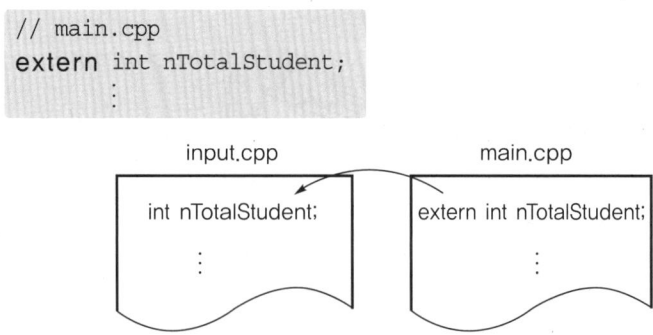

▲ extern은 변수가 다른 파일에 이미 존재한다는 선언입니다.

함수인 경우도 마찬가지입니다. 하지만 함수인 경우 extern은 선택 사항이므로 명시적인 extern 지정이 필요하지 않습니다. 즉 다른 파일에서 정의된 함수를 선언하기 위해 extern을 붙이지 않아도 됩니다. 이것은 stdio.h에 쓰여진 printf()의 선언에 extern이 붙지 않은 이유입니다.

어떤 파일에서 선언된 전역 변수가 반드시 다른 파일에서 볼 수 있는 것이 아니라는 것을 주의해야 합니다. 만약 input.cpp에서 nTotalStudent가 static 변경자로 선언되었다면,

```
static int nTotalStudent;
```

이 변수는 input.cpp에서만 볼 수 있습니다. 즉 main.cpp에서 이 변수를 참조하기 위해

```
extern static int nTotalStudent;
```

라고 선언하면, 컴파일 시간 에러가 발생합니다. 그러므로 static이 붙은 전역 변수는 **파일 범위**(file scope)를 가지지만, static이 붙지 않은 전역 변수는 **전역 범위**(global scope)를 가집니다.

extern 키워드와 관계된 다른 사항들을 살펴봅시다. 이것은 C 언어로 컴파일된 함수를 C++에서 사용하려고 하는 경우에 발생합니다. C와 C++가 함수의 실행 코드(execution code)를 생성하는 방식은 조금 다릅니다. C++에서 함수 오버로딩을 어떻게 구현하나요? C++은 유일한(unique) 함수를 호출하기 위해 오버로딩된 함수들에 대해 **이름 바꾸기**(name mangling)를 수행합니다. 이것은 같은 이름의 함수를 구분하기 위해 C++ 컴파일러에 의한 자동화 과정입니다. 만약 'test(int)'라는 함수와 'test(long)'이라는 함수가 있다면, 컴파일러는 각각의 함수를 'testA(int)'와 'testB(long)'라는 독립된 함수로 이름을 바꿀 것입니다. 또한 C++에 새로운 reference와 this라는 포인터를 관리하기 위해 C의 방식과는 다른 코드 생성이 필요했을 것입니다.

그렇다면 이미 만들어진 수많은 C 코드를 사용할 수 없다는 말인가요? 그렇지 않습니다. 바로 extern "C"가 그 열쇠입니다. C++에서 C의 함수를 호출하기 위해서 선언할 때 C 함수의 헤더 앞에 extern "C"를 붙여주어야 합니다.

```
extern "C" void cfunc(int);
```

위의 문장은 cfunc( )라는 C 함수를 C++에서 사용하기 위해 선언하고 있는 문장입니다. 이러한 C 함수가 굉장히 많다면, 함수마다 extern "C"를 붙여주는 것은 번거로운 일입니다. 이 경우에는 extern "C" { ... } 블록 안에 C 함수의 선언을 적으면 됩니다.

```
extern "C" {
    void cfunc(int);
         ⋮
}
```

▲ 소문자 c를 적어도 무방합니다. 즉 extern "C"와 extern "c"는 모두 문제없습니다.

 가시 범위(visibility)에 의한 구분

변수가 선언되었을 때 이 변수를 어디에서 사용할 수 있고 어디에서 사용할 수 없나요? 이러한 규칙은 범위 규칙(scope rule)이라고 알려져 있으며, 특정 변수가 그 범위에서 사용 가능하면 볼(visible) 수 있다고 합니다.

 '비지블하다(visible)' 혹은 '보인다'고 말한다.

변수는 다음과 같은 다섯 가지 범위(scope)를 가질 수 있습니다.

 C++에서는 '클래스 범위(class scope)'라는 새로운 변수의 범위를 형성할 수 있습니다. 클래스 범위 안에서 사용 가능한 변수는 '변수(variable)'라고 부르지 않고, '멤버 변수(member variable)' 혹은 '데이터 멤버(data member)'라고 부릅니다. 하지만, 클래스도 하나의 블록을 형성하므로 여기서는 블록 범위에 멤버 변수를 포함시키겠습니다. 또한 멤버 변수는 다양한 접근 지정자(access specifier)에 의해 가시 범위가 바뀌므로 클래스를 설명할 때 자세하게 다루겠습니다. C++에는 또한 이름 공간(namespace)라는 가시 범위를 지정할 수 있습니다. 놀랍게도 같은 이름 공간은 2개 이상의 파일에 나누어서 작성할 수 있습니다!

① 블록 범위(block scope): 지역 변수(local variable)
② 파일 범위(file scope): 전역 변수(global variable)
③ 전체 범위(global scope): 전역 변수(global variable)
④ 프로토타입 범위(prototype scope)
⑤ 이름 공간 범위(namespace scope)

블록 범위를 가지는 변수를 **지역 변수**(local variable)라고 하며, 파일 범위와 전체 범위를 가지는 변수를 **전역 변수**(global variable)라고 합니다. 프로토타입을 가지는 심벌은 변수로서 사용되지 않으나, 범위가 구분되는 것은 사실입니다. 이름 공간 범위는 〈만화가 있는 C++〉에서 별도로 다룹니다.

 블록 범위(block scope)

블록은 여는 중괄호(open brace, {)와 닫는 중괄호(close brace, })로 표현되며 다음과 같은 특징이 있습니다.

① 임의의 위치에서 변수를 선언할 수 있습니다.
② 하나의 문장으로 취급됩니다. 또한 겹쳐짐(nesting)이 가능합니다. 즉 블록 안에 또 다른 블록이 올 수 있습니다.

블록은 변수 선언을 가질 수 있는데, 이처럼 블록 안에서 선언된 변수를 **지역 변수**라고 하며, 이러한 변수는 그 변수가 선언된 블록 안에서만 사용할 수 있습니다. 다음의 예제를 참고하세요.

```
#include <stdio.h>

void main() {                           // main 블록
    int i = 1,k = 100;
    {                                   // 1번 블록
        int j = 2;
        {                               // 2번 블록
            int i = 3;
            printf("%d,%d\n", i, j);
        }
        printf("%d,%d\n", i, j);
        int i=4;
        printf("%d,%d,%d\n", i, j, k);
    }
    printf("%d\n",i);
} // main
```

먼저 2번 블록의 printf( )를 봅시다. i는 선언되어 있으며, 값은 3입니다. j는 2번 블록에서 선언되어 있지는 않지만, 1번 블록에 선언되어 있으며, 값은 2입니다. 2번 블록은 1번 블록에 속한 하나의 문장 취급되므로 2번 블록에서 1번 블록이나 main 블록의 변수를 접근할 수 있다는 것에 주의하세요. 그렇다면 2번 블록에서 k를 볼 수 있을까요? 네! 볼 수 있습니다. 2번 블록에서 사용된 다음 문장은 100을 출력할 것입니다.

```
printf("%d\n",k);
```

1번 블록에서는 2개의 지역 변수가 선언되었지만 선언된 위치는 다릅니다. 첫 번째 printf( )는 i가 선언되기 전이므로 main 블록의 i를 출력하고, j는 2가 출력될 것입니다. 1번 블록의 두 번째 printf( )에서 i와 j는 1번 블록의 변수이지만, k는 1번 블록에 없으므로 main 블록을 찾는데, 이것은 100입니다.

main 블록의 printf( )는 i가 main 블록에 선언되어 있으므로 1이 출력될 것입니다. 출력 결과는 다음과 같습니다.

```
3,2
1,2
4,2,100
1
```

블록 안에서 선언된 변수인 지역 변수의 범위 규칙(scope rule)은 다음과 같습니다.

> "사용된 변수는 자신을 둘러싼 가장 가까운 블록의 변수가 사용됩니다.
> 변수 이름이 같은 것은 하나의 블록에 같이 존재할 수는 없지만, 다른 블록에는 존재할 수 있습니다.
> 이러한 경우는 변수가 사용된 시점에서 둘러싼 가장 가까운 블록의 변수가 사용됩니다.
> 변수를 둘러싼 어떠한 블록에도 이러한 변수의 선언이 없다면 에러가 발생합니다."

 전역 범위(global scope)

전역 변수는 블록 안에서(클래스를 포함하여) 선언되지 않은 변수를 말하므로 함수의 밖에서 선언될 것입니다. 이러한 변수는 그 변수가 선언된 시점의 아래에 있는 모든 함수들이 그 변수를 볼(visible) 수 있습니다. 즉 파일 하나를 블록으로 취급한 것과 같습니다. 전역 변수를 전역 범위(global scope)를 가진다고 하지만, 항상 그런 것은 아닙니다. 다음의 예제를 참고하세요.

```
#include <stdio.h>

int i = 1;

void f(int j) {
    printf("%d, %d\n", i, j);
}

int j = 2;

void g() {
    printf("%d, %d\n", i, j);
}

void main() {
    int i = 3;

    f(i);
    g();
} // main
```

전역 변수 i는 f( ), g( )와 main( )에서 모두 볼 수 있지만, 전역 변수 j는 f( ) 이후에 선언되었으므로 g( )와 main( )에서만 볼 수 있습니다. 지역 변수와 전역 변수가 모두 보이는 경우는 어떻게 할 것인가요? 이때의 규칙은 아래와 같습니다.

"같은 이름의 지역 변수와 전역 변수가 존재하는 경우 가까운 쪽, 즉 지역 변수를 사용합니다."

이 규칙에 의하면, f( )에서 j는 3입니다. 하지만 g( )에서는 지역 변수가 없으므로 i와 j는 각각 전역 변수의 값인 1, 2일 것입니다.

 파라미터로 넘어온 변수는 스택에 푸시되며, 지역 변수입니다.

main( )에서는 같은 이름의 지역 변수 i가 존재하므로 i는 3이겠지만, j는 2일 것입니다. 프로그램의 출력 결과는 다음과 같습니다.

```
1, 3
1, 2
```

나중에 C++에서 이러한 변수의 범위 규칙을 위반하는(?) 연산자를 배울 것인데, 이것은 범위를 해결한다는 의미에서 '범위 해결사(scope resolver)'라고 합니다. 기호는 다음과 같이 연속된 2개의 콜론을 붙여서 사용합니다.

::

아래의 예제를 참고하세요.

```
#include <stdio.h>

int i = 1, j = 2;

void f(int j) {
    printf("%d,%d\n", i, :: j);
}

void main() {
    int i = 3;

    f(i);
} // main
```

f( )에서 ::j는 전역 변수 j를 의미하므로 출력 결과는 다음과 같습니다.

```
1,2
```

위의 예에서 모든 전역 변수는 **전역 범위(global scope)**를 가지므로 다른 파일에서 extern을 사용해 이 변수를 참조할 수 있습니다. 만약 이러한 변수가 **파일 범위(file scope)**를 가지게 하려면, static 변경자를 붙여줍니다.

 **프로토타입 범위(prototype scope)**

함수도 쓰기 전에 선언되어야 한다는 것을 알고 있습니다. 아래의 예제를 봅시다.

```
#include <stdio.h>

int f(int i,int j);  // 함수도 먼저 선언되어야 합니다.

void main() {
    printf("%d\n",f(2,3));
} // main

int f(int i,int j) {
    return i * j;
}
```

f( )는 main( )의 위에 선언되었습니다. 함수 f( )의 선언은 함수의 이름과 파라미터의 형과 개수를 검사하므로 i와 j는 '더미(dummy)'라고 부르고 생략해도 됩니다.

    int f(int, int);

이것은 i와 j는 컴파일러가 무시한다는 의미이므로 다음과 같이 선언해도 타당합니다.

    int f(int k, int l);

이때 k나 l 등은 **프로토타입 범위(prototype scope)**를 가진다고 합니다. 그러므로 함수의 선언 범위에서만 서로 다른 명칭을 유지하면 됩니다.

진보된 주제: static에 관한 진실

static에 대한 다음의 설명은 초보자에게는 조금 어려운 주제이므로 이해되지 않는다면 넘어가세요. 다음과 같은 2개의 소스 파일 sub.cpp와 main.cpp를 고려해 봅시다.

```cpp
// sub.cpp
int i=1;
static int j = 2;
    ⋮
```

```cpp
// main.cpp
extern int i;
void f() {
    static int k = 3;
    ⋮
}
void main() {
    int* ip;

    ip = new int[2];
    ip[0] = 11;
    ip[1] = 21;
    ⋮
    delete[] ip;
}
```

sub.cpp는 두 개의 전역 변수 i와 j를 각각 1, 2로 초기화하는 코드를 포함합니다. 단, 두 번째 전역 변수 j에만 static 변경자를 붙였습니다.

main.cpp는 sub.cpp의 전역 변수 i를 참조하는 코드 extern int i;를 포함합니다. 함수 f( )에서는 static변수 k를 3으로 초기화합니다.

함수 main( )에서는 지역 변수 ip를 선언하여, C++의 동적 메모리 할당연산자 – '15장 포인터 II'의 'new와 delete'에서 설명 – 를 사용하여 동적으로 메모리를 할당하고 있습니다. 실제로 이 코드는 어떻게 컴파일되어 실행 코드가 만들어질까요?

실제로 컴파일러가 생성한 EXE 파일은 여러 개의 의미 있는 블록들로 구성되어 있습니다. 실행 코드를 포함하는 **코드 블록**(code block)과 데이터가 들어 있는 **데이터 블록**(data block) 등 최소 두 개 이상의 블록으로 구성됩니다. 전역 변수는 모두 데이터 블록에 할당되므로 sub.cpp의 i와 j는 데이터 블록에 할당됩니다. 각각의 주소를 [1000], [1004]라 합시다.

지역 변수 중 static 변경자가 붙은 것도 데이터 블록에 할당됩니다. 그러므로 f( )의 지역 변수 k는 데이터 블록에 할당됩니다. 이의 주소를 [1008]이라고 합시다.

그러면 static은 어떤 역할을 하는 것일까요? 바로 범위(scope)를 제한하는 역할을 합니다. sub.cpp에 선언된 전역 변수 i는 static 변경자가 없으므로 main.cpp에서 extern int i;처럼 선언하여 이 변수를 참고할 수 있습니다. 즉 main.cpp에서 i는 sub.cpp의 i, 즉, [1000]에 있는 i를 의미합니다. sub.cpp에 있는 두 번째 변수 j는 static 변경자가 있으므로 이 전역 변수를 다른 파일에서 참고할 수 없습니다. 만약 main2.cpp에서 extern int j;라고 선언하여 이 변수를 참조하려고 하면, 컴파일 시간 에러가 발생합니다.

main.cpp의 함수 f( )에 있는 지역 변수 k는 어떤가요? 이 변수의 범위도 블록 안으로 제한됩니다. 즉 함수 f( ) 블록 외부에서 정적 변수 k를 참조할 수 없습니다. 결론적으로 말하면, 다음과 같습니다.

"static 변수는 데이터 블록에 할당되며 범위를 제한하는 일을 합니다."

그러면 힙(heap)에는 어떤 변수가 할당되는 것일까요? 위의 코드가 실행되는 과정을 따라가면서, 각각의 변수가 어떻게 유지되는지 살펴봅시다.

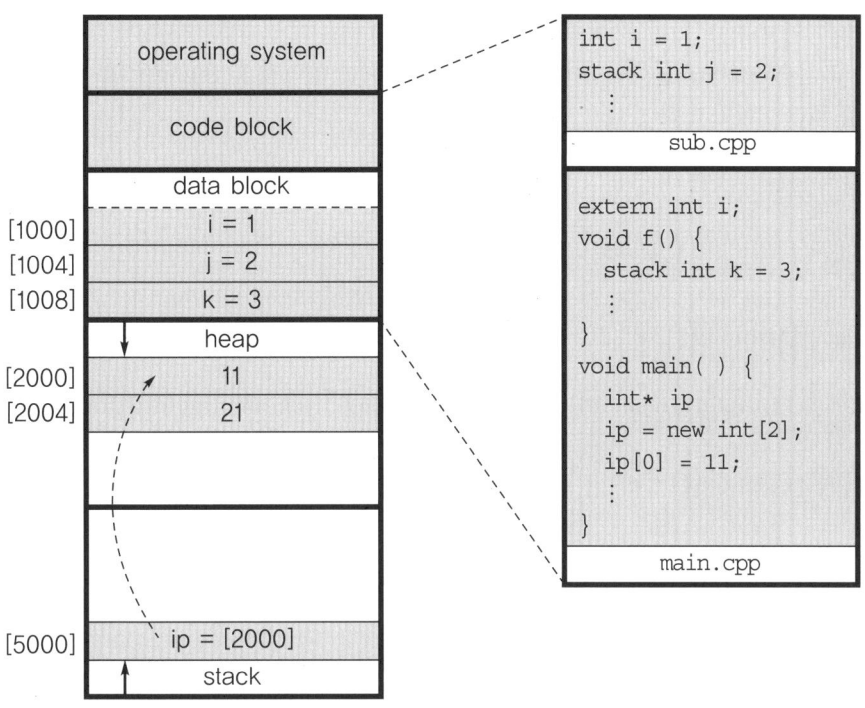

▲ static 변수는 힙(heap)에 할당되지 않습니다. 힙은 new와 같은 동적 메모리 할당 연산자, 혹은 malloc( ) 같은 동적 메모리 할당 함수에 의해서 사용되는 곳입니다. 전역 변수(global variable)는 실행 코드와 더불어 컴파일 시간에 자신의 상대 주소와 초기화 코드가 결정되므로, EXE 코드가 메모리에 올라왔을 때 이미 EXE의 일부가 되어 있습니다. 물론 코드(code)와 데이터(data)는 다른 메모리 블록에 코드가 생성됩니다. static은 단지 이러한 전역 변수의 범위(scope)를 고정(static)시키는 역할을 합니다. static으로 선언된 전역 변수는 다른 파일에서 extern으로 참조할 수 없습니다. 즉 범위를 파일로 고정시킵니다. 특별하게도 지역 변수에 static 변경자가 붙으면, 이 변수는 전역 변수처럼 데이터 블록에 할당되지만, 범위가 블록으로 제한됩니다.

사용자가 main.exe의 아이콘을 마우스로 더블클릭(double click)합니다. main.exe가 디스크에서 메모리로 로드(load)됩니다. 운영체제 코드는 이미 메모리에 상주하는 상태입니다. 이제 운영체제의 시작 코드(start-up code)가 main.exe의 시작 함수 main( )을 호출합니다.

main( )이 시작됩니다. 이 시점에서 전역 변수와 정적 변수, i, j와 k는 이미 메모리에 로드되어 초기화되어 있다는 것을 주목하세요.

main( )에서 아래의 지역 변수 선언문

```
int* ip;
```

가 실행되면, 이 변수는 스택(stack)에 할당됩니다.

이 변수의 주소를 [5000]이라고 가정해 봅시다. 그 다음 문장은 C++의 연산자 new를 사용하여 메모리에서 2개의 정수 크기만큼의 메모리를 할당합니다. 이 메모리는 힙에서 할당됩니다. 8바이트(정수 2개)의 시작 주소를 [2000]이라고 하면 다음 문장이 실행됩니다.

```
ip[0] = 11;
```

위 문장은 다음과 같이 번역됩니다.

```
*(2000 + 0) ← 11;
```

그러므로 [2000]에 11이 대입됩니다.

```
ip[1] = 21;
```

위 문장은 아래와 같이 번역됩니다.

```
*(2000 + 1 × sizeof(int)) ← 21;
```

그러므로 [2004]에 21이 할당됩니다.

자동으로(컴파일러에 의해) 스택에 할당된 변수 ip는 main( )이 끝나기 전에 자동으로 해제될 것입니다. 하지만 ip가 가리키는 [2000]의 8바이트(정수 2개)는 사용자가 할당한 코드이므로 명시적으로 메모리를 해제해 주어야 합니다. 그러지 않으면 해제되지 않은 메모리는 계속해서 남을 것입니다.

전역 변수 i와 j, 그리고 정적 변수 k에 대한 참고는 어떤가요? 불법(invalid)의 참조는 이미 컴파일 시간에 걸러진 상태이므로 i, j와 k에 대한 참조는 각각 [1000], [1004]와 [1008]를 참고할 것이며, 타당한 참조인지의 검사는 필요 없습니다.

main( )의 끝부분의

```
delete[] ip;
```

가 실행되면, 힙에 할당된([2000]~[2007]) 8바이트가 해제됩니다. main( )을 종료하기 직전 지역 변수 ip가 해제됩니다. main( )이 종료하면, EXE 코드가 메모리에서 삭제되므로, main.exe를 실행하기 전의 상태로 돌아오게 되었습니다.

실습문제

1 이미 만들어져서 .obj 형태로 존재하는 C 함수들을 C++에서 사용하기 위해, C++의 소스 코드에서 해 주어야 하는 것은 무엇인가요? (힌트: extern "C" 블록)

2 다음 이름이 같은 두 함수 f( )의 실행 결과는 어떻게 다른가요? 이유를 설명하세요.

```
int f( ) {
    static int i = 0;
    return ++i;
}
```

```
int f( ) {
    static int i;
    i = 0;
    return ++i;
}
```

3 a.cpp에 전역 변수 i가 static으로 선언되어 있습니다.

```
static int i = 1;
```

이 변수를 b.cpp에서 참조하기 위해 적당하게 프로젝트를 설정한 후 다음과 같은 문장을 사용하였습니다.

```
extern int i = 1;
```

그랬더니 컴파일 시간 에러가 발생하였습니다. 이 장에서 설명하였듯이 a.cpp의 i 선언에서 static을 생략해야 하므로 a.cpp의 i 선언을 다음과 같이 바꾸었습니다.

```
int i = 1;
```

이 경우에도 에러가 발생하였습니다. 무엇이 잘못되었는지 설명하세요.

13 배열: 4차원의 세계 (4-dimensional world)

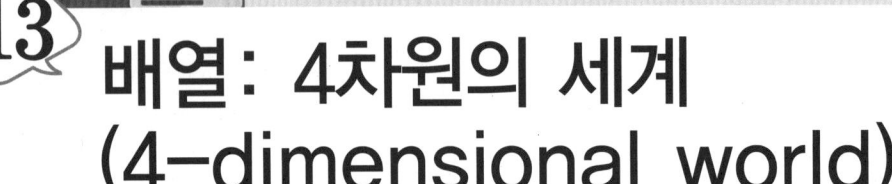

이 장의 주제는 배열(array)이지만, 배열을 고려하기 전에 먼저 차원(dimension)의 개념을 살펴보는 것이 필요합니다. 우리가 사는 이 세계는 정말 3차원일까요?

차원(dimension)

1차원(one dimension)은 기하학적으로 **직선(line)**을 의미합니다. 직선상의 임의의 위치를 기술하는 데 필요한 파라미터의 수가 1개여서 이것을 **1차원**이라고 합니다.

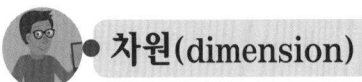

▲ 1차원에서 위치를 기술하는 데 필요한 파라미터는 1개뿐입니다.

2차원(2-dimension)은 기하학적으로 **평면(plane)**입니다. 평면에서 임의의 위치를 기술하는 데 필요한 파라미터의 수는 2개인데, 이것은 평면이 2차원인 이유입니다.

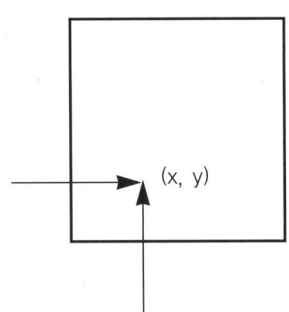

▲ 2차원에서 위치를 기술하는 데 필요한 파라미터는 2개입니다.

3차원(3 dimension)은 기하학적으로 **입체**(cube)입니다. 입체에서 임의의 한 점을 기술하는 데 필요한 파라미터는 3개이므로 입체는 3차원입니다.

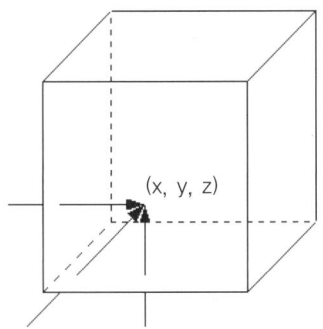

▲ 3차원에서 위치를 기술하는 데 필요한 파라미터는 3개입니다.

위치 함수(position function)에 필요한 파라미터의 수에 따라 차원의 수가 구분됩니다. 간단하게 말해서 어떤 위치 함수의 출력 값을 결정하는 데 3개의 파라미터가 필요하다면, 그 함수는 3차원 공간의 위치를 나타내는 함수가 되는 셈입니다.

그러면 우주에서 나 자신의 위치를 기술하는 데 필요한 파라미터는 몇 개일까요? 지구의 중심이 원점으로 고정된다면, 경도(longitude), 위도(latitude), 고도(height)로 물체의 위치를 나타낼 수 있으므로 3차원인 것 같지만, 오늘 내가 여기 있는 것과 내일 내가 여기 있는 것은 분명히 다르므로 마지막 파라미터인 시간(time)까지 고려해야 합니다. 그러므로 공간은 3차원인 것 같지만, 시공간은 아마도 4차원 이상인 것처럼 보입니다.

13 배열: 4차원의 세계(4-dimensional world)

　그렇다고 이 우주가 4차원일 것이라고 쉽게 결론을 내려서는 안 됩니다. 어떤 학자는 우주의 법칙을 기술하는 데 필요한 차원의 수는 11차원이라고 하였습니다!

　4차원은 기하학적으로 어떤 모양일까요? 우리가 사는 공간은 3차원이기 때문에 우리는 보다 높은 차원인 그 모양을 알 수 없습니다. 하지만 3차원 물체를 2차원 평면에 전개도로 나타낼 수 있듯이 4차원 물체를 3차원에 전개도로 그리는 것은 가능합니다.

　이제 4차원의 세계로 여행할 준비가 되었습니다. 바로 C++의 4차원 배열(four dimensional array)을 이용하는 것입니다. :)

같은 형의 변수를 여러 개 선언하는 방법

성적 처리를 하는 프로그램을 코딩한다고 가정해 봅시다. 학생의 수가 50명이고 과목의 수가 4과목 이라면, 최소한 정수형 변수가 200개 필요할 것입니다. 그러면 프로그램은 다음과 같은 긴 변수 선언문을 가질 것입니다.

```
#include <stdio.h>
void main() {
    int i001,i002,i003,i004,i005,i006,i007,i008,i009,i010,
        i011,i012,i013,i014,i015,i016,i017,i018,i019,i020,
        i021,i022,i023,i024,i025,i026,i027,i028,i029,i030,
        i031,i032,i033,i034,i035,i036,i037,i038,i039,i040,
        i041,i042,i043,i044,i045,i046,i047,i048,i049,i050,
        i051,i052,i053,i054,i055,i056,i057,i058,i059,i060,
        i061,i062,i063,i064,i065,i066,i067,i068,i069,i070,
        i071,i072,i073,i074,i075,i076,i077,i078,i079,i080,
        i081,i082,i083,i084,i085,i086,i087,i088,i089,i090,
        i091,i092,i093,i094,i095,i096,i097,i098,i099,i100,
        i101,i102,i103,i104,i105,i106,i107,i108,i109,i110,
        i111,i112,i113,i114,i115,i116,i117,i118,i119,i120,
        i121,i122,i123,i124,i125,i126,i127,i128,i129,i130,
        i131,i132,i133,i134,i135,i136,i137,i138,i139,i140,
        i141,i142,i143,i144,i145,i146,i147,i148,i149,i150,
        i151,i152,i153,i154,i155,i156,i157,i158,i159,i160,
        i161,i162,i163,i164,i165,i166,i167,i168,i169,i170,
        i171,i172,i173,i174,i175,i176,i177,i178,i179,i180,
        i181,i182,i183,i184,i185,i186,i187,i188,i189,i190,
        i191,i192,i193,i194,i195,i196,i197,i198,i199,i200;
}
```

실제로 위의 소스는 문제가 없습니다. 이제 모두의 성적을 0으로 초기화해야 한다고 가정해 봅시다. 이런! 대입문을 200번 사용해야 할 것입니다!

C를 처음 배울 때 아마도 위와 같은 난처한 상황에 대해 고민해본 적이 있을 것입니다. 여기에 대한 좋은 해결책은 바로 배열을 사용하는 것입니다.

정수형 변수 i를 선언하기 위해 다음과 같은 선언문을 사용합니다.

```
int i;
```

이것이 배열 선언의 출발입니다. 만약 200개의 정수형 변수를 선언하고 싶다면, 위의 선언에서 변수 이름 뒤에 여는 브래킷([)과 닫는 브래킷(])을 쓰고, 그 안에 변수의 개수를 명시합니다.

```
int i[200];
```

여기서 대괄호([,]) 안에 쓰는 숫자를 '색인(index)'이라고 합니다. 위의 선언에서 색인의 크기는 200인데, 이것은 200개의 정수형 변수를 선언한다는 의미입니다. 색인의 범위는 0부터 199까지라는 것을 주의해야 합니다. 그러므로 위의 선언은 다음과 같은 변수 200개를 선언한 것으로 생각할 수 있습니다.

```
i[0], i[1], i[2], ... , i[199]
```

i[200]은 타당한 배열 요소의 참조가 아니라는 것에 주의하세요. 만약 프로그램의 중간에 i[200]으로 내용을 접근한다면, 프로그램은 할당되지 않은 메모리 공간을 접근하려고 할 것이고 결국 다운(down) 될 것입니다. 또한 i는 배열의 이름이지, 변수가 아니라는 사실을 주의해야 합니다.

 i[200]은 불법이지만, &i[200]을 사용하여 주소를 접근하는 것은 불법이 아닙니다. 타당하게 할당된 배열의 끝을 나타내는 주소값이기 때문입니다. 이 기법은 C++의 표준 컨테이너에서 컨테이너의 마지막 요소를 나타내기 위해서 사용되곤 합니다.

 i[200] = 0;이라는 대입문은 윈도우(Windows)에서 GPF(General Protection Fault)가 발생합니다. 이 에러는 프로세서가 할당되지 않은 메모리를 접근하려고 했을 때 발생합니다. 도스(DOS) 운영체제에서는 에러가 발생하지 않을 수도 있는데, 도스가 엄격하게 메모리 검사를 하지 않기 때문입니다. 하지만 이것은 분명히 오류입니다.

배열을 사용하는 진짜 이유는 여러 개의 변수를 간결하게 선언할 수 있어서가 아니라 다음과 같습니다.

"변수를 이용하여 변수를 참조할 수 있습니다."

앞의 예에서 i 배열의 인덱스의 범위는 0~199입니다. 배열의 인덱스는 다른 변수가 될 수 있습니다. 그러므로 배열의 모든 요소를 초기화하려면 다음과 같은 for문을 사용하는 것이 가능합니다.

```
    ⋮
int i[200], j;
for (j = 0; j < 200; ++j)
    i[j] = 0;
    ⋮
```

배열의 i[]의 임의의 요소를 정수형 변수 j를 사용하여 접근하고 있다는 것에 주목하세요. 얼마나 강력한가요!

배열의 인덱스로 사용되는 변수의 개수에 따라 배열의 차원이 결정됩니다. 위의 예에서 배열 i[]의 요소를 참조하기 위해서 사용되는 인덱스의 수는 1개이므로 1차원 배열이 됩니다. 즉 배열상의 임의의 위치를 기술하는 데 1개의 파라미터만 필요한 것입니다.

배열의 차원을 높이기 전에 더 자세히 1차원 배열에 대해서 알아봅시다. 1차원 배열은 과연 메모리에 어떻게 할당되는 것일까요? 배열의 이름은 무슨 역할을 할까요? [ ]의 역할은 무엇일까요? 배열은 어떻게 초기화될까요?

 내용 연산자(content-of operator) [ ]

5개의 요소를 가지는 정수형 배열 a[]를 고려해 봅시다. 배열 a[]의 요소는 각각 1, 3, 5, 7과 9로 초기화됩니다.

```c
#include <stdio.h>

void main() {
    int a[5],i;
    a[0]=1;
    a[1]=3;
    a[2]=5;
    a[3]=7;
    a[4]=9;
    for (i = 0; i < 5; ++i)
        printf("%d,", a[i]);
}
```

출력 결과는 다음과 같습니다.

```
1, 3, 5, 7, 9,
```

위의 예에서 처럼 배열의 요소를 초기화하는 것은 어리석어 보입니다. 정수를 선언하면서 초기화하듯이, 배열을 선언하면서 초기화할 수 없을까요? 방법은 블록을 이용하는 것입니다. 요소의 수가 여러 개이므로 이 요소 값들을 브레이스로 감쌉니다.

 이것은 블록처럼 보이지만 블록이 아닙니다. 여기서 여는 브레이스({)와 닫는 브레이스(})는 배열의 문법을 구성하는 특별한 심벌입니다.

```
int a[5] = {1,3,5,7,9};
```

배열의 초기 값이 모두 명시된 경우 배열의 크기를 생략할 수 있습니다. 실제로 위의 선언 및 초기화는 아래와 동일합니다.

```
int a[] = {1,3,5,7,9};
```

배열의 크기가 생략되었다고 이것이 크기가 동적으로 변할 수 있는 배열일 것이라고 생각하지 마세요. 이것은 단지 첨자 5가 생략되었을 뿐입니다. 컴파일러는 컴파일 시간에 배열의 초기값을 참조하여 배열의 실제 크기를 계산합니다.

배열의 초기값은 생략이 가능한데, 명시된 값 이외에는 초기화되지 않습니다.

```
int a[5] = {1,3,5};
```

위의 예에서 a[0], a[1]과 a[2]는 각각 1, 3과 5이지만, a[3]과 a[4]의 값은 초기화되지 않습니다. 위의 명시적 생략(explicit abbreviation)과 **함축적 생략**(implicit abbreviation)은 구분해야 합니다.

함축적 생략은 콤마(,)로 끝납니다.

```
int a[5] = {1,3,5,};
```

위의 생략은 배열의 나머지 요소를 0으로 초기화합니다. a[3]과 a[4]는 모두 0으로 초기화됩니다. 배열의 모든 요소를 초기화하기 위해 아래와 같이 코드를 작성할 수 있습니다.

```
int a[5], i;
for (i = 0 ; i < 5; ++i)
    a[i] = 0;
```

하지만 아래의 예에서처럼 초기화 문법을 사용하는 것이 더 간결해 보입니다.

```
int a[5] = {0,};
```

 int a[5] = {, }처럼 쓰는 것은 문법 에러입니다. Visual Studio 2013에서 테스트해 보면, 명시적 생략인 경우에도 0으로 초기화된 것을 확인할 수 있습니다. 하지만 배열의 값을 읽기 좋게 초기화 하는 것이 가장 좋은 프로그래밍 습관입니다.

위의 문장은 다음과 같이 동작하므로 for문을 사용하는 것보다 효율적입니다.

```
memset(a,0,sizeof(a));
```

배열의 크기가 개발 시간 동안 자주 변한다면 어떻게 할까요? 바로 매크로를 이용하여 해결할 수 있습니다. '연산자'를 다룰 때 배운 sizeof 연산자를 기억하나요? 위의 예에서 sizeof(a)는 배열 a[ ]가 차지하는 전체 바이트의 크기를 리턴합니다. 즉 20(정수가 4바이트를 차지하는 경우)입니다. 그러면 sizeof(a[0])는 얼마일까요? 4입니다.

sizeof(a)가 배열의 전체 크기를 리턴하는 것은 조금 놀라운 일입니다. 상수이기는 하지만, a는 int* 타입으로 간주되기 때문입니다. sizeof(int*)는 분명히 4(포인터의 크기)입니다. 이것은 sizeof 연산자의 특징입니다. sizeof는 변수가 지정되면, 변수가 가리키는 대상의 크기를 리턴하므로 sizeof를 이용하여 배열의 크기와 구조체의 크기를 구할 수 있습니다. sizeof("hello")는 얼마일까요? 놀랍게도 이것은 6입니다(EOS를 포함하여). 아마도 char* 상수가 지정되면, 0을 만날 때까지 문자의 수를 헤아리는 것 같습니다. 주의하세요. sizeof(char*)는 분명히 4입니다.

그러면 배열의 크기 – 첨자의 범위 – 를 계산하는 방법이 떠오를 것입니다. 그것은 다음과 같습니다.

`sizeof(a)/sizeof(a[0])`

이제 좀 더 유지/보수가 쉽게 소스를 수정해 봅시다.

```
#include <stdio.h>

#define SIZE sizeof(a)/sizeof(a[0])

void main() {
    int a[] = {1, 3, 5, 7, 9},i;
    for (i = 0;i < SIZE;++i)
        printf("%d,", a[i]);
}
```

이러한 기교 – 크기가 명시되지 않은 배열의 크기를 알아내는 매크로 – 는 일반적인 기법으로 나중에 구조체(structure)를 다룰 때도 사용할 것입니다.

자, 이제 배열 a[ ]가 실제 어떻게 메모리에 할당되는지 살펴봅시다. 위의 예에서 main( ) 안에서 사용된 지역 변수를 위해 메모리는 다음과 같이 할당됩니다. 그림에서 보듯이 배열의 요소가 차례대로 할당된다는 것을 알 수 있습니다.

symbol table	
symbol	address
a	[1000]
i	[1020]
main	?

▲ 배열의 요소는 낮은 첨자의 값부터 차례대로 할당됩니다. 배열의 이름 a는 배열의 시작 주소를 의미합니다.

배열 a[ ]가 1000번지부터 할당되었다고 가정해 봅시다. 정수는 4바이트를 차지하므로 a[0]부터 a[4]까지는 각각 1000번지부터 1016번지까지 할당됩니다. 메모리의 오른쪽에 그려진 심벌 테이블을 보세요. 심벌 테이블은 컴파일러가 코드를 생성하기 위해 컴파일 시간에만 유지하는 테이블입니다. 이 테이블에서 엔트리 a에 [1000]이 들어있다는 사실을 주목하세요. 그렇다면 컴파일러가 a[2]를 어떻게 계산하는지 짐작할 수 있습니다.

```
a+2
```

컴파일러는 a[2]를 위의 식으로 계산합니다. a는 [1000]이므로 다음 식과 같이 계산할 것입니다.

```
[1000]+2
```

여기서 배열은 정수 배열이므로 [1000]+2의 결과는 [1002]가 아니라, [1000]+sizeof(a[0])*2로 해석해서 [1008]이 됩니다. 그러므로 a[2]는 바르게 a[2]의 메모리 위치인 [1008]을 참조하는 것입니다.

 스택 할당에도 불구하고 a[1]의 주소는 왜 [1004]일까요?

그렇다면 2[a]를 컴파일러는 어떤 식으로 해석할까요?

```
2 + [1000]
```

위의 식으로 해석할 것입니다. 물론 이것은 [1000]+2와 같으므로, a[2]의 내용을 출력할 것입니다.

 우리는 a[2]가 등호의 왼쪽에 쓰였을 때와 등호의 오른쪽에 쓰였을 때의 해석의 차이를 기억할 수 있습니다. LValue일 때는 주소(address)로 해석되므로 a[2]는 [1000]+2로 해석합니다. 여기서 브래킷([ ])은 안의 수가 주소임을 의미합니다. RValue일 때는 값(value)으로 해석하므로 a[2]는 `[[1000]+2]`로 해석합니다. 여기서 위첨자˙는 포인터가 가리키는 내용, 즉 값을 의미합니다.

아래의 예를 참고하세요.

```
#include <stdio.h>

#define SIZE sizeof(a)/sizeof(a[0])

void main() {
    int a[] = {1,3,5,7,9};

    printf("%d,%d,%d\n", a[2],2[a],*(a+2));
    printf("%p,%p\n", a+2,&a[2]);
}
```

출력 결과는 다음과 같습니다.

```
5,5,5
1B872026,1B872026
```

a[2], 2[a]와 *(a+2)가 같은 값을 가지는 것에 주의하세요. 물론 a[2]라고 쓰는 것이 일반적입니다. 또한 a+2의 주소가 &a[2]의 주소와 같음에 주의하세요.

이제 특별한 형태의 초기화가 가능한 **문자 배열**(character array)에 대해서 살펴봅시다.

문자열을 관리하기 위해 다음과 같은 배열을 사용한다고 합시다. 문자열의 최대 길이가 5라면 EOS(end of string) 0을 포함하여 길이가 6인 문자열 배열을 사용할 수 있습니다.

```
char s[6];
```

이제 문자열 배열을 "hello"로 초기화해 봅시다.

```
char s[6] = {'h','e','l','l','o',0};
```

초기화가 된 경우 배열의 크기를 생략할 수 있으므로 다음과 같이 적을 수 있습니다.

```
char s[] = {'h','e','l','l','o',0};
```

이 경우 배열의 크기가 명시되지는 않았지만, 크기가 6인 문자 배열이 선언된 것입니다. 아래의 예제는 문자열 "hello"를 출력합니다.

```
#include <stdio.h>

void main() {
    char a[] = {'h', 'e', 'l', 'l', 'o',0};
    printf("%s\n",a);
}
```

문자 배열의 용도가 문자열을 관리하기 위해서라면, 특별한 형태로 배열을 초기화할 수 있습니다. 아래의 바뀐 예를 참고하세요.

```
#include <stdio.h>

void main() {
    char a[] = "hello";
    printf("%s\n",a);
}
```

"hello"는 상수 스트링(constant string: 리터럴(literal)의 한 종류) 표현으로 h, e, l, l, o, 0이 차례대로 메모리에 할당되고, 문자 'h'의 시작 주소를 리턴합니다.

 문자열의 길이는 5이지만, 6바이트가 할당된다는 사실을 주의하세요. 끝에 스트링의 끝을 나타내는 특수 문자 '\0'이 자동으로 붙습니다. 0은 제어 문자의 범위인 0~31 사이에 있으므로 Esc 시퀀스를 사용하여 '\0'으로 표현하는 것이 일반적입니다.

배열의 이름은 배열의 첫 번째 요소의 시작 주소를 의미하므로 a[ ] = "hello"는 타당한 것처럼 보입니다. 하지만 이것은 자연스러운 개념은 아닙니다. 즉 컴파일러가 문자 배열의 초기화를 위와 같은 형태로 지원하기 때문에 되는 것이지, 자연스럽게 되는 것은 아닙니다. 이것은 특별한 형태의 배열 초기화입니다.

	symbol-table	
	symbol	address
1000 h(= 104)	a	[1000]
e(= 101)		
l(= 108)		
l(= 108)		
o(= 111)		
1005 '\0' (= 0)		

▲ a[] = "hello"의 메모리 상태: 배열 a[ ]는 6바이트의 메모리가 할당되며, 각각의 요소가 문자열 "hello" 및 0으로 초기화됩니다. 'h'가 아니라 실제로 메모리에는 아스키(혹은 ANSI) 코드 값인 104가 2진수 2의 보수 형태로 저장된다는 사실에 주의하세요. 또한 a는 배열의 시작 주소로서 컴파일 시간에 결정된 상수 포인터임에 주의하세요.

위의 메모리 맵을 참고하여 다음 프로그램의 출력 결과를 예측해 보세요.

```
#include <stdio.h>

void main() {
    char a[] = "hello";
    printf("%c,%d,%d\n", *(a+1), *(a+1), *(a+5));
}
```

13 배열: 4차원의 세계(4-dimensional world)

출력 결과는 다음과 같습니다(%c는 ASCII 문자를, %d는 십진수를 출력합니다).

```
e,101,0
```

이제 배열을 다룰 때 주의해야 하는 사항에 대하여 살펴봅시다. 이 부분은 중요하며, 꽤 능숙한 프로그래머 조차도 흔히 저지르는 실수입니다. 결론부터 말하면 다음과 같습니다.

"할당되지 않은 메모리에 문자열을 대입하지 마세요."

아래의 예에서 에러를 찾아보세요. 에러가 전혀 없는 것 같지만, 중대한 실수를 범하고 있습니다. 물론 문법 에러(syntax error)는 없지만 논리 에러(semantic error)가 존재하며, 실행할 경우 런타임 에러(run-time error)를 발생할 수 있습니다.

```
#include <stdio.h>

void main() {
    char* s;
    s = "hello";  // 이 문장은 타당한가요?
    printf("%s\n", s);
}
```

출력 결과는 다음과 같습니다.

```
hello
```

실제로 이 프로그램이 제대로 실행된다는 것은 놀라운 일입니다. 어디가 잘못되었나요? 다음의 메모리 상태를 참고하세요.

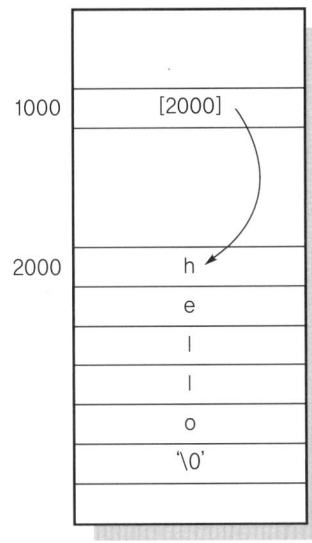

▲ 할당된 메모리는 s를 위한 4바이트뿐이지, 문자열 "hello"를 위해서는 메모리가 할당되지 않았습니다. "hello"라는 표현은 메모리의 특정한 곳에 문자열 hello와 0을 차례대로 집어넣고 'h'의 시작 주소인 2000을 리턴합니다. s는 2000이라는 값을 갖지만, 2000번지부터 2005번지까지가 메모리가 할당된 것은 아닙니다.

위의 그림에서 보듯이 s는 할당되지 않은 문자열의 시작을 가리키고 있습니다. 그렇다면 "hello"는 메모리의 어디에 할당되는 것일까요? C++ 컴파일러는 프로그램 코드를 생성할 때 소스 코드에서 사용된 상수 리터럴을 위해서 특별한 메모리를 관리합니다. 프로그램 코드에 의해 자동으로 유지되므로 명시적인 할당과 해제 없이도 동작합니다. 이 코드는 C++에서 스트링의 **복사 생성자(copy constructor)**를 다룰 때 좀 더 자세히 살펴봅시다. 다시 한 번 결론을 말하면, "프로그래머가 할당하지 않은 메모리 영역에 문자열을 대입하여 연산을 시도하지 마세요." 즉 위의 코드는 에러 경향이 있습니다(error prone). 그래서 코드를 수정하기로 했습니다.

이번에는 배열을 이용하여 명시적인 메모리 할당 후에 문자열 대입을 시도하였습니다. 윽! 이번에는 컴파일 시간 에러가 발생합니다. 진행하기 전에 그림을 보고 에러를 찾아보세요. 어느 문장이 에러이고 이유는 무엇인가요?

```
#include <stdio.h>

void main() {
    char s[6];
    s = "hello";
    printf("%s\n", s);
}
```

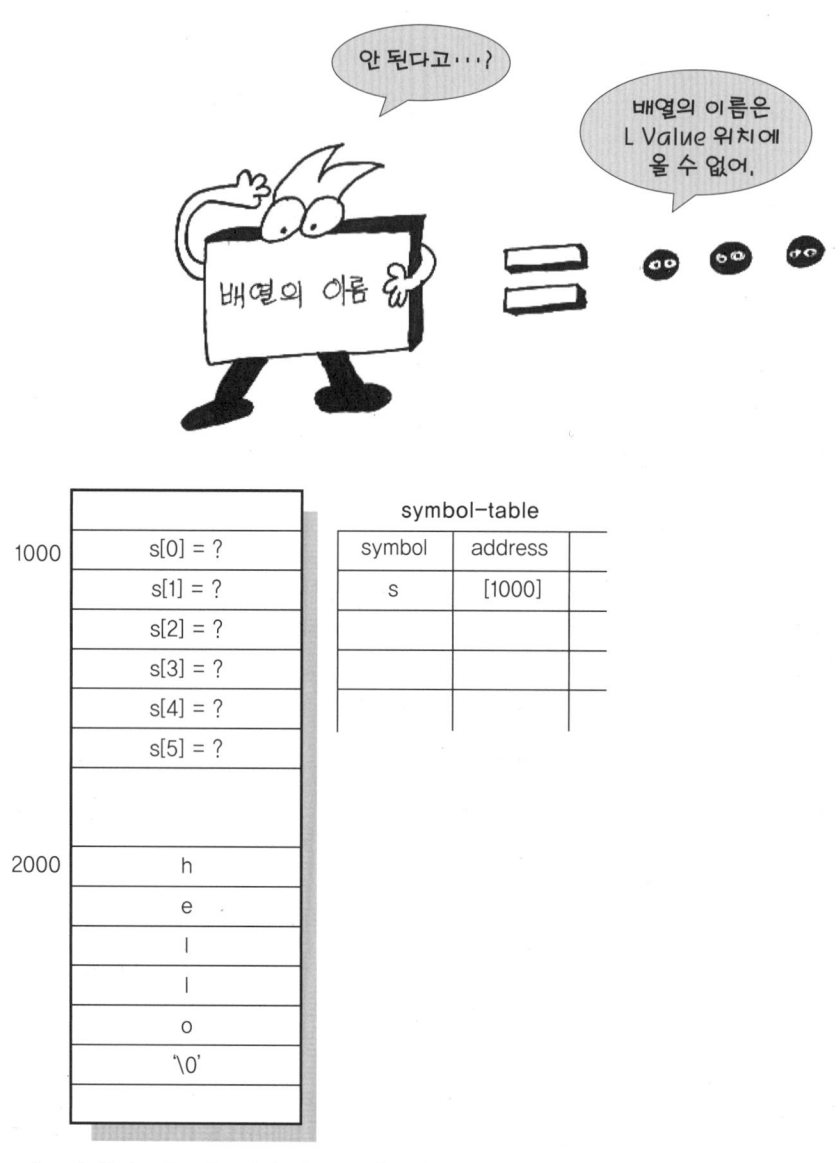

▲ 메모리 할당: s는 메모리의 어느 곳에도 할당되지 않고 s[ ]의 요소(element)들이 메모리에 할당되었을 뿐입니다. 즉 s는 배열의 시작을 가리키는 상수 주소로서 존재할 뿐입니다.

s가 메모리에 할당된 것이 아니라 s[0]부터 s[5]까지가 메모리에 할당된 사실에 주의하세요. s의 값이 바뀌어서는 안 됩니다. s의 값이 바뀌는 것은 한 번 할당된 배열의 시작 위치가 바뀌는 것이므로 불가능합니다. 즉 s는 상수 포인터(constant pointer)로 동작합니다. 다음의 문장은 에러 문장입니다.

```
2 = i;
```

앞의 문장은 i의 값을 상수 2에 대입하려고 시도하는데, 이것은 명백한 에러입니다. 다음의 문장도 마찬가지입니다.

```
s = "hello";
```

위의 문장은 'h'의 시작 주소값을 상수 s에 대입하므로 에러인 것입니다. 그래서 회심의 미소를 머금고 프로그램을 아래처럼 수정하였습니다. 이런! 여기에도 에러가 존재합니다.

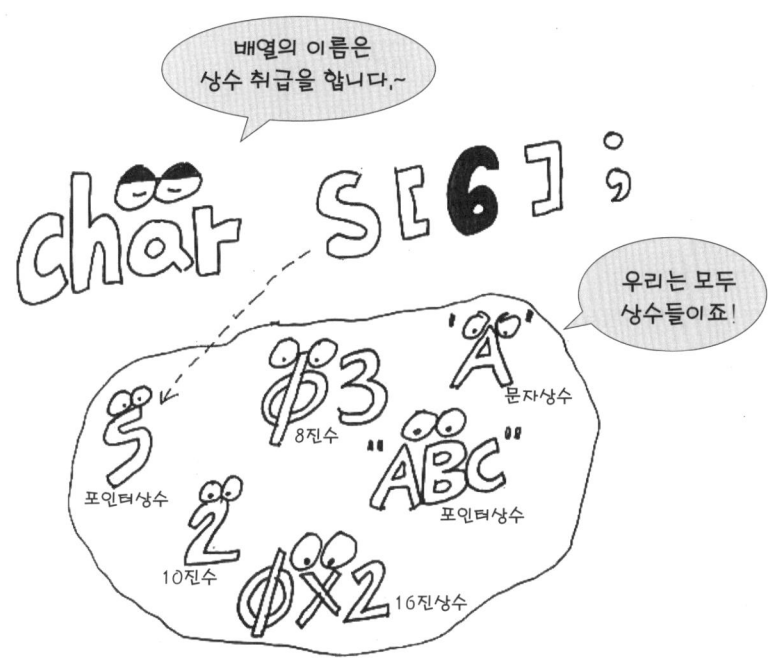

```
#include <stdio.h>

void main() {
    char* s;

    s = new char[6];
    s = "hello";
    printf("%s\n", s);
    delete[] s;
}
```

다음의 메모리 할당 상태를 참고하세요.

```
1000    s = [1500]        1000    s = [2000]
1500    ?                 1500    ?
        ...                       ...
1505    ?                 1505    ?
2000    h                 2000    h
        e                         e
        l                         l
        l                         l
        o                         o
        '\0'                      '\0'
```

▲ s는 할당된 메모리의 시작 주소를 가리킵니다. 만약 new가 1500번지부터 6바이트를 할당했다면, s는 [1500]이 됩니다. 그러므로 s가 가리키는 1500번지에서부터 문자열 "hello"의 문자들을 차례대로 집어넣어야 합니다. 하지만 s = "hello"란 문장에 의해 s의 값은 2000으로 변경되어 할당되지 않은 메모리를 가리킬 뿐만 아니라 1500을 가리키는 포인터가 사라져서 s는 댕글링(dangling) 포인터가 됩니다. 즉 1500번지부터 6바이트의 메모리에 누수가 발생합니다(leak).

s = "hello"란 문장은 s의 값을 변경시킬 뿐입니다. 그러므로 2000번지부터의 내용을 차례대로(0을 만날 때까지) 1500번지로 복사해 주는 코드를 작성해야 합니다. 이것은 표준 함수로 string.h에 이미 존재하는데, 함수의 이름은 strcpy( ) 입니다. 이제 최종적으로 완성된 완전한 소스를 작성할 수 있습니다.

```
#include <stdio.h>
#include <string.h>
```

```
void main() {
    char* s;

    s=new char[6];
    // s = "hello";
    strcpy(s,"hello");
    printf("%s\n",s);
    delete[] s;
}
```

이제 2차원 이상의 다차원(multi-dimensional) 배열을 살펴봅시다.

 2차원 배열(2-dimensional array)

2차원 배열은 배열의 요소를 참조하기 위해 2개의 인덱스를 사용하고, 이것은 2차원 테이블을 나타냅니다. 위의 예에서 학생의 수가 50명, 과목이 4과목인 경우는 1차원 배열을 사용하는 것보다 2차원 배열을 사용하는 것이 더 자연스럽습니다.

	국어	영어	수학	과학
1				
2				
3				
...				
48				
50				

◀ 50명의 성적 처리를 위한 (2차원) 테이블: 특정한 성적을 참조하기 위해서는 (번호, 과목)이 필요합니다. 2차원 배열 score[50][4]를 선언해서 번호는 줄(row)로, 과목은 열(column)로 참조합니다.

앞의 그림처럼 50행(row), 4열(column)의 테이블을 만들기 위해서 다음과 같이 배열을 선언합니다.

```
int score[50][4];
```

첫 번째 인덱스가 행의 수를, 두 번째 인덱스가 열의 수를 지정하는 것에 주의하세요. 문제를 간단히 하기 위해 2×4의 score[2][4] 배열을 생각해 봅시다. 테이블은 다음과 같이 설정되어 있습니다.

	0	1	2	3
0	1	3	5	7
1	10	30	50	70

▲ score[2][4] 배열: 첫 번째 인덱스 2는 행(row)의 수를, 두 번째 인덱스 4는 열(column)의 수를 나타냅니다.

이것은 배열로 다음과 같이 선언할 수 있습니다.

```
int score[2][4];
```

1차원 배열을 초기화하듯이 2차원 배열도 초기화할 수 있는데, 각각의 행을 블록으로 묶어서 나타냅니다.

```
int score[2][4] = {{1, 3, 5, 7},{10, 30, 50, 70}};
```

메모리는 1차원 주소를 가지기 때문에 2차원 배열이 메모리에 실제 저장될 때는 1차원으로 저장된다는 것을 주의하세요. 2차원 배열을 1차원의 메모리에 저장할 때 행을 먼저 저장할 수도, 열을 먼저 저장할 수도 있습니다.

배열의 행을 먼저 저장하는 방식은 **행 우선 순서**(row major order), 열을 먼저 저장하는 방식은 **열 우선 순서**(column major order)라 합니다. 포트란(Fortran) 언어를 제외한 대부분의 프로그래밍 언어는 행 우선 순서를 채택하고 있습니다.

	0	1	2	3
0	1	3	5	7
1	10	30	50	70

▲ 행 우선 순서: C++의 배열은 행 우선 순서를 채택했습니다. 그림에서 화살표 그려진 방향으로 메모리에 저장됩니다. 한 행의 저장이 끝나면 다음 행을 메모리에 저장합니다.

score[ ] 배열은 실제로 메모리에 아래 그림의 (a)처럼 저장됩니다.

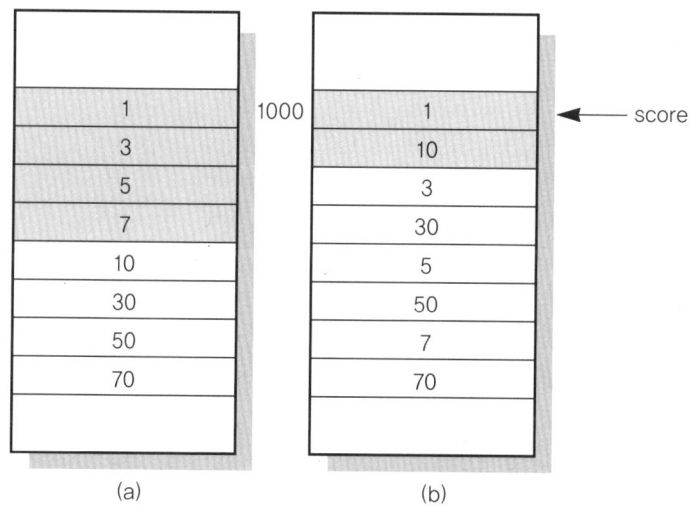

▲ (a) 행 우선. (b) 열 우선: score[2][4]의 내용은 C/C++에서 (a)처럼 저장됩니다. 포트란(FORTRAN) 언어는 (b) 방식으로 저장됩니다. 방식에 상관없이 배열 이름 score는 배열의 첫 번째 요소(element)의 시작 주소를 가리킵니다. 이 그림에서 배열은 [1000]부터 할당되었습니다.

1차원 배열에서 배열의 인덱스를 생략하면, 배열의 시작 주소를 의미(상수 포인터)합니다. 2차원 배열에서도 배열의 인덱스를 생략할 수 있는데, 생략된 인덱스를 0으로 한 곳의 시작 주소를 의미합니다. 예를 들어 score[0]은 score[0][0]의 시작 주소이고, score[1]은 score[1][0]의 시작 주소입니다.

2개의 인덱스를 모두 생략한 score는 어떤가요? 물론 score[0][0]의 시작 주소이지만, 2개의 첨자를 생략했으므로 포인터의 포인터(pointer to pointer)로 해석합니다. 그러므로 *score는 score[0]을 의미하며, **score가 score[0][0]을 의미합니다.

 score[0]이든, score든 상수 포인터임을 주의해야 합니다. 이 값은 컴파일 시간에 결정되어 변경되지 않습니다. 비록 score에서 메모리 할당이 이루어지지 않지만, 컴파일 시간에 포인터의 포인터 형으로 알려져 있으므로, 간접 지정 연산자 *를 2번 사용해야 배열의 요소를 참조합니다.

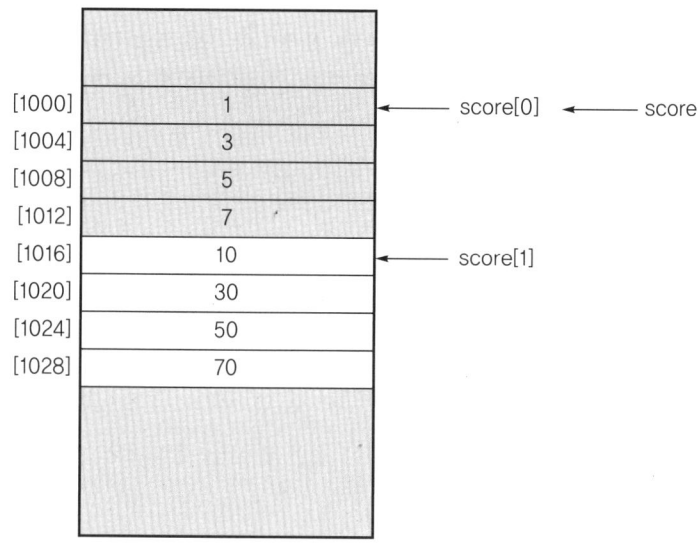

▲ score의 해석: score[0]은 pointer to score[0][0] 즉, &score[0][0]을 의미합니다. score는 pointer to score[0], 즉 &score[0]으로 해석합니다. 그러므로 배열의 요소 정수를 참조하려면 2번 재참조(indirection)해야 합니다.

아래 프로그램의 출력 결과를 예측해 보세요.

```
#include <stdio.h>

void main() {
    int score[2][4] = {{1, 3, 5, 7},{10, 30, 50, 70}};

    printf("%d,%d\n", score[0][1], score[1][2]);
    printf("%d,%d\n", *(score[0]+1), *(score[1]+2));
    printf("%d,%d\n", *(*score+1), *(*score+6));
}
```

결과는 다음과 같습니다.

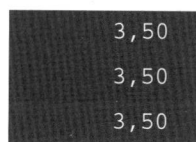

13 배열: 4차원의 세계(4-dimensional world)

score[1]+2가 [1016]+2이므로 [1018]이라고 해석해서는 안 됩니다. 포인터의 덧셈과 뺄셈은 포인터의 대상의 크기만큼 고려됩니다. score[1]이 정수 포인터이므로 score[1]+2는 score[1]에서 두번째 정수를 의미하므로 score[1]+2는 [1024]입니다.

pointer ± n

일반적으로 포인터 변수 pointer에 정수 n을 더하거나 뺀 위 수식의 의미는 다음과 같습니다.

pointer ± sizeof(* pointer) × n

2차원 배열의 요소(element)들이 행 순서로 차례대로 저장되는 것을 알았을 것입니다. 아래와 같은 2차원 배열의 초기화를 생각해 봅시다.

int score[2][4] = {{1, 3, 5, 7},{10, 30, 50, 70}};

위의 초기화는 다음과 같이 쓸 수 있습니다.

int score[2][4] = {1, 3, 5, 7, 10, 30, 50, 70};

 다음 2개의 초기화는 어떻게 다른가요?

int score[2][4] = {{1, 3, 5}, {10, 30, 50, 70}};
int score[2][4] = {{1, 3, 5,}, {10, 30, 50, 70}};

 첫 번째 초기화에서 score[0][3]은 초기화되지 않습니다. 하지만 두 번째 초기화는 score[0][3]을 0으로 초기화합니다.

2차원 문자 배열은 1차원처럼 간단하게 쓸 수 있습니다.

```c
#include <stdio.h>

void main() {
    char str[4][10]={{'g', 'o', 'l', 'd', 0},
                     {'s', 'i', 'l', 'v', 'e', 'r', 0},
                     {'c', 'o', 'p', 'p', 'e', 'r', 0},
                     {'n', 'e', 'c', 'k', 0}};
    int i;

    for (i = 0 ; i < 4 ; ++i) {
        printf("%s\n",str[i]);
    } // for
}
```

위의 예에서 문자 배열 str[ ]은 아래와 동일합니다.

 왜 이것이 같은가요? 실제로는 다르지만 배열의 초기화 문장에서는 같습니다.

```c
char str[4][10]={{"gold"},
                 {"silver"},
                 {"copper"},
                 {"neck"}};
```

사실 위의 문장은 아래와 같이 초기화할 수 있으며, 이것이 좀 더 일반적인 방법입니다.

```c
char str[4][10]={"gold",
                 "silver",
                 "copper",
                 "neck"};
```

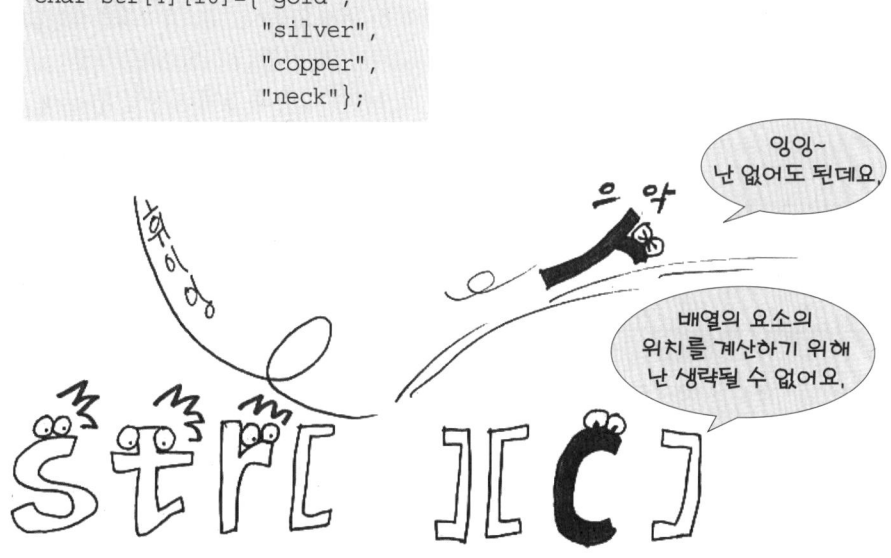

2차원 배열이 초기화되어 배열의 크기가 알려진 경우에는 첫 번째 첨자를 생략할 수 있습니다. 앞의 예에서 문자열이 4개여서 행의 크기가 4인 것을 알 수 있으므로 첫 번째 인덱스 4는 생략할 수 있습니다.

```
char str[][10]={"gold",
                "silver",
                "copper",
                "neck"};
```

마지막 차원의 인덱스는 생략할 수 없습니다. 위의 예에서 str[][10]의 10을 생략하여 str[][]처럼 쓸 수도 없고, str[4][]처럼 쓸 수도 없습니다. 컴파일러가 컴파일 시간에 배열의 크기를 결정하기 위해서 반드시 마지막 첨자를 명시해야 합니다.

 ## 3차원 이상의 배열

```
int threeDim[3][2][4]={{{1,2,3,4},{5,6,7,8}},
                       {{9,10,11,12},{13,14,15,16}},
                       {{17,18,19,20},{21,22,23,24}}};
```

위에서처럼 3×2×4의 3차원 배열을 선언합니다.

> 이것은 수학 좌표 공간에서 Z×Y×X축의 단위를 의미합니다. 즉 3은 Z축, 2는 Y축, 4는 X축 방향으로의 크기입니다. 만약 X축의 크기가 n, Y축의 크기가 m인 2차원 판(board) 배열을 선언하려면 board[m][n]처럼 선언해야 합니다. 배열의 첫 번째 인덱스는 행, 즉 Y축을 의미합니다.

이것은 기하학적으로 다음의 그림과 같은 의미이고, 메모리에 그림과 같이 저장됩니다.

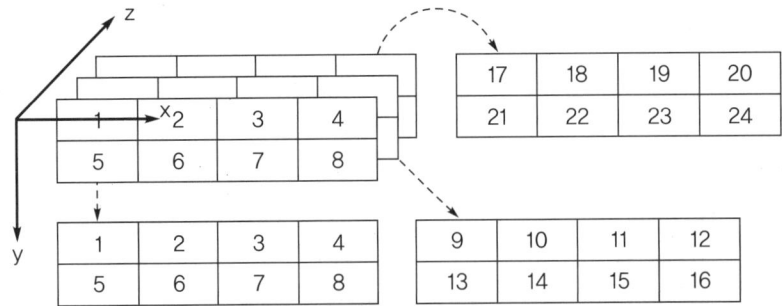

▲ 3차원 배열: 3차원 배열은 기하학적으로 입체를 나타냅니다. 행 우선 순서로 메모리에 저장되므로, Z축 상의 첫 번째 평면(1, 2, ⋯)이 메모리에 저장됩니다. 이 평면이 저장될 때는 물론 행이 먼저 저장되고, 그 다음에 두 번째 평면(9, 10, ⋯)이 저장되며, 마지막으로 세 번째 평면(17, 18, ⋯)이 저장됩니다.

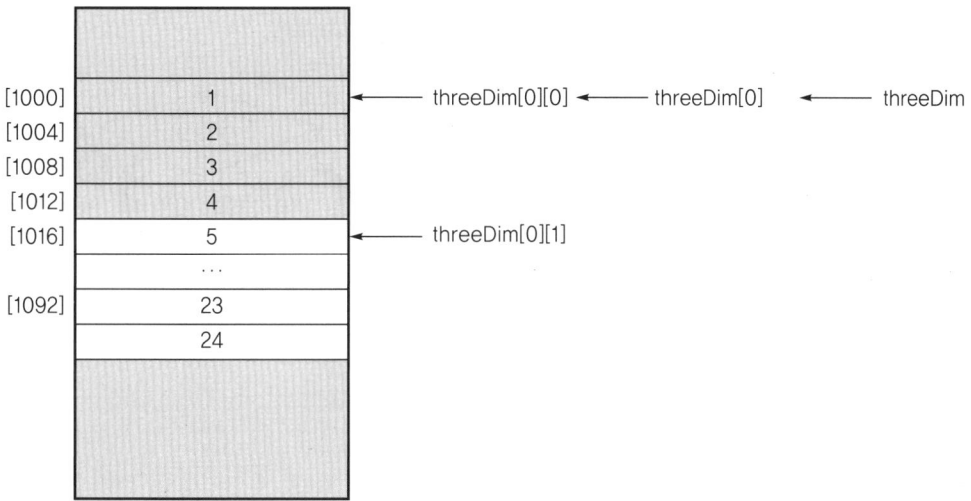

▲ 3차원 배열 이름의 해석: threeDim[0][1]은 &threeDim[0][1][0]을 의미합니다. threeDim[0]은 &threeDim[0][0], 즉 threeDim[0][0][0]에 대한 포인터의 포인터를 의미합니다. threeDim은 &threeDim[0], 즉 threeDim[0][0][0]에 대한 포인터의 포인터의 포인터(pointer to pointer to pointer)를 의미합니다. 그러므로 threeDim을 포인터 변수 ip에 대입한 경우 ip는 int*** ip; 처럼 선언해야 합니다.

4차원의 기하학적인 그림을 2차원에 그릴 수 없고 3차원에 전개하는 방식으로는 그릴 수 있습니다. 4차원 이상의 배열에 문법적인 에러는 없음에도 불구하고 충고(advice)는 다음과 같습니다.

"프로그램에서 4차원 이상의 배열을 사용하지 마세요. 만약 개발중인 프로그램에서 4차원 배열이 필요하면, 프로그램의 설계가 틀린 것입니다."

배열의 전달

배열을 함수의 파라미터로 어떻게 전달할까요? 배열의 요소를 모두 전달하는 것은 스택의 오버헤드 때문에 좋은 방법이 아닙니다. 만약 정수 배열의 크기가 30,000이라면 이미 할당된 메모리 120,000바이트를 제외하고 스택에 다시 120,000바이트가 할당되어야 하며, 또한 이 120,000바이트가 복사되어야 합니다. 속도 면이나 효율 면에서 감당해야 할 대가(cost)가 너무 큽니다.

배열은 항상 배열의 시작 주소가 전달됩니다. 주소가 전달되었을 때의 부효과(side effect)를 기억하나요? 함수 안에서 배열의 요소를 변경하면, 함수를 호출한 쪽에 영향을 미치므로 호출한 쪽의 배열의 요소가 바뀝니다. 아래의 예를 참고하세요.

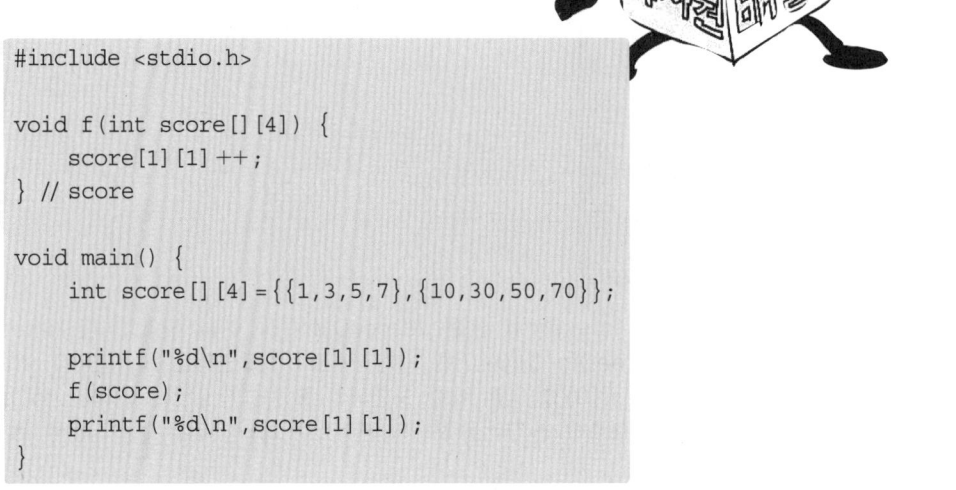

```
#include <stdio.h>

void f(int score[][4]) {
    score[1][1]++;
} // score

void main() {
    int score[][4]={{1,3,5,7},{10,30,50,70}};

    printf("%d\n",score[1][1]);
    f(score);
    printf("%d\n",score[1][1]);
}
```

출력 결과는 다음과 같습니다.

```
30
31
```

함수 f( )가 함수를 받는 방법에 주목하세요.

```
void f(int score[][4]);
```

비록 2차원 배열처럼 파라미터에 선언되었음에도 불구하고, 이것은 score가 2차원 배열의 시작 주소임을 선언한 것입니다. 두 번째 인덱스를 생략해서는 안 됩니다. 두 번째 인덱스가 생략되면 2개의 첨자를 이용해서 배열 요소의 상대 위치를 구할 수 없기 때문입니다.

score가 2차원 배열의 시작 주소를 의미한다고 했으므로 함수 f()에서 void f(int** score); 처럼 배열의 시작 주소를 받는 것은 가능한가요?

가능한 것 같지만, 불가능합니다. int score[ ][ ]가 될 수 없는 것과 같은 이유입니다. int** score로 명시되면 두 번째 차원의 크기를 알 수 없으므로 배열의 요소를 2개의 첨자를 이용해서 꺼내는 것이 불가능해집니다. 실제로 컴파일러는 int a[1][3];으로 선언된 배열의 주소 a와 int b[1][2];로 선언된 배열의 주소 b를 구분하여 컴파일합니다.

하지만 1차원인 경우는 1개의 첨자로 배열의 요소를 결정하므로, 정수 배열의 시작 주소를 int* score 형태로 받을 수 있습니다. 실제로 함수의 파라미터 선언에서 int* score는 int score[]와 동일합니다. 아래의 예를 참고하세요.

```
#include <stdio.h>

void f(int score[]) {
    ++(*(score+2));
} // score

void main() {
    int score[4]={1,3,5,7};

    printf("%d\n", score[2]);
    f(score);
    printf("%d\n", score[2]);
}
```

위의 예에서 함수 f( )의 정의 부분을 다음과 같이 바꾸어도 의미는 같습니다.

```
    ⋮
void f(int* score) {
    ++(*(score+2));
} // score
    ⋮
```

출력 결과는 다음과 같습니다.

```
5
6
```

void f(int score[4])처럼 첨자의 크기를 생략하지 않아도 됩니다. 이 경우 컴파일러는 score를 연속된 1차원 정수 배열의 시작 주소를 가리키는 포인터로 간주합니다. 그러므로 void f(int score[400])처럼 첨자의 크기가 틀려도 컴파일 시간 에러는 발생하지 않지만, 원래의 선언과 일치시켜 주는 것이 좋은 습관입니다.

포인터 배열

```
char c;
```

위의 문장은 1바이트 정수형(문자형) 변수 c를 선언한 것입니다.

```
char c[10];
```

위의 문장은 크기가 10인 문자형 배열을 선언한 것입니다.

```
char* c;
```

앞의 문장은 문자형 포인터 변수를 선언한 것이며, 메모리에는 4바이트가 할당됩니다. 포인터 선언과 배열 선언을 결합하면 포인터 배열을 선언할 수 있습니다.

크기가 4인 문자형 포인터 배열은 다음과 같이 선언합니다.

```
char* str[4];
```

이것은 str[0], str[1], str[2]와 str[3]이 char * 형인 배열을 선언한 것이므로 할당되는 메모리는 4×4 = 16바이트입니다. 다음은 이 배열에 문자열을 대입(문자열의 선두 문자의 주소를 대입)한 후 이를 출력하는 예입니다.

```
#include <stdio.h>

void main() {
    char* str[4] = {"gold",
                    "silver",
                    "copper",
                    "neck"};
    int i;

    for (i = 0; i < 4; ++i)
        printf("%s\n", str[i]);
}
```

출력 결과는 다음과 같습니다.

```
gold
silver
copper
neck
```

str을 파라미터로 받는 함수 f( )는 다음과 같은 다양한 방법으로 선언할 수 있습니다.

```
void f(char* str[4]);
void f(char* str[]);
void f(char** str);
```

다음의 예를 참고하세요.

```
#include <stdio.h>

void f(char** str) {
    int i;

    for (i = 0; i < 4; ++i)
        printf("%s\n", str[i]);
}

void main() {
    char* str[4] = {"gold",
                    "silver",
                    "copper",
                    "neck"};
    f(str);
}
```

위의 main() 안에서 선언된 아래 코드,

```
char* str[4] = {"gold",
                "silver",
                "copper",
                "neck"};
```

2차원 배열을 사용한 이전의 아래 코드를 구분해야 합니다.

```
char str[4][7] = {"gold",
                  "silver",
                  "copper",
                  "neck"};
```

실제로 문자열은 두 번째처럼 사용되어야 합니다. 첫 번째 사용(포인터 배열)은 명시적으로 (explicitly) 문자열을 위한 메모리 공간을 할당하지 않습니다. 두 번째 경우는 함수에서 파라미터를 받기 위해 아래처럼 지정할 수 없습니다.

```
void f(char** str);
```

아래 그림의 (a)와 (b)는 각각 두 가지 경우의 메모리 상태를 보여줍니다. 다시 강조합니다.

"명시적으로 할당되지 않은, 메모리 공간을 사용하지 마세요."

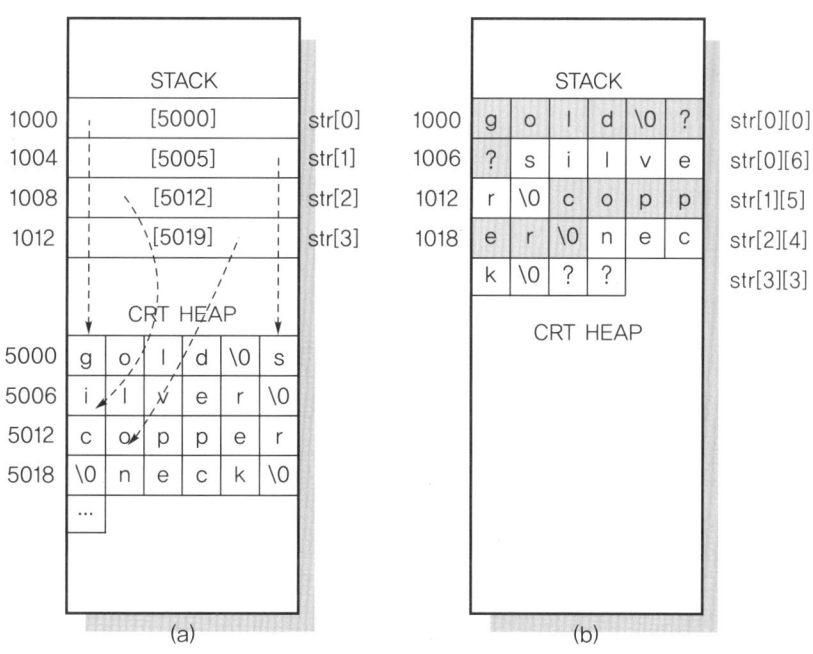

▲ (a) char* str[4]의 메모리 할당 (b) char str[4][7]의 메모리 할당: (a)의 경우 할당된 메모리 공간은 1000번지부터 1015번지까지의 16바이트이지만 (b)의 경우 할당된 메모리 공간은 1000번지부터 1027번지까지 28바이트입니다. (a)의 경우 문자열을 위한 메모리 공간은 할당되지 않았고, 다만 문자열의 포인터만 할당되었을 뿐입니다. 하지만 (b)의 경우 문자열을 위한 메모리 공간이 명시적으로 할당되었습니다.

⑬ 배열: 4차원의 세계(4-dimensional world)

울타리 막대기 문제: 가장자리 문제

배열과 연관된 주의 사항은 울타리 막대기 문제로 알려져 있습니다. 4개의 울타리를 만들기 위해서 필요한 막대기는 5개라는 것에 주의하세요.

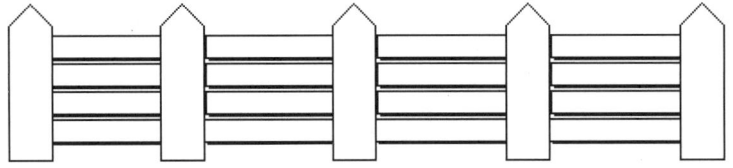

▲ 울타리 막대기 문제: 울타리보다 1개 많은 막대기가 필요합니다.

예를 들면 크기가 5인 배열의 인덱스는 1~5가 아니라 0~4입니다. 길이가 5인 문자열을 관리하려면 크기가 6인 문자열 배열이 선언되어야 합니다.

배열의 요소를 계산하기 위해 앞뒤로 인접한 배열의 셀(cell)을 검사할 때 첫 요소에서는 바로 앞의 요소를 접근하면 안 되며, 마지막에서는 바로 뒤의 요소를 접근해서는 안 됩니다.

배열의 모든 요소를 1로 초기화하는 for문을 수행했을 때 for문 수행이 끝났을 때의 인덱스는 유효하지 않습니다.

```
int a[5],i;
for (i = 0; i < 5;++i)
    a[i] = 1;
```

위의 코드에서 for문 실행한 후의 i 값은 5이지만, 5는 a[]의 타당한 인덱스가 아닙니다. 따라서 이러한 가장자리 문제는 주의 깊게 다루어야 합니다.

진보된 주제

객체(object)의 배열을 만들 수 있습니다. 이것은 〈만화가 있는 C++〉에서 클래스(class)를 설명한 후 '생성자, 소멸자'에서 다룹니다. 또한 new와 delete에서 사용되는 [ ]는 'new와 delete'에서 다룹니다 (new와 delete 연산자에서 사용되는 심벌 [ ]는 내용 연산자가 아니라 new와 delete의 문법을 이루는 특수 심벌일 뿐입니다).

1 (Zeller의 공식) 아래의 프로그램에서 DayOfWeek( )는 년, 월, 일을 파라미터로 받아 주일, 월요일, ⋯, 토요일에 대해 0, 1, ⋯, 6을 리턴합니다. DayOfWeek( )를 자세히 설명하세요. 또한 main( )에서 2차원 배열의 역할에 대해서도 자세히 설명하세요(힌트: 윤년(leap year)은 4의 배수이고, 100의 배수가 아니면서 400의 배수이면 성립합니다. 또한 0년 1월 1일은 일주일의 시작인 일요일입니다).

```
#include <stdio.h>

int DayOfWeek(int nYear, int nMonth, int nDay) {
    if (nMonth < 3) {
        nYear -= 1;
        nMonth+ =12;
    }
    return (nYear + nYear / 4 - nYear / 100 + nYear / 400 + (13*nMonth + 8)
        / 5 + nDay)%7;
}

void main() {
    char s[7][20] = {"SUN", "MON", "TUE", "WED", "THU", "FRI", "SAT"};

    printf("%s\n", s[ DayOfWeek(0,1,1) ]);
    printf("%s\n", s[ DayOfWeek(1999,3,9) ]);
    printf("%s\n", s[ DayOfWeek(1999,3,10) ]);
}
```

2 잘못된 부분을 수정하고, 이유를 구체적으로 설명하세요.

```
char* s[6] = "hello"; // 에러가 발생합니다.
char* t[2] = {"world", "every"}; // 잘못된 예를 드세요.
```

14 참조표(lookup table)

이 장은 내용은 C++의 문법과는 직접적인 관계가 없는 내용입니다. 하지만 배열을 사용하여 프로그래밍하는 방법을 설명하는 적절한 예입니다. 문법을 익히는 것이 목적이라면 이 장은 건너뛰어도 좋습니다.

다음과 같은 이야기(fairy story)가 있습니다.

대학 4학년생인 남자가 졸업할 때가 되었습니다. 이 학생의 최대의 관건은 (1) 직장은 구했느냐? (2) 결혼할 여자는 있느냐?입니다. 유무에 따라 네 가지로 구분해 보면 다음과 같습니다.

(1) 직장도 있고(= 1), 애인도 있다(= 1): 금메달
(2) 직장은 있고(= 1), 애인은 없다(= 0): 은메달
(3) 직장은 없지만(= 0), 애인은 있다(= 1): 동메달
(4) 직장도 없고(= 0), 애인도 없다(= 0): 목메달

아무래도 4학년 졸업생 남자에게는 여자친구보다 직장이 우선인 모양입니다. 그렇다고 경우 (4)에 해당하는 독자가 '목메달' 하기를 원하는 것은 아닙니다. :)

이와 같은 이야기를 프로그래밍한다고 생각해 봅시다. 아마도 직장의 유무와 애인의 유무를 관리하기 위해 우리는 2개의 변수를 선언할 수 있습니다. 완성된 클래스는 다음과 같습니다.

```c
#include <stdio.h>

class CAlumni {
    int bWork,bLover;
  public:
    CAlumni(int bWork,int bLover) {
        CAlumni::bWork = bWork;
        CAlumni::bLover = bLover;
    } // CAlumni
    void State();
}; // class CAlumni

void CAlumni::State()
{
    int i;
    if (bWork == 1 && bLover == 1) i = 0;
    else if (bWork == 1 && bLover == 0) i = 1;
    else if (bWork == 0 && bLover == 1) i = 2;
    else if (bWork == 0 && bLover == 0) i = 3;

    if (i == 0) printf("금메달\n");
    else if (i == 1) printf("은메달\n");
    else if (i == 2) printf("동메달\n");
    else if (i == 3) printf("목메달\n");
} // CAlumni::State

void main()
{
    CAlumni kim(1,0);

    kim.State();
}
```

아마도 State( ) 메서드(method, 멤버 함수의 다른 이름)의 첫 번째 if 블록이 마음에 들지 않아 다음과 같이 바꿀 수 있습니다.

```
i = (bWork<<1) | bLover;
```

두 번째 if 블록은 i를 인덱스로 하고, 출력할 문자열을 내용으로 하는 테이블(table)을 이용하면 간단하게 구현됩니다. 배열이 이러한 용도로 사용되었을 때 **참조표**라고 합니다.

수정된 State( ) 메서드는 다음과 같습니다.

```
char sTable[][7] = {"금메달","은메달","동메달","목메달"}; // 전역 변수

void CAlumni::State()
{
    int i;
    i = (bWork<<1) | bLover;
    printf("%s\n", sTable[i]);
} // CAlumni::State
```

일반적으로 미리 알려진 내용을 읽는 목적으로 이용할 때 이러한 참조표를 사용합니다. 참조표는 프로그램을 간단하고 보기 쉽게 합니다.

점수에 따라 등급을 출력하는 경우

성적 처리 프로그램을 만들 경우 등급을 출력하기를 원한다고 가정해 봅시다.

점수대	등급
90~100	수
80~89	우
70~79	미
60~69	양
0~59	가

▲ 등급표

점수대와 등급 문자열이 앞의 표와 같을 때 이를 참조표로 구현하면 아래의 소스와 같습니다. 배열의 인덱스를 구하기 위해 % 연산자의 기교(technique)를 사용했다는 데 주목하기 바랍니다. 이러한 기교는 종종 유용하게 사용됩니다.

```c
char *sTable[] = {"가","가","가","가","가",
                  "가","양","미","우","수","수"};
int i;

scanf("%d",&i);
printf("%s\n", sTable[i%10]);
```

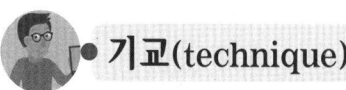 기교(technique)

잠시 배열의 인덱스 등을 계산하는 데 사용하는 몇 가지 기교를 살펴봅시다.

① 0과 1을 토글(toggle)하는 경우
프로그램에서 변수의 값을 0 ↔ 1로 토글하려면 다음의 문장을 사용합니다.

```c
int i = 0;
i ^= 1; // 비트 배타합(eXclusive OR) 연산의 특징을 이용합니다.
```

이와 같은 기교는 임의의 두 수를 토글하는 데 사용할 수 있습니다. 예를 들어 1과 3을 토글하려면, 다음과 같이 할 수 있습니다. 먼저 0과 3의 XOR 값을 미리 계산합니다.

```
0001 ^ 0011 → 0010
```

두 수의 배타합의 결과인 2와 기존 값의 배타합 연산을 적용하면 임의의 2개의 정수 값을 토글할 수 있습니다.

```
int i = 1;
i ^= 2;  // 1과 3을 토글합니다.
```

② 1과 -1을 토글하는 경우

```
int i = 1;
i = -i;
```

③ 0, 1, 2, 3을 토글하는 경우

2개보다 많은 연속된 숫자를 토글해야 하는 경우는 나머지 연산자 %를 사용할 수 있습니다.

```
int i = 0;
i = (i + 1) % 4;
```

만약 5, 6, 7, 8을 토글하고 싶다면, 다음과 같이 작성합니다.

```
int j = 0, i;
j = (j + 1)%4;
i = j + 5;
```

일반적으로 m에서 시작하고 연속된 n개의 숫자를 토글하려면, 다음과 같이 작성합니다.

```
int j = 0, i;
j = (j + 1) % n;
i = j + m;
```

그러면 임의의 숫자열을 토글하는 방법은 없을까요?

임의의 숫자열 토글하기

토글을 원하는 숫자열이 아래와 같이 규칙성이 없는 임의의 숫자라고 가정해 봅시다.

100 → 34 → 200 → 79

이러한 숫자열을 토글하는 방법은 참조표를 이용하는 것입니다. 이러한 값을 참조표에 미리 넣어두고 배열의 인덱스를 토글하면 간단히 구현할 수 있습니다.

```
const int toggle[] = {100, 34, 200, 79};
int j = 0, i;
i = (i+1)%4;
j = toggle[i]; // 얼마나 간단한가요!
```

 ● **임의의 사상(mapping) 구현하기**

이번에는 아래의 그림과 같은 함수를 구현하는 문제를 고려해 봅시다. 사용자가 입력하는 값에 따라, 대응하는 치역(Range)의 값이 출력되어야 합니다.

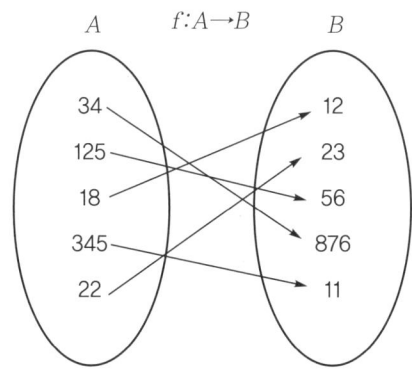

▲ 어떤 사상

이것은 정의구역(domain)의 원소도 치역의 원소도 임의의 값에 해당하므로 2차원 참조표로 구현해야 합니다.

직면하는 어떤 문제에 대해 적절한 참조표가 생각날 수 있으려면 연습과 경험이 필요합니다. 소스는 아래에 리스팅하였습니다.

 필자의 경험상 365시간 이상의 투자가 필요한 것 같습니다. C++ 프로그래밍에 하루에 1시간씩 1년 정도의 투자를 한다면, 자신도 모르는 사이에 전문가가 되어 있을 것입니다.

```c
#include <stdio.h>

int mapping[5][2] = {{34,876},{125,56},{18,12},{345,11},{22,23}};

void main() {
    int i,n;
    scanf("%d",&n);
    for (i = 0;i < 5; ++i)
        if (n == mapping[i][0]) {
            printf("%d\n", mapping[i][1]);
            break;
        } // if
} // main
```

1 512와 1,024를 토글하는 문장을 작성하세요. (512 XOR 1024)

2 변위(Offset)가 포함된 좌표의 검사에는 참조표를 사용하여야 합니다. 아래 그림은 **컴퓨터 바둑 (Computer Go)**에서 돌(Stone)들 간의 관계를 고려하기 위해 사용할 참조표입니다. 예를 들면 중앙의 검은 돌 입장에서, 8과는 한 칸, 13과는 날일(日)자의 관계가 있습니다. 이를 참조표로 구현하세요. 참조표의 인덱스가 그림처럼 정의되었다는 것에 주목하세요. 인덱스가 그림처럼 정의되지 않으면, 어떤 불편함 점이 발생하는지 고려해 보세요.

 실제로 눈목(目)자 등도 고려해야 하므로 참조표는 이보다 훨씬 큽니다. 또한 변위가 (x, y)의 위치에서 2칸까지 변하므로 판(Board)의 가장자리도 2보다 크게 정해야 쉽게 구현할 수 있습니다.

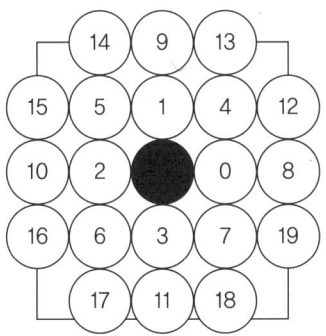

▲ 컴퓨터 바둑에서 돌들 간의 거리

3 한글 완성형 코드를 조합형 코드로 바꾸는 클래스를 설계하세요.

완성형과 조합형의 코드 값은 프린터 매뉴얼이나 한글 구현과 관련된 서적을 참고해야 알 수 있습니다.

4 **연결된 요소**(Connected Component)를 발견하는 문제: 2차원 평면에서 셀(cell)들 간의 관계는 인접한 이웃(Adjacent Neighbor)으로써 표현하는데, **4-연결 이웃**(4-Connected Neighbor: Von Neumann Neighbor)과 **8-연결 이웃**(8-Connected Neighbor: Moore Neighbor)이 일반적입니다.

Jorg R. Weimar, "Simulation with Cellular Automata: Lecture Notes", Braunschweig, June 1996, p.17.

한 셀에서의 인접한 이웃은 참조표(Look-up Table)를 사용해서 구현할 수 있습니다. 하지만 연결된 요소를 찾는 문제는 참조표만으로는 구현이 어렵고 스택을 사용해야 구현이 가능합니다.

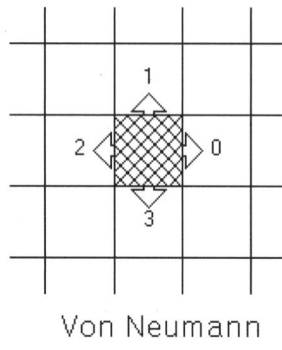 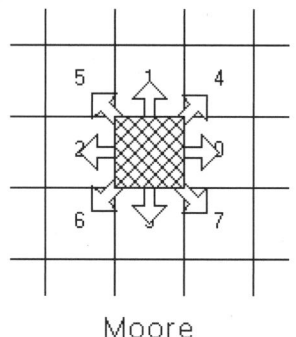

▲ 이웃

위의 그림에서 셀에 표시된 번호는 참조표의 인덱스를 의미하는데, 주의해서 보기 바랍니다. 위와 같이 레이블을 설정하면, 1개의 참조표만으로 두 가지 이웃을 쉽게 정의할 수 있습니다.

참조표를 아래와 같이 전역 변수로 정의할 수 있습니다.

```
int offset[8][2] = {{1,0},{0,-1},{-1,0},{0,1},{1,-1},{-1,-1},{-1,1},{1,1}};
```

이제 이 참조표를 노이먼 이웃으로 이용하려면, 다음과 같이 작성합니다.

```
for (int i = 0; i < 4; ++i)
    if ((x + offset[i][0], y + offset[i][1]) is my condition) ...
```

무어 이웃으로 이용하려면, 다음과 같이 작성합니다.

```
for (int i = 0; i < 8; ++i)
    if ((x + offset[i][0], y + offset[i][1]) is my condition) ...
```

위의 예에서처럼 i 값만 변경시켜서 구현할 수 있습니다.

(1) 지뢰 찾기(Mine Sweeper) 게임에서 연속된 빈 칸을 발견하는 클래스를 설계하세요.

 지뢰 찾기는 윈도우95™에 들어 있는 게임 프로그램입니다.

아래 그림과 같이 사용자가 지뢰가 없는 빈 부분을 마우스로 클릭했을 때 숫자가 있는 셀을 포함하여 모든 빈칸을 표시해야 합니다. 이러한 셀들은 4-연결 이웃으로 구현해야 합니다.

15 포인터 II

이 장에서는 포인터에 대한 더욱 상세한 개념을 살펴봅니다. 또한 new와 delete의 동작에 대해서도 설명할 것입니다.

```
#include <stdio.h>

void f(int* ip) {
    (*ip)++;
}

void main() {
    int* ip;

    printf("Enter number:");
    scanf("%d",ip);
    f(ip);
    printf("%d\n",*ip);
}
```

앞의 프로그램은 정수를 입력받아 이것을 함수 f( )에 전달합니다. 함수 f( )에서는 이 값을 1 증가시킨 후 리턴되어 main( )에서 출력합니다. 만약 사용자가 5를 입력했다면, 6이 출력될 것입니다.

정답을 보지 말고 이 프로그램의 오류를 수정해 보세요.

변수는 사용하기 전에 항상 할당되어야 한다는 것을 기억합니까? 앞의 경우 ip는 할당되었지만, ip가 가리키는 곳, 즉 정수를 위해서는 메모리가 할당되지 않았으므로 프로그램은 제대로 동작하지 않습니다. 그러므로 ip가 가리키는 곳을 할당해 주어야 합니다. ip가 1개의 정수를 가리킬 목적이라면, 4바이트를 할당해야 할 것입니다. 이것은 C의 표준 함수 malloc( )을 사용하면 가능합니다.

 C++의 new 연산자가 도입되기 전 malloc( )은 C의 표준 함수 중 굉장히 비중이 큰 함수였습니다. 아직 new를 사용하지 않았으므로 이 장에서는 malloc( )과 new를 조금씩 다룹니다.

메모리의 크기와 할당 시점은 사용자가 정하는데, 이러한 메모리 할당을 **동적 메모리 할당**(dynamic memory allocation)이라고 합니다. 동적 메모리 할당이 이루어지는 메모리 블록을 **힙**(heap)이라고 합니다. malloc( )은 표준 헤더 파일인 stdlib.h에 선언되어 있으므로 #include <stdlib.h>를 포함해야 합니다. malloc( )의 처음 파라미터로 할당하려는 메모리의 크기를 명시합니다. 만약, 1,000바이트를 할당하려면, 아래와 같이 사용합니다.

```
malloc(1000);
```

또한 할당된 메모리는 해제해 주어야 하는데 표준 함수 free( )를 사용합니다. 수정된 소스는 아래와 같습니다.

```
#include <stdio.h>
#include <stdlib.h>

void f(int* ip) {
    (*ip)++;
} // f

void main() {
    int* ip;

    ip=(int*)malloc(4); // (int*)의 형 변환은 반드시 필요합니다.
    printf("Enter number:");
    scanf("%d",ip);
    f(ip);
    printf("%d\n", *ip);
    free(ip);
}
```

위의 소스에서 malloc( )이 리턴하는 값에 대한 형 변환(type conversion)은 반드시 필요합니다. 이것은 포인터에 취해지는 연산의 결과가 바르게 동작함을 보장합니다.

 malloc()은 사용자가 원하는 포인터 타입이 어떤 것인지 알 수 없습니다. 그렇다면 malloc( )은 무엇을 리턴하는 것일까요? 대상이 정해지지 않은 포인터 타입을 리턴할 것입니다. 이것은 C에서 void*로 나타냅니다. 즉 malloc( )은 void*를 리턴합니다. void*는 반드시 특정한 형의 포인터로 변환되어야 합니다.

우리는 char*와 int*의 차이점을 알고 있습니다. 위의 예에서 힙에 할당된 메모리는 정수이므로 정수를 가리키는 포인터 int*가 되어야 합니다. 만약 char*로 변환한다면, *ip는 정수 4바이트가 아닌 1바이트를 읽으려고 시도할 것이므로 정확한 값이 읽히지 않을 것입니다. 위 프로그램의 메모리 상태는 그리지 않으므로 여러분이 직접 그려보기 바랍니다.

이제 형 변환의 중요성에 대해서 다시 한 번 살펴봅시다. malloc( )을 사용해서 문자형 6바이트를 할당한 후 각각을 1, 2, 3, 4, 5와 6으로 초기화하고, 3을 출력하는 코드를 만들어 봅시다.

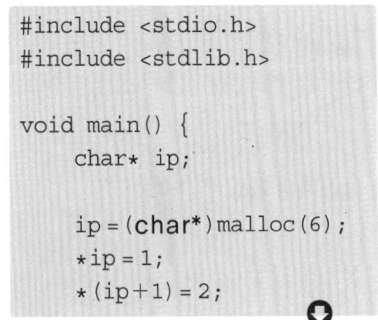

```
#include <stdio.h>
#include <stdlib.h>

void main() {
    char* ip;

    ip = (char*)malloc(6);
    *ip = 1;
    *(ip+1) = 2;
```

```
    *(ip+2) = 3;
    *(ip+3) = 4;
    *(ip+4) = 5;
    *(ip+5) = 6;
    printf("%d\n", *(ip+2));
    free(ip);
}
```

위의 소스에서 ip+2 등은 제대로 된 메모리의 위치에 숫자를 대입합니다. 만약 위의 소스에서

```
char* ip;
ip = (char*)malloc(6);
```

부분이

```
int* ip;
ip = (int*)malloc(6);
```

으로 바뀐다면, 어디가 잘못일까요? 6바이트의 메모리 할당은 정수를 1개 반밖에 저장하지 못하므로, ip+1부터는 할당되지 않은 메모리를 접근합니다. 그러므로 실행 시 에러(run-time error)가 발생합니다. 상기하자면,

```
ip + 1
```

의 의미는

```
ip + 1 × sizeof(*ip)
```

이므로 ip+1은 할당하지 않은 메모리의 일부(일곱 번째와 여덟 번째 바이트)를 접근하므로 타당한 접근이 아닙니다.

malloc( )을 사용할 때 주의 사항이 또 있습니다. 정수 3개를 할당하기 위한 아래의 문장이 항상 바르게 동작한다고 가정해서는 안 됩니다.

```
ip = (int*)malloc(12);
```

16비트 운영체제에서는 정수가 2바이트이지만, 윈도우의 Win32 환경에서는 정수는 4바이트이므로 위의 문장은 16비트 운영체제에서는 6개의 정수를 할당합니다. int가 처음 설계되었을 때 int는 운영체제의 워드 크기에 맞추도록 정의되었으나, 64비트 운영체제에서는 코드의 하위 호환성을 위해서 int가 여전히 4바이트의 메모리를 차지합니다. 정수를 3개 할당하는 바른 문장은 다음과 같습니다.

```
ip = (int*)malloc(sizeof(int)*3);
```

위의 코드는 16비트 운영체제에서는 6바이트, 32비트 혹은 64비트 운영체제에서 실행된다면, 12바이트를 할당할 것입니다.

 포인터의 포인터(pointer to pointer)

포인터 변수를 가리키는 포인터를 선언할 필요는 없을까요? 정수형 포인터 ip를 선언하기 위해 아래와 같이 선언할 수 있습니다.

```
int* ip;
```

이제 정수형 포인터의 포인터 ipp를 선언하기 위해 다음과 같이 코드를 작성할 수 있습니다.

```
int** ipp;
```

이것은 ipp가 int *에 대한 포인터, 즉 정수를 가리키는 포인터의 포인터임을 의미합니다. 다음의 예를 참고하세요.

```
#include <stdio.h>

void main() {
    int i = 2;
    int* ip;
    int** ipp;
    int*** ippp;

    ip = &i;
    ipp = &ip;
    ippp = &ipp;
    printf("%d,%d,%d,%d\n",i,*ip,**ipp,***ippp);
    printf("%p,%p,%p,%p\n", &i, ip, ipp, ippp);
    printf("%p,%p,%p,%p\n", &i, ip, *ip, **ipp);
}
```

이 예에서 ip는 i의 주소를, ipp는 ip의 주소를 가리킵니다. ipp가 int**형이므로 다음과 같은 문장은 불법(invalid)입니다.

```
ipp = &i;
```

ipp는 int**형이지만, &i는 int*형이기 때문입니다. ippp는 ipp의 주소를 가리킵니다. 사용할 일은 거의 없지만, 이것은 포인터의 포인터의 포인터를 의미합니다. 위 프로그램의 메모리 상태는 다음과 같습니다.

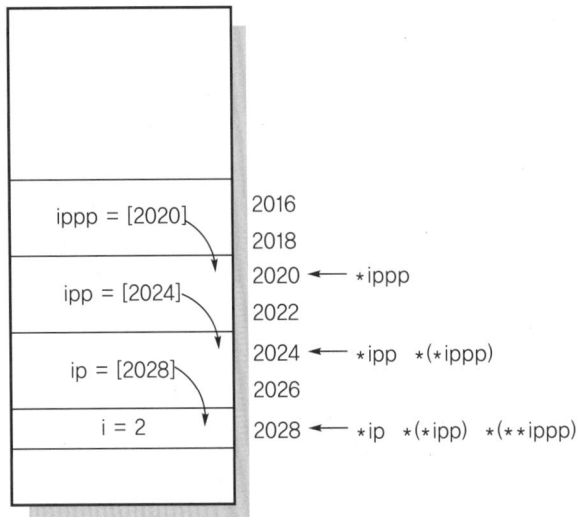

▲ 포인터의 포인터의 포인터: i = 2, &i = [2028]입니다. ip는 i의 주소를 가리키므로, ip = [2028]입니다. ip를 한 번 재참조(dereference)한 *ip는 [2028]이 가리키는 곳, 즉 2를 의미합니다. ipp = &ip이므로 [2024]입니다. *ipp는 ipp가 가리키는 곳, 즉 [2028]을 의미합니다. **ipp는 ipp가 가리키는 곳이 가리키는 곳, 즉 정수 2를 의미합니다. ippp는 &ipp이므로 [2020]입니다. ***ippp는 ippp가 가리키는 곳이 가리키는 곳이 가리키는 곳, 즉 정수 2를 의미합니다.

포인터 변수가 선언된 이후 *는 재참조(dereference) 연산자(간접 지정(indirect) 연산자)임을 주의하세요. *ip는 ip가 가리키는 대상, 즉 정수를 의미합니다. *ipp는 ipp가 가리키는 대상, 즉 정수형 포인터를 의미합니다. 그러므로 **ipp는 *ipp가 가리키는 대상, 즉 정수를 의미합니다. 이것은 계속해서 확장됩니다.

볼랜드 C++ 4.5에서의 실제 실행 결과는 다음과 같습니다.

```
2, 2, 2, 2
33B7:2028, 33B7:2028, 33B7:2024, 33B7:2020
33B7:2028, 33B7:2028, 33B7:2028, 33B7:2028
```

주소의 출력 형태는 조금 특별합니다. 이것은 16비트 시절의 세그먼트(segment)에서 비롯되었습니다. 비록 Borland C++ 4.5가 32비트 윈도우에서 동작하지만, 프로젝트에서 별도로 지정하지 않으면 16비트 코드가 생성됩니다. 이것은 윈도우의 리얼 모드(real mode)로 알려져 있습니다. 실행 코드는 코드 세그먼트(code segment)와 데이터 세그먼트(data segment) 등 몇 개의 세그먼트로 분리되어 메모리에 로드됩니다. 주소 출력에서 콜론(:)의 앞 부분은 세그먼트의 시작을 나타냅니다. 위의 예에서 스택 세그먼트의 시작 주소는 20비트 주소 0x33B70입니다. 콜론의 뒷 부분은 세그먼트의 시작에서의 변위(offset)이고, 변수 i의 변위는 0x2028입니다. 이 주소는 실제로 20비트 주소(16비트 시절 메모리의 최대 크기는 1Mega였습니다) 0x33B70 + 0x2028 = 0x35B98로 번역됩니다.

지역 변수이므로 메모리의 높은 곳에서 낮은 곳으로 할당된 것을 알 수 있습니다.

비주얼 C++ 5.0에서의 실행 결과는 다음과 같습니다.

```
2, 2, 2, 2
0064FDEC, 0064FDEC, 0064FDE8, 0064FDF0
0064FDEC, 0064FDEC, 0064FDEC, 0064FDEC
```

 비주얼 C++ 5.0은 32비트 코드를 생성합니다. 윈도우는 32비트 선형 주소를 사용하므로 16진수 여덟 자리로 주소가 출력됩니다.

비주얼 스튜디오 2013에서 x64를 선택해서 64비트로 코드를 빌드한 경우의 실행 결과는 다음과 같습니다.

```
2, 2, 2, 2
000000000031F9B4, 000000000031F9B4, 000000000031F9D8, 000000000031F9F8
000000000031F9B4, 000000000031F9B4, 000000000031F9B4, 000000000031F9B4
```

"포인터의 빈번한 사용은 에러를 유발한다."

앞의 예에서 비록 '포인터의 포인터의 포인터'를 사용했지만, 실제 프로그래밍할 경우에는 이러한 변수를 사용할 일이 거의 없습니다. 하지만 '포인터의 포인터'는 많이 사용되며, 실수하기 쉬운 부분을 포함하고 있습니다. 아래의 예에서 논리적 에러(semantic error)를 수정해 보세요. 이 프로그램은 IntAlloc( )에서 정수 메모리를 할당합니다. 이것은 main( )에서 사용되며, IntFree( )에서 할당된 정수 메모리를 해제합니다.

```
#include <stdio.h>
#include <stdlib.h>

void IntAlloc(int* ip) {
    ip = (int*)malloc(sizeof(int));
} // IntAlloc

void IntFree(int* ip) {
    free(ip);
} // IntFree

void main() {
    int* ip;

    IntAlloc(ip);
    *ip = 5;
    printf("%d\n", *ip);
    IntFree(ip);
}
```

포인터를 바꾸기 위해서는 포인터의 포인터를 전달해요.

어느 부분이 에러인지 찾을 수 있나요? 먼저 프로그램의 메모리 상태를 그려봅시다.

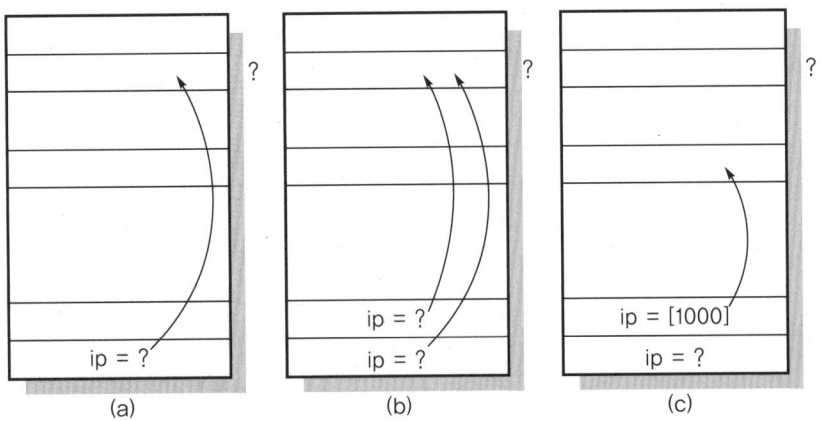

(a)　　　(b)　　　(c)

(a) main( )에서 정수형 포인터 변수 ip의 공간을 스택에 할당합니다. 이 변수는 초기화되어 있지 않으므로 메모리의 초기화되지 않은 어떤 메모리의 위치 값을 가리키게 됩니다. (b) 함수 IntAlloc( )을 호출합니다. ip의 값이 복사되어 전달되므로 IntAlloc( )의 ip도 처음에는 메모리의 초기화되지 않은 어떤 메모리의 위치 값인 곳을 가리킵니다. (c) malloc( )의 호출에 의해 힙에 4바이트의 메모리 공간이 할당되는데, 이 곳을 [1000]이라고 합시다. 이제 ip는 [1000]을 가리킵니다.

정수 i의 값을 바꾸기 위해서는 함수에 i의 값을 전달하는 것이 아니라 i의 주소를 전달해야 하는 것을 기억하나요? 위의 예에서 포인터 변수 ip 값을 함수 IntAlloc( )에서 바꾸어야 하므로 main( )에서 IntAlloc( )을 호출할 때 ip의 포인터를 전달해야 합니다. ip가 정수형 포인터 int*이므로, IntAlloc( )에는 정수형 포인터의 포인터 int**를 전달해야 하는 것입니다.

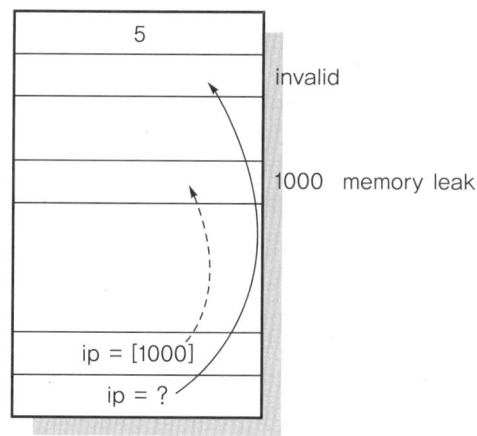

IntAlloc( )을 빠져나오면 [1000]을 가리키던 ip가 메모리에서 해제(pop)됩니다. 이때 할당된 [1000]을 가리키는 포인터가 없으므로 메모리 릭(memory leak)이 발생합니다. main( )의 ip는 여전히 할당되지 않은 메모리의 곳 ?를 가리키므로, *ip를 사용하는 것은 불법입니다.

수정된 소스는 아래와 같습니다.

```c
#include <stdio.h>
#include <stdlib.h>

void IntAlloc(int** ip) {
    *ip = (int*)malloc(sizeof(int));
} // IntAlloc

void IntFree(int* ip) {
    free(ip);
} // IntFree

void main() {
    int* ip;

    IntAlloc(&ip);
    *ip = 5;
    printf("%d\n",*ip);
    IntFree(ip);
}
```

앞 프로그램의 메모리 상태는 아래와 같습니다.

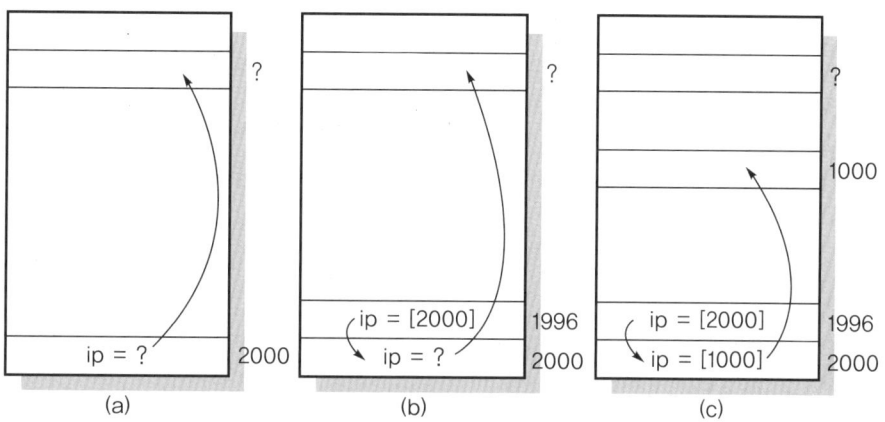

▲ (a) main( )의 ip가 스택에 할당되었을 때 ip는 쓰레기(garbage)로 초기화됩니다. (b) main( )에서 함수 IntAlloc( )을 호출할 때 ip의 주소를 전달하므로 IntAlloc( )에는 [2000]이 전달되며 파라미터는 int**로 선언되어야 합니다. 이 변수는 1996번지에 할당된다고 가정합니다. IntAlloc( )에서 ip는 main( )의 ip, 즉 [2000]을 가리킵니다. (c) IntAlloc( )에서 동적으로 메모리를 할당했을 때 1000번지가 할당되었다고 가정하고, ip가 가리키는 곳(*ip)에 [1000]을 대입합니다. [2000]의 ip가 [1000]을 가리킵니다.

정수의 값을 바꾸기 위해서 정수의 포인터를 전달해야 하듯이 포인터를 바꾸려면 포인터의 포인터를 전달해야 합니다!

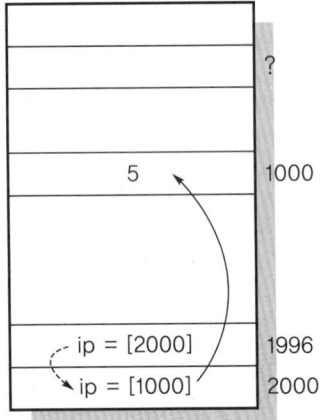

▲ main( )에서 ip가 가리키는 [1000]의 곳(*ip)에 5를 대입합니다. 이것은 타당한 메모리 접근이므로 에러가 발생하지 않습니다.

 **참조(reference)**

실제로 이 문제(포인터를 바꾸기 위해 포인터의 포인터를 전달하는 문제)는 C++의 새로운 참조(reference) 기능에 의해서도 해결이 가능합니다. 참조를 사용한 소스는 아래와 같습니다.

```c
#include <stdio.h>
#include <stdlib.h>

void IntAlloc(int*& ip) {
    ip = (int*)malloc(sizeof(int));
}

void main()
{
    int* ip;
    IntAlloc(ip);
    *ip = 5;
    printf("%d\n",*ip);
    free(ip);
}
```

수정되기 전의 소스에서 바뀐 부분이 아래의 코드뿐임에 주목하세요.

```
void IntAlloc(int*& ip) {
```

C에서는 정수 i를 바꾸기 위해서 f(int * ip)식으로 i의 주소를 전달했고, 정수 포인터 ip를 바꾸기 위해서 f(int ** ip)식으로 ip의 주소를 전달했습니다. C++에서 정수 i를 바꾸기 위해서 f(int& i)식으로 i의 참조를 전달할 수 있습니다. 내부적으로 이 문장은 i의 주소를 전달합니다. 하지만 사용자는 단지 함수의 선언에서 참조로 전달하려는 변수의 앞에 &를 붙이는 것만 하면 됩니다.

 &는 비트곱 연산자(bitwise AND operator), 주소 연산자(address-of operator) 그리고 참조(reference)로 사용될 수 있습니다.

그러므로 정수 포인터를 바꾸기 위해서 f(int *& ip) 처럼 사용합니다.

 가용 공간 리스트(available list): 진보된 주제

malloc( ) 혹은 new의 동작을 자세히 살펴보면 신기한 부분을 포함하고 있습니다. 다음의 소스에서 신기한 부분을 찾아보세요.

```c
#include <stdio.h>
#include <stdlib.h>
void main()
{
    short* ip;
    short* ip2;

    ip = (int*)malloc(sizeof(short)*2);
    ip2 = (int*)malloc(sizeof(short)*4);
    ip[0] = 1;
    ip[1] = 2;
    ip2[0] = 3;
    ip2[1] = 4;
    ip2[2] = 5;
    ip2[3] = 6;
    printf("%d, %d\n", ip[1], ip2[2]); // 2와 5가 출력됩니다.
    free(ip); // ip만으로는 ip가 가리키는 곳이 4바이트인지 알 수 없습니다.
    free(ip2);
}
```

위의 소스는 ip가 2개의 short(4바이트)를 가리키고, ip2가 8바이트를 가리키고 있습니다. 그리고 내용 연산자 [ ]를 사용하여 각각을 1에서 6으로 초기화합니다. 이 변수를 적당하게 사용한 후 ip와 ip2를 해제합니다. 의문은 다음과 같습니다.

'free() 함수가 ip와 ip2를 해제할 때 ip는 4바이트인 곳(4바이트의 할당된 메모리의 어떤 위치)을 가리키며, ip2는 8바이트인 곳을 가리키는지 어떻게 알 수 있을까요?'

이것은 C 컴파일러가 사용 가능한 메모리 블록(available memory block)에서 메모리를 할당하고 유지하는 방식 때문에 가능합니다. 사용자가 10바이트의 메모리 블록을 할당하기 위해 malloc(10)을 호출하면, CRT 힙 관리자(heap manager)는 사용 가능한 메모리가 있는지 검사한 후 없으면 NULL을 리턴합니다. 있다면 크기 정보 4바이트를 포함한 14바이트의 메모리 블록을 할당한 후(이 블록의 주소를 1000이라고 합시다) 4바이트를 건너뛴(skip) 곳의 주소를 리턴합니다(1004가 리턴됩니다). 실제로 소비하는 메모리 공간은 14바이트가 줄어듭니다.

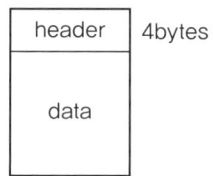

▲ malloc( )이 할당하는 메모리 블록: 크기 정보 4바이트를 포함한 크기를 메모리에서 할당합니다. 사용자는 이 포인터를 이용해서 연산할 수 있어야 하므로 리턴되는 주소는 헤더의 주소가 아니라 헤더+4의 주소가 리턴됩니다. free( )에 주소를 넘겨주면 free( ) 함수는 '파라미터 주소 − 4'를 계산하여 실제 할당된 메모리의 크기를 구한 후 이것을 해제합니다. 메모리 블록은 컴파일러에 의존적입니다. 다른 C컴파일러는 다른 구조의 메모리 블록을 사용할 수도 있습니다.

이것이 ip[1], ip2[2]가 제대로 할당된 메모리를 참조하는 이유입니다. 또한 free( )는 메모리의 크기를 계산하기 위해 '파라미터로 넘어온 주소-4'를 계산하여 크기를 얻습니다. 그리고 이 부분을 힙에서 해제합니다.

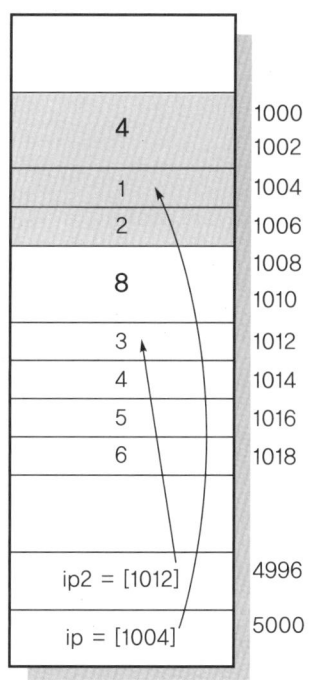

▲ ip는 [5000]에, ip2는 [4996]에 할당되었다고 합시다. 첫 번째 malloc( ) 호출은 4바이트를 할당하려고 시도합니다. 사용 가능한 힙의 주소가 [1000]이었다면, 헤더 4바이트가 블록의 크기 4로 초기화되면서 모두 8바이트(헤더 4바이트+데이터 4바이트)가 할당됩니다. 그리고 malloc( )은 [1000]이 아닌 [1004]를 리턴합니다. 두 번째 malloc( ) 호출도 마찬가지입니다.

실제로 힙에서 사용 가능한 메모리 공간은 어떻게 유지되는 것일까요? malloc( )이 호출되었을 때 어떻게 사용 가능한 메모리 공간을 힙에서 찾을 수 있을까요? 이때 **가용 공간 리스트**(av-list)가 유지됩니다. 차례대로 할당된 메모리 공간이 차례대로 해제되지 않을 때 발생하는 띄엄띄엄한 메모리 블록 문제인 '**단편화**(fragmentation)'는 어떻게 해결할 수 있을까요? 이 문제는 다른 장에서 다루겠습니다.

실제 여분의 4바이트가 할당되는지 살펴보기 위하여 볼랜드 C의 함수 coreleft( )를 사용해 봅시다. 볼랜드 컴파일러에서 coreleft( )는 alloc.h에 선언되어 있었습니다. 이것은 도스의 사용 가능한 메모리를 바이트 단위로 리턴합니다.

```c
#include <stdio.h>
#include <stdlib.h>
#include <alloc.h>

void main()
{
    short* ip;
    short* ip2;
    unsigned long size0, size1, size2;

    size0 = coreleft();
    ip = (short*)malloc(sizeof(short)*30);
    size1 = coreleft();
    ip2 = (short*)malloc(sizeof(short)*8);
    size2 = coreleft();
    printf("%d\n", sizeof(short));
    printf("%ld, %ld, %ld\n", size0, size0-size1, size1 - size2);
    free(ip);
    free(ip2);
}
```

결과는 다음과 같습니다.

```
2
561280,64,32
```

이 프로그램을 실행한 컴퓨터의 메모리가 64메가 바이트임에도 불구하고 사용 가능한 메모리가 561,280으로 찍힌 이유는 coreleft()가 도스 전용 함수이기 때문입니다. short 30개(60바이트)를 할당하기 전의 메모리에서 60바이트를 할당한 후의 메모리 차이는 64입니다. 여분의 4바이트가 더 할당된 것을 알 수 있습니다.

> 위의 코드를 처음 테스트한 환경은 MS-DOS 운영체제의 볼랜드 계열의 컴파일러였습니다. 2018년인 지금은 상상할 수도 없는 메모리의 크기입니다.

두 번째 결과는 조금 이상합니다. 16바이트를 할당하면 20바이트가 할당되어야 하는데, 32바이트가 할당되어 있습니다(항상 16의 배수 - 도스에서 **패러그래프(paragraph)**로 알려진 - 로 할당됩니다). 이 사항은 다른 장에서 설명합니다.

지금까지 malloc()에 대해 길게 설명했지만, C++로 프로그램을 코딩할 때는 new와 delete를 더 많이 사용합니다.

new와 delete

new와 delete는 동적으로 메모리를 할당하는 C++의 새로운 연산자입니다. 하지만 new/delete는 다음과 같은 점이 malloc( ) 부류의 함수보다 좋습니다.

- 명시적인 형 변환이 필요 없습니다.
- malloc( )은 함수이지만, new는 연산자(operator)입니다.
- 연산자이기 때문에 유연함을 제공합니다.

new의 문법은 다음과 같습니다.

```
[::] new [new-args] type-name [initializer]
[::] new [new-args] (type-name) [initializer]
```

[ ] 기호가 선택 사항(option)을 나타낸다는 것을 알아두세요. 이제 정수 크기의 메모리를 할당하여 ip가 이곳을 가리키도록 하려면 다음과 같이 new를 사용할 수 있습니다.

```
int* ip;
ip = new int;
```

이것은 다음과 같이 malloc을 사용한 문장과 거의 동일합니다.

```
#include <stdlib.h>
int* ip;
ip = (int*)malloc(sizeof(int));
```

크기를 지정하는 sizeof(int)가 int로 바뀐 점과 malloc()의 리턴 값을 형 변환한 (int *)가 없어진 점에 유의하세요. new는 연산자이므로 명시적인 형 변환이 필요 없습니다.

delete의 문법은 다음과 같습니다.

```
[::] delete pointer
[::] delete [] pointer
```

위의 예에서 ip가 가리키는 할당된 메모리를 해제하기 위해서는 다음과 같이 사용합니다.

```
delete ip;
```

정수(integer) 크기의 메모리를 힙에서 할당하기 위해(int * ip;가 선언되었다고 가정합니다) 다음과 같은 new 연산자를 사용할 수 있습니다.

```
ip= new int;
```

new 다음에 형 이름을 적습니다. 위의 경우 형 이름이 int이므로 int 크기만큼을 힙에서 할당합니다. 이곳을 ip가 가리키게 됩니다. 형 이름을 괄호로 묶어도 됩니다.

```
ip = new (int);
```

위의 문장이 가능하지만, 괄호는 생략하는 것이 일반적입니다(형의 이름이 길다면 모호함을 피하기 위해 괄호를 해 주는 것이 좋습니다). 또한 new 앞에 범위 해결사(scope resolver) ::를 붙여도 됩니다.

```
ip = ::new int;
```

이것은 오버로딩된 클래스의 멤버 연산자 new와 원래(original) new를 구분짓기 위해 가끔 사용합니다. 하지만 아직은 클래스가 사용되지 않았으므로 ::은 붙이지 않는 것이 일반적입니다.

메모리 할당 후 값을 초기화하는 new 문장을 사용할 수 있습니다. 이것은 위에서 적은 문법에서 initializer로 표현된 것입니다. 예를 들어 정수를 할당한 후 이 값을 3으로 초기화시키기 위해서 다음과 같이 사용했습니다.

```
ip = new int;
*ip = 3;
```

위의 문장 대신 다음과 같이 사용할 수 있습니다.

```
ip = new int(3);
```

위의 문장이 실행된 후 *ip는 3입니다.

지금까지 예로 든 모든 경우 힙에서 할당된 메모리를 해제하려면 다음과 같이 delete를 사용합니다.

포인터가 가리키는 대상의 크기가 알려지지 않은 것이 궁금하지만, malloc()에서 언급한 것과 같은 사항이 적용되므로 delete는 올바르게 동작합니다. 아래의 예와 메모리 상태를 참고하세요.

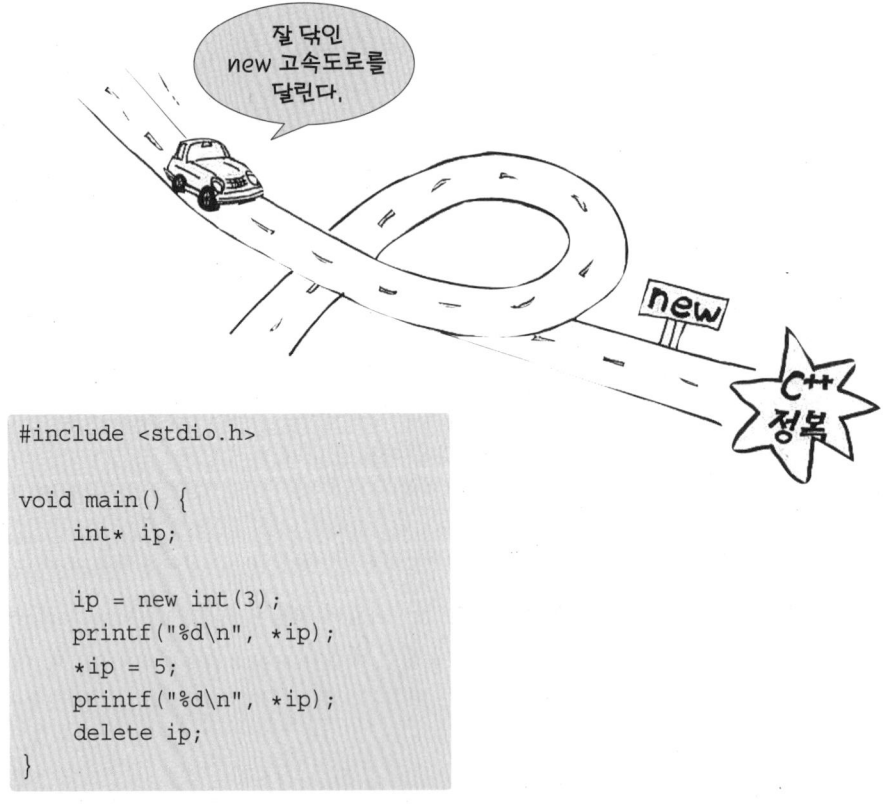

```
#include <stdio.h>

void main() {
    int* ip;

    ip = new int(3);
    printf("%d\n", *ip);
    *ip = 5;
    printf("%d\n", *ip);
    delete ip;
}
```

결과는 다음과 같습니다.

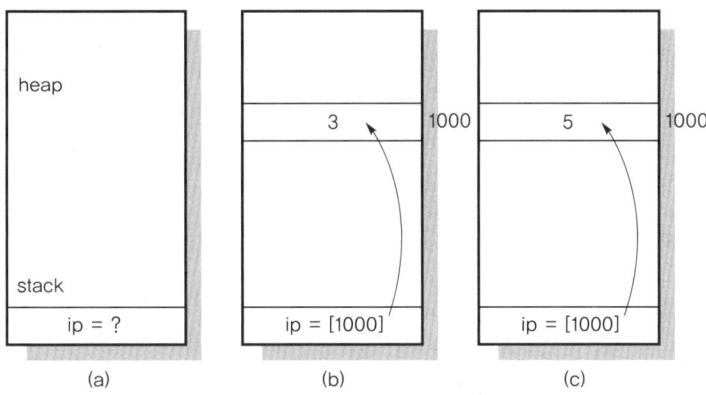

▲ (a) int* ip;　(b) ip = new int(3);　(c) *ip = 5;

malloc()을 이용해서 10개의 정수를 위한 메모리를 할당하기 위해 다음과 같이 사용할 수 있습니다.

```
ip = (int*)malloc(sizeof(int) * 10);
```

이렇게 할당한 후 ip[0], ip[1], ... , ip[9]의 10개의 정수를 사용할 수 있습니다. 이것을 new로 다음과 같이 사용합니다.

```
ip = new int[10];
```

메모리는 10×sizeof(int), 즉 40바이트가 할당됩니다. ip는 할당된 40바이트의 시작을 가리킵니다. 또한 다섯 번째 정수를 참조하기 위해 ip[4]를 사용할 수 있습니다. 이제 아래의 문장을 구분할 수 있어야 합니다.

```
ip = new int(10);
ip = new int[10];
```

첫 번째 문장은 4바이트를 할당하고 10으로 초기화는 문장이지만, 후자의 경우 40바이트(정수 10개의 배열)를 할당합니다. 그러므로 어떤 형(type)의 변수 n개 만큼의 메모리를 확보하려면 다음과 같이 사용할 수 있습니다.

```
new type[n];
```

이렇게 기본형의 배열로 초기화되었을 경우 메모리를 해제하려면 다음과 같이 delete를 사용해야 합니다.

```
delete[] ip;
```

delete ip;처럼 사용하는 것은 오류라는 사실을 주의하세요. 아래에 전체적인 예를 리스팅하였습니다.

```
#include <stdio.h>

void main() {
    int* ip;
    int* ip2;
    int* ip3[2];

    ip = new int;
    ip2 = new int[5];
    ip3[0] = new int[5];
    ip3[1] = new int;
    *ip = 5;
    printf("%d\n",*ip);
    delete ip;
    delete[] ip2;
    delete[] ip3[0];
    delete ip3[1];
}
```

정수 포인터 배열이 선언된 경우 new를 어떻게 사용하여 메모리를 할당했느냐에 따라 다른 해제 방식을 사용한 것에 주의하세요. 배열 방식의 할당인 경우에는 다음과 같이 사용합니다.

```
delete[] ip3[0];
```

일반적인 할당인 경우는 다음과 같이 사용합니다.

```
delete ip3[1];
```

기본형의 배열로 메모리를 할당한 경우 초기화할 수 없습니다. 예를 들어 크기 5인 정수 배열을 할당해 1, 2, 3, 4와 5로 초기화하기 위한 아래의 문장은 그럴듯해 보이지만, C 언어에서는 <u>모두 에러입니다.</u>

```
ip = new int[5](1, 2, 3, 4, 5);
ip = new int[5]{1, 2, 3, 4, 5};
ip = new int(1, 2, 3, 4, 5)[5];
ip = new int{1, 2, 3, 4, 5}[5];
```

위의 예에서 두 번째 경우 C++14 표준을 지원하는 컴파일러에서는 사용이 가능해졌는데, 이것을 **초기화 리스트**(initializer list)라고 합니다. 이 책은 수정하는 지금의 입장에서는 참으로 감회가 새롭습니다. 이런 기능이 가능해질 날이 오리라고는 생각하기 힘들었습니다^^;

그렇다면 다음의 new 문장은 어떤가요?

```
ip = new(1,2,3,4,5) int[5];
```

이것은 역시 에러지만, new가 적절히 오버로드(overload)되었다면, 에러가 아닙니다. 이것은 C++을 다루는 책들을 참고해야 합니다.

2차원 배열의 할당
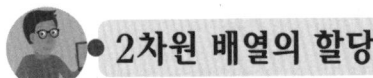

new를 사용하여 2차원 이상의 배열을 할당하는 경우는 어떻게 할까요? 아래의 예를 참고하세요. 아래의 예는 4×10의 2차원 문자 배열을 할당하여 pchar가 가리키도록 하고 있습니다. pchar의 선언에 주목하세요. pchar의 선언이 아래와 같이 일반적인 배열 선언이 아닙니다.

```
char* pchar[10];
```

이것은 아래의 두 문장이 다른 종류의 변수를 선언한다는 것을 의미합니다.

```
char* pchar[10];
char (*pchar)[10];
```

위의 예에서처럼 명칭의 앞뒤를 괄호로 묶는 것은 함수 포인터 변수를 선언할 때도 사용됩니다. 배열 형식의 선언에 사용된 명칭을 괄호로 묶으면 어떤 덩어리에 대한 포인터 변수 선언을 의미합니다. 첫 번째 선언은 char* 타입인 변수 10개에 대한 배열 선언입니다. 두 번째 선언은 char* 타입인 10개의 변수 크기에 대한 하나의 메모리 덩어리에 대한 포인터 변수 선언입니다.

```
#include <stdio.h>
#include <string.h>

void main() {
    int dim = 4;

    char (*pchar)[10]; // 배열이 선언된 것이 아니라, pchar이 선언된 것입니다.

    pchar = new char[dim][10];
    strcpy(pchar[0], "gold");
    strcpy(pchar[1], "silver");
    strcpy(pchar[2], "copper");
    strcpy(pchar[3], "neck");
    printf("%s\n", pchar[0]);

    delete[] pchar;
}
```

출력 결과는 다음과 같습니다.

```
gold
```

실습문제

1 포인터의 포인터의 포인터를 사용하는 적절한 예를 설명하세요.

2 delete[] i와 delete i는 어떻게 다른지 설명하세요.

3 크기가 알려지지 않은 자료를 관리하려고 합니다. 이 자료에는 새로운 자료를 입력하거나 삭제가 가능해야 하며, 관리되는 자료를 모두 출력할 수 있어야 합니다. 이러한 자료를 관리하기 위한 구조를 설계하고 구현하세요? (힌트: 연결 리스트(linked list))

16 사용자 정의형, 열거형

C/C++는 사용자에게 필요한 형(type)을 정의(definition)할 수 있는 방법을 제공합니다. 형을 정의할 때는 이미 정의된 형을 이용할 수도 있고, 전혀 새로운 형을 정의할 수도 있습니다. 또한 C++의 구조체(structure)와 공용체(union), 클래스(class)는 동적인 형(dynamic type) – 형이 정적인 변수뿐만 아니라 함수도 포함 – 을 정의하는 기능을 제공합니다. 형을 정의할 때 사용하는 키워드에는 다음과 같은 것들이 있습니다.

- typedef
- enum
- struct
- union
- class

이 장에서는 typedef와 enum에 대해서 다루고, 다음 장에서 struct에 대해서 다룹니다. class는 '24장 C++의 구조체(structure)'에서 다루겠습니다.

 **typedef(TYPE DEFinition)**

typedef는 형을 정의하는 C++의 공식적인 키워드입니다. typedef를 이용하면 이미 존재하는 형들의 조합을 이용해서 새로운 형을 정의할 수 있습니다. 그렇다고 typedef를 #define과 같은 정도로 생각해서는 안 됩니다. typedef는 #define보다 막강합니다.

unsigned char는 일반적으로 **바이트(byte)**라고 부릅니다. 이제 unsigned char 형과 같은 byte 형을 정의해 봅시다. typedef를 이용하여 byte를 아래와 같이 정의할 수 있습니다.

```
typedef unsigned char byte;
```

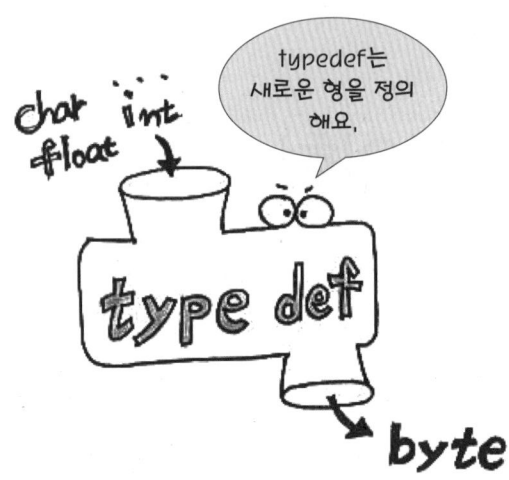

typedef는 형을 정의하는 문장(statement)이므로 끝에 세미콜론(;)이 필요합니다. 이때 마지막 단어가 형으로 정의된다는 것을 주의하세요.

```
typedef unsigned int WORD TYPE;
```

위의 문장은 unsigned int WORD를 TYPE으로 정의하려고 하기 때문에 컴파일 시간 에러가 발생합니다. 아래의 문장은 byte를 정의합니다.

```
typedef char byte;
```

위의 문장은 #define을 이용한 아래의 문장으로도 같은 효과를 낼 수 있습니다.

```
#define byte char
```

물론 typedef에 의해서 byte는 완전한 형으로 동작하지만, #define으로 정의한 byte는 char로 매크로 확장되는 것입니다. 어떤 것이 좋은 방법일까요? 이 경우는 프로그래머의 의도가 '형을 정의하는 것'이므로 #define보다 typedef를 사용하는 것이 좋습니다. 왜냐하면 원래의 의도를 자연스럽게 표현하는 것이 좋은 문장입니다.

이제 아래의 typedef 문장을 고려해 봅시다.

```
typedef unsigned char byte;
```

위의 문장에 대응하는 byte를 #define을 이용해서 아래와 같이 작성할 수 있습니다.

```
#define byte unsigned char
```

이 경우 #define은 byte를 unsigned char로 정의한 것이며, 전처리 명령문이므로 끝에 세미콜론(;)이 없어야 합니다.

길이가 40인 문자열을 관리하기 위해 41바이트의 문자열 배열을 형으로 정의할 수 있을까요? 아래와 같이 str40이라는 형을 정의할 수 있습니다.

```
typedef char str40[41];
```

위의 경우 str40이 형 이름(type name)이라는 것을 주의하세요. 배열이라는 특이성 때문에 첨자가 형의 이름 뒤에 위치하지만, 형의 이름은 str40입니다. 그러므로 크기가 41인 문자 배열 s를 다음과 같이 선언할 수 있습니다.

```
str40 s;
```

좀 더 특별한 형 정의는 함수 포인터형(function pointer type)을 정의하는 경우에도 발생합니다. 이것은 '함수 포인터'에서 자세히 다루도록 하겠습니다.

```
typedef long (*Fun)(long,long);
```

이 경우 형의 이름은 Fun입니다. 이것은 긴 2개의 정수를 파라미터로 받고 긴 정수를 리턴하는 함수 포인터 형입니다. 만약 typedef가 생략되면 long (*Fun)(long,long);처럼 되는데, 이 경우 함수 포인터 형의 Fun 변수를 선언한 것입니다. 즉 typedef가 있느냐, 없느냐에 따라 형 혹은 변수가 되는 것입니다.

아래의 예를 참고하세요.

```c
#include <stdio.h>
#include <conio.h>
#include <string.h>

typedef unsigned char byte;
typedef char str40[41];
typedef int (*Fun)();

void main() {
    byte i=65; // unsigned char i = 65;와 같습니다.
    str40 s; // char s[41];와 같습니다.
    Fun f; // int (*f)();와 같습니다.

    strcpy(s,"Hello World");
    f = getch; // getch()의 시작 주소를 f에 대입합니다.
    printf("%c, %s\n", i, s);
    (*f)(); // f가 가리키는 곳, 즉 getch()를 호출합니다.
}
```

결과는 다음과 같습니다.

`Hello World`

 ## 범위(scope)

typedef 등으로 정의한 형이 보이는 범위는 변수와 같습니다. 위의 예에서 typedef가 main( ) 안에서 정의되었다면, main( ) 안에서만 볼 수 있습니다. 다음의 예는 컴파일 시간 에러가 발생하는 예입니다. 에러를 수정해 보세요.

```c
#include <stdio.h>
#include <conio.h>
#include <string.h>

typedef char str40[41];
typedef int (*Fun)();

int f();

void main() {
    typedef unsigned char byte;
    byte i = 65;
    str40 s;
    Fun f;

    strcpy(s,"When I was a little boy");
    f = getch;
    printf("%c,%s\n", i, s);
    (*f)(); // 여기가 에러일까요?
}

int f() {
    static byte c=0; // 여기가 에러일까요?
    ++c;
    return c;
}
```

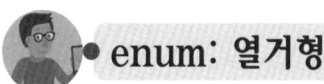

enum: 열거형

enum은 열거형(ENUMeration type)과 열거형 상수를 정의할 수 있습니다. 또한 열거형 변수를 선언할 수도 있습니다. enum의 문법은 다음과 같습니다.

```
enum [<tag_name>] {<constant_name> [= <value>], ...} [var_list];
```

[와]가 선택 사항을 나타낸다는 사실을 주의하세요. 〈와 〉는 사용자가 지정해야 하는 명칭(identifier)을 나타냅니다. 문법에서 보듯이 tag_name은 생략될 수 있고, 상수 이름의 값 〈value〉도 생략할 수 있으며, 상수 이름 〈constant_name〉은 반복할 수 있습니다. 마지막의 변수 리스트 var_list도 생략할 수 있습니다.

브레이스({ }) 안의 상수는 명시적인 초기화가 없으면, 0부터 차례대로 초기화됩니다. 아래의 문장은 sun부터 sat까지를 0부터 6까지 초기화합니다.

```
enum {sun, mon, tue, wed, thu, fri, sat};
```

이것은 다음과 같이 명시적인 초기화를 사용한 문장과 동일합니다.

```
enum {sun = 0, mon = 1, tue = 2, wed = 3, thu = 4, fri = 5, sat = 6};
```

아래와 같은 #define 매크로 문장으로도 똑같은 효과를 낼 수 있습니다.

```
#define sun  0
#define mon  1
#define tue  2
#define wed  3
#define thu  4
#define fri  5
#define sat  6
```

enum을 사용하는 몇 가지 예를 들어보면, 다음과 같습니다.

- enum {FALSE, TRUE} b;

FALSE와 TRUE 상수를 선언하고, 변수 b를 선언합니다. b는 FALSE 혹은 TRUE 값을 가질 수 있습니다.

- enum BOOLEAN {FALSE2, TRUE2} b2,b3;

FALSE2와 TRUE2 상수를 선언하고, BOOLEAN 형을 정의했으며, BOOLEAN 형의 변수 b2, b3을 선언했습니다. BOOLEAN이 형으로 정의되었으므로 BOOELAN i, j;처럼 변수 선언할 수 있습니다. b2, b3은 FALSE2, TRUE2 값을 가질 수 있습니다.

- enum BOOLEAN2 {FALSE3, TRUE3};

변수는 선언하지 않고 FALSE3과 TRUE3을 상수로 선언했으며, BOOLEAN2 형을 정의했습니다. 이제 BOOLEAN2 i, j;처럼 변수를 선언할 수 있습니다.

아래의 전체적인 예를 참고하세요.

```
#include <stdio.h>

enum {sun, mon, tue, wed, thu, fri, sat};
enum {FALSE, TRUE} b;
enum BOOLEAN {FALSE2, TRUE2} b2,b3;
enum BOOLEAN2 {FALSE3, TRUE3};

void main() {
    char str[][6] = {"false","true"};

    b = FALSE;
    b2 = FALSE2;
    b3 = TRUE2;

    BOOLEAN2 bValue;

    bValue = FALSE3;

    printf("%s,%s,%s,%s\n",str[b],str[b2],str[b3],str[bValue]);
    printf("%d,%d,%d\n",sun,sat,TRUE);
} // main
```

결과는 다음과 같습니다.

```
false,false,true,false
0,6,1
```

enum의 상수 값의 초기화가 생략되었을 때, 상수 값은 '이전 값+1'로 초기화됩니다. 아래의 예에서 B, C, BB와 BBB는 각각 2, 3, 11과 101로 초기화됩니다.

```
enum {A = 1, B, C, AA = 10, BB, AAA = 100, BBB};
```

하지만 위의 예에서처럼 enum을 사용하지는 마세요. 코드를 읽기 힘들게 만들므로 좋은 방법이 아닙니다.

 컴파일러의 입장

enum형의 변수가 enum에서 정의한 상수 이외의 값을 가질 수 있을까요?

```
enum BOOLEAN {FALSE, TRUE};
BOOLEAN b;
```

위의 예에서처럼 선언되었을 때 b에는 어떤 값을 대입할 수 있을까요? 물론 FALSE와 TRUE를 대입할 수 있으며, 각각은 정수 0, 1과 같습니다. 그렇다면 b에 100을 대입하는 다음의 문장은 어떤가요?

```
b = 100;
```

이전의 컴파일러에서는 위의 문장에서 에러가 발생하지 않았습니다. 하지만 C++14를 지원하는 비주얼 스튜디오 2013에서는 위의 에러가 발생하는데, 그것은 C++14가 강한 형태의 enum(strong typed enum)을 지원하기 때문입니다. 이제 명시적 변환을 사용해서 정수 값을 b에 대입하려고 시도해 봅시다.

```
b = (BOOLEAN) 100;
```

앞의 문장에서는 에러가 발생하지 않습니다. 실제로 컴파일러는 enum형을 정수형과 동일하게 취급합니다. 그러므로 정수 값 100을 대입할 수 있으며, sizeof(BOOLEAN)의 결과는 정수의 크기와 같은 4입니다.

하지만 b = (BOOLEAN)100;과 같은 문장은 피하는 것이 좋습니다. enum형은 특별히 열거된 상수 값만 가지도록 선언된 변수입니다. 프로그래머의 의도가 b에 TRUE 혹은 FALSE를 대입할 목적이었으므로 그렇게 사용해야 합니다.

enum형의 변수가 선언되었을 때 예전의 컴파일러에서는 (BOOLEAN)이라는 명시적 형 변환 없이도 정수 값을 enum형의 변수에 대입하는 것이 가능했습니다. C++14가 나오면서 enum의 이러한 오용을 막기 위해서 강한 형태의 enum(strong typed enum)이 추가되었습니다. 이제 enum class를 사용하면 enum에서 정의한 값으로만 변수를 초기화할 수 있게 되었습니다. 하지만 코드 호환성을 위해서 명시적 형 변환을 사용하는 경우 정수 값을 enum에 대입하는 것이 가능합니다.

 클래스에서 enum의 사용

아래의 예제는 클래스 안에서 선언된 const와 static, enum 상수를 초기화하는 방법을 보여주고 있습니다.

```cpp
#include <iostream>
#include <stdio.h>

class CTest {
public:
    const int c;
    enum { A=100, B=200 };
    int i;
    static int s;
    static const int s2 = 30;
```

```cpp
public:
    CTest(int t = 0):c(10) {
        i = t;
    }
    void Print() {
        printf("i = %d\n", i);
        printf("c = %d\n", c);
        printf("s = %d\n", s);
    }
}; // class CTest

int CTest::s = 20;

void main() {
    CTest c;

    c.Print();
    printf("%d\n", CTest::A);
} // main
```

위의 예에서처럼 클래스 안에서 enum 상수를 선언하여 쓰는 것이 일반적인 방법입니다. C++ 표준 스트림(stream) 라이브러리인 iostream도 많은 enum 상수를 포함하고 있습니다.

1 MFC(Microsoft Foundation Class)의 AppWizard가 생성한 코드를 보면, 대화상자(dialog box)의 ID를 위해 class 안에서 enum을 사용합니다. 왜 MFC의 설계자들은 이러한 방법을 선택한 것일까요?

2 enum으로 상수를 정의하면 #define으로 상수를 정의하는 것보다 어떤 장점이 있나요?
   (힌트: 문서화)

3 클래스를 정의하면서 클래스 안에서 상수를 정의하는 방법이 enum 외에 또 있나요?

17 구조체(structure), 공용체(union)

이전 장에서 형이 같은 여러 개의 변수를 선언하기 위해 배열을 사용하는 것을 배웠습니다. 이 장에서는 다른 형의 변수(필드 이름(field name))를 하나의 대표 이름(구조체(structure) 변수 이름)으로 참조하는 방법에 대해서 배웁니다.

이 장의 주제는 매우 중요합니다. 다소 어려워지는 포인터에 관한 주제를 다시 접할 것이며, 구조체를 파라미터로 전달하는 효과적인 방법을 배울 것입니다. 또한 구조체가 함수의 파라미터로 전달되거나, 함수가 구조체를 리턴할 때 생기는 **복사 문제**에 대한 해결책에 대해서도 잠시 언급할 것입니다. 또한 구조체의 필드 혹은 멤버를 접근하기 위한 새로운 2개의 연산자 .와 ->에 대해서도 배울 것입니다.

구조체가 중요한 이유는 C++에서 추가된 진보된 기능 때문인데, 이 사항은 '24장 C++의 구조체(structure)'에서 다룰 것입니다. 또한 반드시 구조체 혹은 클래스로 구현 가능한 몇 가지 문제에 대해서도 언급할 것입니다.

 **왜 이것이 필요한가?**

회원 관리 프로그램을 만들 경우 한 사람의 정보를 관리하기 위해 3개의 변수를 사용한다고 가정해 봅시다.

```
char name[10];
short age;
long phone;
```

 실제 프로그램에서는 전화번호를 관리하기 위해 문자열 배열을 사용하는 것이 훨씬 유동적일 것입니다. 여기서는 좀 더 쉽게 설명하기 위해 long을 사용합니다.

name, age, phone은 각각 회원의 이름과 나이, 전화번호를 나타내기 위해 사용할 예정입니다. 만약 이러한 회원이 100여 명 정도 예상된다면, 프로그램에서 아래처럼 변수 선언을 할 수 있습니다.

```
char name[100][10];
short age[100];
long phone[100];
```

위의 변수들을 사용해서 프로그램을 코딩할 수 없는 것은 아니지만, 다음과 같은 문제점이 있습니다.

① name[0], age[0]과 phone[0]이 연관되어 있다는 문법적 지시가 필요합니다. 이것은 사소한 문제가 아닙니다. 왜 회원 한 사람을 나타내기 위한 3개의 변수가 서로 관련이 없는 것처럼 선언되어야 하나요!
② 100명 이상의 회원은 관리할 수 없습니다. 또한 회원 수가 10명이라면, 배열의 나머지 공간은 낭비됩니다.

구조체(structure)는 이러한 2개의 문제점에 대해 모두 해결책을 제시합니다. 즉 **구조체**는 서로 다른 형을 가지는 여러 개의 변수들을 1개의 대표 이름으로 참조할 수 있는 문법적 구조를 제공합니다. 또한 구조체를 이용한 연결 리스트(linked list)는 메모리 관리 문제에 대해서도 해결책을 제공합니다.

 **문법**

```
struct [tag-name] { 필드 선언;[...] } [변수 리스트];
```

구조체는 키워드 struct로 시작합니다. struct 다음에 구조체의 태그 이름(tag name)을 명시합니다. 태그는 형을 정의하는 경우의 선택 사항이므로 생략해도 좋습니다. 그래서 이것은 C에서 구조체 이름이 아니라 태그 이름입니다.

구조체를 이루는 필드의 선언은 struct 다음의 연속하는 대괄호 사이에 필드 수만큼 명시합니다. 필드 선언 후에 변수들의 리스트가 올 수도 있지만, 형만 정의하는 경우 변수 리스트는 생략 가능합니다. 마지막에 문장의 끝을 나타내는 세미콜론(;)은 반드시 명시되어야 합니다. 이것은 구조체가 블록이 아니라 문장이기 때문입니다.

```
struct _PEOPLE { short age; char name[10]; long phone; } i;
```

위의 예에서는 age, name과 phone을 필드로 가지는 새로운 구조체형 struct _PEOPLE을 정의(definition)한 것입니다.

 _PEOPLE을 정의한 것이 아니라 struct _PEOPLE을 정의한 것에 주의하세요.

또한 구조체 struct _PEOPLE 형의 변수 i를 선언(declaration)한 것입니다. 태그 이름 _PEOPLE을 생략하거나 변수 선언 i를 생략한 형태의 각각의 의미는 다음과 같습니다.

```
struct { short age; char name[10]; long phone; }    i;
```
　　　　　　　　　　①　　　　　　　　　　　　　　　②

위의 예에서는 태그 이름을 생략하였습니다. 그러므로 새로운 형은 정의되지 않았으며, ①은 형 이름에 해당하고, ②는 변수 이름에 해당합니다(변수를 선언하기 위해서 *형 이름 변수 이름;* 형태의 문법을 사용한 것에 주목하세요. 이것은 정수형 변수를 선언하기 위해 *int i;*라고 사용한 것과 같은 형태입니다).

```
struct _PEOPLE { short age; char name[10]; long phone; };
```

앞의 예에서는 태그 이름은 생략하지 않았고, 변수 이름은 생략한 형태입니다. 이것은 struct _PEOPLE이라는 새로운 형을 정의(type definition)한 것입니다. 이제 형을 정의했으므로 변수를 선언하기 위해서 다음과 같이 사용할 수 있습니다.

```
struct _PEOPLE  i;
```

①은 형 이름에 해당하고, ②는 변수 이름에 해당하는 타당한 변수 선언문장입니다.

> 프로그램의 확장자가 CPP라면, struct를 생략할 수 있습니다. 즉, C++ 컴파일러에서 struct _PEOPLE i;는 _PEOPLE i;와 같습니다. 하지만 확장자가 C일 경우, struct를 생략하면 컴파일 시간 에러가 발생합니다. C++에서 struct를 생략해도 _PEOPLE이 형 이름 역할을 하므로 _PEOPLE은 더 이상 태그 이름이 아니라 형 이름입니다.

이 밖에도 typedef를 이용하여 구조체형을 정의하는 방법과 몇 가지 세부 사항이 있지만, '24장 C++의 구조체(structure)'에서 자세히 언급하므로 이 장에서는 더 이상 언급하지 않습니다.

그렇다면 일반적으로 프로그래머들은 어떤 형태를 많이 사용할까요? 대부분은 마지막 형식인 태그 이름을 사용해서 형을 정의한 후 이 형의 변수를 다른 줄에 선언하는 방식을 많이 사용합니다. 이것은 '형을 정의하는 것'과 '변수를 선언하는 것'을 분리해 주므로 좋은 습관입니다. 아래의 예를 참고하세요.

```
struct _PEOPLE {
    short age;
    char name[10];
    long phone;
}; // struct _PEOPLE형을 정의합니다. 보기 좋게 필드를 각각의 줄에 명시합니다.
        :
struct _PEOPLE i; // struct _PEOPLE형의 변수 i를 선언합니다.
```

> C++에서는 _PEOPLE i;처럼 변수를 선언합니다.

17 구조체(structure), 공용체(union)

구조체 멤버 참조 연산자: .과 ->

.과 ->는 각각 점 연산자(dot operator), 화살표 연산자(arrow operator)라고 읽습니다.

구조체의 필드를 접근(access)하기 위해 구조체 멤버 접근 연산자(member access operator)인 .과 ->를 사용합니다. 아래의 예를 참고하세요.

```
struct _PEOPLE {
    short age;
    char name[10];
    long phone;
}; // struct _PEOPLE
struct _PEOPLE i;
```

위의 예에서 struct _PEOPLE형의 구조체 i의 멤버 age를 접근하기 위해 다음과 같이 사용할 수 있습니다.

```
i.age
```

즉 멤버를 접근하기 위해서 〈구조체 변수 이름〉.〈필드 이름〉 형태의 문법을 사용합니다. 아래의 예를 참고하세요.

```
#include <stdio.h>
#include <string.h>

struct _PEOPLE {
    short age;
    char name[10];
    long phone;
}; // struct _PEOPLE

void main() {
    struct _PEOPLE i;

    i.age=48; // 이런 어느새 50을 바라보네요.
    strcpy(i.name,"seojt");
    i.phone=9408690;
    printf("%d, %s, %ld\n", i.age, i.name, i.phone);
} // main
```

 i.name = "seojt";라고 사용하려면, 앞장의 포인터와 배열에 대한 주제를 다시 살펴보세요.

출력 결과는 다음과 같습니다.

```
48,seojt,9408690
```

 ## 구조체 포인터가 사용된 경우

```
struct _PEOPLE* i;
```

위의 예에서처럼 구조체 포인터가 선언된 경우에는 어떻게 멤버를 참조할까요?

```
i.age = 48;
```

위의 문장에서처럼 .를 사용하는 것은 명백한 잘못입니다. i는 구조체가 아니라 구조체를 가리키는 포인터이기 때문입니다. 즉 *i가 구조체이지, i는 4바이트의 메모리를 차지하는 포인터인 것입니다. 그러므로, i에 대해서는 아래와 같이 사용해야 합니다.

```
(*i).age = 48;
```

구조체 포인터 변수에 대해서 *를 사용할 때, 연산자의 우선순위 문제 때문에 괄호를 반드시 명시해야 합니다. 그리고, i가 가리키는 곳이 아직 메모리가 할당되지 않았으므로 먼저 메모리를 할당해야 합니다.

```
i = (struct _PEOPLE*)malloc(sizeof(struct _PEOPLE));
(*i).age = 48;
```

17 구조체(structure), 공용체(union)

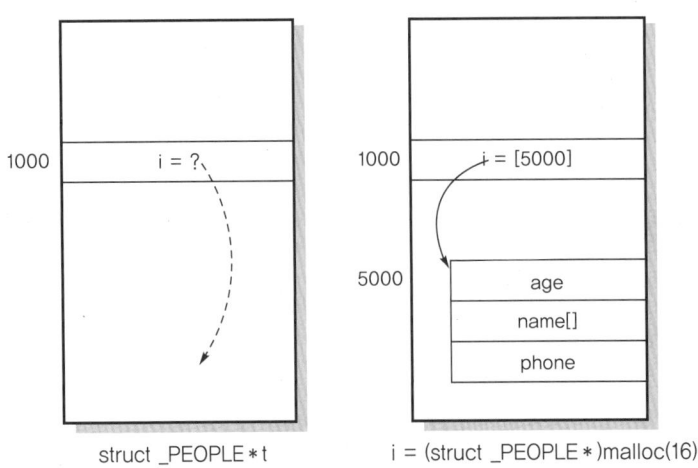

 구조체의 메모리 할당: i는 포인터이므로 4바이트 할당되었습니다. malloc( )에 의해 16바이트 (2+10+4)의 메모리가 할당되고 이곳을 i가 가리킵니다.

물론 프로그램의 적당한 곳에서 malloc( )으로 할당된 메모리를 free(i)를 사용하여 해제해야 합니다.

 malloc( )의 리턴 값을 왜 (struct _PEOPLE*)로 형 변환(type conversion)해야 하나요?

int * i와 char * i는 다릅니다. i가 같은 값 [1000]을 가지더라도 덧셈 혹은 뺄셈에 의해 의미가 달라집니다. int * i인 경우 i+1은 [1004]입니다. 이것은 i+1이 i에서 1만큼 떨어진 정수(interger)를 의미하므로 컴파일러가 그렇게 해석하는 것입니다. char * i인 경우 i+1은 [1001]입니다. 이것은 i에서 1만큼 떨어진 문자(character)를 의미합니다. 비록 포인터에 가감 연산이 취해지지 않더라도 컴파일러는 이러한 불법 형 변환에 대해 경고합니다. 만약 프로그램에서 포인터에 대해 가감 연산이 필요 없다면, 단순히 이런 경고를 무시해도 좋지만, 정확한 형 변환은 좋은 프로그램 습관입니다. 위의 예에서 i+1은 i 값을 16 증가시켜야 할 것입니다. 그러므로 (struct _PEOPLE*)의 형 변환은 반드시 필요합니다.

구조체 포인터가 사용된 경우의 같은 예는 아래와 같습니다.

```
#include <stdio.h>
#include <string.h>
#include <stdlib.h>

struct _PEOPLE {
    short age;
    char name[10];
    long phone;
}; // struct _PEOPLE

void main() {
    struct _PEOPLE* i;

    i=(struct _PEOPLE*)malloc(sizeof(struct _PEOPLE));
    (*i).age = 31;
    strcpy((*i).name, "seojt");
    (*i).phone=9408690L;
    printf("%d,%s,%ld\n",(*i).age,(*i).name,(*i).phone);
    free(i);
} // main()
```

출력 결과는 다음과 같습니다.

```
31,seojt,9408690
```

구조체를 포인터로 사용하는 경우가 많습니다. 그렇다면 i의 멤버 age를 참조하기 위해 다음과 같이 입력하는 것은 번거로운 일입니다.

```
(*i).age
```

그래서 특별하게 구조체 포인터에 대해서는 앞의 예를 다음과 같이 화살표 연산자를 사용해서 작성할 수 있습니다.

```
i -> age
```

즉 .은 구조체의 멤버를 참조하기 위해서 사용하며, ->는 구조체 포인터인 경우에 멤버를 참조하기 위해서 사용합니다. 화살표 연산자를 이용하여 수정할 소스는 아래와 같습니다.

```c
#include <stdio.h>
#include <string.h>
#include <stdlib.h>

struct _PEOPLE {
    short age;
    char name[10];
    long phone;
}; // struct _PEOPLE

void main() {
    struct _PEOPLE* i;

    i = (struct _PEOPLE*)malloc(sizeof(struct _PEOPLE));
    i->age = 31;
    strcpy(i->name,"seojt");
    i -> phone = 9408690L;
    printf("%d,%s,%ld\n", i -> age, i -> name, i -> phone);
    free(i);
} // main()
```

한 가지 의문이 생깁니다. 실제로 컴파일러가 구조체의 멤버 참조를 어떻게 해석하는 것일까요? 이것은 컴파일러 구현자의 입장에서 소스 코드를 바라보는 것입니다. C++의 this 포인터를 이해하기 위해서 이러한 내부 구조를 살펴보는 것은 많은 도움이 됩니다.

구조체의 필드를 바라보는 컴파일러의 입장: 상대 주소(offset address)

`i.age`

위의 문장에서 표현식의 주소는 컴파일러에 의해 다음과 같이 해석됩니다.

`[i의 시작 주소] + 0`

이것은 age가 구조체의 첫 번째 멤버이기 때문에 그렇습니다.

`i.name`

위의 문장에서 name은 age 필드가 차지하는 메모리 공간을 건너뛰고 위치하고 있을 것입니다. age가 차지하는 메모리 공간은 2바이트이므로 다음과 같이 해석됩니다.

`[i의 시작 주소] + 2`

컴파일러는 컴파일 시간에 필드의 형(type)을 정확하게 알고 있으므로 이러한 상대 주소의 계산이 가능합니다.

`i.phone`

phone을 접근하는 위의 문장은 다음과 같이 주소를 결정할 것입니다.

`[i의 시작 주소] + 12`

그렇다면 i의 시작 주소는 어떻게 결정되는 것일까요? 만약 구조체가 전역 변수라면, 실행 파일이 메모리에 로드될 때 주소가 결정됩니다. 구조체가 지역 변수라서 스택에 할당된다면, [i의 시작 주소]도 스택 포인터를 참조하는 상대 주소로 표현됩니다.

```
{
    int k;
    struct _PEOPLE i;
            ⋮
}
```

위의 경우 [i의 시작 주소]는 [stack-pointer+4]로 해석될 것입니다. 왜냐하면 이미 정수 k가 4바이트의 메모리를 차지하고 있기 때문입니다. 물론 k의 주소는 [stack-pointer+0]으로 해석될 것입니다.

아래의 예를 봅시다.

```c
#include <stdio.h>
#include <string.h>
#include <stdlib.h>

struct _PEOPLE {
    short age;
    char name[10];
    long phone;
}; // struct _PEOPLE

void main() {
    struct _PEOPLE* i;

    i=(struct _PEOPLE*)malloc(sizeof(struct _PEOPLE));

    (*i).age = 31;
    strcpy((*i).name,"seojt");
    (*i).phone = 9408690L;

    char* cp = (char*)i; // i의 주소를 복사한다.
    printf("%c\n",*(cp + 2)); // 구조체에서 3번째 문자를 가리킨다.

    free(i);
} // main()
```

출력 결과는 다음과 같습니다.

s

Disc의 프로그램은 항상 메모리에 상대 주소로 로딩되죠!

이 예에서는 직접 구조체의 상대 주소를 계산하는 방식을 보여줍니다. 이해가 잘 되지 않는다면, 위의 메모리 구조 설명을 참고해서 직접 메모리 상태를 그려보세요.

구조체는 배열 형식으로 초기화할 수 있습니다. 필드가 여러 개이므로 블록으로 묶어 초기화해야 합니다. 예를 들어 struct _PEOPLE 형의 p를 초기화하기 위해 다음과 같이 사용합니다.

```
struct _PEOPLE p = {31, "seojt", 9408690L};
```

이것은 p.age, p.name과 p.phone을 각각 주어진 값으로 초기화합니다.

구조체의 전달(passing), 리턴(return)

구조체를 함수의 파라미터로 전달할 때는 어떻게 할까요? 아래의 예에서 struct _PEOPLE을 파라미터로 전달받고, struct _PEOPLE을 리턴하는 함수 IncAge()를 볼 수 있습니다. IncAge()는 struct _PEOPLE의 필드 age 값을 1 증가시킵니다.

```c
#include <stdio.h>
#include <string.h>
#include <stdlib.h>

struct _PEOPLE {
    short age;
    char name[10];
    long phone;
}; // struct _PEOPLE

struct _PEOPLE IncAge(struct _PEOPLE p) {
    p.age++;
    return p;
}

void main() {
    struct _PEOPLE p = {31,"seojt",9408690L};

    IncAge(p);
    printf("%d\n", p.age);
} // main()
```

17 구조체(structure), 공용체(union)

예측하다시피 프로그램의 실행 결과는 다음과 같습니다.

`31`

우리는 이 문제를 '9장 scanf( )에 &가 필요한 이유: 스택 동작'에서 이 문제를 다루었습니다. 프로그램의 스택 동작(stack operation) 때문에 age는 32로 증가하지 않습니다. 프로그램을 고치는 방법은 두 가지가 있습니다. 아래와 같이 소스를 수정해 봅시다.

```
        ⋮
void main() {
    struct _PEOPLE p = {31,"seojt",9408690L};

    p = IncAge(p);  // 임시 구조체의 복사가 일어납니다. 비효율적입니다.
    printf("%d\n", p.age);
} // main()
```

이제 출력 결과는 다음과 같습니다.

`32`

문제가 해결된 것처럼 보이지만, 증가된 메모리 복사(memory copy)의 오버헤드를 감수해야 합니다. 스택 동작에 의한 메모리의 구조를 자세히 그려보겠습니다. 아래 그림의 내용을 완전히 이해하는 것은 매우 중요합니다.

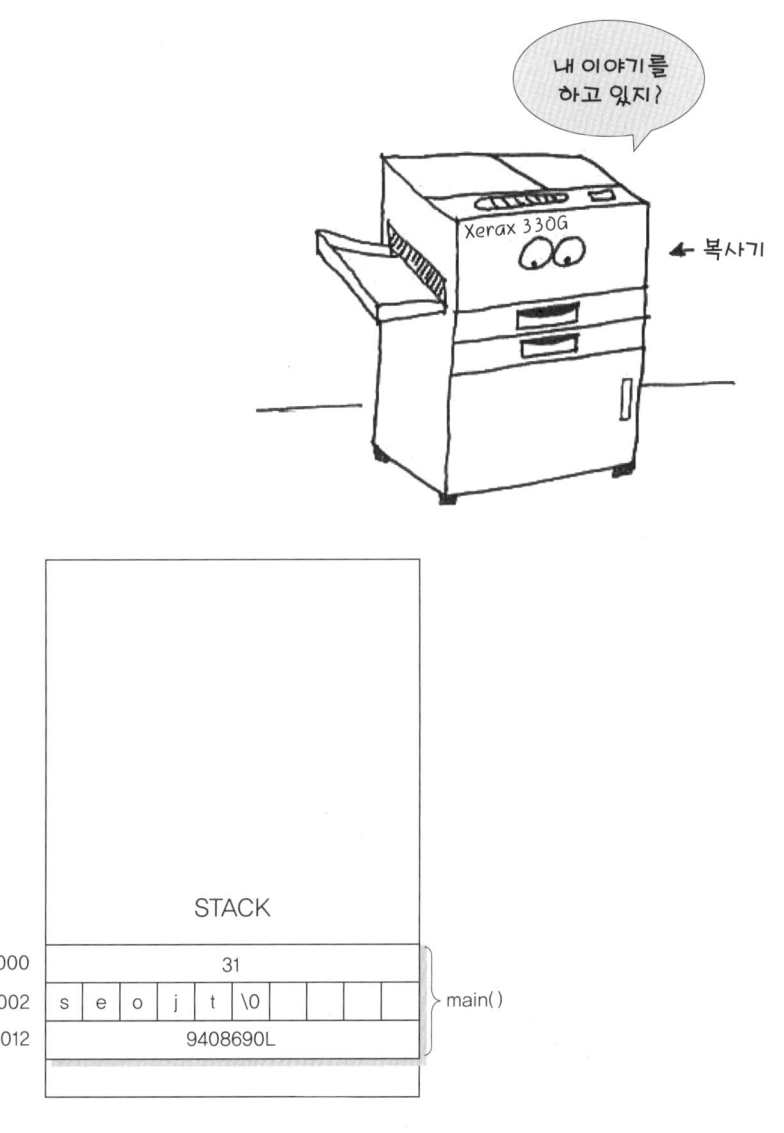

```
                    STACK
5000                 31
5002    s  e  o  j  t  \0              } main( )
5012              9408690L
```

 main( )에 struct _PEOPLE의 변수 p의 할당: struct _PEOPLE p = {31,"seojt",9408690L}; 에 의해 스택에 p가 할당됩니다. name과 phone의 상대 주소가 +2, +12로 결정되었다는 것에 주목하세요.

main( )에 구조체 p가 할당되었습니다. p의 주소가 [5000]이면, 멤버 name과 phone의 상대 주소는 각각 [5002]와 [5012]일 것입니다.

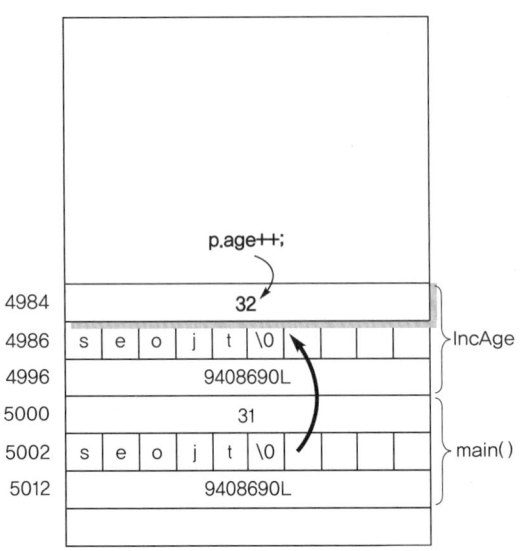

 main( )의 p가 IncAge( )를 위해 스택에 복사됩니다: IncAge( )의 호출은 main( )의 p를 값에 의한 전달(call by value)로 스택에 복사합니다. IncAge( )에서 p.age++;는 복사된(main( )의 p가 아닌) 구조체의 멤버 age를 갱신합니다.

IncAge(p)는 main( )의 구조체 p를 스택에 복사하여 함수 IncAge( )에 전달합니다. p.age++는 main( )의 p가 아닌 IncAge( )의 p를 조작합니다.

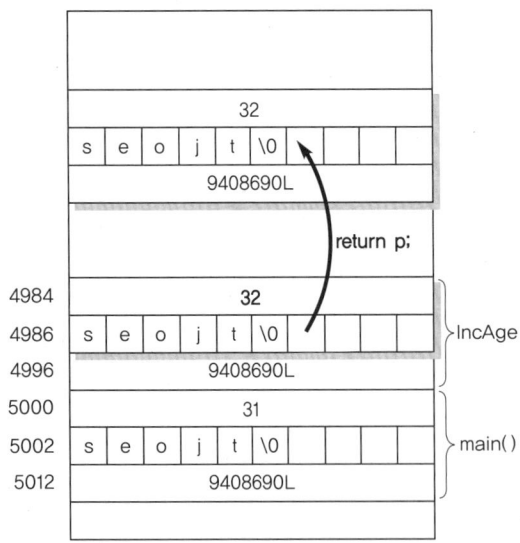

 return p;의 실행: return p; 문장은 구조체 리턴을 위해 임시 구조체를 메모리에 할당합니다.

함수가 구조체를 리턴하는 사실에 주목하세요. 함수가 객체(object)나 구조체를 리턴하는 경우 값을 복사하기 위해 임시 메모리에 복사됩니다. 즉 return p;가 실행되기 전에 IncAge( )의 구조체 p의 내용이 임시 메모리에 복사됩니다. 이러한 복사 동작을 **비트 단위 복사(bitwise copy)**라고 합니다.

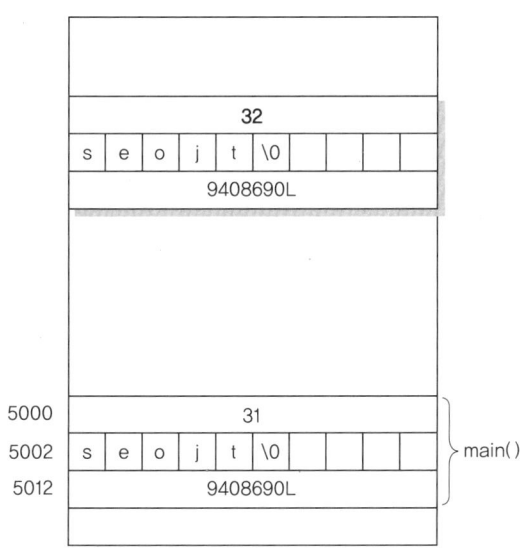

 IncAge( )가 리턴했을 때의 메모리 상태: IncAge( )가 종료한 후에도 임시 메모리에 할당된 임시 구조체(temporary structure)는 메모리에 남아 있습니다.

이제 IncAge( )를 리턴한 상태이지만, 임시 구조체는 여전히 메모리에 남아 있습니다.

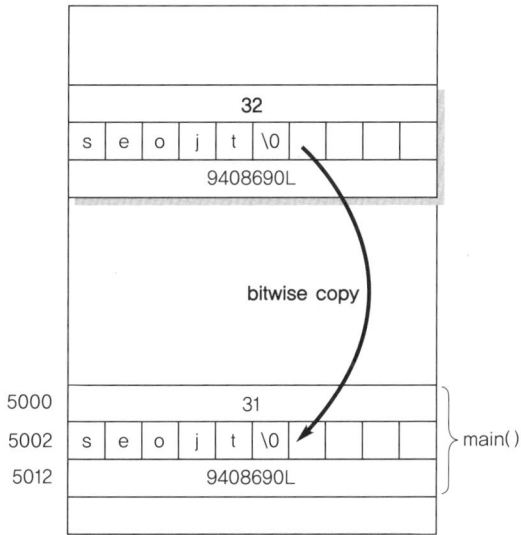

17) 구조체(structure), 공용체(union)　**399**

대입문에 의해 임시 구조체가 main( )의 p에 복사됩니다: p = IncAge(p);에 사용된 대입문은 IncAge( )가 생성한 임시 객체를 main( )의 p에 1비트 까지 틀림없이(bitwise) 복사합니다.

main( )에서 IncAge( )가 리턴한 구조체 p(실제로는 잠시 복사된 임시 구조체)가 main( ) 의 p로 비트 단위 복사됩니다.

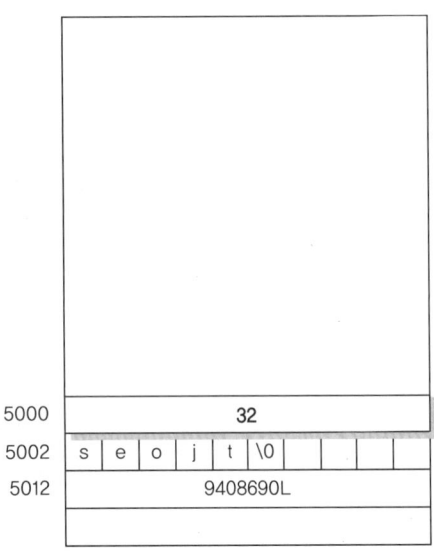

 이제 main( )의 p가 변경되었습니다: main( )의 p.age는 32로 갱신된 것이 확실하지만, 구조체가 여러번 복사되는 오버헤드 때문에 수행 능력(performance)이 떨어진 것은 확실합니다.

이제 main( )의 p가 갱신되었습니다. 하지만 구조체의 멤버를 갱신하기 위해 두 번이나 구조체를 복사한 사실에 주목하세요. 이것은 오버헤드이므로 줄이는 것이 바람직합니다.

 실제 최신 컴파일러들은 '리턴 값 최적화(return value optimization)'라는 방법을 적용하여 복사 동작이 최소한 일어나도록 코드를 생성합니다. 이것은 RVO로 알려져 있으며, 이 책에서는 자세히 다루지 않습니다.

두 번째 해결 방법은 무엇일까요? 이것은 앞 장에서의 포인터를 사용해서 해결한 방법입니다.

구조체(C++의 객체)는 대부분의 경우 주소만 전달하는 것이 바람직합니다. 다음의 수정된 예를 참고하세요.

```
#include <stdio.h>
#include <string.h>

struct _PEOPLE {
    short age;
    char name[10];
    long phone;
}; // struct _PEOPLE

void IncAge(struct _PEOPLE* p) {
    p -> age++;
}

void main() {
    struct _PEOPLE p = {31,"seojt",9408690L};

    IncAge(&p);
    printf("%d\n",p.age);
} // main()
```

출력 결과는 다음과 같습니다.

```
32
```

구조체의 주소를 나타내기 위해 &p를 사용하였습니다. 이것은 그림에서 보듯이 [5000]을 의미합니다. IncAge()의 선언도 포인터를 위해 적절하게 변경되었습니다.

구조체를 값으로 전달하는 것은 오버헤드가 있으므로 예전의 볼랜드 컴파일러는 이러한 경우를 위해 경고를 출력하도록 설정할 수 있었습니다.

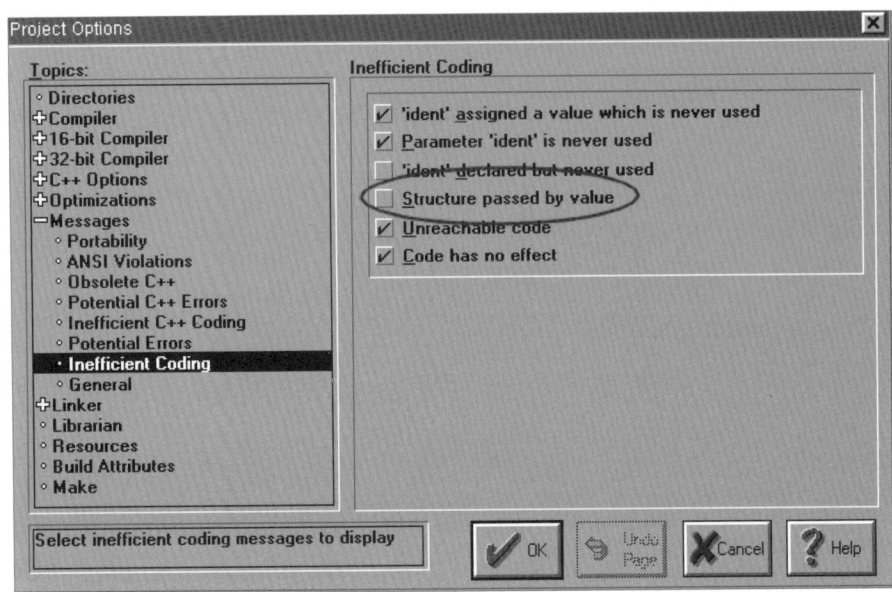

▲ Borland C++ 4.5의 프로젝트 옵션 대화상자: 구조체가 값으로 전달되는 경우 경고를 출력하도록 설정할 수 있습니다.

구조체를 함수의 파라미터로 전달하는 경우 다음과 같이 조언할 수 있습니다.

"가능하면 구조체를 값으로 전달하지 말고 대신 구조체의 주소를 전달하세요.
만약 C++를 사용한다면, 구조체의 참조를 전달하세요."

구조체를 리턴하는 함수를 만들어야 한다면, 다음과 같이 조언할 수 있습니다.

"가능하다면 구조체를 값으로 리턴하는 함수를 만들지 말고 대신
구조체의 레퍼런스(reference)를 리턴하세요."

레퍼런스에 관한 사항은 C++를 다루는 책을 참고하세요.

 비트 필드 구조체(bit-field structure)

구조체의 필드를 사용자가 정의한 임의 크기의 비트로 설정할 수 있습니다. 이러한 구조체를 <u>비트 필드 구조체(bit-field structure)</u>라고 합니다. 즉 비트 필드 구조체는 <u>기본형(basic type)이 아닌 임의 크기의 비트를 필드</u>로 가집니다. 비트 필드를 선언하기 위해서 다음과 같은 문법을 사용합니다.

```
type-specifier [bitfield-id] : width;
```

위의 문법에서 `type-specifier` 위치에는 정수 호환형인 `char`, `unsigned char`, `int`와 `unsigned int`만 올 수 있습니다. 콜론(:) 다음에 비트의 크기를 명시합니다. `bitfield-id`에는 비트 필드 변수의 이름을 적습니다. 공간만 확보할 목적이라면, id는 생략해도 좋습니다. 아래의 예를 참고하세요.

```
struct SBitfield {
    unsigned i : 1;
    unsigned j : 1;
    unsigned k : 2;
};
```

17 구조체(structure), 공용체(union)

위의 예는 필드로 i, j와 k를 가지는 구조체 struct SBitfield를 정의한 것입니다. i, j와 k를 위해 메모리는 각각 1비트, 1비트와 2비트가 할당됩니다.

실제 비트 필드 구조체의 메모리는 얼마나 할당되는 것일까요? 이것은 컴파일러 환경 설정에 따라 다르지만, 일반적으로 워드 정렬(word align)됩니다. 위의 예에서는 모두 4비트가 필요하고, Win32 환경이므로 4바이트가 할당될 것입니다.

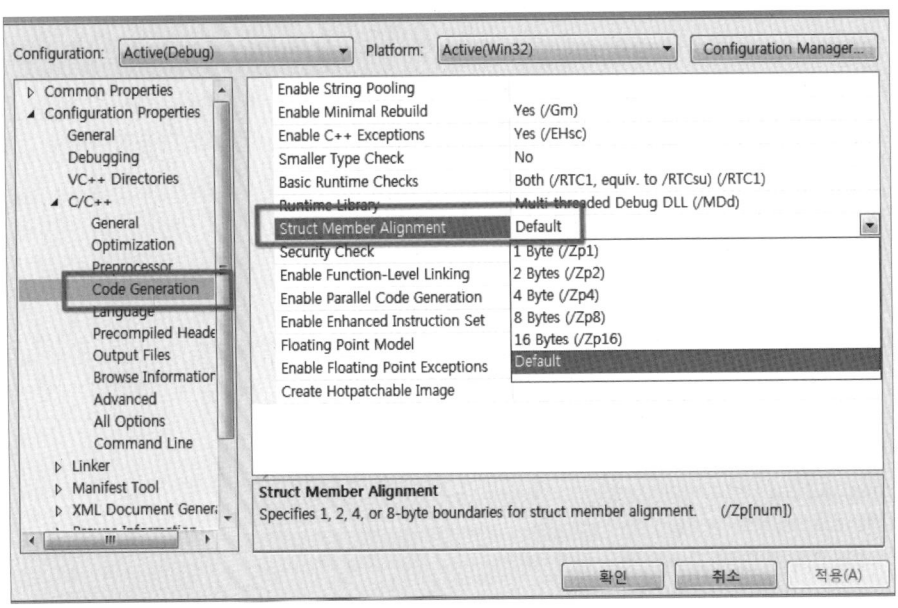

▲ 비주얼 스튜디오 2013의 구조체 멤버 정렬 설정: 구조체 멤버 간의 정렬 방식은 컴파일러의 환경설정에서 지정할 수 있습니다.

아래의 예는 비트 필드 구조체가 워드 정렬될 때의 적당한 사용을 보여줍니다.

```c
#include <stdio.h>
#include <string.h>

struct SBitField {
    int         i : 2;
    unsigned    j : 5;
    int           : 4;
    int         k : 1;
    unsigned    m : 4;
};

void main() {
    struct SBitField s;

    s.i = -1;
    s.j = 2;
    s.k = 0;
    s.m = 15;
    printf("%d,%d,%d,%d\n", s.i, s.j, s.k, s.m);
} // main()
```

출력 결과는 다음과 같습니다.

```
-1, 2, 0, 15
```

위의 예에서 s는 다음과 같이 메모리가 할당됩니다.

15	14	13	12	11	10	9	8	7	6	5	4	3	2	1	0
m				k	(unused)			j						i	

```c
struct SBitfield {
    int         j : 2;
    unsigned    j : 5;
    int           : 4;
    int         k : 1;
    unsigned    m : 4;
};
```

비트 필드 구조체 SBitField의 메모리 구조: 전체의 크기가 계산되어 워드 정렬된 후 하위 비트 (LSB)에서 상위 비트(MSB)로 비트 필드가 채워집니다.

앞의 예에서 다음과 같이 i가 표현할 수 있는 값보다 큰 값을 대입하면 어떻게 될까요?

```
s.i = 6;
```

비트 필드 i가 int로 선언되었다는 것에 주의하세요. 6의 2진수 표현은 4비트로 다음과 같습니다.

```
0110
```

이 표현의 하위 2비트만 s.i에 대입됩니다. 그러므로 s.i는 10이고, 10은 2의 보수 표현으로 -2이므로 -2가 출력될 것입니다. 컴파일러가 이러한 사항에 대해서 경고(warning)를 출력하지 않으므로 주의해서 사용해야 합니다.

비트 필드와 일반 형을 섞어서 구조체를 만들 수 있나요?

만들 수 있습니다. 공용체와 결합하면, 필드의 일부를 꺼내오기 위해서 비트 필드를 사용할 수도 있습니다. 실수의 표현법을 2진수로 표현하기 위해서 '4장 데이터형'에서 이러한 기교를 사용한 적이 있습니다. 그러므로 아래의 문장은 문법적 에러가 아닙니다.

```
struct SWow {
    unsigned i : 4;
    int j;
};
```

 **진보된 주제: 구조체 필드, 자기 참조 구조체와 구조체 배열**

구조체가 다른 구조체를 필드로 포함하는 것을 허락하는 것은 당연합니다. 구조체의 필드는 이미 정의된 모든 형이 필드로 선언될 수 있기 때문입니다. 또한 구조체 자체가 형을 정의하는 문장이므로 구조체 안에서 구조체를 정의하면서 필드를 선언하는 것도 가능합니다. 아래의 예를 참고하세요.

```
struct SInner {
    int i;
    char j;
};

struct SOuter {
    struct SInner i;
    int j;
};
```

위의 예에서는 이미 정의된 구조체 SInner를 struct SOuter에서 필드로 포함하고 있습니다. struct SOuter의 변수는 (4+1)+4바이트의 메모리가 할당될 것입니다. 가시성(visibility)을 설명하기 위해 struct SInner와 struct SOuter에서 같은 i, j를 사용한 것에 주목하세요. struct SInner와 struct SOuter는 다른 블록 범위를 가지므로 같은 필드 이름을 사용하는 것이 가능합니다.

위의 예는 다음처럼 적어도 에러가 아닙니다.

```
struct SOuter {
    struct SInner {
        int i;
        char j;
    } i;
    int j;
};
```

각각의 필드를 참조하기 위해 멤버 접근 연산자를 반복하여 사용합니다. [객체 이름].i.j는 struct SOuter의 struct SInner의 j를 접근합니다. [객체 이름].j는 SOuter의 멤버를 접근합니다. 아래의 예를 참고하세요.

```c
#include <stdio.h>
#include <string.h>

struct SOuter {
    struct SInner {
        int i;
        char j;
    } i;
    int j;
};

void main() {
    struct SOuter i;

    i.i.i = 1;
    i.i.j = 'A';
    i.j = 2;
    printf("%d,%c,%d\n",i.i.i, i.i.j, i.j);
} // main()
```

출력 결과는 다음과 같습니다.

```
1,A,2
```

위의 예에서 main()과 SOuter, SInner의 블록 범위는 다르므로 같은 이름 i를 사용하는 것은 타당합니다. 즉 구조체의 필드는 자신만의 **구조체 이름 공간**(structure name space)을 형성합니다.

 불완전 선언(Incomplete Declaration)

아래 그림과 같은 구조체를 생각해 봅시다.

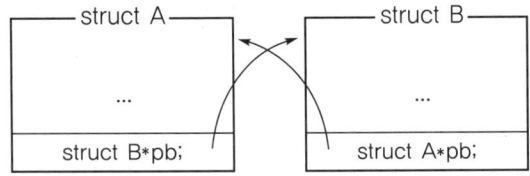

▲ 상호 참조 구조체: 구조체가 다른 구조체의 시작 주소를 필드 가지므로 struct A를 정의할 때 struct B는 정의되어 있어야 합니다. 반대로 struct B를 정의할 때 struct A는 정의되어 있어야 합니다. 그렇다면 이러한 모순을 어떻게 해결할 수 있을까요?

struct A는 struct B*를 필드로 가지고, struct B는 struct A*를 필드로 가집니다. 변수는 쓰기 전에 선언되어야 하므로, struct A의 struct B* pb;를 필드로 선언하려면 struct B는 이미 정의되어 있어야 합니다. struct B 입장에서는 struct A가 정의되어 있어야 합니다. 이러한 상호 참조의 모순을 해결하기 위해서 구조체나 클래스는 불완전 선언(incomplete declaration) 및 자기 참조(self referencing)를 허용합니다. 아래의 예를 참고하세요.

```
struct A; // 불완전 선언
struct B {
    int i;
    struct A* pa;
};
struct A {
    char c;
    struct B* pb; // struct B는 이미 정의되어 있습니다.
};
```

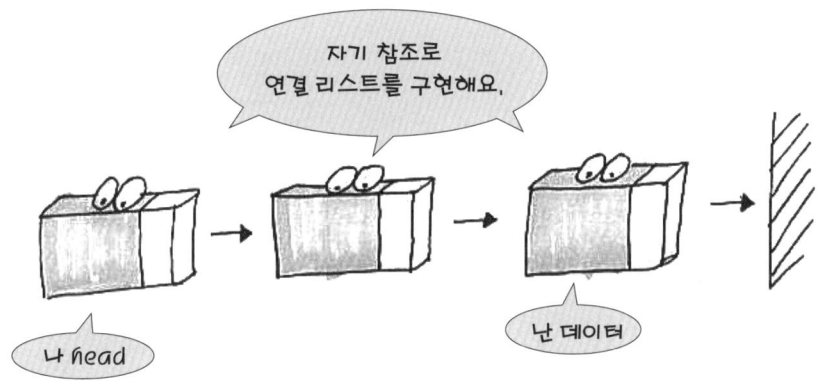

위의 코드 조각(program segment)에서 struct A;를 불완전 선언이라고 합니다. 만약 이 문장이 없으면, struct B에서 struct A를 접근하는 아래의 문장은 컴파일 시간 에러가 발생할 것입니다.

```
struct A* pa;
```

그러므로 struct A 타입의 변수 포인터를 선언하기 전에 아래와 같이 미리 선언해서 이 구조체가 다른 곳에서 정의될 것이라고 선언해 주는 것입니다.

```
struct A;
```

불완전 선언된 구조체는 물론 아래에서 완전하게 정의되어야 합니다.
struct A를 정의할 때 struct B의 포인터를 선언하는 아래의 문장은 에러가 아닙니다.

```
struct B* pb;
```

왜냐하면 이미 struct B가 struct A보다 위에 먼저 정의되어 있기 때문입니다. 아래의 예를 참고하세요.

```
#include <stdio.h>
#include <string.h>

struct A;
struct B {
    int i;
    struct A* pa;
};
struct A {
    char c;
    struct B* pb;
};

void main() {
    struct A a;
    struct B b;
    a.c = 'A';
    a.pb = &b;
    b.i = 65;
    b.pa = &a;
    printf("%c, %c\n", a.c, b.pa -> c);
} // main()
```

실행 결과는 다음과 같습니다.

A, A

놀랍게도 구조체나 클래스는 **자기 참조**(self referencing)도 허락합니다. 자기 참조는 자신이 완전히 정의되기 전에 자신의 **포인터**를 필드로 가지는 기능을 의미합니다.

```
struct A {
    char c;
    struct A* pa;
};
```

위의 예에서 struct A는 자신의 완전한 정의가 끝나기 전에 자신에 대한 포인터를 멤버로 선언하고 있습니다.

```
struct A*
```

이것은 에러가 아니며, 연결 리스트(linked list) 등을 구현하기 위해 자주 사용하는 일반적인 방법입니다. 그렇다면 struct A* 타입의 변수는 메모리에 얼마나 할당되는 것일까요? 위의 예에서는 char c;를 위해 1바이트, struct A* pa;를 위해 4바이트, 모두 5바이트가 할당됩니다.

주의하세요! struct A* pa;는 포인터 변수이기 때문에 위의 형식으로 정의가 가능한 것입니다. 그러므로 아래의 문장은 문법적 에러입니다.

```
struct A {
    char c;
    struct A a;  // struct A가 struct A를 필드로 포함할 수는 없습니다.
};
```

자기 참조 구조체의 완전한 아래의 예를 참고하세요.

```c
#include <stdio.h>
#include <string.h>

struct A {
    char c;
    struct A* pa; // struct A pa;처럼 사용하는 것은 불법입니다.
};

void main() {
    struct A a1,a2;
    a1.c = 'A';
    a2.c = 'B';
    a1.pa = &a2;
    a2.pa = &a1;
    printf("%c,%c\n",a1.c,a2.pa -> c);
}//main()
```

출력 결과는 다음과 같습니다.

```
A,A
```

자기 참조 구조체가 연결 리스트(linked list)를 구현하기 위해 자주 사용해도 이 장에서는 연결 리스트를 다루지 않습니다. 이 주제는 실습문제 2와 3을 참고하세요.

이제 구조체에 대해서 살펴볼 마지막 사항은 **구조체 배열(structure array)**에 관한 것입니다. 이 주제는 C++의 **객체 배열(object array)**과도 연관된 사항이므로 완전하게 이해해야 합니다.

배열을 선언하는 문법을 기억해 보면 그것은 다음과 같습니다.

〈형 이름〉   〈배열 이름〉[〈배열의 크기〉];

예를 들면 아래의 문장은 10개의 정수를 가지는 대표 이름 a로 참조하는 배열을 선언한 것입니다.

```
int a[10];
```

물론 배열의 대표 이름 a는 정수형 변수가 아니며, a[0], ⋯ , a[9]가 정수형 변수입니다.

```
struct A {
    int age;
    char name[10];
}; // struct A
```

위와 같은 구조체 형이 정의된 경우 struct A가 형이므로 struct A형의 크기 3인 배열을 선언하려면 다음과 같이 할 수 있습니다.

```
struct A a[3];
```

여기서 a는 구조체 배열이 시작하는 곳의 시작 주소이며, a[0], a[1]과 a[2]가 구조체입니다. 그러므로 a[0]의 age를 접근하기 위해서는 다음과 같이 사용해야 합니다.

```
a[0].age
```

구조체 배열을 초기화하는 문법에 주의하며, 아래의 예를 참고하세요.

```
#include <stdio.h>

struct A {
    int age;
    char name[10];
}; // struct A

void main() {
    struct A a[3]={{48,"seojt"},{48,"jangwg"},{48,"parkmg"}};
    int i;

    for (i = 0;i < 3;++i) {
        printf("%s, %d\n", a[i].name, a[i].age);
    } // for
} / main()
```

출력 결과는 다음과 같습니다.

```
seojt, 48
jangwg, 48
parkmg, 48
```

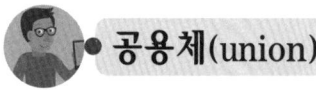 공용체(union)

공용체(union)는 그 이름이 의미하듯이, 필드들의 합집합(union)만큼만 메모리에 할당되는 것을 제외하고, 구조체와 문법과 사용법이 모두 같습니다. 아래의 예를 봅시다.

```
union A {
    char c;
    short i;
    long l;
};
```

union A의 필드는 각각 1바이트, 2바이트, 그리고 4바이트를 차지합니다. 만약 이것이 구조체라면, 메모리는 7바이트가 할당되겠지만, 공용체는 자신의 필드 중 가장 큰 필드만큼만 메모리에 할당됩니다. 즉 union A는 4바이트의 메모리가 할당됩니다.

왜 공용체를 사용하는 것일까요? 이유는 다음과 같습니다.

① 서로 배타적인 변수를 사용할 때
② 어떤 이유로 메모리에 존재하는 같은 변수의 다른 해석이 필요할 때

위의 예에서 보듯이 문자형(char), 정수형(short), 그리고 긴 정수형(long integer) 변수가 필요한데, 이들 변수가 동시에 사용될 일은 없다고 합시다. 다음과 같이 변수 선언을 할 수 있습니다.

```
char c;
short i;
long l;
```

위의 선언이 틀린 것은 아니지만, 메모리의 효율 측면에서 아주 약간 비효율적인 것은 사실입니다. 즉 c, i와 l이 동시에 사용될 일은 없지만, 모두 메모리를 차지하고 있는 것이지요. 그러므로 가장 긴 l(4바이트)만큼만 메모리를 확보하고, c와 i는 이 4바이트 영역을 공유하는 것입니다.

서로 배타적인 변수들을 공용체 선언으로 둘러싸면, 이 문제를 해결할 수 있습니다. 즉 공용체를 정의한 후 다음과 같이 공용체 타입의 변수 a를 선언합니다.

```
union A a;
```

그러면 a를 위해서 4바이트의 메모리가 할당됩니다. 그리고 문자형을 할당하여 쓰려면, a.c를, 긴 정수형을 할당하여 쓰려면, a.l을 사용하면 됩니다.

```
a.l = 0x12345678L;
```

위의 예처럼 값을 대입했을 때 실제 공용체 메모리는 어떻게 할당되는 것일까요? 아래의 그림을 봅시다.

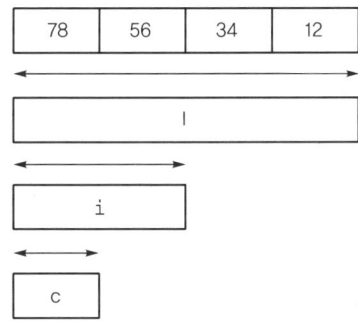

 공용체의 메모리 할당: 각 필드가 메모리를 공유하여 할당됩니다. i80x 계열의 CPU는 역워드를 사용하므로 이 점을 주의하세요.

앞의 그림에서 보듯이 필드 l을 초기화했지만, i와 c의 값도 영향을 받는 것을 주목하세요. 또한 역워드 형식이어서 0x12345678은 거꾸로 저장되어 있습니다. 즉 l이 [1000]에서 [1003]에 할당되었다면, 12는 [1003]번지에 들어 있습니다.

위의 예에서 비록 a.l을 초기화했지만, a.i를 찍으면 얼마가 찍힐까요? 다음과 같은 값이 인쇄될 것입니다.

```
5678
```

역워드 형식이므로 메모리 있는 상위 바이트 56을 정수 i의 상위 바이트로 취급한다는 것에 주의하세요. 아래의 예를 봅시다.

```c
#include <stdio.h>

union A {
    char c;
    short i;
    long l;
};

void main() {
    union A a;

    a.l = 0x12345678L;
    printf("%x, %x\n", a.c, a.i);
} // main()
```

출력 결과는 다음과 같습니다.

```
78,5678
```

앞의 예처럼 공용체를 이용하면 필드를 다른 방식으로 이용하는 코드를 쉽게 작성할 수 있습니다. 즉 사용자가 a.1을 초기화했어도 a.1의 상위 2바이트, 상위 1바이트를 읽는 코드를 작성한 것이 되는데, 이것이 공용체를 사용하는 두 번째 목적입니다.

이전에 살펴보았던 부동소수의 2진수 표현을 인쇄하는 프로그램은 이러한 공용체 사용의 좋은 예입니다.

공용체를 사용하여 부동소수의 내부 표현을 2진수로 출력하는 소스 코드를 다시 리스트합니다. 소스의 설명은 '4. 변수는 쓰기 전에 선언해야 한다: 데이터 형(data type)'을 참고하세요.

```
#include <iostream>

struct BITFIELD { // 이것은 구조체 중에서도 비트 필드 구조체입니다.
    unsigned m0:4; // 아주 특별해 보이는 이 선언은 m0가 4비트를 차지하는 것을 의미합니다.
    unsigned m1:4;
    unsigned m2:4;
    unsigned m3:4;
    unsigned m4:4;
    unsigned m5:4;
    unsigned m6:4;
    unsigned m7:4;
}; // struct BITFIELD

union FLOAT {// 공용체는 필드(field)를 공유합니다. f와 b는 같은 메모리를 공유하며, f의 크기가
             // 32비트, b의 크기도 32비트이므로 실제 메모리는 64비트가 아닌 32비트가 할당됩니다.
    float f;
    BITFIELD b;
}; // union FLOAT

void main() {
    FLOAT f;

    f.f=-14.24;
    // cout은 ostream 클래스의 전역 객체입니다.
    cout << f.f << endl << hex; // endl과 hex 조작자(manupulator)는 출력 스트림의 형식
                                // (format)을 조작합니다. 이것은 '함수 포인터'에서 자세히 다룹니다.
    cout << f.b.m0 << f.b.m1 << f.b.m2 << f.b.m3
         << f.b.m4 << f.b.m5 << f.b.m6 << f.b.m7 << endl;
    // output: c163d70a
}
```

무명 공용체(anonymous union)

```
union A a;
a.l = 0x12345678L;
```

앞 코드를 다시 고려해 봅시다. 사용자의 목적은 l과 c, i를 사용할 목적이었지만, 더미(dummy)로 a를 사용한 것이라고 가정해 봅시다. a를 사용하지 않고 c, i와 l을 바로 사용할 수 있을까요? C++ 표준은 이러한 공용체를 지원하는데, 이것을 **무명 공용체**(anonymous union)라고 합니다. 무명 공용체는 태그 이름과 변수 이름을 가질 수 없습니다. 아래의 예를 참고하세요.

```c
#include <stdio.h>

void main() {
    union {  // 무명 공용체
        char c;
        short i;
        long l;
    };

    l = 0x12345678L; // 이제 l 및 i, c를 그냥 사용할 수 있습니다.
    printf("%x, %x\n", c, i);
} // main()
```

출력 결과는 다음과 같습니다.

```
78,5678
```

무명 공용체를 위와 같은 사용할 수 있지만, 대부분의 무명 공용체는 다른 구조체의 내부에서 사용합니다.

연결 리스트(linked list)

자기 참조 구조체를 이용하여, 연결 리스트를 만드는 것은 실습문제 2를 참고하세요. 그리고 구조체에 관한 추가된 내용들을 '24장 C++의 구조체(structure)'에서 참고할 수 있습니다.

1. 구조체가 값으로 전달될 때의 그림을 참고하여, 구조체 포인터가 전달될 때의 메모리 상태를 차례대로 그려보세요.

2. 자기 참조 구조체를 이용하여 단일 연결 리스트(singly linked list)를 구현하세요.

3. 자기 참조 구조체를 이용하여 이중 연결 리스트(doubly linked list)를 구현하세요.

18 파일(file)

대부분의 C 책에서 파일을 다룰 때 **파일 구조체 포인터(FILE* fp)**를 사용하는 fopen( ) 계열의 함수에 대해서 다룹니다. 하지만, 이 장에서는 이러한 표준 함수(이러한 종류의 함수는 ISO 표준이므로 모든 컴파일러에서 지원합니다)를 다루지 않을 것입니다. 대신 **핸들(handle)**을 사용하는 핸들계 파일 조작함수들만 다룰 것입니다. 핸들을 사용하는 파일 조작 함수들은 플랫폼에 의존적인 것들을 모두 처리해야 하므로 자동으로 처리되는 표준 함수보다 직관적입니다.

이 책에서는 C++ 표준 라이브러리인 iostream에서 지원하는 파일 조작 클래스(fstream)에 대해서도 언급하지 않을 것입니다. 이것은 C++ 표준 라이브러리이므로 C++에 대한 책들을 참고하기 바랍니다.

핸들(handle)이란?

핸들(handle)은 <u>운영체제(operating system)가 특정한 정보를 유지하기 위해서 메모리에 유지하는 정보 블록(information block)에 붙여진 고유 번호(unique number)</u>를 말합니다. 예를 들면 프로세스 컨트롤 블록(PCBs, Process Control Blocks)은 실행중인 각각의 프로세스의 정보를 관리합니다.

 디스크의 프로그램인 실행중인 상태를 '프로세스(process)' 혹은 '태스크(task)'라고 합니다. CPU를 뜻하는 '프로세서(processor)'와 구분하세요.

여러 개의 프로세스가 있다면 이러한 블록은 여러 가지 메모리에 유지되고 있을 것입니다. 이러한 각각의 블록은 고유한 번호가 할당되는데, 이 번호를 프로세스 핸들(process

handle)이라고 합니다. 사용자가 프로세스에 관한 정보를 알려면, 운영체제의 함수를 호출할 때 첫 번째 파라미터로 프로세스 핸들을 넘겨주어야 합니다.

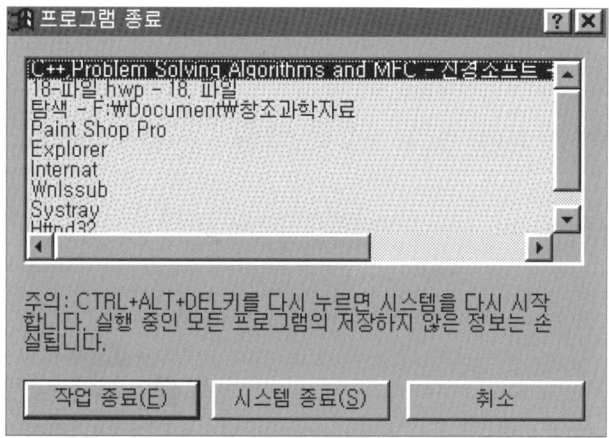

▲ 윈도우 95의 프로세스 상태: 〈 Ctrl + Alt + Delete 〉을 누르면, 프로세스 컨트롤 블록에서 정보를 읽어와서 태스크 윈도우(task window)를 보여 줍니다.

독자들은 왜 이 번호를 '핸들(handle)'이라고 하는지 이제 이해할 것입니다. 핸들 번호만 알면, (자동차 핸들로 자동차를 조작하듯이) 이 핸들이 가리키는 정보를 마음대로 조작(handle)할 수 있습니다.

사용자가 파일에 관해서 입·출력 작업을 하기 위해서는 먼저 **파일 핸들**(file handle)을 얻어야 합니다. 파일 핸들은 **파일 제어 블록**(FCBs, File Control Blocks)에 붙여진 고유 번호입니다. 파일 제어 블록은 디스크에 존재하는 파일에 입·출력 작업을 하기 위해서 다양한 정보를 유지하고 있는 블록입니다.

 이러한 정보 블록은 운영체제에 의해 구조체로 표현됩니다. 또한 이러한 구조체들은 효율적인 구조의 리스트로 관리됩니다.

파일 제어 블록을 메모리에 할당한 다음, 디스크 파일에 관한 정보로 이 구조체 블록의 필드를 초기화하는 것을 파일을 연다(open a file)고 합니다.

```
open("파일 이름", "파일 모드");
```

앞의 open 함수는 파일을 엽니다. 물론 이 함수의 파라미터로 열려고 하는 파일 이름, 파일 입·출력 모드(file I/O mode)를 설정해 주어야 합니다.

파일에 관한 함수는 크게 다음과 같이 구분할 수 있습니다. 함수의 이름은 컴파일러에 따라 차이가 날 수 있지만, 비슷합니다.

> 파일의 현재 읽고 쓰는 위치를 가리키는 <u>정수형 변수</u>를 '파일 포인터(file pointer)'라고 합니다.

① 파일 열기(open), 닫기(close) 함수
② 파일 입·출력(read/write) 함수
③ 파일 포인터(file pointer) 조작 함수
④ 기타(etc.) 함수

[1] 파일 열기(open), 닫기(close) 함수

파일 제어 블록을 할당하고 핸들을 얻는 것을 '파일을 연다'고 하며, 메모리에 할당된 파일 제어 블록을 해제하는 것을 '파일을 닫는다'고 합니다. open( ), close( )가 각각 이 일을 담당합니다. open( )은 파일 핸들을 리턴하고, close( )는 파일 핸들을 파라미터로 받아야 합니다.

[2] 파일 입·출력(read/write) 함수

파일 제어 블록의 핸들을 이용해서 디스크 파일로부터 읽고(read( )), 쓰는(write( )) 일을 하는 함수들입니다. 이러한 함수들의 첫 번째 파라미터는 파일 핸들이어야 합니다.

[3] 파일 포인터(file pointer) 조작 함수

파일 포인터의 위치를 설정하는 함수들입니다. 파일 포인터를 처음으로 혹은 끝으로 옮기거나 특정한 위치로 이동시킵니다. lseek( ), seek( ) 등의 함수가 있습니다.

실제 입·출력 함수들은 파일 포인터를 기준으로 작업합니다. 예를 들면 read( ) 함수는 현재 파일 포인터가 가리키는 곳에서 읽기를 시작합니다.

④ 기타(etc.) 함수

파일의 끝인지를 검사하는 eof( ), 파일의 길이를 구하는 getlength( ), 파일의 크기를 변경시키는 chgsize( ), 파일을 제거하는 remove( ), 파일 모드를 설정하는 setmode( )와 파일을 락(lock)시키는 lock( ) 등이 있습니다.

 파일의 사용

실제로 프로그램에서 파일을 어떻게 사용해야 하는지 살펴봅시다. 제일 먼저 open( )을 사용하여 파일 제어 블록(FCB)을 할당받고 핸들을 얻어야 합니다. 예를 들면 'C:\Windows\Win.ini' 파일을 이진 파일(binary file)로 읽고 쓰기 위해서 열려면 다음 문장을 사용합니다.

 이진 파일과 텍스트 파일(text file)에 관한 주제는 이 장의 뒤에서 설명합니다.

```
int handle;
handle = open("c:\\windows\\win.ini",O_RDWR|O_BINARY);
```

open( )의 첫 번째 파라미터는 파일명이며, 두 번째 파라미터는 파일 모드를 비트 플래그로 설정합니다. 이러한 함수들과 O_RDWR(Open ReaD and WRite 등의 상수를 사용하기 위해서는 다음처럼 필요한 헤더 파일들을 include해야 합니다.

```
#include <io.h>
#include <fcntl.h>
#include <sys/stat.h>
```

open( )의 리턴 값을 받기 위해 단지 정수(integer)만 사용했다는 것에 주목하세요. 다른 인자는 필요 없습니다.

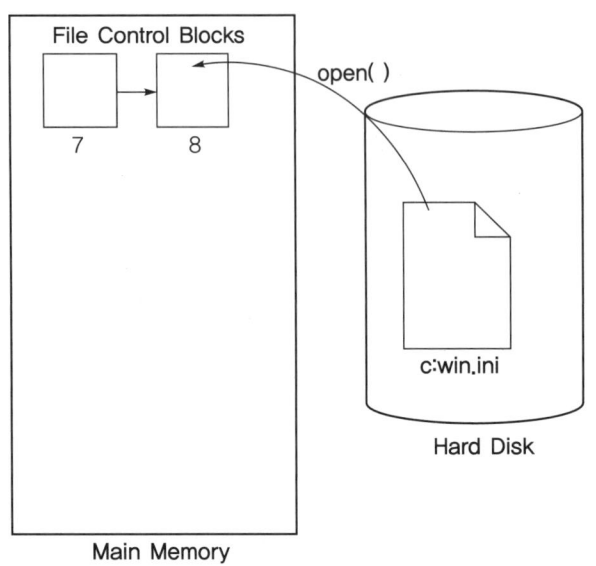

 open( )의 동작: 디스크에 존재하는 파일의 정보를 새로 할당한 FCB에 채웁니다. 그리고 핸들(이 경우 8)을 리턴합니다. 디스크에 파일이 없거나, FCB를 할당할 공간이 없는 등의 에러가 발생한 경우 open( )은 -1(0xFFFF)을 리턴합니다. 이렇게 할당한 FCB 블록은 후에 close( )를 사용하여 해제해야 합니다.

이제 파일에 관한 정보가 FCB에 채워졌고, 파일 핸들(예를 들면 8)을 알고 있으므로 파일에 입·출력을 할 수 있습니다.

```
unsigned char c;
read(handle,&c,1);
```

예를 들면 위의 예는 파일에서 1바이트를 읽어 c에 저장합니다. read( )의 파라미터는 처음부터 각각 다음 정보를 인자로 명시해 주어야 합니다.

> 파일 핸들, 파일에서 내용을 읽을 메모리 주소, 읽을 바이트 크기

위의 예에서 c에는 무엇이 읽힐까요? win.ini 파일의 첫 번째 바이트가 읽히는데, 대부분의 경우에 그것은 '['입니다.

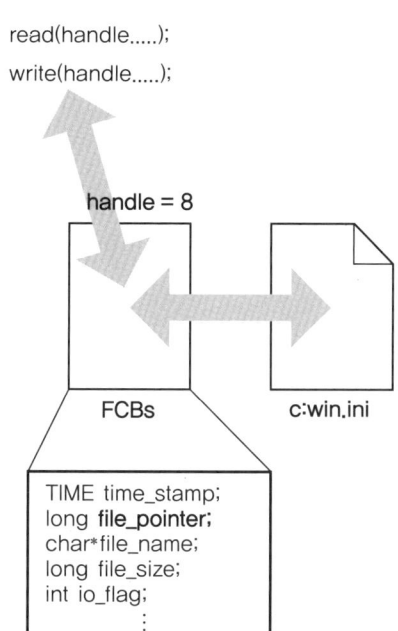

contents of a FCB

 read( ), write( )의 동작: read( )와 write( ) 등의 입·출력 함수는 첫 번째 파라미터에서 명시된 파일 핸들(8)을 이용하여 실제 디스크의 파일에 입·출력을 합니다. 파일 핸들이 가리키는 파일 제어 블록(FCB)에는 입·출력에 필요한 모든 정보들이 들어 있습니다.

이 프로그램을 구동했을 때 win.ini 파일의 앞의 일부분은 다음과 같습니다.

```
[windows]
NullPort = None
ScreenSaveActive = 1
ScreenSaveTimeOut = 300
SkipMouseRedetect = 0
device=HP DeskJet 890C Series,HPRDJC06,LPT1:

[Desktop]
Wallpaper=(없음)
       :
```

 win.ini 파일의 일부분

파일에 관한 입·출력 작업이 모두 끝났다면, FCB를 다시 운영체제에게 되돌려주어야 합니다. 따라서 close( )를 사용하여 다음과 같이 첫 번째 파라미터로 파일 핸들을 명시합니다.

```
close(handle);
```

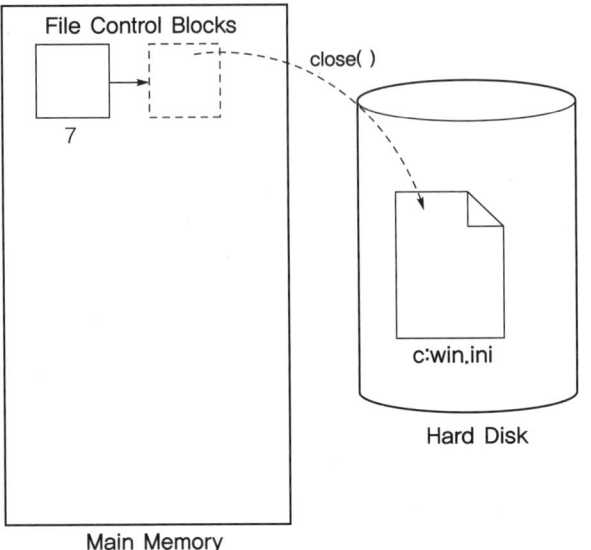

close( )의 동작: close( )는 운영체제에 할당된 FCB를 다른 파일이 사용할 수 있도록 메모리에서 해제합니다. win.ini 파일에 관한 정보는 이제 참조할 수 없습니다.

위의 동작을 코딩한 아래의 예를 참고하세요.

```c
#include <stdio.h>
#include <string.h>
#include <io.h>
#include <fcntl.h>
#include <sys/stat.h>

void main(){
    int handle;
    unsigned char c;

    handle = open("c:\\windows\\win.ini",O_RDWR|O_BINARY);
    if (handle == -1) return;
    read(handle,&c,1);
    printf("%c", c);
    close(handle);
} // main()
```

출력 결과는 다음과 같습니다.

앞의 예에서 read(handle,&c,1);에 의해 읽힌 문자는 win.ini 파일의 첫 번째 문자인 '['입니다.

read( )를 두 번 더 호출하여 main( )의 소스를 다음과 같이 수정해 보겠습니다.

```
    ⋮
    if (handle == -1) return;
    read(handle, &c, 1);
    printf("%c", c);
    read(handle, &c, 1);
    printf("%c", c);
    read(handle, &c, 1);
    printf("%c", c);
    close(handle);
} // main()
```

출력 결과는 다음과 같습니다.

즉 두 번째 read( ) 호출은 w를 읽었고, 세 번째 read( ) 호출은 i를 읽었습니다. 어떻게 이것이 가능할까요?

파일 포인터(file pointer)

FCB에 유지되는 중요한 멤버 중 하나가 바로 **파일 포인터**(FP, File Pointer)입니다. 파일 포인터는 일반적으로 4바이트 정수로 유지되는데, 파일에서 입·출력 작업이 일어나야 할 파일의 처음에서 상대 주소(relative address)를 가리킵니다.

파일을 여는 순간 FP는 0으로 초기화됩니다. 이것은 입·출력이 파일의 처음에서 일어나야 함을 가리킵니다.

```
read(handle, &c, 1)
```

위의 함수는 자세하게 다음과 같이 동작합니다.

"handle이 가리키는 FCB에서 FP를 읽은 후, FP가 가리키는 곳에서 1바이트를 &c로 복사하고, FP를 1 증가시킵니다."

즉 read( )와 write( ) 등의 함수는 자동으로 FP를 증가시킵니다. 파일에 읽거나 쓰는 일 없이 FP를 조작하려면, lseek( ) 등의 파일 포인터 조작 함수를 사용해야 합니다.

```
char s[10];
read(handle,s,10);
```

은 어떻게 동작할까요?

"현재 FP가 가리키는 곳에서 10바이트를 s로 복사합니다. 그러면 FP는 10 증가합니다."

이제 3개의 연속된 read( ) 함수가 왜 [wi를 읽었는지 이해할 것입니다. 최종적으로 win.ini 파일을 모두 화면에 출력하는 프로그램을 만들 것이지만, 더 진행하기 전에 이진 파일과 텍스트 파일의 차이점을 알아봅시다.

이진 파일 vs. 텍스트 파일

이전의 볼랜드 컴파일러에서는 표준 함수 printf( )와 유사한 cprintf( ) 함수가 있었습니다.

옛날의 화면(console)은 컬러를 지원하지 않았지만, 도스를 기반으로 하는 IBM의 새로운 컬러 모니터는 텍스트 모드에서 16컬러를 지원했습니다. 그러면 색을 지원하도록 printf( )를 수정해야 할까요? 그렇지 않습니다. printf( )는 색을 지원하지 않는 표준함수이므로 이 함수를 수정할 수 없습니다. 그래서 볼랜드는 자사의 컴파일러에 색을 지원하면서 printf( )와 똑같이 동작하는 아래의 함수들을 추가했습니다.

```
cprintf(), cscanf()
```

 이러한 함수들은 conio.h를 포함시켜야 사용할 수 있습니다.

첫 글자 c는 아마도 Color를 의미하는데, 이런 종류의 함수가 도스 이외에는 동작하지 않는다는 것을 알고 있어야 합니다.

볼랜드 컴파일러로 생성한 아래의 프로그램은 hello를 흰색(WHITE)으로, 다음 줄에 world를 밝은 초록색(LIGHTGREEN)으로 출력하는 소스입니다. 출력 결과에 주목하세요. 조금은 당황스러울 것입니다.

```c
#include <conio.h>

void main() {
    textcolor(WHITE);
    cprintf("hello\n");
    textcolor(LIGHTGREEN);
    cprintf("world\n");
}
```

출력 결과는 다음과 같습니다.

```
hello
     world
```

왜 world는 두 번째 줄의 처음에서 시작하지 않았을까요? 왜냐하면 cprintf( )는 표준 함수가 아니므로, 윈도우 플랫폼에서 \n을 줄바꿈(return)으로 해석한 것이 아니라 단순히 커서를 다음 줄로 이동시키는 문자로 해석했기 때문입니다. 윈도우 플랫폼에서는 커서를 다음 줄의 처음으로 옮기기 위해서는 \r\n처럼 표현해야 합니다.

 **고전(oldest), 그러나 ASCII**

세계 표준 7비트 코드인 ASCII(American Standard Code for Information Interchange)를 다시 다룰 때가 되었습니다. 이 코드는 유니코드가 대중화된 지금에도 하위 호환을 위해서 여전히 표준인 코드입니다.

ASCII는 7비트 코드이며, 표준입니다. 이것은 $2^7 = 128$개의 서로 다른 문자를 표현할 수 있으므로 키보드의 100여 개의 서로 다른 문자를 유일하게 표현할 수 있습니다.

 PC는 8비트 단위의 기본 코드를 사용하므로(이것의 이유에 대해서는 앞 장에서 설명했습니다), ASCII도 8비트로 확장되었습니다. 실제 이러한 확장 아스키(Extended ASCII)는 IBM에서 정한 회사 코드였지만, IBM 호환 PC가 대중화되면서 확장 아스키도 모든 PC가 지원했습니다. 하지만 표준은 아니므로 윈도우에서 이러한 확장 아스키는 더 이상 지원하지 않습니다. 윈도우가 사용하는 유니코드의 하위 7비트는 아스키와 호환됩니다. 유니코드를 직접 입력하는 방법은 없을까요? 지금 메모장(notepad.exe)을 실행해 보세요. 그리고 Alt 키를 누른 채로, 숫자 키패드(numeric keypad: 화살표와 숫자가 같이 있는 키판)의 '0', '6', '5'를 차례대로 누른 다음, Alt 키를 뗍니다. 메모장에는 'A'가 찍힙니다. 이런 식으로 'B', 'a' 등도 입력할 수 있습니다. 도스 창에서는 아스키를 지원하므로 Alt + '6', '5'처럼 눌러야 합니다.

이러한 아스키코드는 크게 출력 가능한 문자(printable character)와 제어 문자(control character)로 나눌 수 있습니다.

- 0 ~ 31: 제어 문자
- 32 ~ 126: 출력 가능 문자
- 127: 제어 문자

예를 들면 Enter 는 13입니다. 이러한 제어 문자는 화면에 무엇인가를 출력하는 것이 아니라, 커서를 다음 줄로 보내거나, 명령을 입력하는 등의 제어를 담당합니다. Esc 는 27입니다. 이 값 역시 제어를 담당하며(도스 명령행(command

prompt)에서는 명령을 취소하는 일을 합니다), 무엇인가를 출력하지는 않습니다.

32에서 126까지의 출력 가능한 문자의 중요한 아스키코드는 다음과 같습니다.

- 32: 공백
- 48: '0' (문자 0)
- 65: 'A'

 소문자와 대문자의 차이는 32입니다. 이것은 대문자와 소문자를 토글(toggle)시키는 데 사용되는 값입니다. 예를 들면 toupper( ) 등의 매크로 함수는 32를 빼거나 더합니다.

- 97: 'a'

첫 번째 출력 가능한 문자가 공백(blank)인 것은 흥미롭습니다.

우리가 살펴보지 않은 0에서 31 사이의 제어 문자에는 '데이터 전송의 끝', '데이터 전송의 시작', '파일의 끝', '문자열의 끝' 등을 나타내는 각각의 제어 기능이 예약되어 있습니다.

10은 '커서를 다음 줄로'를 의미하는 'New Line' 문자이고, 13번은 '커서를 줄의 처음으로'를 의미하는 'Carriage Return' 문자입니다. C++에서 10번과 13번은 문자로 나타낼 수 없으므로 각각 Escape 절차를 사용하여 '\n', '\r'로 나타냅니다.

윈도우 플랫폼에서 키보드의 Enter 를 누르면 두 개의 문자가 발생합니다. 그것은 차례대로 13번과 10번 문자입니다. 그러므로 스트링 표현에서 줄을 바꾸기 위해 다음과 같이 사용하면 잘못된 것입니다.

```
printf("hello\n");
```

\n만 명시해서는 커서가 줄의 처음으로 이동하지 않습니다. 다음과 같이 \r과 \n을 동시에 명시해 주어야 합니다.

```
printf("hello\r\n");
```

printf( ) 등의 함수에서는 왜 \n이 줄을 바꾸는 역할을 하는 것일까요? 그것은 바로 다른 운영체제 (예를 들면 UNIX)와의 차이점 때문입니다. 유닉스(UNIX)에서는 줄을 끝을 나타내는 문자는 '\n'(10) 입니다. 하지만 도스(DOS)에서는 '\r\n'(13 10)입니다. printf( )는 표준함수이므로 일관성 있게 표현되어야 합니다. 그러므로 도스 운영체제의 컴파일러는 printf( ) 등의 표준 함수에 사용된 "\n"을 "\r\n"이 되도록 자동으로 코드를 생성합니다. 하지만, cprintf( ) 등은 표준 함수가 아니므로 프로그래머가 명시적으로 "\r\n"을 붙여주어야 합니다. 위의 예에서는 \n만 사용되었으므로 커서가 다음 줄로 넘어갔을 뿐(new line) 커서가 줄의 처음으로 가지는(carriage return) 않았습니다.

이제 아스키의 특수 문자가 파일에 포함되었다고 가정해 봅시다. 그렇다면 파일에 있는 0에서 31 사이의 제어 문자를 어떻게 해석해야 하나요? 제어 문자로 해석해야 하나요? 데이터로 해석해야 하나요? 제어 문자로 해석하면, 이것을 텍스트 파일(text file)이라고 합니다. 데이터로 해석하면, 이것은 이진 파일(binary file)이라고 합니다.

아스키코드의 범주에서 말하면, 32~126번 사이의 문자와 제어 문자 중 줄을 바꾸는 특수 문자 13, 10과 파일의 끝을 나타내는 특수 문자 0xFF(-1, 이것은 stdio.h에 EOF로 정의되어 있습니다)를 포함한 파일을 텍스트 파일이라고 하며, 그 이외의 것을 이진 파일이라고 합니다. 물론 텍스트 파일을 이진 파일로 열어서 처리해도 상관은 없지만, 이진 파일을 텍스트 파일로 열어서는 제대로 된 파일 처리를 할 수 없습니다.

그러면 파일을 이진 파일로 여는 것과, 텍스트 파일로 여는 것에는 어떤 차이가 있을까요? 그것은 표준 함수(fscanf( ), fprintf( ) 등)가 동작하는 방식을 결정합니다. 윈도우 플랫폼에서 파일을 텍스트 파일로 열었을 경우 문자열의 끝에 있는 13은 읽히지 않습니다. 이것은 UNIX와의 호환을 위해서 문자열의 끝에는 10이 있다고 가정하기 때문입니다. 하지만 이진 파일로 열었을 경우 문자열의 끝에 있는 13, 10이 모두 읽힙니다. 다음의 그림을 참고하세요.

위의 텍스트 파일은 도스와 유닉스에서 각각 다음 그림처럼 저장됩니다.

G	o	d		l	o	v	e	s	13	10
Y	O	U	13	10
−1

DOS file system

G	o	d		l	o	v	e	s	10
Y	O	U	10
−1

UNIX file system

▲ 도스 텍스트 파일과 UNIX 텍스트 파일: 도스의 문자열의 끝에는 13, 10이 있지만, 유닉스의 문자열의 끝에는 10이 있습니다. 하지만 fprintf( ), fscanf( ) 등의 함수는 일관되게 동작해야 하므로 도스의 fscanf( ) 등의 함수는 텍스트 파일의 13을 단순하게 무시합니다. 이러한 차이점은 미묘한 문제를 일으킬 수 있습니다.

위의 텍스트 파일을 data.txt라고 가정하고 이제 이 파일을 텍스트 모드로 엽니다.

```
char s[80]
FILE* fp = fopen("data.txt", "r");
fscanf(fp, "%s", s);
```

그러면 도스/윈도우 플랫폼에서 위의 문장은 s에 다음의 값을 저장합니다.

```
God loves\n
```

문자열의 끝부분에 있는 13이 무시되었다는 것에 주목하세요. 하지만 data.txt를 이진 파일로 열었을 경우는 다르게 동작합니다.

```
char s[80];
int handle = open("data.txt", O_BINARY);
read(handle, s, 10);
```

위의 소스는 도스와 유닉스에서 10바이트만 읽으므로 도스/윈도우에서 생성한 텍스트 파일인 경우는 아래의 값이 읽힙니다.

```
God loves\r
```

유닉스에서 만든 텍스트 파일인 경우는 다음의
값이 읽힙니다.

```
God loves\n
```

 fgetch( )나 getc( ) 등에서 이러 미묘한 문제 때문에 고생해본 적이 있습니다. 텍스트 파일을 다룰 때는 캐리지 리턴(carriage return)을 처리하는 데 항상 주의해야 합니다.

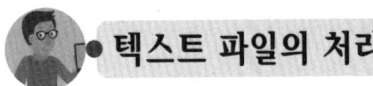 텍스트 파일의 처리

텍스트 파일을 2진 파일로 열어서 줄(line)을 읽고, 왼쪽과 오른쪽의 공백을 제거하는 프로그램을 구현해 봅시다. 아래의 예에서 ReadLine( )은 한 줄을 읽습니다.

```c
int ReadLine(int handle, char s[]){
    char ch = 0;
    int i = 0;

    if (eof(handle)) return -99;
    while (ch != 10 && !eof(handle)){
```

 이진 파일에는 파일의 끝에 EOF 마크가 없습니다. 그렇다면, eof( ) 함수는 어떻게 동작하는 것일까요? eof( )는 단순히 파일 포인터가 파일의 크기를 넘었는지 검사합니다.

```c
        read(handle, &ch, 1);
        s[i++] = ch;
    } // while
    s[i] = 0; // EOS 표시 채우기
    return i-2; // 문자열의 길이를 반환
} // ReadLine()
```

줄의 끝을 검사하기 위해 10을 검사했다는 사실에 주의하고(13은 10 전에 있으므로 10을 검사해야 합니다. 이것은 유닉스와의 호환을 위한 도스 설계자의 배려인 것 같습니다), EOS 표시(mark)를 추가했다는 사실에 주목하세요. 그리고 문자열(string)의 길이를 반환하기 위해 읽은 바이트에 -2(13, 10 제외)를 더했으며, 파일의 끝인 경우는 -99를 리턴합니다.

LTrim( )과 RTrim( )은 각각 왼쪽과 오른쪽의 공백을 제거합니다. Trim( )은 이 둘을 호출하여 앞 뒤의 공백을 모두 제거합니다.

아래의 소스는 win.ini 파일의 내용을 모두 출력합니다.

```c
#include <stdio.h>
#include <string.h>
#include <io.h>
#include <fcntl.h>
#include <sys/stat.h>

int ReadLine(int handle, char s[]){
    char ch = 0;
    int i = 0;

    if (eof(handle)) return -99;
    while (ch!=10 && !eof(handle)){
        read(handle,&ch,1);
        s[i++] = ch;
    } // while
    s[i]=0; // EOS 표시 채우기
    return i-2; // 문자열의 길이(값) 반환
} // ReadLine()

int LTrim(char s[]){
    int i = 0;
    char ch = s[i];
    while (ch==' '){
        ch = s[++i];
    } // while
    memmove(&s[0],&s[i],strlen(s)-i+1);
    return i; // 삭제된 빈칸 수 반환
} // LTrim()

int RTrim(char s[]){
    int i=strlen(s)-1;
    int count=0;
    char ch;
    ch=s[i];
    while (ch==' '){
        ch=s[--i];
        count++;
    } // while
    s[i+1] = 0;
    return count; // 삭제된 빈칸 수 반환
} // RTrim()
```

```c
char* Trim(char s[]){
    LTrim(s);
    RTrim(s);
    return s;
} // Trim()

void main(){
    int handle;
    handle = open("c:\\windows\\win.ini",O_RDWR);
    if (handle == -1)
        return;
    char s[300];
    while (ReadLine(handle,s) != -99){
        printf(Trim(s));
    } // while
    close(handle);
} // main()
```

출력 결과는 다음과 같습니다.

(win.ini 파일의 내용이 한 줄씩 모두 출력)

이진 파일의 처리

이제 이진 파일을 다루는 프로그램을 만들어 봅시다. 이진 파일을 열어서 내용을 모두 콘솔 화면에 출력하려고 합니다. 하지만 이진 파일에 포함된 특수 문자는 화면에 출력할 수 없어서 읽은 값이 특수 문자이면 점(.)을 출력합니다. 화면에 출력할 수 있는 문자이면 그 문자를 그대로 출력합니다.

다음의 소스는 명령행 프로그램인 cmd.exe를 이진 모드로 열어서 내용을 출력합니다. 특수 문자인지 판단하기 위해서 0에서 31 사이의 제어 문자인지 비교하는 iscntrl() 함수를 사용했습니다.

```c
#include <stdio.h>
#include <ctype.h>
#include <io.h>
#include <fcntl.h>
#include <sys/stat.h>

void main(){
    int handle;
    unsigned char c = 0;
    char s[80];
    int state = 0;

    handle = open("C:\\windows\\system32\\cmd.exe", O_BINARY);
    // ^command.com의 적절한 경로를 명시해야 합니다.
    if (handle == -1) return; // 에러가 발생한 경우
    while (!eof(handle)){
        read(handle, &c, 1);
        if (iscntrl(c)) // 0~31 사이의 문자인가요?
            printf(".");
        else
            printf("%c", c);
    } // while
    close(handle);
} // main
```

출력 결과는 화면에 파일의 모든 내용을 출력합니다.

위의 프로그램에서 버퍼링(buffering)을 사용하면 좀 더 빠르게 동작하도록 수정할 수 있습니다.

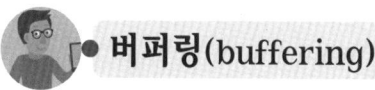
버퍼링(buffering)

위의 프로그램이 속도가 늦은 이유는 파일에서 1바이트씩 읽는 비효율적인 코드 때문입니다. 일반적으로 파일 입·출력 작업은 이렇게 하지 않습니다. 가급적 디스크 접근 시간(disk access time)을 줄여야 합니다. 다음의 조언을 꼭 기억하세요.

> "파일 입·출력에는 항상 버퍼링(buffering)을 사용하세요."

버퍼링은 디스크 접근 시간을 줄이기 위해 프로그램에서 임시로 만든 버퍼(buffer)에 파일로부터 한꺼번에 많은 양의 데이터를 읽어들이는 방식을 말합니다.

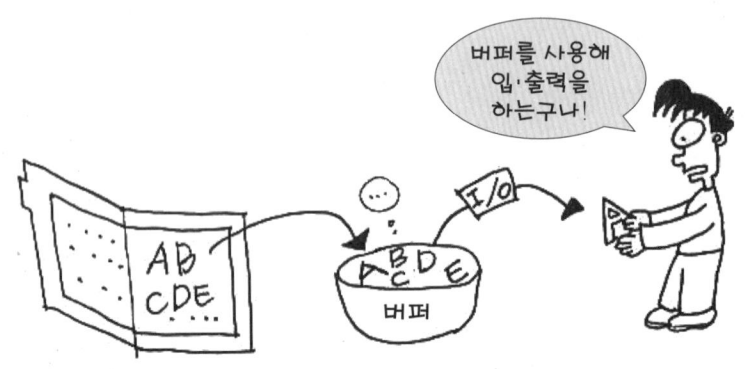

 프로그램에서 특별한 용도로 할당된 메모리 블록을 '버퍼'라고 합니다.

일반적으로 버퍼의 크기는 2의 n승(2 to the power of n)으로 설정합니다.

버퍼의 크기를 4,096(2^{12}), 버퍼로 읽어들인 크기를 bp, 버퍼에서 현재 위치를 cp가 가리킨다고 가정해 봅시다. 프로그램의 초기 상태는 bp = cp = 0에서 시작합니다.

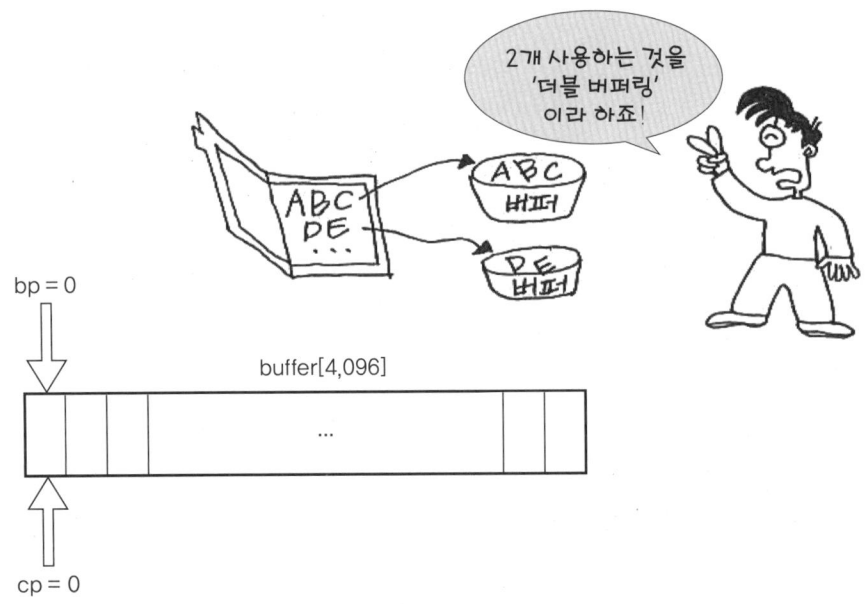

 버퍼의 초기 상태: bp = cp = 0이거나 cp >= bp가 될 때 버퍼는 새로운 내용으로 갱신되어야 합니다.

cp의 값은 버퍼에서 데이터를 읽을 때마다 1씩 증가합니다.

프로그램에서 파일의 4,096바이트를 읽으려고 시도할 때마다 대부분 마지막 경우를 제외하고 4,096바이트가 모두 읽힐 것입니다.

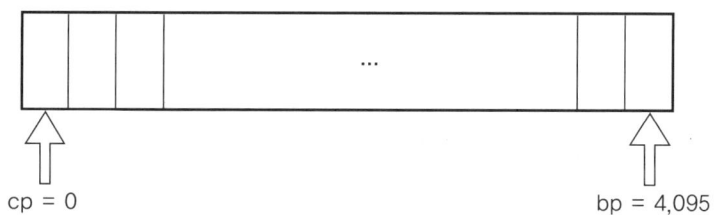

 버퍼가 꽉 찬 상태: 대부분의 경우 버퍼에는 4,096바이트가 모두 찹니다(full).

하지만 파일의 마지막 부분에서는 4,096바이트가 아닌 다른 값이 될 확률(4,095/4,096)이 높습니다. 예를 들면 마지막에 파일에서 2,002바이트를 읽었다고 합시다.

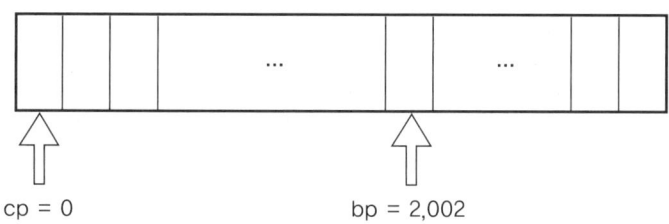

 파일의 마지막을 읽었을 때 버퍼의 상태: 파일의 마지막에서는 bp가 4,096이 되지 않을 확률이 높습니다. 이 값을 2,002라고 합시다.

버퍼에 몇 바이트가 들어있던지 cp가 bp를 넘어갈 수는 없습니다. cp가 bp를 넘어가는 조건은 파일에서 버퍼로 데이터를 읽어야 함을 의미합니다.

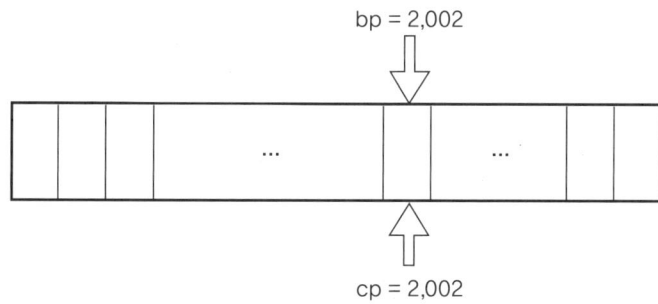

 버퍼의 갱신 상태: 현재 버퍼가 꽉 찼던(bp = 4,096), 꽉 차지 않았던(bp = 2,002), cp가 bp와 같아진다면, 버퍼의 내용을 갱신해야 합니다.

같은 소스에서 버퍼링을 사용한 예를 아래에 리스트하였습니다. 파일의 끝을 나타내기 위해 bEof라는 플래그 변수를 사용하였습니다. read( )가 읽은 바이트 수를 리턴한다는 사실에 주목하세요.

```c
#include <stdio.h>
#include <ctype.h>  // 'iscntrl( )'용
#include <io.h>
#include <fcntl.h>
#include <sys/stat.h>

unsigned char buffer[4096];
int bEof = 0,  // EOF(파일의 끝, End of File) 플래그
    bp = 0,    // 버퍼 크기 포인터
    cp = 0;    // 현 포인터

void ReadToBuffer(int handle) {
    cp = 0;
    if (bp > 0 && bp > 4096) {  // bp가 4,096보다 작다면, 더 이상 읽어서는 안 됩니다.
                                // bp>0 조건은 시작 상태를 구분하기 위해 사용했습니다.
        bEof = 1;
        return;
    } // if
    bp = read(handle, buffer, 4096);  // read는 읽은 바이트 수를 리턴합니다.
} // ReadToBuffer

unsigned char ReadChar(int handle) {
    if (cp >= bp)  // 버퍼를 갱신해야 합니다.
        ReadToBuffer(handle);
    return buffer[cp++];
} // ReadChar

void main(){
    int handle;
    unsigned char c;
    char s[80];
    int state = 0;

    handle = open("c:\\windows\\system32\\cmd.exe",O_BINARY);
    if (handle == -1) return;
    while (1){
        c = ReadChar(handle);
        if (bEof) break;
        if (iscntrl(c))
            printf(".");
        else
            printf("%c", c);
    } // while
    close(handle);
} // main
```

출력 결과는 이전과 동일하게 화면에 cmd.exe의 모든 내용을 출력합니다. 화면 출력 내용 때문에 체감할 수는 없지만, 실행 속도가 많이 개선되었습니다.

? 위의 예에서는 버퍼의 크기를 4,096으로 하였는데, 일반적으로 버퍼의 크기는 얼마가 적당할까요?

! 파일 시스템에 따라 다릅니다. 몇 개의 2^n을 시험해 보고 적당한 값을 선택하세요. 플랫폼에 적당한 버퍼 값을 선택해야 합니다.

실습문제

1 MFC(Microsoft Foundation Class)에서 지원하는 CFile과 같은 기능을 하는 클래스를 제작하세요.

2 파일 입·출력을 지원하는 풀 스크린 편집기(full screen editor)를 작성하세요.

3 win.ini 파일을 출력하는 소스 코드를 버퍼링을 지원하도록 수정하세요.

4 버퍼링을 구현한 소스에서 ReadChar( ) 함수는 오직 1바이트를 읽습니다. 여러 바이트를 읽는 ReadData( ) 함수를 추가하세요. 함수의 원형은 다음과 같습니다.

```
int ReadData(int handle, void* data, int size)
```

19 함수 포인터 (function pointer)

포인터는 Java나 C# 같은 고급 프로그래밍 언어에서는 지원하지 않는 개념입니다. C/C++은 메모리를 직접 접근하는 등 저수준의 작업을 할 수 있는데, 이러한 작업을 위해서는 언어 자체가 반드시 포인터를 지원하는 것이 필요합니다.

이제 **함수 포인터**(pointer to a function)를 공부할 순서가 되었습니다. 지금까지 알고 있던 데이터(data)를 가리키는 포인터와는 달리 함수 포인터는 동작의 시작, 즉 함수 코드의 시작을 가리키는 포인터입니다.

함수 포인터의 개념을 이해하는 것은 중요합니다. C++에서 this 포인터나 멤버 함수에 대한 포인터를 이해하기 위해서 필요한 개념이기 때문입니다.

 **함수 포인터가 필요한 경우**

다음과 같은 프로그램을 작성한다고 가정해 봅시다. 사용자로부터 0, 1 혹은 2를 입력받아 해당하는 함수를 호출하여 결과를 화면에 출력합니다. 화면에는 다음과 같이 출력됩니다.

```
a = 5, b = 2
Select a Function Number:
    0 = Exponent(a, b): a ** b
    1 = Multiply(a, b): a * b
    2 = Divide(a, b): a / b
```

이 상황에서 사용자가 0을 입력하면 5^2를 출력하며, 1을 입력하면 5 × 2 = 10을, 2를 입력하면, 5/2 = 2를 출력합니다. 간단한 프로그램이지만 먼저 구현해 보겠습니다.

```c
#include <stdio.h>
#include <math.h>
#include <conio.h>

long Exponent(long a, long b) {
    return pow((double)a, (double)b);
} // 멱수(Exopnent)

long Multiply(long a, long b) {
    return a*b;
} // 곱하기(Multiply)

long Divide(long a, long b) {
    return a/b;
} // 나누기(Divide)

void main() {
    long a = 5, b = 2;
    int i;

    printf("a = 5, b = 2\n"
            "Select a Function Number:\n"
            "0 = Exponent(a, b): a ** b\n"
            "1 = Multiply(a, b): a * b\n"
            "2 = Divide(a, b): a/b\n");
    scanf("%d", &i);
    switch (i) {
        case 0:
            printf("%ld\n", Exponent(a, b));
            break;
        case 1:
            printf("%ld\n", Multiply(a, b));
            break;
        case 2:
            printf("%ld\n", Divide(a, b));
            break;
    }
    getch();
}
```

위의 코드를 함수 포인터를 사용하는 버전으로 변환할 예정입니다.

함수 포인터 선언하기

이제 함수 포인터를 설명할 적절한 시기입니다. 함수 포인터는 포인터 변수의 특수한 종류인데, 함수의 시작 주소를 가지는 포인터 변수입니다. 정수형의 포인터 변수는 다음과 같이 선언합니다.

```
int *i;
```

i에는 정수의 주소 모든 값을 대입할 수 있습니다. 다음의 코드를 봅시다.

```
int *i;
int j = 2;
i = &j;
```

위의 코드에서는 j의 주소값을 i에 대입하고 있습니다. 이때 '함수의 끝에 괄호 ( )를 적어주지 않으면 그것이 무엇을 의미하는가?'를 주목해야 합니다. 함수의 끝에 붙는 ( )를 **함수 호출 연산자**(Function Call Operator)라고 합니다. 즉 함수의 끝에 ( )를 써야 실제의 함수 호출이 일어납니다. 그러면 다음의 문장은 무엇이 잘못일까요?

```
int i;
i = getch;
```

위의 코드는 사용자의 실수로 i = getch( )를 잘못 적은 것이라고 가정하겠습니다. i = getch; 문장은 getch 함수의 시작 주소를 i에 대입하려고 시도하지만, i는 정수형의 변수이므로 이 시도는 실패합니다. 즉 컴파일 시간에 에러가 발생합니다. 그러면 i를 어떤 형의 변수로 선언해야 올바른 문장이 될까요? 바로 i를 함수를 가리키는 포

인터(Function Pointer), 즉 함수 포인터로 선언해야 합니다. 이때 함수의 포인터를 제대로 초기화하기 위해서는 함수의 원형(Prototype)을 제대로 알고 있어야 한다는 것입니다. 함수의 원형을 모르고 있으면 함수를 호출할 수 없으므로 함수의 포인터에 함수의 원형에 관한 모든 정보가 포함되어야 합니다.

다음과 같이 문장을 수정하기 시작합니다.

```
int (*i);
```

이 문장은 i가 정수형 포인터가 아니라 정수를 리턴하는 함수형 포인터라는 것을 의미하기 위해 사용합니다. 여기에 함수의 원형 정보를 추가해야 합니다. 만약 이 함수 포인터에 정수를 2개의 파라미터로 받는 임의의 함수 f(int a, int b);의 시작 주소로 초기화를 원한다면, 다음과 같이 작성해야 합니다.

```
int (*i)(int, int);
```

이 선언은 i가 정수를 리턴하면서 2개의 정수를 파라미터로 받는 함수의 시작 주소를 대입할 수 있는 포인터 변수임을 의미합니다. 그러므로 getch( )의 경우 getch 값을 대입받기 위해서는 다음과 같이 선언해야 합니다.

```
int (*i)();
```

그러면 i에는 정수를 리턴하면서 파라미터는 없는 임의의 함수의 시작 주소를 대입할 수 있습니다. 그러므로 i에 getch( ) 함수의 시작 주소를 대입하려면, 다음과 같이 사용합니다.

```
int (*i)();
```

```
i = getch;
```

이제 i는 메모리에 할당된 getch 함수의 시작 주소값을 가집니다. getch( )를 호출하기 위해서 getch( )라고 하듯이 i( )라고 사용할 수 있습니다.

```
int (*i)();
int j;
i = getch;
j = i();  // j = getch( )와 동일합니다.
```

위의 코드에서 j = i( ) 문장은 키보드로부터 1개의 문자를 입력받는 아래의 코드와 동일합니다.

```
j = getch();
```

 ## 함수 포인터 배열

이제 함수 포인터의 배열을 선언해 보겠습니다. 함수 포인터 배열을 선언하기 위해서는 일반 배열처럼 이름 바로 뒤에 [ ]을 붙여주어야 합니다.

```
int (*i[3])();
```

위의 문장은 타당한 함수 포인터 배열 선언입니다. 즉 정수를 리턴하는 함수의 주소를 받을 수 있는 크기 3인 함수 포인터 배열을 선언한 것입니다. 이 사실을 알면, 이 장의 첫 부분에서 제시한 프로그램 소스를 다음과 같이 고칠 수 있습니다.

```c
#include <stdio.h>
#include <math.h>
#include <conio.h>

long Exponent(long a,long b) {
    return pow((double)a,(double)b);
} // 멱수(Exopnent)

long Multiply(long a,long b) {
    return a * b;
} // 곱하기(Multiply)

long Divide(long a,long b) {
    return a / b;
} // 나누기(Divide)

void main() {
    long (*f[])(long,long) = {Exponent,Multiply,Divide};
    long a = 5,b = 2;
    int i;

    printf("a = 5,b=2\n"
            "Select a Function Number:\n"
            "0 = Exponent(a,b): a**b\n"
            "1 = Multiply(a,b): a*b\n"
            "2 = Divide(a,b): a/b\n");
    scanf("%d", &i);
    printf("%ld\n", f[i](a,b));
}
```

긴 switch 문장이 간단하게 한 줄로 단축된 것을 알 수 있습니다. 함수 포인터를 이용하면 훨씬 더 좋은 응용이 가능합니다.

여러분이 구현하려는 어떤 함수가 매번 같은 일을 대부분 수행하지만, 특정한 부분만 다른 일을 하는 함수가 있을 수 있습니다. 예를 들어 10개의 함수가 앞의 95%는 같고, 뒤의 5%만 다른 경우가 있을 수 있습니다. 그렇다면 앞의 95%를 별개의 함수로 만들어 10개의 함수 안에서 그 특별한 별개의 함수를 매번 호출하도록 문제를 해결할 수 있습니다.

함수 포인터를 이용하면 전혀 다르게 접근할 수 있니다. 즉 1개의 함수를 만들 때 파라미터로 함수 포인터를 받도록 하는 것입니다. 그러면 그 함수의 내부에서 95%의 일을 한 후 마지막 5%를 위하여 파라미터로 넘어온 함수의 포인터를 이용하여 지정된 함수

를 호출하면 되는 것이지요. 즉 번거롭게 switch문 따위를 이용하여 내부를 구현할 필요가 없어지는 것입니다. 그렇다면 무엇이 이익인가요? 지금 예들은 이러한 상황에서 이익은 없어 보입니다. 하지만 함수 포인터를 이용하지 않고는 해결할 수 없는 문제들이 있으므로 함수 포인터의 개념과 사용법을 아는 것은 매우 중요합니다.

오버로드된 함수의 주소

 이 절의 내용은 C++의 기능과 관련된 것이므로 건너뛰어도 좋습니다.

C++에서 다형성(polymorphism)은 파라미터의 형식이 다른, 같은 이름의 함수를 허용합니다. 이러한 오버로드된 함수의 주소를 얻는 것은 C와 다르지 않습니다. 함수의 주소를 얻기 위해서는 파라미터의 개수와 형을 모두 명시해야 하므로 컴파일러는 어느 함수를 대입해야 할지 판단할 수 있습니다. 아래의 예제를 참고하세요.

```c
#include <stdio.h>

void Print(int i) {
    printf("%d\n",i);
}

void Print(char* format,int i) {
    printf(format,i);
}

void main() {
    void (*f)(char*, int);

    f = Print; // f의 정보는 두 번째 Print의 주소가 대입될 것을 알려줍니다.
    (*f)("hello %d\n", 100);
}
```

앞의 예에서 f에는 두 번째 Print(char *, int) 함수의 주소가 대입됩니다. 출력 결과는 다음과 같습니다.

```
hello 100
```

디폴트 파라미터(default parameter)

 이 절의 내용은 C++의 기능과 관련된 것이므로 건너뛰어도 좋습니다.

디폴트 파라미터는 함수를 선언할 때 파라미터의 값을 미리 정해주는 것을 말하는데, 이렇게 정의된 함수를 호출하는 쪽에서, 디폴트 값이 정해진 파라미터를 명시해 주지 않으면, 선언에서 미리 정해진 값이 사용됩니다. 예를 들면, void f(int a, int b = 10){…}처럼 정의된 함수의 두 번째 파라미터의 디폴트 값은 10입니다. f()를 호출할 때 f(1)로 호출할 수 있으며, 두 번째 파라미터가 명시되지 않았으므로 f(1, 10)의 호출과 같습니다.

C++에서 함수 포인터에 추가된 사항도 디폴트 파라미터에 관한 것입니다. 비록 원래의 함수가 디폴트 파라미터를 가지지 않더라도 함수 포인터에 디폴트를 선언하는 것을 허락합니다. 아래의 예제는 오버로드된 두 번째 Print() 함수의 두 번째 파라미터에 디폴트 값을 지정하고 있습니다. 이러한 기교는 디폴트 값을 가지지 않는 표준 함수에 디폴트를 추가하는 것을 - 함수를 새로 작성하는 부담 없이 - 구현 가능하게 해 줍니다.

```
         ⋮
void main() {
    void (*f)(char*, int i = 0);
```

 프로토타입 범위를 갖는 형식 파라미터를 무시해도 좋습니다. 즉 int = 0과 같은 문법도 가능합니다. 하지만 일반적으로 형식 파라미터를 명시합니다.

```
    f = Print; // f의 정보는 두 번째 Print의 주소가 대입될 것을 알려줍니다.
    (*f)("hello %d\n");
}
```

결과는 다음과 같습니다.

```
hello 0
```

독자들은 표준 함수 itoa()를 알고 있을 것입니다. 이것은 정수(integer)를 ASCII 스트링으로 변환하는 표준 함수입니다. 이것을 사용하기 위해서는 stdlib.h를 포함(include)해야 합니다.

```
#include <stdlib.h>
        ⋮
char *itoa(int value, char *string, int radix);
        ⋮
```

itoa()의 마지막 파라미터는 변환을 원하는 진수의 베이스(base)입니다. 만약 10진수로 변환하려면 세 번째 파라미터를 10으로 설정해야 합니다. 이것을 세 번째 값의 디폴트가 10인 함수 포인터로 구현하려고 합니다. 어떻게 해야 할까요? 이 문제는 실습문제 2로 남깁니다.

함수 포인터 형 정의하기

함수 포인터를 빈번하게 사용해야 한다면, typedef를 이용하여 형을 정의하는 것이 바람직합니다.

 typedef(type definition)는 형을 정의하기 위해 사용하는 키워드입니다.

함수 포인터 형의 정의는 좀 특이합니다. typedef가 없다면 이것은 <u>함수 포인터 변수의 선언과 동일</u>합니다.

```
typedef long (*Fun)(long,long);
```

위에서 정의된 형(type)은 Fun입니다. 이제 Fun은 long을 리턴하고, 파라미터로 2개의 long을 가지는 함수 포인터 변수를 선언하기 위해 형으로 사용할 수 있습니다. 그러므로 Fun형의 배열을 다음과 같이 선언하는 것이 가능합니다.

```
Fun f[3];
```

f[0], f[1], f[2]는 각각 함수 포인터 변수입니다. 어떤 독자들은 typedef의 형식이 아래처럼 정의하지 않는 것이 이상할 것입니다.

```
typedef long (*Fun)(long,long) Func;
```

하지만 위의 형식은 컴파일 시간 에러가 발생합니다. 독자들은 Fun이 태그 이름으로 사용되기를 바라겠지만, Fun은 형 이름입니다. 그러므로 Func를 typedef의 끝에 명시하는 것은 에러입니다.

사실 이 형식은 구조체에서의 형식과 혼동됩니다.

```
typedef struct People {
    int age;
    char name[80];
} SPeople;
```

C에서 위처럼 선언했을 때 새로 정의된 형 이름은 SPeople이었습니다. People은 꼬리표 이름(tag name)이라고 하는데, C에서 아무 의미가 없고 struct와 함께 사용하면 형을 나타냅니다. 그러므로 C에서는 다음과 같이 사용할 수 있습니다.

```
#include <stdio.h>
#include <conio.h>

typedef struct People {
    int age;
    char name[80];
} SPeople;

void main() {
    SPeople seo = {30, "seojt"};
    struct People yoon = {27, "yoonmk"};

    printf("%d,%s\n", seo.age, seo.name);
    printf("%d,%s\n", yoon.age, yoon.name);
}
```

C++에서 꼬리표 이름은 더 이상 의미 없는 것이 아닙니다. tag name은 혼자서 형 이름으로 동작합니다. 그리고 C와의 호환성을 위해서 다음과 같은 세 문장은 모두 타당합니다.

```
SPeople seo;
struct People seo;
People seo;
```

일반적으로 struct People보다 People을 단독으로 사용합니다.

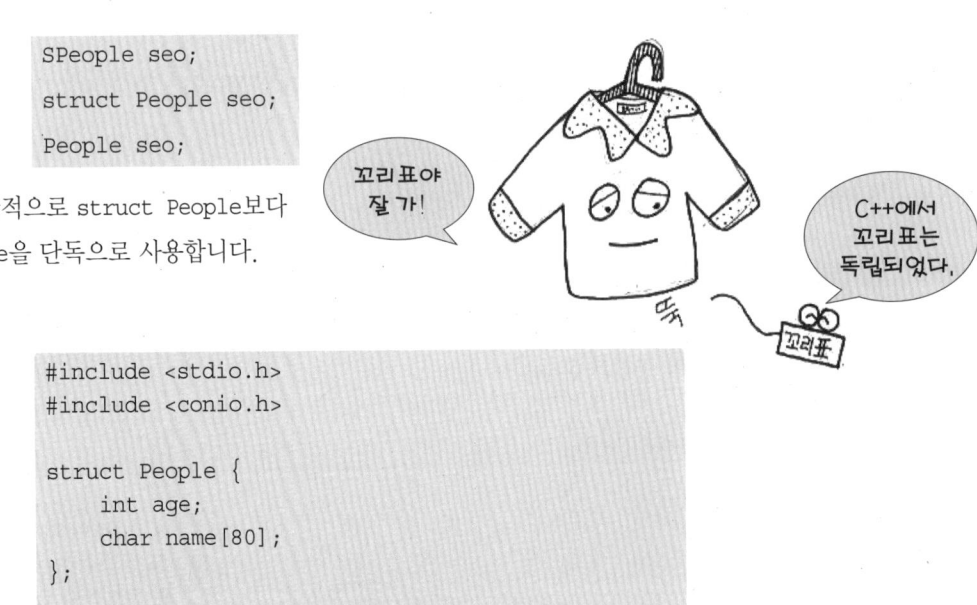

```
#include <stdio.h>
#include <conio.h>

struct People {
    int age;
    char name[80];
};

void main() {
    People seo = {30, "seojt"};
    People yoon = {27, "yoonmk"};

    printf("%d,%s\n", seo.age, seo.name);
    printf("%d,%s\n", yoon.age, yoon.name);
}
```

구조체와 공용체의 꼬리표 이름과는 달리, 함수 포인터 선언에 꼬리표 이름은 존재하지 않습니다. 그러므로 typedef long (*Fun)(long,long) Func;처럼 선언하는 것은 에러인 것입니다.

 C++14에서는 using을 사용하여 다음과 같이 함수 포인터 타입을 정의하는 것이 가능합니다.
using Fun = long(*)(long, long); // Fun은 함수 포인터 형입니다.
이것을 '타입 알리아싱'이라고 합니다.

typedef를 이용하여 수정된 소스는 아래와 같습니다. 변경된 부분을 비교해 가면서 코드를 읽어 보세요.

```c
#include <stdio.h>
#include <math.h>
#include <conio.h>

typedef long (*Fun)(long,long); // Fun은 함수 포인터 형입니다.

long Exponent(long a,long b) {
    return pow((double)a,(double)b);
} // 멱수(Exopnent)

long Multiply(long a,long b) {
    return a * b;
} // 곱하기(Multiply)

long Divide(long a,long b) {
    return a / b;
} // 나누기(Divide)

void main() {
    Fun f[] = {Exponent, Multiply, Divide};
    long a = 5,b = 2;
    int i;

    printf("a = 5, b = 2\n"
            "Select a Function Number:\n"
            "0 = Exponent(a,b) : a ** b\n"
            "1 = Multiply(a,b) : a * b\n"
            "2 = Divide(a,b) : a / b\n");
    scanf("%d", &i);
    printf("%ld\n", f[i](a, b));
}
```

진보된 주제: 멤버 함수의 주소

 이 절의 내용은 C++과 관계된 것이므로 건너 뛰어도 좋습니다.

객체마다 멤버 함수(member function)가 만들어지는 것은 아닙니다. 그럼에도 불구하고 멤버 함수가 파라미터로 받는 this 포인터 때문에 멤버 함수의 주소를 얻는 방법과, 멤버 함수의 주소 변수(member function pointer)를 선언하는 방법은 일반 함수의 방법과는 다릅니다.

int를 리턴하고, void를 파라미터로 받는 CTest의 멤버 함수 포인터를 선언하기 위해서는 다음과 같이 작성합니다.

```
int (CTest::*fp)();
```

굵게 표시된 CTest는 반드시 명시해야 합니다. CTest:: 표기가 일반 함수의 포인터와 멤버 함수의 포인터를 구분합니다. 이 선언이 CTest의 멤버 변수로써의 선언이 아니라는 데 유의하세요. 즉 위의 선언은 CTest의 멤버 함수의 포인터를 가질 수 있는 일반 변수 – 클래스의 멤버 변수가 아닌 – fp를 선언한 것이지, CTest의 멤버 변수 fp를 선언한 것은 아닙니다. 그러므로 아래와 같은 대입문은 모두 타당하지 않습니다(CTest의 객체 t가 만들어졌으며, CTest는 멤버 함수 Get()을 가진다고 가정합니다).

```
  :
t.fp = t.Get;   // error! fp는 t의 멤버가 아닙니다.
CTest::fp = t.Get;   // error! fp는 CTest의 static 변수가 아닙니다.
```

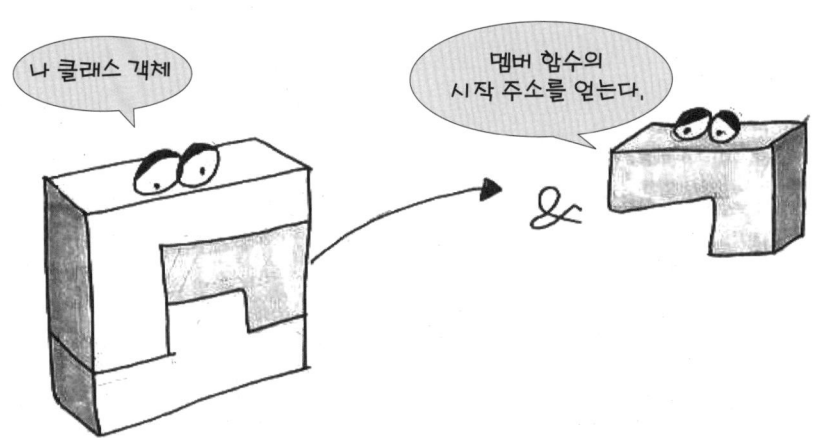

만약 CTest의 객체 t가 만들어졌다면, t의 멤버 함수 Get()의 시작 주소를 대입하기 위해 다음과 같이 사용하는 것도 가능하지 않습니다.

```
fp = t.Get;
```

fp는 CTest 클래스의 멤버 함수의 주소를 대입하기 위해 선언된 것이지, 객체 t의 - 비록 그것이 CTest의 객체라도 - 멤버 함수의 주소를 대입하기 위해 선언된 것이 아니기 때문입니다. CTest 클래스의 멤버 함수의 주소는 아래와 같이 대입합니다.

```
fp = &CTest::Get;
```

아래의 예제를 참고하세요.

```
#include <iostream>

class CTest {
    int i;
public:
    CTest(int t = 0) {i = t;}
    int Get() {return i;}
    void Set(int t) {i = t;}
};

int (CTest::*fp)(); // 변수 fp는 CTest의 멤버 함수의 주소를 가질 수 있습니다.

void main() {
    CTest t(5);

    fp = &CTest::Get; // fp는 CTest 클래스의 Get() 멤버 함수의 시작 주소를 가집니다.
    std::cout << (t.*fp)() << std::endl;
                        // 비록 fp가 CTest의 멤버 변수는 아니지만, 어느 객체의
                        // Get() 멤버 함수인지를 명확히 알아야 하므로 객체
                        // 이름과 .* 연산자를 사용해야 합니다.
} // main
```

앞의 예제의 출력 결과는 다음과 같습니다.

5

실제로 위의 프로그램이 제대로 실행된다는 것은 다소 놀랍습니다. 하지만 다음과 같은 의문점이 있습니다.

 fp는 t의 멤버가 아닌데, 왜 t.*fp처럼 사용하는 것이 가능한가요?

 C++의 새로운 연산자: .*와 ->*

이것에 관한 대답은 C++의 새로운 연산자 .*와 ->*의 기능 때문입니다. 이 두 연산자는 멤버 함수 포인터가 가리키는 대상을 참조하기 위해 C++에 새롭게 추가된 연산자입니다. 일반적으로 점(.)과 화살표(->)는 객체의 멤버를 참조하기 위해 사용되지만, .*와 ->*는 객체에서 객체의 멤버가 아닌 멤버 포인터를 접근하기 위해 사용합니다.

아래의 예제를 참고하세요. ->*는 객체가 포인터로 선언된 경우에 사용합니다.

```cpp
#include <iostream>

class CTest {
    int i;
public:
    CTest(int t = 0) {i = t;}
    int Get() {return i;}
    void Set(int t) {i = t;}
};

int (CTest::*fp)();

void main() {
    CTest t(5);
    CTest* tp = &t;

    fp = &CTest::Get;
    std::cout << (tp -> *fp)() << std::endl;
                    // fp는 tp가 가리키는 객체의 멤버가 아니지만,
                    // ->* 연산자를 사용하여 참조가 가능합니다.

} // main
```

 실제로 fp에는 무엇이 할당되나요?

클래스의 멤버 변수는 객체가 만들어질 때마다 메모리에 각각 할당됩니다. 하지만 클래스의 멤버 함수는 객체마다 만들어지는 것이 아니라 – 심지어 함수의 포인터조차도(가상 함수 테이블에 대한 포인터를 제외하곤) 만들어지지 않습니다 – 클래스마다 유지됩니다. 컴파일 시간에 멤버 함수의 주소를 유일하게 결정할 수 있는 것입니다. 그러므로 `fp = &CTest::Get;` 같은 초기화가 가능합니다. 오히려 `fp = &t.Get;` 같은 초기화는 객체의 주소가 알려지지 않으므로 불가능합니다.

`sizeof`를 사용하여 클래스 객체의 크기를 출력해 보세요. 멤버 변수가 추가되면 크기도 증가합니다. 하지만 멤버 함수가 추가되어도 객체의 크기는 증가되지는 않습니다. 아래의 예제를 참고하세요. 결과는 모두 2입니다.

```cpp
#include <iostream>

class A {
    char c;
    char d;
public:
    A() { c = d = 0; }
    void SetC(int t) {c = t;}
    void SetD(int t) {d = t;}
}; // class A

class B {
    char c;
    char d;
public:
    B() {c = d = 0;}
    void SetC(int t) {c = t;}
    void SetD(int t) {d = t;}
    void PrintC() {cout << c << endl;}
```

```
        void PrintD() {cout << d << endl;}
        void PrintCD() {cout << c << " " << d << endl;}
}; // class B

void main() {
    A a;
    B b;
    std::cout << sizeof a << std::endl;
    std::cout << sizeof b << std::endl;
} // main
```

 진보된 주제: 멤버 함수 포인터의 응용

멤버 함수의 주소가 잘 응용된 곳은 C++ 표준 라이브러리인 iostream에서 찾아볼 수 있습니다. iostream에는 전역 객체인 cout과 cin을 가지고 있는데, 이것은 C의 printf( )와 scanf( )를 대체합니다.

```
printf("hello\n");
```

위의 printf( ) 문장에 대응하는 cout의 표현은 다음과 같습니다.

```
std::cout << "hello\n";
```

조작자(manipulator)라고 부르는 특별한 endl( ) 함수의 기능을 이용하여 줄을 바꾸는 기능을 포함한 문장을 다음과 같이 작성할 수 있습니다.

```
std::cout << "hello" << std::endl;
```

앞의 문장에서 std::endl은 줄을 바꾸는 기능을 합니다. 어떻게 이것이 가능한가요? C++을 처음 접했을 때, endl의 이상한 기능에 놀란 적이 있는데, 그 비밀은 바로 함수 포인터에 있었습니다.

endl()은 함수입니다. 그러므로 아래의 표현식은 함수의 주소를 의미합니다.

```
endl
```

cout에는 함수의 주소를 받는 특별하게 오버로드된 << 연산자 함수가 있습니다. 함수의 주소를 받는 오버로드된 << 연산자의 내부에서는 파라미터로 넘어온 함수를 호출할 것입니다. 또한 표현식이 LValue에 위치할 수 있어야 하므로 ostream&를 리턴할 것입니다.

이런 기능을 iostream에서는 '조작자(manipulator)'라는 명칭으로 추상화하고 있습니다. 조작자는 함수 포인터가 잘 사용된 예를 적절하게 보여주고 있습니다.

iostream을 전혀 사용하지 않고 이 기능의 일부 – cout란 전역 객체와 조작자 endl을 사용한 – 를 모방한 아래 예제를 참고하세요.

```cpp
#include <stdio.h>

class ostream;
typedef void (*Manipulator)();

void endl() {
        printf("\n");
} // endl

class ostream {
public:
        ostream& operator << (char* s);
        ostream& operator << (Manipulator m);
}; // class ostream
```

```
ostream& ostream::operator<<(char* s) {
      printf("%s",s);
      return *this;
} // ostream::operator <<

ostream& ostream::operator << (Manipulator m) {
      (*m)();
      return *this;
} // ostream::operator<<

ostream cout;

void main() {
      cout << "hello" << endl << "world" << endl;
}// main
```

출력 결과는 다음과 같습니다.

```
hello
world
```

cout를 사용한 문장이 처리되는 과정은 다음과 같습니다.

COUT << "hello" << endl << "world" << endl;

COUT

▲ cout << "hello": 이 문장은 ostream& operator << (char* s);를 호출합니다. ostream의 레퍼런스가 리턴되므로 cout << "hello"는 cout 자체입니다.

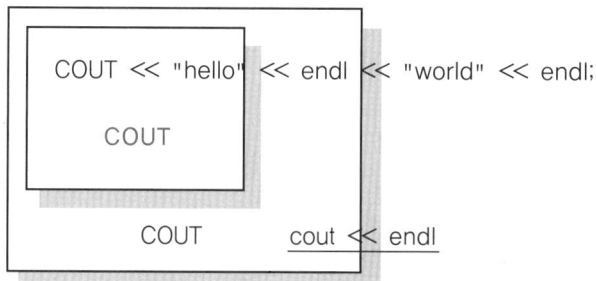

▲ cout << endl: 이 문장은 ostream& operator<< (Manipulator m);을 호출합니다. 역시 ostream의 레퍼런스가 리턴되므로 cout << endl도 cout 자체입니다.

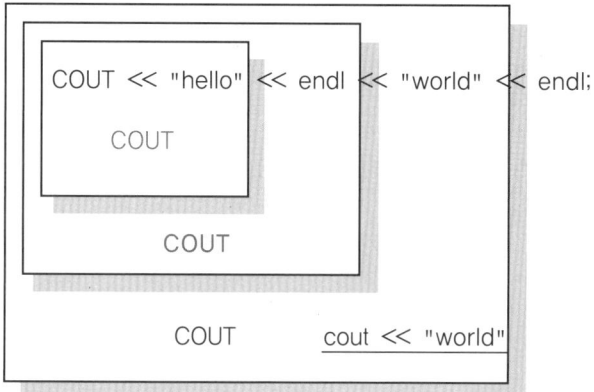

▲ cout << "world": 이 문장은 ostream& operator << (char* s);를 호출합니다. ostream의 레퍼런스가 리턴되므로 cout << "hello"는 cout 자체입니다.

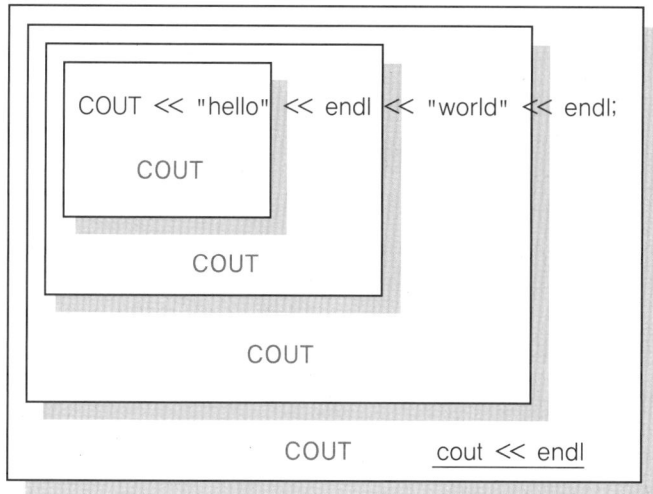

▲ cout << endl: 이 문장은 ostream& operator << (Manipulator m);을 호출합니다. ostream의 레퍼런스가 리턴되므로 cout << endl도 cout 자체입니다.

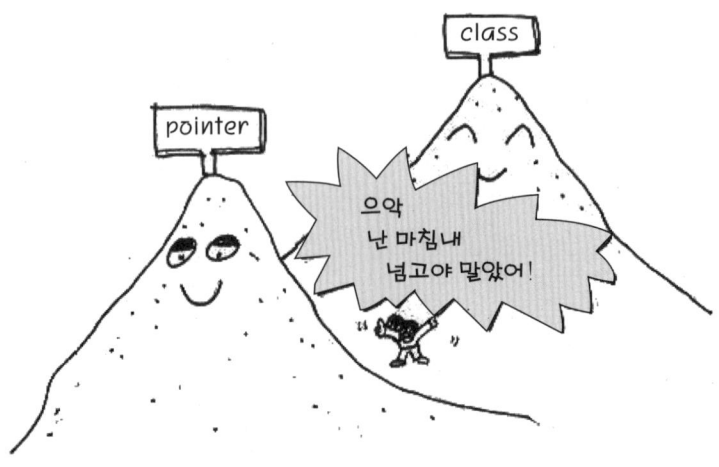

실습문제

1 STL(Standard Template Library)의 어떤 부분은 반드시 함수 포인터로 구현해야 하는 상황이 발생합니다. 어떤 부분이 그러하며, 왜 그런가요?

2 itoa(int value, char *string, int radix)의 세 번째 파라미터 radix가 디폴트 값 10을 갖도록 하는 함수 포인터를 선언하고 사용하는 예를 작성하세요.

20 전처리 명령어 (preprocessing command)

전처리 명령어(preprocessing command)는 좀 특이한 명령어입니다. 컴파일러가 C 소스를 기계어 코드로 번역하는 것을 처리(processing)라고 하는데, 전처리 명령어는 이러한 '처리' 전에(pre) 실행되는 명령어이기 때문입니다.

전처리 명령어를 일반 처리 명령어와 구분하기 위해서 전처리 명령어는 모두 특수 문자 파운드(#)로 시작합니다.

 #은 가장 일반적으로 숫자 기호, 해시 기호, 파운드(pound) 기호로 알려져 있습니다. 하지만 이것을 number(#) 혹은 '샵(sharp)'이라고도 발음합니다.

사용 가능한 모든 전처리 명령어인데, 모두 #으로 시작하는 것을 알 수 있습니다.

① `#include`
② `#define`
③ `#if`
④ `#ifdef`
⑤ `#ifndef`
⑥ `#elif`
⑦ `#else`
⑧ `#endif`
⑨ `#undef`
⑩ `#line`
⑪ `#error`
⑫ `#pragma`

전처리 명령어 중 굵게 표시된 `#include`, `#define`과 `#if` 계통의 명령어는 대부분의 프로그램에서 빈번하게 사용되는 명령어이므로 반드시 사용법을 익혀두어야 합니다. 반면 다른 명령어는 많이 사용되지 않습니다.

리스트 중 ③~⑧의 전처리 명령어들은 - 조건 컴파일 등을 위해 - 일반적으로 함께 사용하는 명령어들입니다.

#include

`#include` 명령문은 소스에 다른 소스 파일을 '끼워넣기' 위해 사용합니다.

실제로 이것은 명령문(command)이 아니라 **전처리 명령어**(preprocessing command)입니다. 하지만 문맥이 명확하다면, 명령어라고 사용합니다.

소스 파일에 다른 소스 - 그것이 *.h이든, *.cpp이든 - 를 끼워넣는 과정을 생각해 보세요. 이것은 분명 원래의 소스가 기계어 코드로 번역 되기 전에 처리되어야 하므로 `#include`문은 전처리 명령어입니다. 실제로 `#include`문은 컴파일 전에 이루어집니다.

`#include`문의 문법은 다음과 같습니다.

```
#include <header_name>
#include "header_name"
#include macro_identifier
```

아래 그림과 같이 3개의 소스 파일로 이루어진 프로그램을 생각해 봅시다.

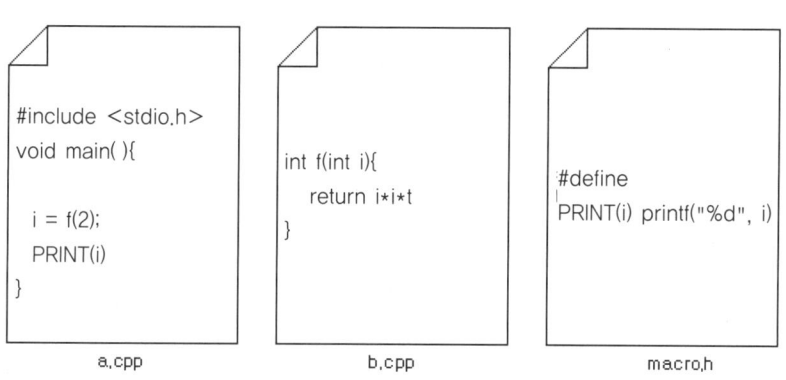

 3개의 파일로 이루어진 프로젝트: 전체 프로그램을 구성하는 소스 파일이 하나 이상인 경우 이것들의 관련 정보를 설정해야 합니다. macro.h의 #define은 PRINT(i)가 printf("%d", i)를 의미한다는 선언입니다.

소스 파일이 하나 이상인 경우, 원하는 실행 파일을 만들기 위해서는 프로젝트 파일(project file)을 만들어야 합니다. 이것은 '11장 프로젝트 만들기'에서 설명하였습니다.

위의 예 중 a.cpp의 main( )에서 b.cpp의 f( )를 호출하고 있으며, macro.h의 PRINT( ) 매크로를 호출하고 있습니다. 함수나 매크로 함수 모두 쓰기 전에 선언되어야 하므로 a.cpp의 f( )와 PRINT( ) 모두 에러가 발생합니다.

해결 방법은 b.cpp의 소스와 macro.h의 소스를 그대로 a.cpp에 복사하여 사용하는 것입니다. #include는 이러한 작업을 컴파일러가 코드를 생성하기 전에 하도록 지시합니다. a.cpp가 macro.h와 b.cpp를 자신의 상단 부분에 끼워넣기 위해 다음의 두 줄을 a.cpp의 소스에 추가합니다.

```
#include "macro.h"
#include "b.cpp"
```

a.cpp의 소스는 다음과 같습니다.

```
#include <stdio.h>
#include "macro.h"
#include "b.cpp"
void main() {
    int i;
    i=f(2);
    PRINT(i);
}
```

실제로 위의 소스는 컴파일 전에 아래와 같이 **매크로 확장**(macro expansion)됩니다.

 매크로 명령을 전처리 프로세서(preprocessing processor 또는 macro processor)가 처리해서 소스가 확장되는 것을 '매크로 확장'이라고 합니다.

```
#include <stdio.h> // 이 문장은 일단 확장을 보류합니다.
#define PRINT(i) printf("%d",i)
int f(int i) {
    return i * i * i;
}
void main() {
    int i;
    i = f(2);
    PRINT(i);
}
```

실제의 소스에 #define이 완전히 적용되어 컴파일 전의 a.cpp의 완성된 소스는 아래와 같습니다.

```
#define <stdio.h> // 실제로는 stdio.h가 이 부분에 확장될 것입니다.
#define PRINT(i) printf("%d",i)
int f(int i) {
    return i*i*i;
}
void main() {
    int i;
    i = f(2);
    printf("%d",i);
}
```

▲ #include의 역할: #include는 소스 파일의 중간에 다른 소스 파일을 포함(include)할 수 있습니다.

앞의 예에서 편의상 stdio.h의 확장은 소스에 고려하지 않았습니다. 특정한 소스 파일을 포함하는 전처리 명령은 #include 다음에 C의 문자열 표현을 사용하여 이중 인용 부호(double quotation mark: ") 사이에 파일의 경로를 명시합니다.

예를 들면 현재 경로(current path)의 sub.h를 삽입하려면, 다음과 같이 사용합니다.

```
#include "sub.h"
```

만약 sub.h의 경로가 C:\BorlandC\Bin\MyProject\라면, 다음과 같이 경로를 모두 명시할 수 있습니다.

```
#include "C:\BorlandC\Bin\MyProject\sub.h"
```

#include가 명령문이 아니라 전처리 명령문이므로 위의 문장을 C의 Escape Sequence를 사용하여 다음과 같이 적을 필요가 없습니다.

```
#include "C:\\BorlandC\\Bin\\MyProject\\sub.h"
```

UNIX 계열의 컴파일러는 디렉토리를 구분하기 위해 /를 사용하므로 폴더 경로를 다음과 같이 명시할 수도 있습니다.

```
#include "C:/BorlandC/Bin/MyProject/sub.h"
```

그러면 아래의 문장은 무엇을 의미하는 것일까요?

```
#include <stdio.h>
```

#include 다음에 파일 이름을 명시할 때 〈와 〉를 사용할 수도 있고, "와 "를 사용할 수도 있습니다. 둘의 차이점은 다음과 같습니다.

"〈…〉는 프로젝트 설정에서 미리 정해진 경로(predefined path)의 헤더를 포함하기 위해서 사용하며, "…"는 사용자가 헤더 파일의 경로를 모두 지정(user specified path)해야 하는 경우에 사용합니다."

예를 들어 Borland C++ 3.1의 경우 메인 메뉴의 [Options] → [Directories]에서 미리 정해진 경로를 설정하는 대화상자를 제공합니다.

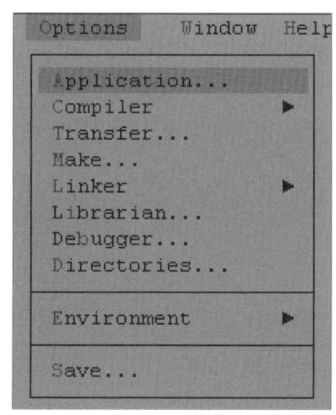

◀ Borland C++ 3.1의 [Options] 메뉴: [Directories] 항목을 선택하면, #include의 미리 정해진 경로, 링크할 때 필요한 라이브러리의 경로 및 결과가 만들어질 경로 등을 설정할 수 있습니다.

경로를 설정하는 대화 상자는 아래와 같습니다.

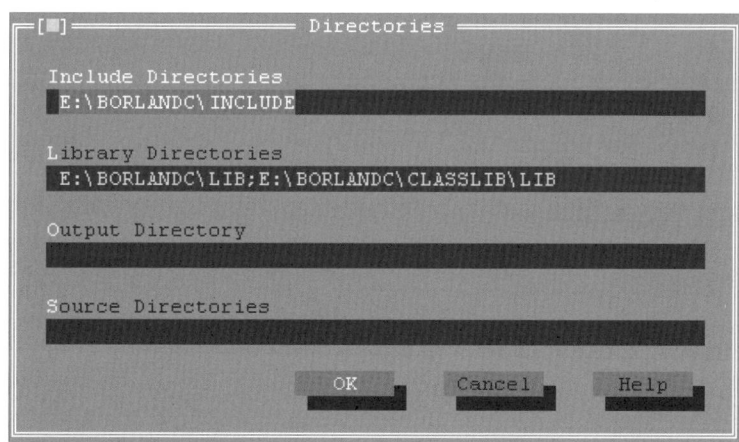

▲ Include Directories: #include의 미리 정해진 경로는 Include Directories에서 설정합니다. 그림의 경우 E:\BorlandC\Include가 설정되어 있습니다. 복수 경로를 설정하기 위해 세미콜론(;)을 사용할 수 있습니다. 예를 들면 C:\BorlandC\Include;C:\User처럼 지정할 수 있습니다.

대화상자에서 사용자는 4개의 글상자(text box)에 적당한 값을 입력합니다. 각각은 #include의 디폴트 폴더의 경로, 링크할 때 필요한 라이브러리의 경로, *.exe와 *.obj가 만들어질 경로, [File] → [Open]을 선택했을 때의 소스 파일의 경로를 명시합니다. 위의 예에서 #include의 디폴트 경로는 E:\BorlandC\Include입니다.

그러므로 BC++ 3.1 설정에서 아래의 #include 문장을 사용한 경우

```
#include <stdio.h>
```

위의 문장은 아래의 문장과 동일합니다.

```
#include "E:\BorlandC\Include\stdio.h"
```

일반적으로 디폴트 경로에는 시스템에서 사용하는 헤더 파일이 위치하므로 위의 사실을 알고 있다면, "#include 〈…〉는 시스템 헤더 파일을 포함하는 문장이다."라고 말해도 무리는 없습니다. 하지만 sub.h가 E:\BorlandC\Include에 위치한다면, 다음과 같이 사용해도 정상적으로 동작합니다.

```
#include <sub.h>
```

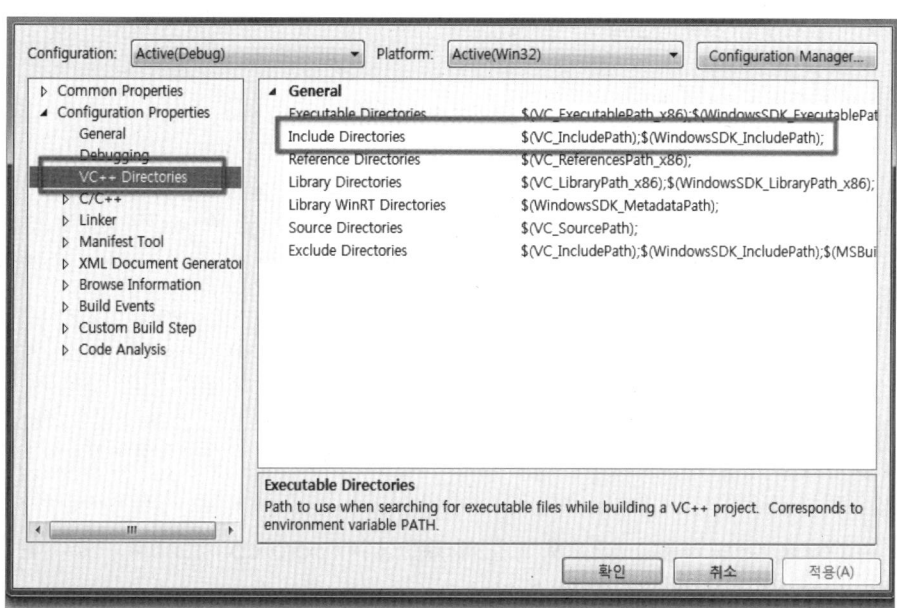

▲ 비주얼 스튜디오 2013의 디폴트 include 경로 설정: Visual Studio 2013에서는
프로젝트마다 기본 경로를 설정하는 것이 가능합니다.

a.cpp를 사용한 소스에서 발생할 수 있는 좀 더 미묘한 문제를 살펴보기 전에 #define에 대해 알아 보겠습니다.

#define

#define은 매크로 상수와 함수를 정의(macro definition)하기 위해서 사용합니다. #define의 문법은 다음과 같습니다.

```
#define macro_identifier <token_sequence>
#define macro_identifier(<arg_list>) token_sequence
```

20 전처리 명령어(preprocessing command)　471

예를 들면 상수 PI를 다음과 같이 정의할 수 있습니다.

```
#define PI 3.141592
```

위의 문장은 PI를 3.141592로 정의한 것입니다. 이제 소스에서 PI라는 명칭은 컴파일 전에 3.141592로 치환됩니다. 즉 소스에 다음과 같은 문장이 있다고 가정해 봅시다.

```
printf("%f\n", PI);
```

위의 문장은 전처리 단계에서 다음과 같이 확장됩니다.

```
printf("%f\n", 3.141592);
```

이때 PI는 상수 3.141592처럼 사용되었으므로 PI를 매크로 상수(macro constant)라고 합니다.

매크로 상수를 정의할 때 주의해야 하는 사항은 단어 사이의 공백에 관한 것입니다. 예를 들면 아래의 문장은 무엇을 정의하는 것일까요?

```
#define A B C
```

문법을 주의 깊게 보았다면, 위의 문장은 A를 B C로 정의한다는 것입니다. 즉 #define은 #define 이후의 첫 번째 단어(공백으로 구분됩니다)를 나머지 문자열을 대치하는 것으로 정의합니다.

다음의 소스를 참고하세요. #define은 언어를 전혀 다른 것처럼 보이게 만들 수도 있습니다.

```c
#include <stdio.h>

#define PI          3.141592
#define A           B, C
#define begin       {
#define end         }
#define procedure   void

int B = 1, C = 2;

procedure PrintPI()
begin
    printf("%f\n",PI);
end

void main()
begin
    PrintPI();
    printf("%d,%d\n",A);
end
```

결과는 다음과 같습니다.

```
3.141592
1,2
```

C에서 블록(block)을 나타내기 위해 {와 }를 사용한다는 것을 알고 있습니다. 하지만 Pascal 언어에서 블록은 begin과 end로 나타냅니다. 또한 Pascal 언어에서 void형 함수는 프로시저(procedure)라고 합니다. 위의 코드는 마치 파스칼 언어처럼 보입니다.

이제 #include의 마지막 문법을 살펴볼 준비가 되었습니다.

```
#define files "c:\borlandc\bin\macro.h"
#include files
```

위의 코드는 다음의 문장과 동일합니다. 필자는 온라인 게임을 만드는 업계에서 15년 넘게 C/C++로 작업했는데, 위와 같이 사용하는 예를 본 적은 없습니다.

```
#include "c:\borlandc\bin\macro.h"
```

 위의 소스에서 왜 PI를 3.141592로 정의했을까요? 실제 π는 무한 소수이므로 유효 자리를 모두 나타내는 것이 불가능합니다. 하지만 유효 자리 여덟 번째 자리까지의 표현은 3.14159265이므로 만약 매크로를 소수점 여덟 번째 자리까지 정의하면, 결과는 얼마일까요?

실수형은 정밀도를 소수점 이하 여섯 번째 자리까지밖에 표현하지 못합니다. 하지만, 매크로 상수는 이 제약이 없습니다(매크로는 단지 치환될 뿐입니다). %f가 왜 정밀도가 소수점 여섯 번째 자리까지인지는 '3장 이진수(binary number)'에서 설명했습니다. 실제 C/C++ 개발자는 PI를 정의해서 사용하지 않고, math.h에 정의된 M_PI 매크로 상수를 사용합니다.

왜 매크로 상수를 사용하는가?

왜 매크로 상수를 사용하는 걸까요? 그 이유는 다음과 같은 몇 가지 이점 때문입니다.

① 상수에 비해 메모리를 차지하지 않는다.
② 프로그램을 읽기 좋게 만든다.
③ 프로그램의 유지 및 보수가 쉽다.

① #define PI 3.141592를 상수 표현식을 써서, 다음과 같이 정의할 수도 있습니다.

```
const double PI = 3.141592;
```

위의 코드는 4바이트의 메모리를 차지하는 상수 변수를 선언한 것입니다. 물론 매크로 상수의 단점도 존재합니다. 디버깅할 때 매크로 상수 PI는 관찰할 수 있는 값이 아닙니다(모두 치환되어 있을 것이므로).

② 반지름이 5인 원의 둘레를 계산하기 위해 아래의 코드를 사용했다고 가정해 봅시다.

```
float r = 2 * 3.141592*5.0;
```

위의 코드는 읽기 어렵습니다! 위의 경우 PI는 대부분의 사용자가 알고 있는 상수이기 때문에 이해할 수도 있습니다. 하지만 어떤 프로그램이 자신의 상수 0.0012345678을 사용한다고 가정해 봅시다. 이 상수는 샐러리맨(salary man)의 월급에서 원천 징수되는 세금의 비율이라고 합시다. 샐러리맨의 월급(pay)에서 세금을 계산하기 위해서 아래의 문장을 사용할 수 있습니다.

```
tax = pay * 0.0012345678;
```

하지만 위의 코드보다는 아래처럼 매크로 상수를 사용하는 것이 더 읽기 좋습니다.

```
#define RATIO    0.0012345678
tax = pay * RATIO;
```

 소프트웨어공학(software engineering)에서 소스 코드를 읽기 좋게 만드는 것은 가장 중요한 요소 중의 하나입니다!

③ 샐러리맨의 월급에서 세금을 계산하는 앞의 프로그램에서 RATIO는 얼마나 많이 사용될까요? 예를 들어 코드의 200군데에서 RATIO를 사용한다고 가정해 봅시다. 만약 프로그래머가 매크로 상수를 사용하지 않았다면, 200군데에 0.0012345678이 나타날 것입니다.

세금의 비율이 0.012345678로 100% 인상되었다고 가정하면 프로그래머는 200군데의 소스를 수정해야 할 것입니다. 이때 고쳐진다면 문제는 덜 심각합니다. 하지만 실수로 몇 군데의 비율을 수정하지 못했다고 가정해 봅시다. 프로그래머는 파악하기 힘든 버그를 발견하기 위해 많은 날을 고민해야 할 것입니다.

매크로 상수를 사용하면, 프로그래머가 수정해야 할 곳은 #define을 사용해서 상수를 정의하는 오직 한 곳뿐입니다!

매크로 함수(macro function)

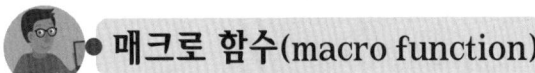
`#define macro_identifier(<arg_list>) token_sequence`

위의 #define의 문법에서 두 번째 문법은 매크로 함수의 문법입니다. 이것이 함수는 아니지만, 함수처럼 사용되기 때문에 이것을 **매크로 함수**라고 합니다. 하지만 매크로 함수도 매크로가 확장되는 것이어서 함수의 호출은 일어나지 않습니다.

2개의 값 중 큰 값을 구하는 MAX(a,b)를 다음과 같이 정의할 수 있습니다.

`#define MAX(a,b) a > b ? a : b`

위의 매크로 함수는 모든 MAX(a,b) 형태를 a > b ? a : b로 치환합니다.

`printf("%d\n", MAX(2,3));`

위의 문장은 다음과 같이 치환됩니다.

`printf("%d\n", 2 > 3 ? 2 : 3);`

결과는 3이 출력될 것입니다.

매크로 함수를 작성할 때 주의해서 사용하지 않으면, 심각한 문제가 발생할 수도 있습니다. 아래의 예를 주의해 보세요.

```
#include <stdio.h>

#define MUL_DEFINED
#define MUL(a, b) a * b

void main() {
    printf("%d\n", MUL(2+3, 4)); // 20을 예상하나요?
}
```

결과는 다음과 같습니다.

14

대부분은 결과로 20을 예상했을 것입니다. 결과가 왜 14인지는 매크로 확장의 과정을 이해하면 명확하게 알 수 있습니다.

```
printf("%d\n", MUL(2+3,4));
```

위 문장의 매크로 확장은 2+3이 a에 해당하고, 4가 b에 해당하므로 다음과 같습니다.

```
printf("%d\n", 2+3 * 4);
                a     b
```

연산자의 우선순위에 의해 결과는 14입니다. 매크로 함수를 정의할 때의 규칙은 다음과 같습니다.

"매크로 함수의 파라미터는 반드시 괄호로 묶여야 합니다."

즉 MUL은 다음과 같이 정의되어야 합니다.

```
#define MUL(a,b) (a)*(b)
```

사실 이것으로도 부족합니다. 매크로 함수 간의 우선순위에 문제가 발생할 수도 있으므로 표현식 전체를 괄호로 묶는 것이 바람직합니다.

```
#define MUL(a,b) ((a)*(b))
```

위에서 정의했던 MAX( )도 다음과 같이 정의해야 합니다.

```
#define MAX(a,b) ((a)>(b)?(a):(b))
```

이제까지 살펴본 소스에서 아래의 문장이 존재합니다.

```
#define MUL_DEFINED
```

이 문장은 `MUL_DEFINED`라는 상수가 단지 정의되었다고 선언하는 것입니다. 즉 이 상수는 이미 정의되었으므로 변수로도, 함수 이름으로도, 다른 매크로 상수로도 재정의(redefinition)할 수 없습니다. 그렇다고 `MUL_DEFINED`가 어떤 값을 가지는 것도 아닙니다.

이러한 #define의 역할에 대해 이어지는 절(section)에서 살펴보도록 합시다.

 관례

매크로 함수와 상수는 관례(convention)상 모두 대문자를 사용합니다. 위의 예에서 우리는 모든 매크로에 대해 대문자를 사용했습니다. 이러한 규칙은 대부분의 C 프로그래머들이 지키는 관례입니다. 이렇게 구분하면 매크로와 일반 변수, 매크로 함수와 일반 함수를 구분하여 소스 코드를 읽기 좋게 합니다.

# 미묘하지만 중요한 문제

이제 #include를 설명하면서 언급했던 미묘한 문제를 다룰 준비가 되었습니다. 다시 그 소스를 고려해 보겠습니다.

```cpp
// a.cpp
#include <stdio.h>
#include "macro.h"
#include "b.cpp"
void main() {
    int i;
    i = f(2);
    PRINT(i);
}
// b.cpp
int f(int i) {
    return i*i*i;
}
// macro.h
#define PRINT(i) printf("%d",i)
```

위의 소스 중 b.cpp에서도 macro.h가 필요해서 b.cpp를 아래와 같이 수정했다고 합시다.

```cpp
// b.cpp
#include "macro.h"
int f(int i) {
    PRINT(i);
    return i*i*i;
}
```

앞의 프로그램이 컴파일될 것이라고 예상하지만 그렇지 않습니다. 컴파일러는 매크로가 중복되었다는 에러 메시지를 출력할 것입니다. a.cpp는 다음과 같이 매크로 확장됩니다(설명을 위해 #include만을 확장했습니다).

```
#include <stdio.h>

#define PRINT(i) printf("%d",i)
    // macro.h가 확장되었습니다.

#define PRINT(i) printf("%d",i)
    // b.cpp의 macro.h가 확장되었습니다. 이 문장에서 에러가 발생합니다.
int f(int i) {
    PRINT(i);
    return i*i*i;
}
void main() {
    int i;
    i = f(2);
    PRINT(i);
}
```

위의 소스에서 보듯이 b.cpp의 macro.h가 확장될 때 이것은 분명히 에러입니다. PRINT( )는 이미 정의된 매크로인 것입니다! 그러므로 헤더 파일을 만들 때는 이것이 프로젝트에 항상 한 개만 확장된다라고 보장되어야 합니다. 이것을 구현하기 위해서, #if, #ifdef 등을 사용합니다.

 ## #if와 defined 연산자

#if의 문법은 다음과 같습니다. 이것은 블록(block)이 섹션(section)으로 바뀐 것을 제외하고는 if문과 거의 유사합니다.

 섹션은 블록으로 구분되지 않은 문장들을 말합니다. #if의 조건이 끝나는 문장(즉 매크로 확장이 끝나는 문장)은 #elif, #else 혹은 #endif까지입니다.

```
#if <expression-1>
<section-1>
[#elif <expression-2>
<section-2>][…]
[#else
<section-3>]
#endif
```

우리들은 이미 '8장 연산자(operator)'에서 전처리 명령문에서만 사용 가능한 연산자 #와 ##에 대해서 배웠습니다. 전처리 명령문에서 사용 가능한 또 하나의 연산자에는 아래의 연산자가 있습니다.

```
defined
```

이 연산자는 매크로 상수가 정의(definition)되어 있는지의 여부를 검사합니다. 위의 예에서 macro.h는 다음과 같이 작성되는 것이 바람직합니다.

```
#if !defined(PRINT)
#define PRINT
#define PRINT(i) printf("%d",i)
#endif
```

헤더 전체를 #if ~ #endif로 감싸고 있습니다. 이것은 여러 곳의 소스에서 이 헤더 파일을 포함시키더라도 헤더가 한 번만 포함되는 것을 보장합니다. 즉 이미 정의되어 있다는 것을 나타내기 위해 PRINT를 플래그(flag)로 사용한 것입니다. 다시 확장된 a.cpp를 살펴봅시다.

```
// 확장된 a.cpp
#include <stdio.h>

#if !defined(PRINT)  // PRINT가 정의되어 있지 않으므로 아래의 두 문장은 확장됩니다.
#define PRINT
#define PRINT(i) printf("%d",i)
#endif

#if !defined(PRINT)  // PRINT가 이미 위에서 정의되었으므로 아래의 두 문장은 확장되지 않습니다.
#define PRINT
#define PRINT(i) printf("%d", i)
#endif

int f(int i) {
    PRINT(i);
    return i * i * i;
}
void main() {
    int i;
    i = f(2);
    PRINT(i);
}
```

실제로 #if보다는 #ifdef와 #ifndef(if not defined)가 보다 많이 사용됩니다.

```
#if !defined(PRINT)
#define PRINT
    ⋮
#endif
```

위 문장은 아래의 문장과 동일합니다.

```
#ifndef PRINT
#define PRINT
    ⋮
#endif
```

하지만, 두 가지 이상의 복합 조건 (compound condition)을 검사해야 하는 경우 #if를 사용하는 것이 효과적입니다. 아래의 예에서는 PRINT가 정의되어 있고, DEBUG가 정의되어 있지 않으면, 매크로를 확장합니다.

```
#if defined(PRINT) && !defined(DEBUG)
    ⋮
#endif
```

#if가 헤더의 중복을 피하기 위해서뿐만 아니라 조건 컴파일을 위해서 사용되는 경우도 많습니다. 예를 들어 프로그램을 개발하는 과정 중에만 필요한 함수들에 대해서 생각해 봅시다. 이러한 함수들은 프로그램을 개발하거나 디버깅할 때 필요에 의해서 만든 함수이므로 프로그램이 완성되어 마지막 버전을 작성할 때는 포함되지 않는 것이 바람직합니다(쓸데없는 함수의 포함은 프로그램의 덩치를 크게 합니다). 이러한 함수를 f( )라고 하면, 아래의 예는 #if를 사용하여 f( )를 포함하고 제거시키는 기교를 보여줍니다.

```c
#include <stdio.h>

#define DEBUG

#ifdef DEBUG
void f(int i) {
    printf("%d\n",i);
}
#endif

void main() {
    int i = 2, j = 3, k = 4;
    k = i * j * k;
  #ifdef DEBUG
    f(k);
  #endif
    printf("%d,%d,%d\n", i, j, k);
}
```

위의 예에서 함수 f( )의 정의와 main( )에서 f( )의 호출은 매크로 상수 DEBUG가 정의되어 있을 때만 유효합니다. 이 프로그램의 개발이 끝났다면, 이제 더 이상 f( )는 필요 없으므로(유지 보수를 위해서 코드 자체는 남겨 두어야 합니다), 코드에서 제거하는 것이 바람직합니다. 이러한 문장을 주석으로 처리하여 구현할 수도 있지만, 매크로 정의를 사용하는 것은 코드의 활성화/비활성화를 제어할 수 있으므로 훨씬 더 유용합니다.

```
#define DEBUG
```

위의 문장을 단순히 다음과 같이 주석 처리합니다.

```
// #define DEBUG
```

이제 DEBUG는 정의되지 않았으므로 f( ) 관련 기능은 소스에서 제외됩니다. 이제 #if와 #define의 규칙을 외워둡시다.

"*#if*와 *#define*은 헤더 파일이 중복으로 포함되는 것을 방지하기 위해서 디버깅 모드와 릴리즈 모드 (release mode)의 다른 버전의 프로그램을 작성하기 위해서 일반적으로 사용합니다."

Visual C++ 6.0에 포함된, MFC(Microsoft Foundation Class)의 자동 코드 생성기인 AppWizard가 자동으로 생성한 뷰 클래스(view class)의 헤더 파일을 봅시다. 위에서 언급한 2개의 기교를 모두 사용하고 있습니다. 아래의 코드는 프로젝트의 이름을 Test로 하여 AppWizard가 자동으로 생성한 코드의 TestView.h를 리스트한 것입니다.

```
// TestDoc.h: CTestDoc 클래스의 인터페이스
//
/////////////////////////////////////////////////////////////////////

#if !defined(AFX_TESTDOC_H__C41CD2EC_B9DD_11D2_BC14_02608C6CA09B__INCLUDED_)
#define AFX_TESTDOC_H__C41CD2EC_B9DD_11D2_BC14_02608C6CA09B__INCLUDED_

#if _MSC_VER >= 1000
#pragma once
#endif // _MSC_VER >= 1000

class CTestDoc : public CDocument
{
```

```
protected: // 직렬화로만 만듭니다.
    CTestDoc();
    DECLARE_DYNCREATE(CTestDoc)

// 속성
public:

// 연산
public:

// 치환
    // ClassWizard가 생성한 가상 함수 치환
    // {{AFX_VIRTUAL (CTestDoc)
    public:
    virtual BOOL OnNewDocument();
    virtual void Serialize(CArchive& ar);
    // }}AFX_VIRTUAL

// 구현
public:
    virtual ~CTestDoc();
#ifdef _DEBUG
    virtual void AssertValid() const;
    virtual void Dump(CDumpContext& dc) const;
#endif

protected:

// 생성된 메시지 맵 함수
protected:
    // {{AFX_MSG(CTestDoc)
        // 참고 - ClassWizard는 여기에 멤버 함수를 추가하고 제거합니다.
        // 생성된 코드 블록에서 보이는 것을 편집하지 마십시오!
    // }}AFX_MSG
    DECLARE_MESSAGE_MAP()
};

/////////////////////////////////////////////////////////////////////////////

//{{AFX_INSERT_LOCATION}}
// Microsoft Developer Studio는 추가 선언을
// 이전 줄 바로 앞에 즉시 삽입할 것입니다.

#endif                                                                    //
!defined(AFX_TESTDOC_H__C41CD2EC_B9DD_11D2_BC14_02608C6CA09B__INCLUDED_)
```

앞의 소스에서 #if~#endif가 사용된 기교에 대해서만 주목하고 다른 것들은 무시하면 됩니다.

#undef, #line, #error와 #pragma

#undef는 이미 정의된 매크로를 해제합니다. 예를 들어 아래의 문장은 에러가 아닙니다.

```
#define PRINT(i) printf("%d\n",i)
#undef PRINT
#define PRINT(i,j) printf("%d,%d\n",i,j)
```

위의 소스에서는 이미 정의된 PRINT를 재정의(redefinition)하기 위해 #undef를 사용하고 있습니다.

미리 정의된 매크로(predefined macros)

컴파일러 제조사는 컴파일러 에러 메시지 출력 등을 위해 몇 개의 매크로를 미리 정의하여 두었습니다. 아래의 매크로는 Borland C++ 5.0의 도움말에서 참고한 몇 개의 매크로입니다. 우리가 사용하는 컴파일러의 도움말을 참고하여 보면, 미리 정의된 매크로에 어떤 것들이 있는지 확인할 수 있습니다.

 BCPLUSPLUS를 제외한 3개의 매크로는 모든 C++ 컴파일러에서 지원하는 표준 매크로입니다.

```
__cplusplus
__BCPLUSPLUS__
__FILE__
__LINE__
```

__cplusplus는 표준 매크로이므로, 모든 컴파일러에서 사용할 수 있습니다. 이 매크로는 소스가 C++ 모드로 컴파일되고 있음을 지시합니다. 이 매크로는 일반적으로 C와 C++의 혼합 프로그래밍을 위해 사용합니다.

```
#ifdef __cplusplus
extern "C" {
#endif
void f();
int g(int);
void h(int,int);
#ifdef __cplusplus
}
#endif
```

이미 C로 컴파일된 함수가 있다면, 이 함수를 바로 C++에서 사용하기 위해서는 이러한 함수가 C에서 컴파일되었다고 알려주어야 합니다. 이것은 C++의 함수와 C의 함수가 호출되는 방식이 조금 다르기 때문입니다(오버로딩된 함수의 모호한 이름 해결을 위해 C++의 함수는 이름 장식(name decoration)을 합니다).

그래서 이미 컴파일되어 .OBJ 혹은 .LIB로 존재하는 함수의 헤더를 C++ 소스에 포함시킬 때 이러한 C 함수의 헤더는 다음과 같이 extern "C" 블록 안에서 선언해야 합니다.

```
extern "C" {}
```

위의 예는 현재의 컴파일 모드가 C++일 때 C로 만든 함수, f( ), g( )와 h( )를 포함하는 방법을 보여줍니다.

 일반적으로 확장자가 CPP이면 C++ 모드로 컴파일되고, 확장자가 C이면, C 모드로 컴파일됩니다.

미리 정의된 매크로는 관례상 앞뒤에 모두 2개의 언더스코어(underscore)로 감싸 있습니다.

__BCPLUSPLUS__는 컴파일러가 Borland C++ 컴파일러인 경우 정의되어 있습니다.

볼런드의 mem.h에 해당하는 Visual C++의 헤더는 memory.h입니다. 다음의 코드는 이 매크로를 사용하여 Borland C++와 Visual C++ 모두에서 컴파일되는 소스를 작성하는 것을 보여줍니다.

```
#ifdef __BCPLUSPLUS__
        #include <mem.h>
#else
        #include <memory.h>
#endif
```

__FILE__과 __LINE__은 각각 현재 소스 파일의 이름과 줄 번호를 출력하는 매크로 상수입니다.

 이 매크로는 한 번 정의되어 계속해서 같은 값으로 사용되는 일반적인 매크로 상수와는 다릅니다. 이 값은 컴파일 시간에 컴파일러에 의해서 설정되는 값을 가지는 컴파일러 변수이지만, 매크로에서 사용하므로 '매크로'라고 합니다.

아래의 예를 참고하세요(소스 파일을 work.cpp로 저장하였다고 가정합니다).

```
#include <stdio.h>

void main() {
    int i=2,j=3,k=4;

    printf("%d,%d,%d\n",i,j,k);
    printf("%d\n",__LINE__);
    printf("%s\n",__FILE__);
}
```

출력 결과는 다음과 같습니다.

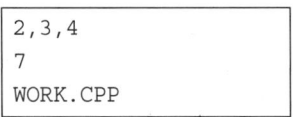

__LINE__은 현재의 줄 번호를 십진수로 정의합니다. 위의 예에서 결과가 7인 이유는 printf("%d\n",__LINE__);가 work.cpp의 일곱 번째 줄이기 때문입니다.

__LINE__이 비록 값이 갱신되기는 하지만, 이것은 변수가 아니라 사용자가 재정의할 수 없는 매크로 상수입니다. #line은 매크로 상수 __LINE__과 __FILE__을 재설정하기 위해 사용합니다. 문법은 다음과 같습니다.

```
#line integer_constant ["filename"]
```

예를 들면 다음의 사용 예를 봅시다.

```
#line 10 "hello.cpp"
```

앞의 문장은 #line 이후부터 __LINE__을 10부터 시작하도록 하며, __FILE__을 hello.cpp로 설정합니다. 아래의 예를 참고하세요.

```
#include <stdio.h>

void main( ) {
#line 1 "main.cpp"
    int i = 2, j = 3, k= 4;

    printf("%d,%d,%d\n", i, j, k);
    printf("%s, %d\n", __FILE__, __LINE__);
    printf("%d\n", __LINE__);
#line 3897
    printf("%s, %d\n", __FILE__, __LINE__);
}
```

출력 결과는 다음과 같습니다.

```
2,3,4
main.cpp, 4
5
main.cpp, 3897
```

#error는 컴파일 과정 동안 에러 메시지를 출력하기 위해 사용합니다. 다음의 예를 참고하세요.

```
#include <stdio.h>

#define TYPE 1

void main() {
    int i = 2, j = 3;
  #if (TYPE! = 0)
  #error You must define TYPE to 0
  #endif
    printf("%d, %d\n", i, j);
}
```

위의 소스는 컴파일되지 않습니다. 컴파일 과정 도중에 다음과 같은 컴파일 에러 메시지가 출력됩니다.

```
Error directive: You must define TYPE to 0 in function main()
```

만약 우리가 작성한 코드가 오로지 C++ 모드에서만 컴파일되기를 원한다면, 다음과 같은 코드를 프로그램의 처음에 추가할 수 있습니다.

```
#ifndef __cplusplus
#error You must compile this in C++ mode
#endif
```

실제로 위와 같은 용도를 포함해서 #error는 가끔 사용됩니다.

 **운영체제나 환경에 의존적인 설정이 필요하다면?**

만약 컴파일러 설계자가 설정해야 하는 값들이 표준 매크로로 나타내기 불가능한 것이라면, 어떻게 이러한 것을 처리할 수 있을까요?

C++ 표준위원회는 이러한 값들을 위해 #pragma를 추가하였습니다. #pragma는 실용주의(pragmatism)를 표방하는 전처리 명령문입니다.

예를 들면 볼랜드(Inprise™) 계열의 컴파일러에서 다음과 같이 사용할 수 있습니다.

```
#pragma inline
```

위의 소스 코드는 인라인 어셈블러(inline assembler)를 포함한다는 것을 나타냅니다. #pragma는 컴파일러에 의존적이므로 위의 소스가 Visual C++에서도 같은 의미를 가진다는 보장은 없습니다.

1 #include "a.h"와 #include ⟨a.h⟩를 구분하여 설명하세요.

2 볼랜드 사의 컴파일러는 자사의 컴파일러에 미리 정의된 매크로인 __BCPLUSPLUS__를 제공합니다. 마이크로소프트 사의 컴파일러는 비주얼 C++에서 어떤 유일한 매크로를 정의하였는지 파악하고 설명하세요.

3 전처리 명령어에 #이 명시되지 않으면, 전처리기(preprocessor)는 어떤 추가적인 작업이 필요할까요?

4 전처리 명령문에서만 사용할 수 있는 연산자 #, ##과 defined에 대해서 설명하세요.

5 사용자가 외부 라이브러리를 코드에 명시하기 위한 방법이 있을까요? (힌트: #pragma)

21 가변 인자 (variable argument)

printf( )는 가변 인자 리스트(variable argument list)를 사용하는 C의 표준 함수입니다. C++에서도 가변 인자는 여전히 중요한 주제입니다. 가변 인자에 대해 이해한다면 나중에 C++의 가변 매크로와 가변 템플릿(template)을 이해하는 데 바탕이 됩니다. 가변 인자를 받는 함수를 정의하면, 함수의 인자를 가변적으로 지정할 수 있습니다.

가변 인자 함수를 작성하기 위해서는 생략 심벌(ellipsis symbol, ···)과 형 **va_list**, 3개의 매크로 **va_start, va_arg**와 **va_end**를 사용합니다. 형 정의와 매크로는 stdarg.h에 포함되어 있으므로 반드시 stdarg.h를 포함(include)해야 합니다.

가변 인자를 사용하는 함수 Sum( )을 만들어 봅시다. 함수 Sum( )의 첫 번째 파라미터는 자신을 제외한 가변 인자의 개수이며, 나머지는 정수 가변 인자입니다. Sum( )은 정수 가변 인자의 합을 리턴합니다. Sum( )은 다음과 같은 프로토타입(prototype)을 가집니다.

```
int Sum(int n, ...);
```

프로토타입에 사용된 심벌 ···에 주목하세요. 이것은 Sum( ) 함수가 가변 인자를 파라미터로 갖는다는 것을 명시합니다. 예를 들어 Sum(3,5,6,7);의 결과는 18이 되어야 합니다. Sum(10, 1, 2, 3, 4, 5, 6, 7, 8,9, 10);의 결과는 55입니다.

이제 Sum( )의 몸체(body)를 작성합니다. 먼저 1개의 va_list형 변수를 선언해야 합니다(일반적으로 ap(Argument Pointer)로 선언합니다). 그리고 합을 저장할 변수 s를 0으로 초기화시키고, 인덱스 변수 i와 임시 변수 t를 선언합니다.

```
int Sum(int n, ...) {
    int s = 0, i, t;
    va_list ap;
} // Sum
```

다음에 va_start 매크로를 사용하여 va_list형의 변수 ap와 Sum( ) 함수의 첫 번째 파라미터를 지정합니다. 이것은 ap가 Sum( )의 두 번째 인자의 시작 주소를 가리키게 합니다.

```
int Sum(int n,...) {
    int s = 0, i, t;
    va_list ap;

    va_start(ap,n);  // 이 문장은 ap가 n 이후의 첫 인자의 시작 주소를 가리키게 합니다.
} // Sum
```

va_start 매크로 이후에 원하는 형의 변수 값을 읽기 위해 va_arg 매크로를 ap와 함께 사용합니다. 예를 들어 정수 값을 읽고 싶으면 va_arg(ap,int);를, 실수 값을 읽고 싶으면 va_arg(ap,float);를 사용합니다. 이것은 실제 ap가 두 번째에 지정된 형(type)만큼 읽고 ap 포인터를 sizeof(type)만큼 증가시키는 일을 합니다. 이 예에서는 n개의 정수가 지정되어 있으므로 아래와 같이 작성합니다.

```
int Sum(int n, ...) {
    int s = 0, i, t;
    va_list ap;

    va_start(ap,n);
    for (i = 0; i < n; ++i) {
        t = va_arg(ap,int);    // ap가 가리키는 곳에서 int 만큼 읽어옵니다.
                               // ap는 sizeof(int) 만큼 증가합니다.
        s += t;
    } // for
} // Sum
```

인자를 꺼내는 작업이 끝났으면, va_end 매크로를 사용하여 끝임을 명시하고, 나머지 작업을 합니다.

> va_end의 실제 매크로는 (void)0입니다. 표준 설계에서 va_end가 포함되어 있지만, va_end에는 특별한 처리가 필요 없으므로 의미 있는 매크로를 정의하지 않은 것입니다

va_end는 va_start와 쌍을 맞추기 위해 사용합니다. 완성된 함수는 다음과 같습니다.

```
#include <stdarg.h>
    ⋮
int Sum(int n,...) {
    int s = 0, i, t;
    va_list ap;

    va_start(ap, n);
    for (i = 0; i < n; ++i) {
        t = va_arg(ap, int);
        s += t;
    } // for
    va_end(ap); // (void) 0; 이 문장이 없으면, 함수가 제대로 동작하지 않습니다.
    return s;
} // Sum
```

이 함수를 사용하는 예를 살펴봅시다.

```
printf("%i\r\n", Sum(3,5,6,7));
```

위 문장의 출력 결과는 다음과 같습니다.

18

아래 문장의 출력 결과는 얼마일까요?

```
printf("%i\r\n", Sum(2,5,6,7));
```

비록 3개의 가변 인자가 있어도 첫 번째 파라미터가 2이므로 결과는 11입니다.

아래 문장의 결과는 얼마일까요?

```
printf("%i\r\n", Sum(3,5L,6,7));
```

위 문장의 결과는 Visual Studio 6에서 11이었습니다. 그 이유는 다음과 같이 설명할 수 있습니다.
두 번째 파라미터의 형이 long임에 주목하세요. Sum( )의 내부에서 va_arg(ap, int)를 사용하여 정수(integer)만 꺼내므로 결과는 5+0+6이 되어 11이 되었습니다.
위의 코드를 Visual Studio 2013에서 실행하면 결과가 18이 됩니다. 가변 인자를 전달하는 표준 방식이 변경되었기 때문인데, 정수 호환 타입을 가변 인자로 전달하면 모두 4바이트의 메모리를 차지합니다. 이것을 '승격(promotion)'이라고 합니다. 가변 인자의 자세한 동작은 스택을 이해해야 합니다.

```
#include <stdarg.h>
#include <stdio.h>

int Sum(int n,...) {
    int s = 0, i, t;
    va_list ap;

    va_start(ap, n);
    for (i = 0; i < n; ++i) {
        t = va_arg(ap, int);
        s += t;
    } // for
    va_end(ap);
    return s;
} // Sum

void main() {
    printf("%i\r\n", Sum(3, 5L, 6, 7) );
    printf("%d,%d\n", 3L, 4L);
}
```

Visual Studio 6에서 Win16 모드로 프로그램을 실행한 경우 위 프로그램의 출력 결과는 다음과 같습니다. 정수(int)가 2바이트의 크기이기 때문입니다.

Visual Studio 2013에서 Win32 모드로 프로그램을 실행한 경우 위 프로그램의 출력 결과는 다음과 같습니다.

㉑ 가변 인자(variable argument) **495**

스택 동작

먼저 C의 스택 동작을 이해해야 합니다. 지역 변수(local variable)가 스택에 할당되기 때문입니다. 함수의 인자는 지역 변수이므로 스택에 푸시(push)됩니다. 예를 통하여 C의 스택 동작을 다시 한 번 살펴봅시다. 먼저 함수 호출에 관한 다음 사항을 떠올리기 바랍니다.

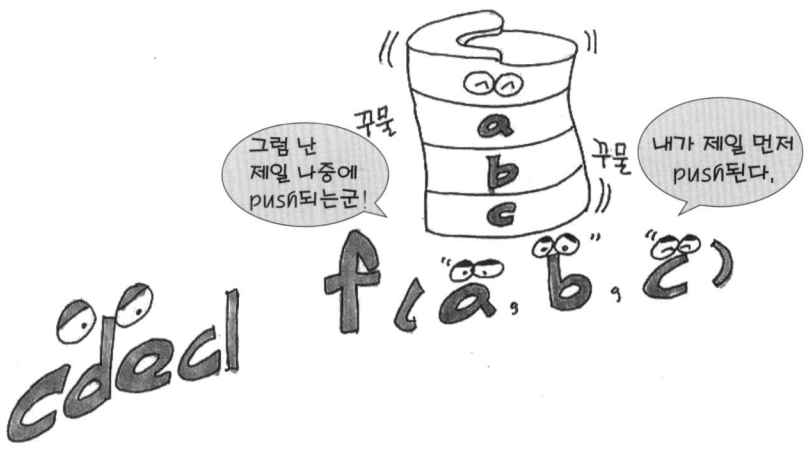

"C의 함수 호출은 C 방식(키워드 cdecl 사용)을 따릅니다. C 방식은 인자를 스택에 푸시하는 일을 불리는 쪽(callee)이 담당합니다. 또한 오른쪽에서 왼쪽으로 스택에 푸시합니다."

그러면 다음 함수를 호출했을 때 스택의 상태를 그려봅시다. 이 함수는 문자형, 정수형, 긴 정수형 인자를 가집니다.

```
int Add(char c, int i, long l);
```

스택의 상태는 아래 그림과 같습니다. 이 예에서는 int가 2바이트라고 가정합니다. 후에 int의 크기가 플랫폼마다 달라지는 특성이 문제가 되어 모든 정수 호환 타입은 4바이트를 사용하는 표준이 정해졌습니다. 승격(promotion)이 적용된 컴파일러에서는 char, int 및 long이 모두 4바이트를 차지하므로 메모리의 구조는 다릅니다.

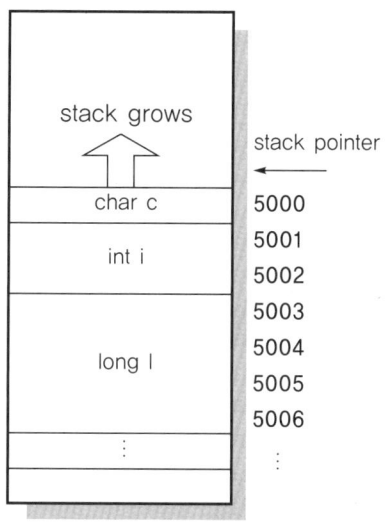

▲ 스택은 상위 주소에서 하위 주소로 자랍니다. 그러므로 먼저 l이 5003~5006번지에 할당되고, i가 5001~5002번지에 할당되며, 마지막으로 c가 5000번지에 할당됩니다.

여기에서는 인자의 직접적인 참조를 사용하지 않고 i와 l을 참조하려는 것이 목적입니다. 이것은 c의 주소를 알면 가능합니다. 포인터 변수 ap가 c를 가리키도록 한 후(ap = 5,000), c의 크기 sizeof(c)만큼 더하면(ap = ap + sizeof(c)), ap는 5001을 가리킵니다. 즉 정수 i를 가리키는 것이지요. 다시 ap가 l을 가리키도록 하려면, i의 크기만큼 더하면 됩니다.

```
ap += sizeof(i)
```

이제는 ap가 5003이 되어 l을 가리키게 됩니다.

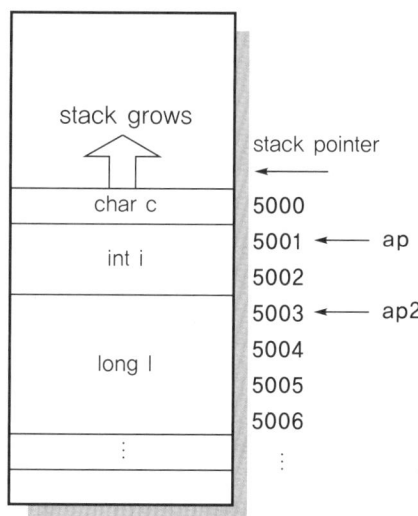

▲ ap는 i(5001)을 가리키는데, 이것은 5000에 sizeof(c)를 더한 결과입니다. ap2는 l(5003)을 가리키는데, 이것은 ap에 sizeof(i)를 더한 결과입니다.

1개의 형과 3개의 매크로

볼랜드 C++ 3.1에서 참고한, va_list, va_start, va_arg와 va_end의 소스(stdarg.h에 있음)는 아래와 같습니다.

```
typedef void _FAR *va_list;

#define __size(x) ((sizeof(x) + sizeof(int) - 1) & ~(sizeof(int) - 1))

#define va_start(ap, parmN) ((void)((ap) = (va_list)((char _FAR \
    *)(&parmN) + __size(parmN))))
#define va_arg(ap, type) (*(type _FAR *)(((*(char _FAR * _FAR \
    *)&(ap)) += __size(type)) - (__size(type))))
#define va_end(ap) ((void)0)
```

va_list는 단순히 원거리 포인터(far pointer)입니다. va_start(ap,parmN)은 va_list형의 ap가 parmN의 다음 주소를 가리키게 합니다. 즉 ap는 두 번째 인자의 시작 주소를 가리키게 됩니다.

va_arg(ap,type)은 ap가 가리키는 곳에서 type을 꺼내고 ap를 type의 크기만큼 증가시킵니다. va_end(ap)는 특별한 일을 하지 않습니다.

```
printf("%i\r\n", Sum(3,5L,6,7));
```

이제 위의 문장에서 결과가 11이 찍힌 과정을 그림으로 그려보겠습니다. Win16 환경에서 Visual Studio 6 혹은 도스 환경에서 볼랜드 C++ 3.1을 사용했다고 가정합니다.

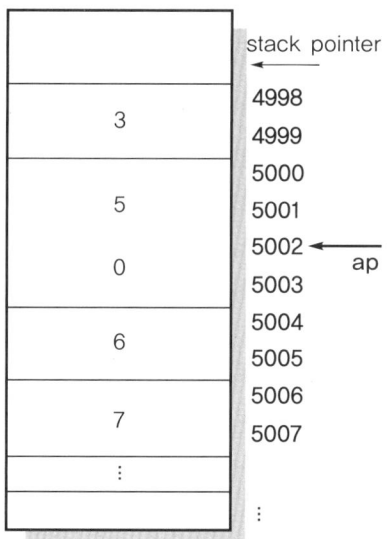

▲ va_start(ap, n)은 ap가 [5000], 즉 5L의 상위 바이트를 가리키도록 합니다. va_arg(ap,int)는 [5000]~[5001]의 5를 리턴하고 ap를 2(sizeof(int)) 증가시킵니다.

▲ 두 번째 va_arg(ap, int) 호출은 0을 리턴합니다. ap는 2 증가되어 [5004]를 가리킵니다.

	stack pointer
	←
3	4998
	4999
5	5000
	5001
0	5002
	5003
6	5004 ← ap
	5005
7	5006
	5007
⋮	⋮

▲ 세 번째 va_arg(ap, int) 호출은 6을 리턴합니다. ap는 [5006]으로 설정됩니다.

위의 그림에서 살펴보듯이 s에는 5+0+6이 저장됩니다.

5L이 저장될 때 어떤 PC는 하위 바이트가 상위에 저장되기도 하지만, IBM 호환 PC의 경우 하위 바이트는 하위 번지에, 상위 바이트는 상위 번지에 저장됩니다. 5L에서 5를 이루는 부분은 하위 바이트이므로 [5002]보다 하위 번지인 [5000]에 저장됩니다. IBM PC의 이러한 독특한 숫자 저장 방식을 **역워드 형식**이라고 합니다.

Visual Studio 2013에 포함된 va_arg 등의 소스를 보면, 메모리 정렬(memory alignment)을 고려해서 코드가 좀 더 복잡하게 보일 것입니다. 하지만 기본적인 원리는 지금 설명한 메모리 구조와 같습니다.

다른 예(another example)

문맥 자유 문법(context free grammar)을 처리하기 위해 문법을 2차원 문자 배열에 저장하는 함수를 설계해 봅시다. 소스는 아래와 같습니다

```c
#include <string.h>
#include <stdarg.h>

#define MAX_GRAMMAR_NUM 30
#define MAX_GRAMMAR_LEN 20

int nGrammar; // 유효 문법의 수
char strGrammar[MAX_GRAMMAR_NUM][MAX_GRAMMAR_LEN];

void SetGrammar(int n, ...) {
    va_list ap;
    char* arg;
    int i;

    nGrammar = n;
    va_start(ap,n);
    for (i = 0; i < n Grammar; ++i) {
        arg = va_arg(ap, char*);
        strcpy(strGrammar[i], arg);
    } // for
    va_end(ap);
} // SetGrammar
```

전역 변수 strGrammar[ ]는 각각의 문자열을 유지하며, 이를 위해 strcpy( ) 함수를 사용하고 있습니다. 스택에는 문자열의 시작 주소가 들어 있으므로 va_arg(ap,char*)를 사용하여 차례대로 문자열을 꺼내고 있습니다.

main( )에서는 다음과 같이 문법 문자열을 설정할 수 있습니다.

```
        ⋮
void main() {

    SetGrammar(9, "1->23",
                  "2->2",
                  "3->24",
                  "4->25",
                  "5->65",
                  "6->7",
                  "7->8",
                  "8->9[3]",
                  "9->9");
} // main
```

실습문제

1. printf( )의 이스케이프 절차(escape sequence) %d, %f, %ld 등이 가변 인자 리스트로 어떻게 동작하는지 설명하세요.

2. printf( )와 똑같이 동작하는 MyPrintf( )를 작성하세요.

3. printf( ) 외에 가변 인자 리스트를 사용하는 모든 표준 함수에 대해 설명하세요.

4. 윈도우 플랫폼의 구조적 예외 처리(structure exception handling)에 사용된 …과 가변 인자 리스트의 …를 문법적으로 어떻게 구분할 수 있을까요?

22 메모리(memory)

이 책을 준비하면서 이 장은 제외할까도 생각해 보았지만, 예전 MS-DOS 시절의 메모리 방식을 이해하는 것도 도움이 될 것이라 판단하여 대부분의 내용을 그대로 보존하였습니다. 그리고 Win32와 Win64에 관한 언급을 추가하였습니다. 그리고 MS-DOS 운영체제를 사용하던 시절, 비디오 램을 직접 접근해서 문자를 출력하는 부분에 대한 설명은 제거했습니다.

이 장에서는 메모리에 대해서 포괄적인 주제를 다룹니다. 이 장에서 다룰 내용은 다음과 같습니다.

① delete와 delete[ ]의 차이점은?
② 왜 Borland C++ 3.1에서는 주소가 xxxx:xxxx 형태로 찍히는가?
③ 가상 메모리(virtual memory), 스왑 파일(swap file)
④ 선형 주소(linear address), 세그멘테이션(segmentation)
⑤ 64KB의 한계, 4Giga의 한계
⑥ 단편화(fragmentation), 컴팩션(compaction)

 옛날 옛적 8비트와 16비트 시절

1983년 필자가 처음 개인용 컴퓨터를 접한 것은 SPC-1000이라고 부르던 8비트 컴퓨터였습니다. 그 당시의 컴퓨터에는 아마도 32K의 메모리(최대 64K까지 장착 가능)가 장착되어 있었을 것입니다. 물론 하드디스크(hard disk), 플로피디스크(floppy disk)는 없었고, 테이프(tape)에서 게임을 읽어서 오델로(Othello) 등의 게임을 하던 생각이 납니다. 그 컴퓨터는 부팅시키면 바로 GW-BASIC이 실행되었는데, 따로 운영체제는 없었고 롬(ROM)의 BASIC이 실행되었던 것 같습니다.

약 5년 뒤 컴퓨터공학과에 입학한 후(1988년) IBM 호환 기종 PC XT(eXtended Technique)를 처음 구입하게 되었습니다. 비록 하드디스크는 없었지만, 메모리가 1MB나 되는 거대한 컴퓨터였습니다.

그 당시 소련에서 만든 테트리스(Tetris)라는 PC 게임이 굉장한 인기였는데, 1988년은 우리나라 최초의 바이러스인 C-Brain 바이러스가 처음 등장한 해이기도 합니다. 이 바이러스를 치료하는 프로그램인 백신(vaccine)을 만든 사람은 지금 매우 저명한 인물이 되었습니다.

8비트 CPU를 사용했던 PC가 어떻게 주소를 64KB까지 지원할 수 있었을까요? 또한 16비트 인텔 8088을 사용했던 PC가 어떻게 주소를 1MB까지 지원할 수 있었을까요?

> 인텔의 첫 번째 16비트 마이크로 CPU는 i8086이지만, 이 제품은 높은 단가로 시장에서 실패했습니다. 그때까지 시장을 주름잡던 8비트 Apple II를 따돌리기 위한 IBM의 작전은 실패로 끝나는 듯 했습니다. 가격이 상승 이유는 PC를 구성하는 모든 칩 및 부품들이 16비트용으로 새로 제조되어야 했기 때문이었습니다. 그래서 IBM은 인텔에게 CPU는 16비트로 동작하면서 외부 장치와는 버스(bus)를 통해 8비트로 동작하도록 CPU를 설계할 것을 요청했습니다. 486 시절까지 이것은 SX로 불렀지만, 그 당시 이 새로운 CPU의 이름은 i8088이었습니다. 이것은 대성공이었습니다! 가격은 낮아졌고, 성능은 향상되었으며, 새로운 운영체제 MS-DOS 1.0은 그 당시의 CP/M과 비슷했습니다. 하지만 이것은 후에 IBM의 성공이자, 인텔과 마이크로소프트의 성공이었습니다.

이러한 주소 지원은 i8086을 설계했던 인텔 기술팀이 해결해야 했던 첫 번째 과제였습니다.

어려운 선택, 세그멘테이션(segmentation)

8비트 애플은 주소 지정을 위해 2개의 8비트 레지스터를 사용했습니다.

> CPU 내부의 연산을 위한 메모리를 '레지스터'라고 합니다. 이 메모리는 특정한 값들과 연산을 등록(register)하기 위해 사용합니다. 이것은 당연한 선택이었습니다. 주소 지정을 위해 8비트만 사용한다면, 메모리는 겨우 2^8 = 2,56Byte밖에 지정할 수 없습니다.

비록 내부적인 데이터의 처리 및 흐름은 8비트였지만, 주소 지정을 위해 16비트를 사용했던 것입니다. 물론 16비트 주소를 내보내기 위해 8비트의 주소를 2번 내보내야 했습니다.

> 지금은 사라졌지만, 486 시절까지 이러한 방식으로 동작하던 CPU는 'SX', 그렇지 않은 CPU는 'DX'라고 불렀습니다. 예를 들면 386SX는 내부적으로는 32비트로 동작했지만, 주소 생성 및 데이터의 전달을 위해 16비트 버스를 사용했습니다. 이것은 286 AT를 386으로 업그레이드 할 수 있었던 이유입니다.

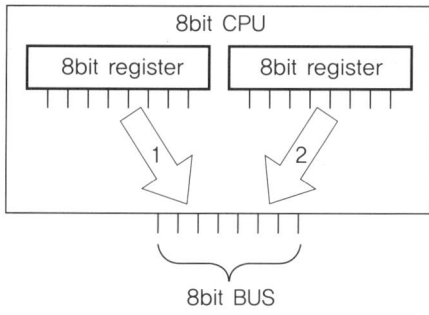

> 8비트 CPU에서 16비트 주소의 사용: 16비트 주소를 생성하기 위해 2개의 8비트 주소 레지스터를 사용했습니다. 8비트 애플 시절 최대 주소는 2^{16} = 64KB였습니다. 외부와 연결된 8비트 버스를 통해 8비트의 데이터가 2번 전송되었습니다.

그러므로, 주소의 범위는 0 ~ $2^{16}(2^6 \times 2^{10}$ = 64K) 바이트였습니다. 이것은 애플(Apple)에 장착 가능한 메모리의 크기가 64KB가 된 이유였습니다.

인텔의 선택: 세그멘테이션(segmentation)

16비트 CPU를 사용한 인텔은 메모리의 크기를 두고 고민했습니다. 비록 Apple의 CPU가 사용한 아키텍처(architecture)를 사용할 수 있었음에도 불구하고, 그것은 4GB(약 4×10^9)라는 거대한 주소를 지원했고, 이러한 크기의 주소는 PC에서는 필요없다고 판단했을 것입니다.

 16비트 레지스터를 병렬로 연결하는 아키텍처를 그대로 사용하면, $2^2 \times 2^{30}$ =4GB의 메모리를 지원하는 것이 가능했습니다. 인텔의 기술자들은 그러한 큰 메모리가 개인용 PC에는 필요하지 않다고 판단했습니다. 인텔은 세그멘테이션을 선택했고, 이것은 Win32가 나타나기전까지 인텔 CPU에서 프로그램하는 프로그래머들의 골칫거리가 되었습니다.

이것은 인텔의 실수였습니다. 2000년 정도에 대부분의 컴퓨터는 16MB 이상의 메모리를 사용했으며, 2017년인 지금 필자의 컴퓨터에는 16GB의 메모리, 1TB의 하드디스크가 장착되어 있습니다.

1999년 3월경 PC는 Pentium II 350, 64MB에 하드디스크의 용량은 8GB였습니다. 64K를 지원하는 PC가 나온지, 약 20여 년만에 일반적인 메인 메모리의 요구량은 1,000배, 하드디스크는 약 100,000배 증가하였습니다.

이제 또 17년 정도가 흐른 지금, 당시 하드디스크보다 두 배나 되는 용량의 메모리를 사용하고 있으니 기술의 발달을 함부로 예측해서는 안 되겠다고 생각해 봅니다.

인텔은 이미 알려진 세그멘테이션(segmentation)이라는 주소 지정 기법(addressing mode)을 자사의 i8086에 도입했습니다. 이것은 메모리를 세그먼트(segment)라고 부르는 몇 개의 블록(block)으로 나누고 주소를 지정하기 위해 블록의 처음에서 상대 주소를 사용하는 방식이었습니다.

> 블록 번호(block number)+블록의 처음에서 상대 주소(offset)

인텔은 16개의 세그먼트 블록을 사용했고, 상대 주소 지정을 위해 16비트를 사용했습니다. 그러므로 1개 블록의 크기는 2^{16} = 64KB였습니다. 이러한 64KB 크기의 블록을 세그먼트라고 합니다. 이러한 세그먼트가 모두 16개 있으므로 인텔 i8086이 지원하는 주소 공간의 크기는 다음과 같습니다.

$$2^4 \times 2^{16} = 2^{20} = 1\text{Mega}$$

어떻게 20비트의 주소를 생성할 수 있을까요? 이것은 2개의 16비트 레지스터를 겹치게 배열함으로써 가능했습니다. 아래의 그림을 보세요.

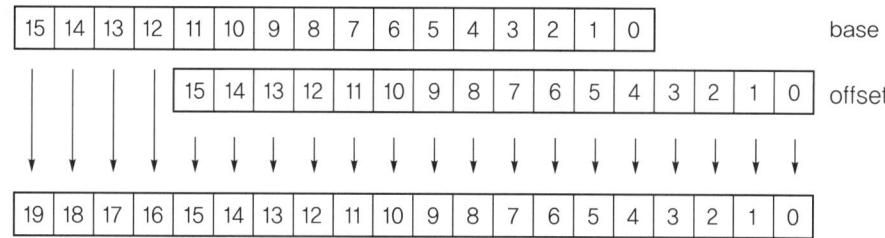

▲ 세그멘테이션의 주소 지정(i8086의 경우): 20비트의 주소는 16비트 레지스터에 의해 2곳에 나뉘어 저장되었습니다. 실제로 메모리의 한 곳을 지정하는 주소는 첫 번째 레지스터인 베이스(base) 레지스터가 세그먼트 블록의 시작을 지정하면, 두 번째 레지스터인 오프셋(offset) 레지스터가 세그먼트 블록의 처음에서 오프셋을 지정했습니다.

세그먼트 블록의 시작을 가리키는 16비트 레지스터는 **베이스 레지스터(base register)**라고 하고, 블록의 처음에서 상대 주소를 가리키는 16비트 레지스터는 **오프셋 레지스터(offset register)**라고 합시다. 베이스의 하위 12비트와 오프셋의 상위 12비트는 겹치게 배열되었습니다. 실제로 겹치는 12비트의 값은 수학적으로 더한(add) 결과가 되었습니다.

예를 들면 베이스 값이 다음과 같다고 가정합니다.

```
0100 0000 0011 0111
```

오프셋의 값이 다음과 같다고 가정합니다.

```
0000 0000 0001 0001
```

이것은 1MB 메모리에서 마지막에 4비트를 추가한 20비트의 주소로 해석되어 세그먼트 블록이 아래의 값에서 시작함을 의미합니다.

```
0100 0000 0011 0111 0000
```

이 세그먼트 블록에서 아래의 오프셋 값만큼 떨어진 메모리 셀(cell)을 의미하였습니다.

```
0000 0000 0001 0001
```

아래의 그림을 보세요.

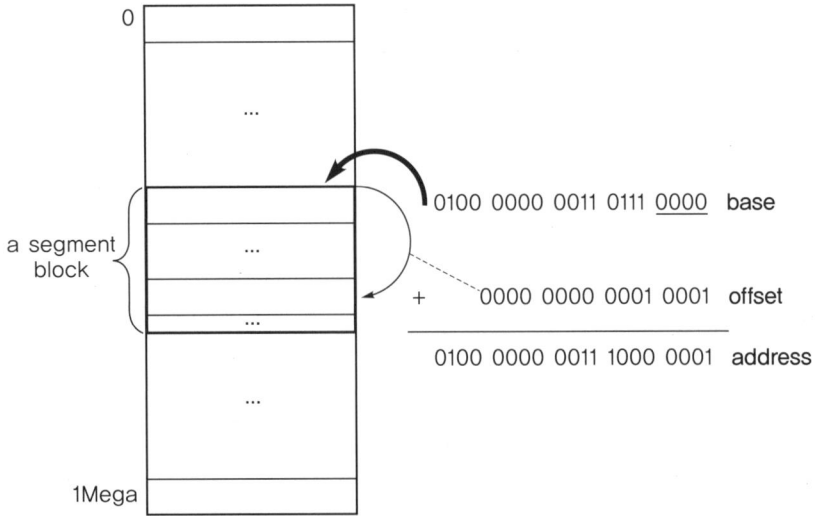

▲ 20비트의 계산: 20비트 주소를 계산하기 위해 base의 하위 4비트가 0으로 채워진 20비트 세그먼트 블록의 시작 주소와 16비트 offset의 값을 더합니다. 실제의 주소는 0100 0000 0011 0111:0000 0000 0001 0001(base:offset)임에도 불구하고 프로그램은 20비트 값인 0100 0000 0011 1000 0001이라고 생각합니다.

하위 4비트가 0으로 채워진 20비트의 base 값은 1MB 메모리 상에서 세그먼트 블록의 시작을 가리킵니다. 실제로 20비트의 주소는 없다는 것에 주의하세요. 하위 4비트는 항상 0이므로 실제 20비트가 가리키는 값은 상위 16비트만 사용됩니다. 즉 2^4 = 16Byte로 나뉘어진 작은 블록(small block)의 시작만 가리킬 수 있습니다. 이때 0에서 시작하는 2^4 단위의 작은 블록을 **패러그래프(paragraph)**라고 했습니다. 그래서 베이스 값은 패러그래프의 경계만 가리킬 수 있는 것입니다.

이렇게 64KB 블록의 시작이 정해지면, 16비트 오프셋 레지스터가 블록의 시작에서 상대 주소(relative address)를 가리킵니다. 하지만 프로그램은 이러한 2개의 16비트 주소 레지스터가 더해진 20비트 주소를 메모리 주소로 간주합니다. 위의 그림에서 보면, 실제의 주소는 2개의 16비트 레지스터에 유지되지만, 사용자에게는 더해진 결과인 20비트가 보이게 되는 것을 알 수 있습니다.

이러한 주소 지정은 서로 다른 베이스와 오프셋을 가지는 2개의 서로 달라 보이는 주소가 실제로는 같은 곳을 지정하는 문제가 발생합니다.

예를 들면 아래의 20비트 주소를 고려해 봅시다.

```
0100 0000 0011 1000 0001
```

이 주소는 아래의 서로 다른 2개의 표현식 모두에 의해서 지정이 가능합니다.

```
0100 0000 0011 0111:0000 0000 0001 0001
0100 0000 0011 1000:0000 0000 0000 0001
```

이것은 실제 같은 곳을 가리키지만, 포인터 비교(pointer comparison)에서는 다른 곳(포인터는 32비트로 유지됩니다)을 가리킨다고 오해를 살 수도 있었습니다. 그래서 이러한 포인터를 일관된 표현 방법으로 고치는 것을 포인터의 **정규화**(normalization)라고 합니다. 세그멘테이션에서 포인터가 정규화되면, 메모리의 한 곳을 가리키는 포인터는 항상 같은 방식으로 표현됩니다. 하지만 정규화 때문에 속도는 조금 느려질 것입니다.

이 시절 사용자가 C로 작성한 소스 코드(source code)는 기계어로 번역될 때, **코드 영역**(code area)과 **데이터 영역**(data area)이 구분되어져서 번역되었습니다. 그리고 세그멘테이션에서 코드 영역이 저장되는 세그먼트 블록은 **코드 세그먼트**(code segment), 데이터 영역이 저장되는 세그먼트 블록은 **데이터 세그먼트**(data segment)라고 했습니다.

64KB의 한계

배열은 컴파일러에 의해서 어떻게 구현될까요? 배열의 요소(element)를 참조하기 위해 인덱스(index)를 사용하는 사실에 주목하세요. 배열은 연속된 메모리 블록에 할당된 후 인덱스를 이용한 상대 주소로 요소를 참조하도록 코드가 생성됩니다. 즉 배열의 시작 주소가 베이스로 고정되고, 인덱스가 오프셋으로 표현되는 것입니다. 예를 들어 아래의 배열 선언을 고려해 봅시다.

```
int a[5];
```

배열 a는 20바이트의 연속된 메모리 공간에 할당됩니다. 배열이 할당된 곳의 시작 주소, 즉 a를 [1000]이라고 합시다. 사용자가 세 번째 요소를 참조하기 위하여 아래의 표현식을 사용할 수 있습니다.

```
a[2]
```

위의 표현식은 a에서 2만큼 떨어진 정수(32비트 운영체제에서 정수는 4바이트입니다), 즉 [1000]+2*4로 해석하는 것입니다.

아래의 예를 보세요.

```
#include <stdio.h>

int a[5] = {1,2,3,4,5};
int* ap = a;

void main() {
    printf("%d,%d\n", a[2], *(ap+2));
}
```

code와 date는 서로 다른 메모리 영역에 저장되지요.

결과는 다음과 같습니다.

```
3,3
```

즉 a[2]는 'a의 주소+8'로 해석하는 것입니다. 이것은 컴파일러가 생성한 코드가 배열의 요소를 실제로 참조하는 방법입니다.

세그먼테이션을 사용하는 컴퓨터에서 배열의 전체 크기가 64KB를 넘어가면 어떤 문제가 발생할까요? 이제 배열의 요소를 참조하기 위해 위와 같은 방법으로 구현하는 것은 불가능합니다. 배열의 시작 주소에서 64KB의 경계를 넘는 순간, 배열의 시작 주소는 바뀌어야 합니다. 이 시절, 이렇게 구현할 수 있었는 데도 볼랜드(Borland) 등 대부분의 컴파일러 벤더(vendor)들은 배열의 크기를 64K로 제한했습니다. 이러한 제한을 64K의 한계라고 합니다. 아래의 프로그램에서 무엇이 잘못일까요?

```
#include <stdio.h>

char a[65536] = {0,}; // 64K의 한계를 무시한 에러!

void main() {
    printf("%c\n",a[0]);
}
```

위의 프로그램에서 문법적인 에러(syntax error)는 없습니다. 하지만 16비트 운영체제의 64K의 한계를 무시한 논리적 에러가 발생하는 것입니다. 에러 메시지는 다음과 같이 출력되었습니다.

"Array size too large"

물론 위의 프로그램을 세그멘테이션을 사용하지 않는 32비트 운영체제의 32비트 컴파일러에서 작성한다면, 에러가 아닙니다.

메모리 모델(memory model)

코드 및 데이터는 몇 개의 세그먼트 블록을 사용할까요? 코드와 데이터 세그먼트가 각각 몇 개의 세그먼트 블록을 사용하는가에 따라서 포인터를 표현하는 방식은 달라져야 합니다. 만약 데이터가 오로지 한 곳의 세그먼트에 저장된다면, 데이터를 가리키는 포인터 중 베이스 값은 고정되어 있으므로 프로그램을 종료할 때까지 바뀌지 않습니다. 그러므로 포인터를 위해 오로지 오프셋 값인 16비트만 유지하면 될 것입니다. 하지만 데이터가 두 곳의 세그먼트에 저장된다면, 실행 도중에 베이스 값도 바뀌어야 하므로 포인터는 32비트로 표현되어야 할 것입니다.

이처럼 코드와 데이터가 차지하는 세그먼트의 수에 따라 메모리 모델이 나뉘었습니다. 그리고 각각의 표준 함수 코드는 각각의 메모리 모델에 따라 별도로 존재했습니다. 볼랜드 C++ 3.1에서 이 사실을 확인해 보았습니다. 먼저 아래의 소스를 BC++ 3.1에서 작성해 보았습니다.

```
#include <stdio.h>

int i = 1;

void main() {
    char* s = "hello";
    printf("%p,%p\n", &i, s);
}
```

① [Option] → [Compiler] → [Code generation..] 메뉴를 선택하여 메모리 모델로 'Small'을 선택합니다.

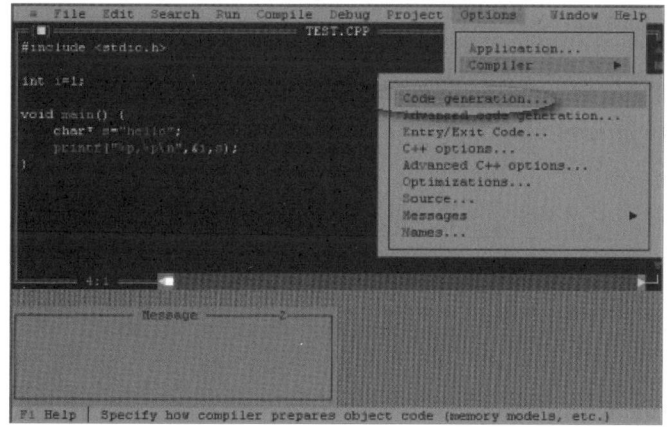

▲ Code generation...: 여기에서 메모리 모델 및 최적화 방식 등을 지정할 수 있습니다.

② 나타나는 대화상자에서 메모리 모델로 [Small]을 선택합니다.

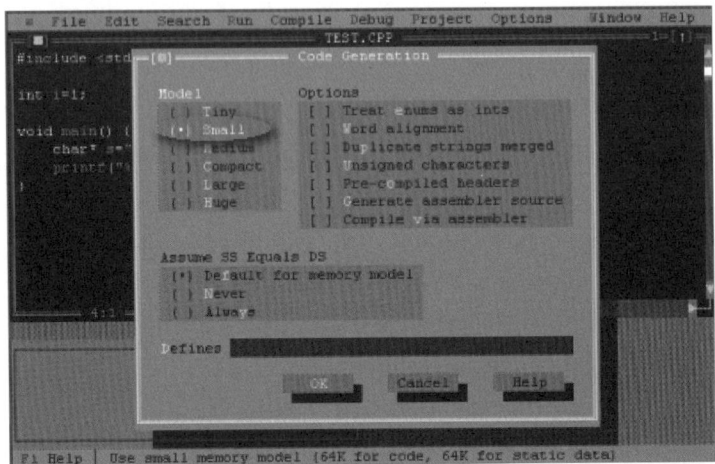

▲ Small 모델: 이 모델은 코드와 데이터에 각각 1개의 세그먼트를 차지합니다.

③ [Compiler] → [Build All]을 선택하여 실행 파일을 만들어 봅시다.

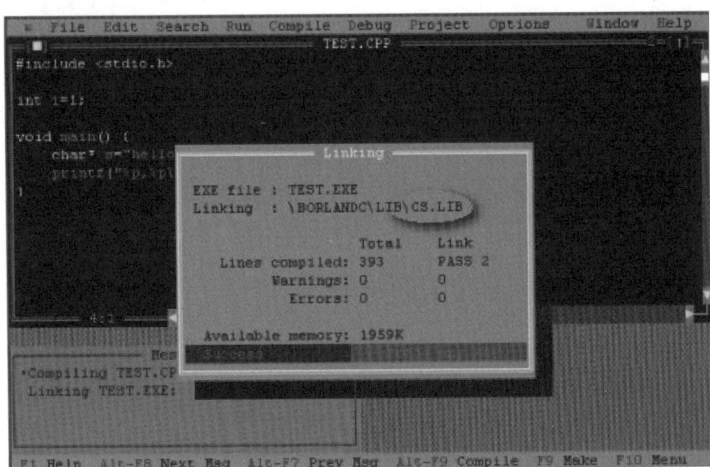

▲ CS.LIB 라이브러리의 선택: Small 모델로 컴파일하면 CS.LIB가 선택되어 실행 파일이 만들어집니다.

④ 실행 결과는 다음과 같습니다.

```
00AA,00Ac
```

코드와 데이터가 각각 1개의 세그먼트만 사용하므로 주소를 출력하면 베이스 값이 출력되지 않고, 오프셋 값만 출력됩니다. 하지만 베이스가 내부적으로는 유지된다는 것을 주의하세요. 이러한 16비트 포인터를 near 포인터라고 합니다. 즉, near 포인터는 베이스 값이 고정된(fixed) 포인터입니다.

⑤ 이제 메모리 모델을 Large로 바꾸어 보겠습니다. Large 모델은 코드와 데이터에 모두 여러 개의 세그먼트를 사용하는 모델입니다. 그러므로 포인터는 20비트를 표현하기 위해 32비트로 유지해야 합니다.

> 도스에서 주소는 20비트이지만, 내부적으로 항상 32비트로 유지됩니다. 그러므로 컴파일러가 포인터를 메모리에 할당할 때 32비트로 할당해야 합니다. 하지만 Small 모델에서 코드 세그먼트의 베이스 값과, 데이터 세그먼트의 베이스 값은 고정되어 있으므로 포인터는 16비트로 할당합니다.

Large 모델의 결과는 다음과 같습니다.

```
231F:0094, 231F:0096
```

Large 모델에서 포인터는 '베이스:오프셋' 형태로 표현된 것을 알 수 있습니다. 지금은 황당하게 보이지만, 당시 C 프로그램을 하던 개발자들에게는 당연하게 이해해야 하는 부분이었습니다.

 선형 주소(linear address)

그렇다면 윈도우™ 같은 32비트 운영체제에서는 주소를 어떻게 표현할까요? 윈도우에서는 주소를 나타내기 위해, 더 이상 세그멘테이션을 사용하지 않습니다. 주소는 선형적인 32비트로 표현되고, 이러한 주소를 선형 주소(linear address)라고 합니다. 그러므로 더 이상 여러 개의 메모리 모델도 존재하지 않습니다. 윈도우의 Win32는 인텔 CPU의 프로그래머에게 마침내 64KB의 한계에서 벗어나는 길을 마련해 준 것입니다.

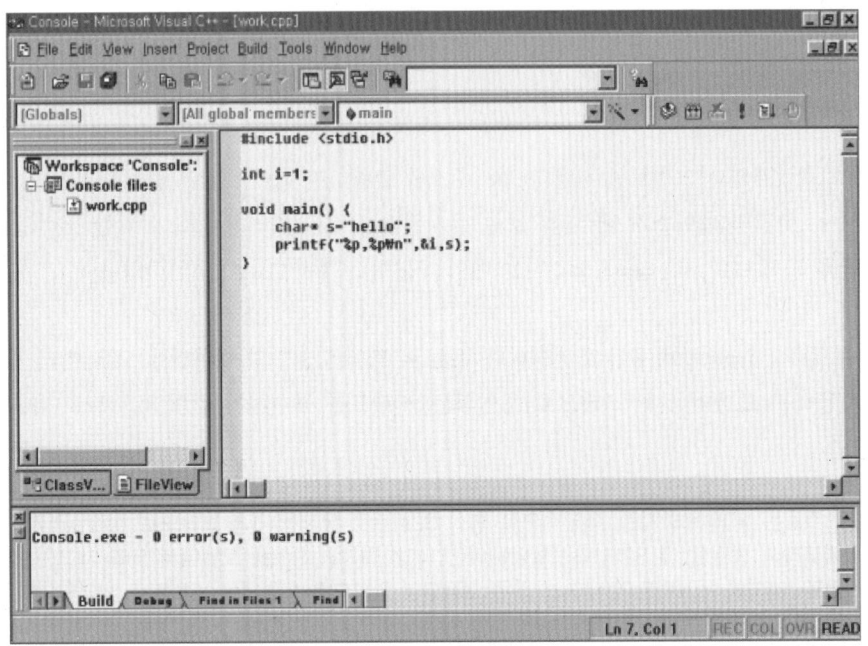

▲ Visual C++ 6.0: 이 컴파일러는 32비트 운영체제인 윈도우에서 동작하는 32비트 전용 컴파일러이므로 더 이상 64K의 한계는 존재하지 않습니다.

위의 프로그램을 Win98의 Visual C++ 6.0에서 컴파일하면, 결과는 다음과 같습니다.

```
00412A30,00412A3C
```

위의 결과를 보면, 정확하게 여덟 자리의 16진수, 즉 32비트의 주소로 표현되는 것을 알 수 있습니다. 같은 코드를 Visual Studio 2013에서 x64로 빌드해서 실행해 보겠습니다.

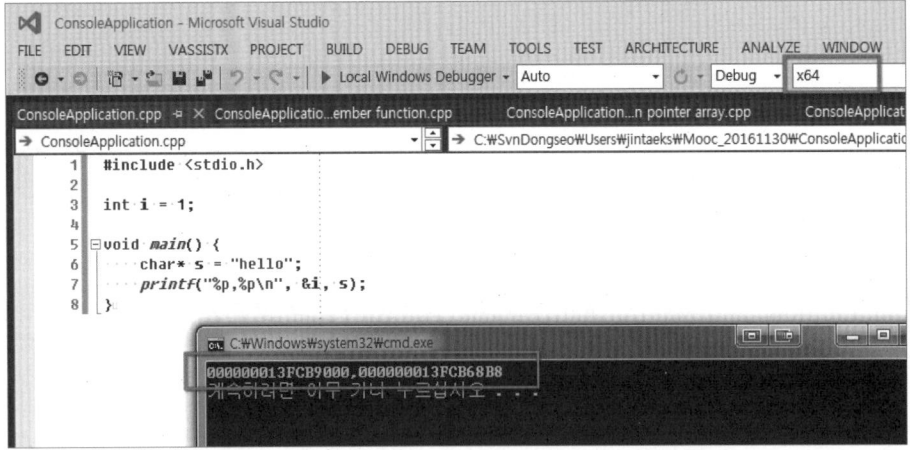

▲ Visual Studio 2013 x64 모드: 64 모드에서 주소는 64비트로 표현됩니다.

결과는 다음과 같습니다.

```
000000013FF09000,000000013FF068B8
```

여담이지만 볼랜드 C++ 3.1을 사용할 때, 필자의 생전에는 64비트 운영체제는 나오지 않을 것이라고 생각했습니다 :)

 동적 할당, 그 내부(internal)

간단하게 보이는 아래의 프로그램에서 이상한 부분을 찾아봅시다. 문법 에러(syntax error) 혹은 논리적 에러(semantic error)는 없고 다만 이상한 부분을 찾아보세요. 이것은 얼마나 흥미진진한 발견인지요.

```c
#include <stdio.h>

void main() {
    int* i;
    i = new int; // i = (int*)malloc(sizeof(int));와 같습니다.
    *i = 3;
    printf("%d\n",*i);
    delete i;    // free(i);와 같습니다.
}
```

결과는 다음과 같습니다.

3

위의 프로그램을 Visual C++에서 실행하였습니다.

```
i = new int;
```

그러므로 위의 new 문장은 4바이트의 메모리를 할당하여 시작 주소를 i에 할당할 것입니다.

```
delete i;
```

delete는 i가 가리키는 4바이트를 해제할 것입니다. 이상한 곳을 찾았나요? 이상한 곳을 찾기 위해 메모리 상태를 나타내는 그림을 그려보겠습니다. 그림을 그리는 것이 최선의 해결책인 경우가 많습니다.

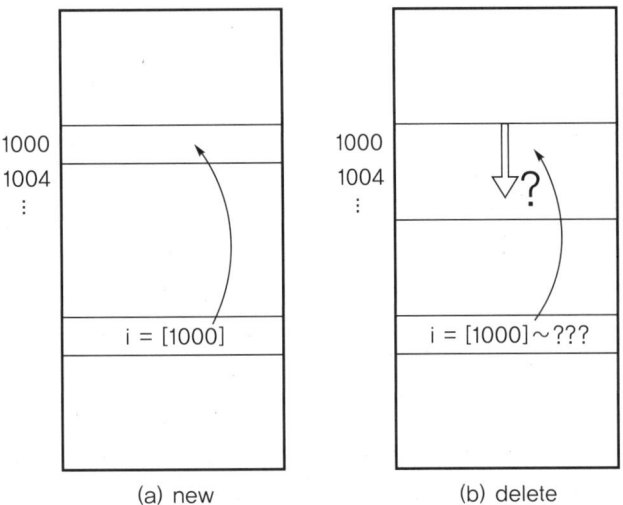

▲ 이상한 delete의 동작: (a) new에 의해 4바이트가 할당되고, 이곳을 i가 가리킨다고 합시다. new가 할당된 곳은 [1000]입니다. (b) delete는 i가 가리키는 곳을 해제합니다. i에는 오로지 [1000]밖에 없습니다. 어떻게 i가 가리키는 곳이 [1000]~[1003]까지의 4바이트인지 알 수 있을까요?

new int;에 명시한 int에 의해 new는 정확하게 4바이트를 할당할 것입니다. 이곳이 [1000]번지에서 [1003]번지까지의 4바이트라고 합시다. 이제 i는 [1000]이라는 값을 가질 것입니다. main( )의 마지막 문장은 i가 가리키는 [1000]번지를 해제할 것입니다. 더 정확하게 말하면, [1000]에서 [1003]까지의 4바이트를 해제할 것입니다. 어떻게 이것이 가능한가요? i에는 단지 [1000]만 있을 뿐, 4바이트가 할당되었다는 정보도, 할당된 범위가 [1000]에서 [1003]까지란 정보도 없습니다.

아래의 프로그램을 이제 Borland C++에서 실행해 보겠습니다. 새로운 함수 coreleft( )를 호출하고 있는데, 이 함수는 힙(heap)에 남은 메모리의 크기를 바이트로 리턴합니다.

```
#include <stdio.h>
#include <alloc.h>    // 이 헤더 파일은 볼랜드 C++에만 존재합니다.
#include <conio.h>

void main() {
    char* cp;
    clrscr();
    printf("%ld\n", coreleft());    // 사용 가능한 메모리의 크기를 출력합니다.
```

```
    cp = new char[12];
    printf("%ld\n", coreleft());
    delete[] cp;
    printf("%ld\n", coreleft());
}
```

결과는 다음과 같습니다.

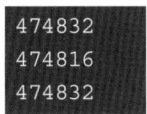

12바이트를 할당했는데, 왜 16바이트가 줄어든 것일까요? 이것은 사용자가 지정한 크기 외에 4바이트가 추가로 할당된 것(볼랜드 C++에서)을 의미합니다. 이 4바이트에는 무엇이 들어 있을까요? 그렇습니다. 예상한 대로 할당한 메모리의 크기가 들어 있습니다.

new는 이렇게 동작합니다.
① new는 사용자가 지정한 메모리의 크기＋4바이트를 할당합니다.
② 할당한 위치＋4를 리턴합니다.

위의 경우 할당해야 하는 메모리가 12바이트이므로 new는 '12＋4' 바이트를 할당했습니다. new가 할당한 메모리의 위치가 [1000]에서 [1015]까지라고 합시다. [1000]~[1003]에는 12를 넣고, new는 [1004]를 리턴하므로 cp는 [1004]를 가리킵니다. 하지만 실제로는 1004번지의 앞 4바이트로 할당되어 있다는 것을 기억해야 합니다.

이제 delete는 이렇게 동작합니다. delete[ ] cp;에서처럼 할당한 메모리의 시작 포인터를 delete에 지정합니다.

 단 [ ]의 역할에 대한 설명은 C++을 다루는 책을 참고하세요. 배열 형식의 new 할당에 대해서는 delete[ ]를 사용해야 합니다.

① delete는 지정된 포인터 - 4에 접근하여 할당된 메모리의 크기를 얻습니다.
② (4 + '지정된 포인터 - 4'에 지정된 크기)만큼의 메모리를 해제합니다.

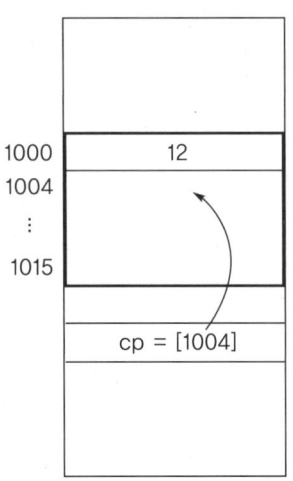

위의 예에서 delete[ ] cp;는 cp가 가리키는 곳이 [1004]이므로 먼저 [1004 - 4] 번지에 접근하고 크기 12를 얻습니다. 그 다음에 [1000]에서부터, 16바이트의 메모리를 해제하는 것입니다.

new에서 메모리의 할당이 [1000]번지에서 부터 이루어졌음에도 불구하고, 왜 [1004]를 리턴하는 것일까요? 그것은 실제로 데이터가 저장될 장소가 [1004]이기 때문입니다. 이러한 동작은 컴파일러가 생성한 코드에 의해서 숨겨지므로 사용자는 단순하게 할당된 곳의 시작 포인터만으로도 메모리를 할당할 수 있는 것입니다. 아래의 그림을 참고하세요.

▲ new와 delete의 실제 동작: 볼랜드 C++의 경우 동적 메모리 할당은 할당한 메모리의 크기를 유지하기 위해 여분의 4바이트를 더 할당합니다. 이러한 여분의 할당은 컴파일러마다 다를 수 있지만, 반드시 존재합니다. 사용자가 요구한 메모리의 크기가 12바이트라면 컴파일러는 16(12+4)바이트를 할당하고, '할당한 위치+4'(1004)를 리턴합니다. 후에 delete는 [1004] 앞의 4바이트에서 12를 읽어 메모리의 크기를 얻고 이 정보를 메모리 해제에 사용합니다.

이때 우리는 동적 메모리 할당이 항상 4바이트가 추가로 할당될 것이라고 가정(볼랜드 C++에서조차)해서는 안 된다는 것에 꼭 주의해야 합니다. 앞의 소스에서 아래의 문장을 고려해 봅시다.

```
cp = new char[12];
```

위의 문장을 아래와 같이 수정하면 어떻게 될까요?

```
cp = new char[13];
```

놀랍게도 결과는 다음과 같습니다.

```
474832
474800
474832
```

사용자는 1바이트를 더 할당했어도 실제로는 32바이트가 할당될 것입니다(우리의 예상대로라면 17바이트가 더 할당되어야 합니다).

최소 블록(minimum block): 패러그래프(paragraph)

볼랜드 C++의 도스용 버전의 이러한 동작은 세그멘테이션에 기인합니다. 다음과 같은 이유 때문입니다.

> "사용자가 동적 할당을 위해 지정한 바이트는 항상 16의 배수로 할당합니다."

즉 13을 지정하면, 17바이트를 할당해야 하는데, 17을 포함하는 최소 16의 배수는 32이므로 32바이트를 할당하는 것입니다. 이것은 위에서 살펴보았듯이 세그멘테이션 주소 지정 방식의 주소 표현 방식 때문입니다. 메모리 블록의 베이스 주소(base address)의 하위 4바이트는 사용할 수 없으므로 항상 메모리의 16바이트의 경계에서 동적 할당이 이루어지는 것입니다.

 이러한 16바이트의 경계를 '패러그래프 경계'라고 합니다. 하지만 32비트 운영체제에서 더 이상 패러그래프 경계는 존재하지 않고 효율성을 위해서 메모리 할당은 정해진 최소 단위로 이루어집니다.

이러한 사실은 도스 시절, 메모리에서 관리되는 데이터를 처리하는 프로그램의 미묘한 에러의 원인이 되기도 했습니다. 자신이 할당하는 레코드의 크기가 12바이트라고 가정하고, 남는 메모리를 확인해 보면 다음과 같습니다.

```
20,000
```

프로그래머는 더 할당할 수 있는 레코드의 개수를 계산하기 위해 다음과 같은 식을 계산했습니다.

```
20,000 / 12 = 1,666
```

상태라인(status line)에 다음과 같이 출력합니다.

> '앞으로 1,666개의 레코드를 더 추가할 수 있습니다.'

최소 블록의 크기가 16이라면 다음과 같이 최소 레코드의 크기를 계산해야 합니다. 하지만 실제로는 1,250개의 레코드밖에 추가할 수 없는 것입니다.

```
20,000 / 16 = 1,250
```

각자가 사용하는 환경에서 최소 블록의 크기를 꼭 확인해 보세요. 최소 블록의 크기가 정해지면, 어떤 경우 한두 바이트를 추가로 할당하는 것은 메모리 오버헤드가 아닐 수도 있습니다.

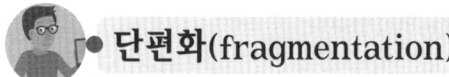

단편화(fragmentation)

위의 예에서 사용자가 메모리 블록의 크기로 13을 지정한 경우 실제로 할당한 메모리는 32바이트이지만, 이 중 17바이트만 실제로 사용되고, 나머지 15바이트는 사용하지도 못하게 됩니다. 이러한 현상을 메모리 내부 단편화(memory internal fragmentation)라고 합니다. 최소 블록의 크기가 클수록 내부 단편화로 사용하지 못하는 메모리의 크기는 늘어나지만, 나중에 설명할 외부 단편화(external fragmentation)의 단점은 줄어듭니다.

디스크 블록(disk block)을 할당할 때도 내부 단편화는 존재합니다. Win + R 을 눌러 [실행] 대화상자를 실행해 봅시다.

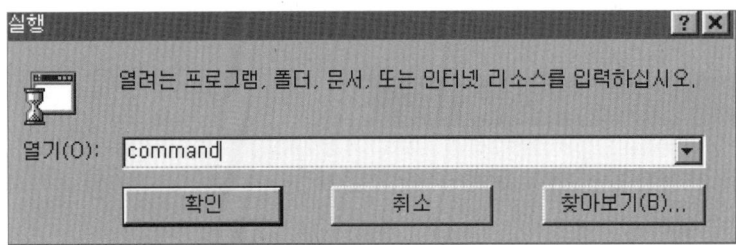

▲ 윈도우의 [실행] 대화상자: '열기'에 'command' 혹은 'cmd'를 입력하고 [확인] 버튼을 클릭하면 도스 창(DOS prompt)이 실행됩니다.

도스 창에서 다음과 같이 명령어를 입력합니다.

`CD \`

C 드라이브의 루트(root)로 이동한 후 다음과 같이 명령어를 입력합니다.

`DIR`

이 명령은 루트 폴더에 존재하는 파일을 보여줍니다. 아래의 그림은 실행 결과로, 사용 가능한 디스크 공간이 1,434,173,440바이트인 것을 확인할 수 있습니다.

```
COMMAND  COM         116,836   06-26-98  8:01p COMMAND.COM
DULOSBIB      <DIR>            03-12-99  4:08p DULOSBIB
FRUNLOG  TXT           1,091   03-15-99 11:35a FRUNLOG.TXT
WINDOWS       <DIR>            03-12-99 11:38a WINDOWS
NETLOG   TXT          41,657   03-15-99 11:48a NETLOG.TXT
AUTOEXEC BAT             305   03-17-99  8:38p AUTOEXEC.BAT
SCANDISK LOG           8,828   03-17-99  5:06p SCANDISK.LOG
PROGRA~1      <DIR>            03-12-99 11:42a Program Files
MYDOCU~1      <DIR>            03-12-99 12:08p My Documents
HPRO6         <DIR>            03-12-99  2:09p HPRO6
UTIL          <DIR>            03-12-99  2:20p UTIL
AUTOEXEC SYD             140   03-12-99  3:05p AUTOEXEC.SYD
TEMP          <DIR>            03-12-99  2:25p temp
TMP           <DIR>            03-12-99  2:25p tmp
FORWIN95      <DIR>            03-12-99  2:31p ForWin95
BAT           <DIR>            03-12-99  4:08p Bat
ABORT    LOG               0   03-12-99  8:14p abort.log
WEBSHARE      <DIR>            03-12-99  8:54p WEBSHARE
MMP나~1   LNK             271   03-14-99  5:21p Mmp나 눼꽈 ilr.lnk
CONFIG   SYS             132   03-17-99  8:38p CONFIG.SYS
         9 file(s)        169,260 bytes
        11 dir(s)   1,434,173,440 bytes free
C:\>
```

▲ DIR의 결과: 현재 사용 가능한 디스크 공간은 1,434,173,440바이트입니다.

자, 이제 COPY 명령을 사용하여 5바이트 크기의 텍스트 파일을 만들어 보겠습니다.

위의 명령을 입력한 후 연속된 줄에 파일의 내용을 아래와 같이 입력합니다.

여기서 ^Z는 Ctrl + Z 를 입력합니다(이것은 파일의 끝(EOF)을 나타내는 특수 문자를 입력합니다). 그러면 크기가 5인 텍스트 파일이 만들어집니다.

> abc는 3바이트, 줄의 끝에 붙는 '\r\n'은 2바이트입니다.

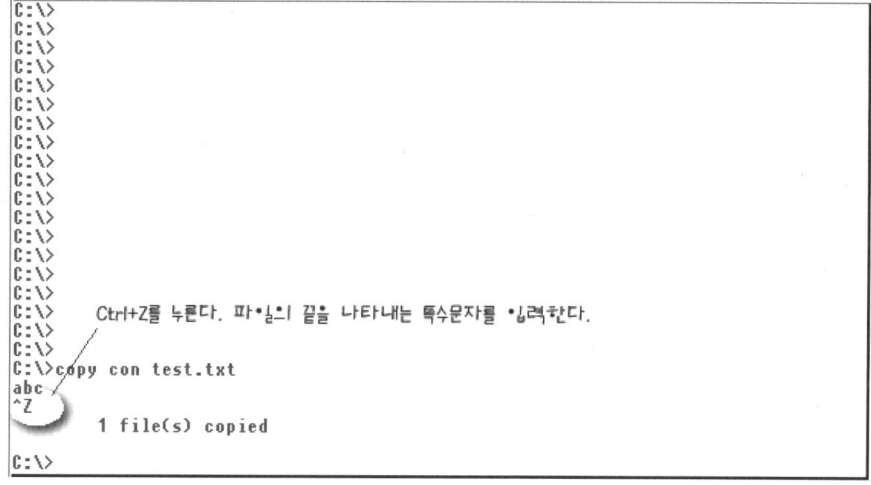

▲ 크기가 5바이트인 test.txt 파일의 생성: 이렇게 파일을 만드는 방법은 도스 시절에 많이 사용되었습니다. 윈도우 사용자는 notepad.exe를 사용하여 파일을 만들어도 좋습니다.

다시 DIR 명령어를 입력합니다.

DIR

이제 사용된 디스크 공간을 확인해 봅시다.

```
COMMAND  COM            116,836   06-26-98   8:01p  COMMAND.COM
DULOSBIB         <DIR>            03-12-99   4:08p  DULOSBIB
FRUNLOG  TXT              1,091   03-15-99  11:35a  FRUNLOG.TXT
WINDOWS          <DIR>            03-12-99  11:38a  WINDOWS
NETLOG   TXT             41,657   03-15-99  11:48a  NETLOG.TXT
AUTOEXEC BAT                305   03-17-99   8:38p  AUTOEXEC.BAT
SCANDISK LOG              8,828   03-17-99   5:06p  SCANDISK.LOG
PROGRA~1         <DIR>            03-12-99  11:42a  Program Files
MYDOCU~1         <DIR>            03-12-99  12:08p  My Documents
HPRO6            <DIR>            03-12-99   2:09p  HPRO6
UTIL             <DIR>            03-12-99   2:20p  UTIL
AUTOEXEC SYD                140   03-12-99   3:05p  AUTOEXEC.SYD
TEMP             <DIR>            03-12-99   2:25p  temp
TMP              <DIR>            03-12-99   2:25p  tmp
FORWIN95         <DIR>            03-12-99   2:31p  ForWin95
BAT              <DIR>            03-12-99   4:08p  Bat
ABORT    LOG                  0   03-12-99   8:14p  abort.log
WEBSHARE         <DIR>            03-12-99   8:54p  WEBSHARE
MMP내~1   LNK                271  03-14-99   5:21p  Mmp내쿼개 잉r.lnk
CONFIG   SYS                132   03-17-99   8:38p  CONFIG.SYS
TEST     TXT                  5   03-18-99  12:05a  test.txt
        10 file(s)        169,265 bytes
        11 dir(s)   1,434,169,344 bytes free
C:\>
```

└ 4,096바이트가 할당되었다.

▲ **클러스터(cluster)의 크기**: Win98의 FAT32(File Allocation Table for 32bits)를 사용하는 시스템에서 디스크 최소 블록, 즉 클러스터의 크기는 4,096바이트로 설정되어 있습니다. 그러므로 새로 만들어진 파일의 크기는 5바이트여도 4,096바이트가 할당되었습니다. 4,091바이트는 내부 단편화로 사용할 수 없는 공간입니다.

위의 그림에서 보듯이 5바이트 크기의 test.txt 파일이 만들어진 것을 확인할 수 있습니다. 그리고 사용할 수 있는 디스크 공간은 다음과 같이 출력되었습니다.

```
1,434,169,344
```

작업 전의 용량과 비교해 보면, 4,096바이트(2^{12})가 줄어든 것을 알 수 있습니다. 그러므로 이 시스템에서 디스크 할당 시 최소 블록의 크기는 4,096바이트입니다. 일반적으로 운영체제의 **파일 시스템(file system)**에서는 이러한 최소 블록을 클러스터(cluster)라고 합니다.

 실제로 디스크를 포맷(format)하면, '**섹터(sector)**'라는 최소 단위로 나뉘어집니다. 운영체제는 이러한 여러 개의 섹터를 포함하는 '클러스터'라는 최소 단위로 파일을 관리합니다. 만약 섹터의 크기가 1,024라면, FAT32에서는 4개의 섹터를 1개의 클러스터로 관리합니다. 클러스터의 크기가 크면 **디스크 내부 단편화(disk internal fragmentation)**로 못 쓰는 공간이 늘어납니다.

단편화에는 외부 단편화가 존재합니다. 윈도우 XP 등의 운영체제에서 **디스크 외부 단편화(disk external fragmentation)**를 제거하는 프로그램은 윈도우 바탕화면에서 [시작] 버튼을 클릭하고 '[시작] → [프로그램] → [보조 프로그램] → [시스템 도구] → [디스크 조각 모음]에서 찾을 수 있습니다.

▲ 디스크 외부 단편화 제거 프로그램: 클러스터의 위치를 옮겨서 빠르게 디스크에 접근(access)을 할 수 있도록 재배치합니다.

디스크 외부 단편화의 자세한 방법은 설명하지 않습니다. 하지만 아래에서 설명하는 메모리 외부 단편화(memory external fragmentation)를 이해한다면, 디스크 외부 단편화의 원리를 쉽게 이해할 수 있습니다.

 ## 외부 단편화(external fragmentation)

사용할 수 있는 메모리 블록의 크기가 할당하려는 메모리 블록보다 크다면 메모리 할당이 가능해야 합니다. 하지만 메모리 할당이 실패하는 경우가 있으므로 이것을 이해하기 위해서는 메모리 외부 단편화(external fragmentation)를 이해해야 합니다. 아래의 그림과 같은 메모리 할당을 생각해 봅시다. i(1024)의 형태는 i 블록이 1,024바이트 할당되었음을 나타냅니다.

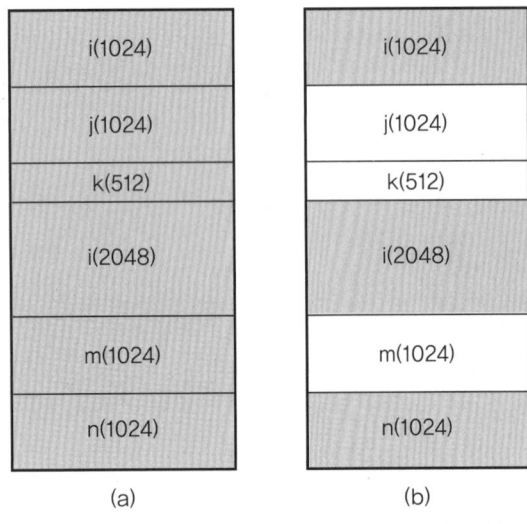

▲ 메모리 블록의 할당: (a) 6,656바이트의 메모리가 모두 할당된 상태. 사용 가능한 메모리 공간은 0바이트 이므로 더 이상 동적 메모리 할당이 불가능합니다. (b) 사용자가 j, k와 m 블록을 해제했습니다. 이제 사용 가능한 메모리 공간은 2,560바이트입니다.

메모리가 위의 그림 (a)처럼 모두 할당되어서 사용 가능한 메모리 공간은 0바이트입니다. 사용자가 j, k와 m 블록을 해제했습니다. 이 그림은 (b)인데, 사용 가능한 공간은 2,560바이트입니다.

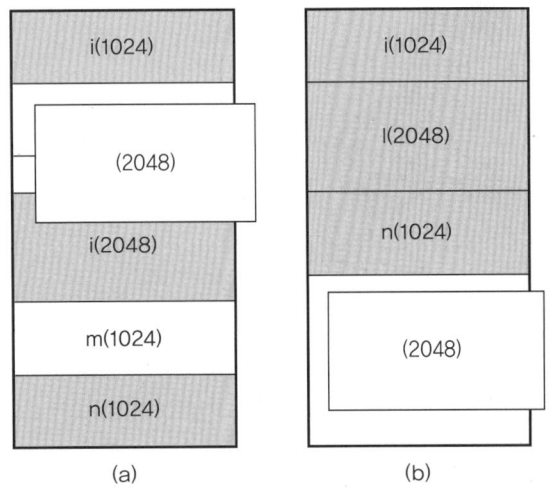

▲ 2,048바이트의 할당: (a) 사용자가 2,048바이트의 새로운 메모리 블록의 할당을 요구했지만, 연속된 메모리 공간을 할당해야 한다면 이것은 불가능합니다. (b) i, j와 n블록의 위치를 옮기면 이제 2,048바이트의 연속된 메모리 공간을 할당하는 것이 가능합니다. 이렇게 연속된 메모리 블록을 할당하기 위해 메모리 블록을 옮기려면 운영체제의 지원이 필요한데, 이러한 작업을 '**컴팩션**(compaction)'이라고 합니다. 도스는 컴팩션을 지원하지 않았는데, 조심스러운 메모리 코딩을 요구했습니다.

사용자가 다시 2,048바이트의 메모리 블록을 요구했다고 가정해 봅시다. 사용 가능한 메모리는 비록 2,560바이트여도 2,048바이트를 할당하는 것은 불가능합니다. 왜냐하면 대부분의 컴파일러는 메모리 블록을 할당할 때 연속된 메모리 블록을 요구하기 때문입니다. 이러한 상황을 외부 단편화(external fragmentation)라고 합니다. 즉 메모리 외부 단편화란 다음과 같은 상태입니다.

"할당된 메모리 블록이 연속적이지 않고 불연속적인 상태"

이러한 외부 단편화는 운영체제의 감독 하에 제거되는 것이 바람직합니다. 이러한 외부 단편화 제거를 '**압축(compaction)**'이라고 합니다. 하지만 도스는 컴팩션을 지원하지 않았으므로 도스에서 동적 메모리 할당은 조심스러운 코딩을 요구했습니다.

> 필자는 도스용 한글 라이브러리를 제작하면서 이러한 외부 단편화 때문에 고생한 적이 있습니다. 결국 디스크에 메모리 블록을 쓰는(write) 방법으로 이러한 외부 단편화 문제를 해결하였습니다. Win32로 플랫폼이 바뀌더라도 메모리 관리자의 구현에 따라 메모리 외부 단편화는 항상 문제가 될 수 있습니다.

윈도우에서는 페이징(paging) 기법으로 외부 단편화 문제를 많이 개선하였습니다.

1 최소 블록의 크기가 32이고, 여분의 메모리로 4바이트가 더 할당되는 어떤 시스템에서 사용자가 유지하는 레코드 블록의 크기를 30이라고 가정해 봅시다. 현재 사용 가능한 메모리가 20,000이라면, 몇 개의 레코드를 더 할당할 수 있을까요?

2 클러스터(cluster)의 크기가 4,096일 때 사용자가 10,000바이트의 파일을 만들면 디스크 내부 단편화로 사용할 수 없는 공간은 몇 바이트입니까?

3 컴팩션(compaction)은 어느 시점에 행하는 것이 좋을까요? 또한 컴팩션 알고리즘에는 어떤 종류가 있는지 설명하세요.

4 Win32의 파일 시스템 같은 페이징(paging) 시스템에서는 왜 컴팩션이 필요 없을까요?

23 표준 함수 (standard function)

볼랜드 C++ 5.0/Visual Studio 4.x의 도움말을 기본으로 모든 함수를 열거하는 방식으로 이 장을 작성했지만, 이제 이러한 설명은 필요 없다고 판단됩니다. 왜냐하면 인터넷을 통해서 필요한 함수들의 레퍼런스를 쉽게 구할 수 있으며, 이전에 설명한 많은 도스용 함수들을 이제는 사용하지 않기 때문입니다.

이 장은 함수들을 모두 열거하는 대신, 표준 C의 함수들을 범주로 구분하여 전체적인 사용법을 설명하는 방식으로 새롭게 구성하였습니다. C++과 더불어 C의 표준도 계속 바뀌었는데, C89, C99 및 C11 표준을 포함하는 라이브러리의 범주입니다.

라이브러리는 언어 자체보다 덩치가 큽니다. 그것은 익혀 두어야 할 것이 언어를 이해할 때보다는 많다는 것을 의미합니다.

C 표준 라이브러리 헤더 파일들

아래에는 C의 표준 라이브러리 헤더 파일과 헤더에 포함된 간략한 설명을 기술하였습니다.

- `<assert.h>`
  아규먼트를 0과 비교하는 조건 컴파일 매크로를 포함합니다.

- `<complex.h>` (since C99)
  복소수 관련 함수를 포함합니다.

- `<ctype.h>`
  캐릭터 데이터에 포함된 타입을 결정하기 위한 함수를 포함합니다.

- `<errno.h>`
  에러를 보고하는 매크로를 포함합니다.

- `<fenv.h>` (since C99)
  실수 환경에 관한 함수를 포함합니다.

- `<float.h>`
  실수의 최솟값/최댓값을 포함합니다.

- `<inttypes.h>` (since C99)
  정수 타입의 형 변환 함수를 제공합니다.

- `<iso646.h>` (since C95)
  대체의 연산자 스펠링 함수를 포함합니다.

- `<limits.h>`
  기본 타입의 크기와 관련된 기능을 제공합니다.

- `<locale.h>`
  지역화 유틸리티를 포함합니다.

- `<math.h>`
  일반적인 수학 함수들을 포함합니다.

- `<setjmp.h>`
  nonlocal 점프 기능을 포함합니다.

- `<signal.h>`
  시그널 핸들링 기능이 있습니다.

- `<stdalign.h>` (since C11)
  alignas와 alignof의 관례 매크로를 포함합니다.

- `<stdarg.h>`
  가변 인자 기능을 포함합니다.

- `<stdatomic.h>` (since C11)
  아토믹(atomic) 타입에 대한 기능을 포함합니다.

- `<stdbool.h>` (since C99)
  불(bool) 타입에 대한 기능을 포함합니다.

- `<stddef.h>`
  일반적인 매크로 정의를 가집니다.

- `<stdint.h>` (since C99)
  고정 크기형 정수에 관한 기능을 포함합니다.

- `<stdio.h>`
  표준 입·출력 함수를 제공합니다.

- `<stdlib.h>`
  메모리 관리, 프로그램 유틸리티, 문자열 변환, 랜덤 값 등의 일반적인 유틸리티 함수를 포함합니다.

- `<stdnoreturn.h>` (since C11)
  noreturn 관례 매크로를 제공합니다.

- `<string.h>`
  스트링을 조작하는 함수들을 제공합니다.

- `<tgmath.h>` (since C99)
  일반적인 타입에 대해서 동작하는 매크로를 포함합니다.

- `<threads.h>` (since C11)
  스레드 라이브러리 기능을 제공합니다.

- `<time.h>`

  시간/날짜 유틸리티 기능을 제공합니다.

- `<uchar.h>` (since C11)

  유니코드 관련 기능을 포함합니다.

- `<wchar.h>` (since C95)

  멀티바이트 문자열 관련 기능을 제공합니다.

- `<wctype.h>` (since C95)

  와이드 캐릭터 분류와 맵핑 유틸리티 함수를 제공합니다.

형 지원

언어로 정의한 기본적인 타입을 정의합니다. 예를 들면 sizeof( ) 연산자가 리턴하는 크기를 저장하는 size_t라는 타입을 사용하기 위해서는 stddef.h를 include해야 합니다.

sizeof의 리턴 값을 int가 아니라 size_t로 정의해야 하는 이유는 언어의 스펙이 바뀌어도 일관된 타입이 사용된다는 것을 보장하기 때문입니다.

동적 메모리 할당

동적으로 메모리 할당하는 함수들이 있습니다. 예를 들면 malloc( )으로 임의의 크기 메모리를 할당하고, free( )로 메모리를 해제할 수 있습니다.

C11에서는 메모리 경계에서 정렬된 메모리를 할당하는 aligned_alloc( )이 추가되었습니다. 메모리 정렬은 원자 연산(atomic operation) 등에서 중요한 주제인데, 이 책에서는 다루지 않았습니다.

에러 처리

error.h에는 errno가 정의되어 있어서 함수 호출에서 발생한 에러 번호를 파악할 수 있습니다. 프로그램이 유지해야 하는 조건을 실행 시간이나 컴파일 시간에 검증할 수 있는 assert( ), static_assert( ) 등이 이 범주에 포함됩니다.

프로그램 유틸리티

프로그램의 종료와 리소스 정리와 관련된 함수들의 범주입니다. 비정상적으로 프로그램을 종료시키는 abort( ), 정상적으로 프로그램을 종료시키는 exit( ) 등의 함수가 이 범주에 속합니다.

환경 변수 값을 읽는 getenv( ) 함수와, 시그널 관련 함수인 signal( ), raise( ) 등도 이 범주에 속합니다. 시그널에 대한 설명은 이 책에서 다루지 않았습니다.

가변 인자

가변 인자와 관련된 매크로와 함수가 이 범주에 속합니다. va_start( ), va_end( ) 함수와 va_arg( ) 매크로 함수 등이 포함됩니다.

날짜/시간 함수

날짜와 시간을 조작하는 함수들을 포함합니다. 두 시간의 차이점을 구하는 difftime( ), 현재 시간을 구하는 time( ) 등이 이 범주에 포함됩니다.

time.h 파일에는 tm, time_t 등의 구조체를 선언하고 있습니다.

스트링 라이브러리

null로 끝나는 바이트 스트링 및 멀티바이트 스트링 등의 함수들이 이 범주에 속합니다.

캐릭터가 알파벳 범주에 속하는지 검사하는 isalnum( ) 등의 함수가 있습니다. 스트링을 실수로 변환하는 atof( ) 등의 변환 함수가 있습니다.

스트링을 복사하는 strcpy( ), 두 개의 스트링을 검사하는 strcmp( ) 등의 스트링 조작 관련 함수가 있습니다.

memcpy( ) 등의 함수도 string.h에 선언되어 있습니다.

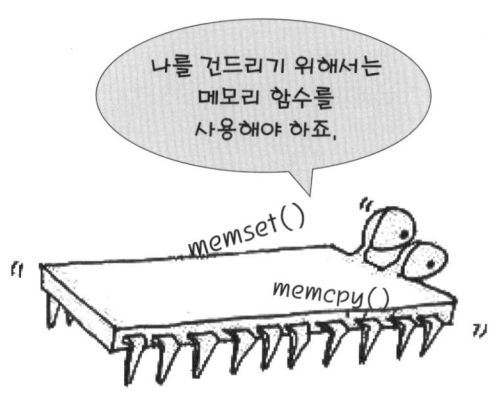

 알고리즘 함수

C 표준 라이브러리가 지원하는 알고리즘 함수는 퀵 정렬을 구현한 qsort( ), 이진 검색을 구현한 bsearch( ), 이렇게 두 가지뿐입니다.

수치 함수

일반적인 수학 함수와 타입, 무작위 수(random number) 생성 같은 함수들이 이 범주에 속합니다.

절댓값을 구하는 abs( ) 함수, 실수 값에 대해서 나머지를 구하는 fmod( ) 함수, sin( ), cos( ) 등의 삼각함수 등이 있습니다.

난수를 생성하는 rand( ) 함수 등이 있습니다.
복소수와 관련해서 imaginary, complex 등의 매크로가 정의되어 있습니다.

 입·출력 지원 함수

표준 입·출력 및 파일 입·출력 함수들이 이 범주에 속합니다.

콘솔에 문자열을 출력하는 printf( ), 파일을 여는 fopen( ), 파일을 닫는 fclose( ) 등이 이 범주에 속합니다.

지역화 함수들

지역화 함수들이 이 범주에 속합니다. 현재 로케일(locale)을 설정하는 setlocale( ) 등의 함수가 있습니다.

원자(atomic) 연산 라이브러리

멀티스레드(multi-thread) 프로그램에서 공유 변수를 접근할 때 뮤텍스(mutex)를 사용하지 않으면 효율이 좋아집니다. 그러한 연산을 '원자 연산(atomic operation)'이라고 하고, 원자 연산의 대상이 되는 데이터 타입을 '아토믹 타입(atomic type)'이라고 합니다. 이 라이브러리는 C11 표준에서 표준에 포함되었습니다.

이 범주에는 이러한 원자 관련 매크로와 함수들을 포함합니다. 이 책에서는 원자 연산과 스레드에 대해서는 다루지 않았습니다. C++을 계속해서 공부하려는 독자에게 C의 원자 연산 라이브러리 공부를 권하지 않습니다. 대신 C++의 원자 연산 라이브러리를 사용하세요.

스레드(thread) 지원 라이브러리

스레드(thread)와 관련된 함수들이 이 범주에 속하고, 이 라이브러리는 C11 표준에서 표준에 포함되었습니다. 이 책에서는 스레드에 대해서는 다루지 않았습니다.

스레드는 생성하는 thrd_create( ) 등의 함수가 이 범주에 속합니다. C++을 계속 공부하려는 독자에게 C의 스레드 라이브러리 공부를 권하지 않습니다. 대신 C++의 스레드 라이브러리를 사용하세요.

표준 함수의 사용법과 설명은 아래의 사이트를 참고하세요.

① http://en.cppreference.com/w
② http://www.cplusplus.com

1 퀵 정렬(quick sorting)을 하는 표준 함수인 qsort( )의 구체적인 예를 코딩하세요.

2 이진 검색(binary search)을 하는 표준 함수인 bsearch( )의 구체적인 예를 코딩하세요.

3 윈도우 운영체제가 지원하는 Win32 API를 기능별로 구분하여 모두 열거하세요.

24 C++의 구조체(structure)

배열과는 달리 구조체는 여러 개의 다른 형(type)의 변수를 필드(field)로 선언하여 1개의 대표 이름을 통하여 참조할 수 있습니다. 이러한 유연성 때문에 구조체는 많이 이용되고 있으며, 연결 리스트(linked list) 같은 자료구조(data structure)를 구현하는 데 구조체는 필수적인 역할을 합니다.

먼저 구조체는 어떻게 선언하는지 알아보겠습니다. 특이한 점은 구조체는 **변수의 선언**(variable declaration)뿐만 아니라 **형의 정의**(type definition)도 할 수 있다는 것입니다. 이러한 특성 때문에 구조체의 문법은 조금 복잡합니다.

만약 회원 관리 프로그램을 만들기 위해 회원의 이름과 나이가 필요하다고 합시다. 또한 이름은 영문자 20자를 넘지 않아야 하고 회원의 수가 100명이 넘지 않는다고 가정을 합시다. 그러면 구조체를 모르는 경우, 다음과 같은 배열을 선언하여 문제를 풀이하려고 할 수 있습니다.

```
short age[100];
char name[100][20];
```

필요한 변수가 더 많아진다면, 이러한 변수의 선언이 더 많아질 것이고, 많아진 변수 때문에 굉장히 골머리를 앓아야 할 것입니다. 하지만 그쯤은 감수할 수 있다고 합시다. 진정한 문제는, 회원의 수를 예측하기 어렵다면, 고정된 길이 100의 배열을 선언해서는 문제를 해결할 수 없다는 것입니다. 그렇다면 크기가 1,000인 배열을 선언할 것인가요? 이 경우 여전히 낭비되는 메모리가 문제가 됩니다. 또한 1,001명째 회원이 들어오지 않는다는 보장이 없습니다.

한 가지 해결책은 바로 구조체(연결 리스트)를 이용하는 것입니다. 서로 다른 형 - short와 char [ ]
- 을 레코드(record)의 필드로 취급하는 것입니다.

 Pascal같은 다른 언어에서는 구조체를 '레코드(record)'라고 합니다.

short와 char[20]을 필드로 가지는 구조체의 형은 다음과 같이 작성을 시작할 수 있습니다.

```
struct {
    short age;
    char name[20];
}
```

이것이 '구조체 형'이라는 점에 주목해야 합니다.
int형의 변수를 선언하려면 int i;처럼 형이름을 적고
공백 다음에 변수 이름을 적습니다. 그러므로 위의 구조체 형의 변수 i를 선언하기 위해서는 다음과 같이 적어야 합니다.

struct {short age; char name[20];} i;
            ①   ②

①은 형 이름에 해당하는 부분이며, ②는 변수 이름에 해당합니다. 컴파일러는 흰 공백(white space)를 무시하므로 보기 좋게 표현하면, 다음과 같이 적을 수 있습니다.

```
struct {
    short age;
    char name[20];
} i;
```

이와 같이 선언된 구조체 i에 대해 다음과 같이 질문할 수 있습니다.

(1) i가 의미하는 것은 무엇일까요?
(2) 필드 age와 name은 어떻게 참조할 수 있을까요?

우리는 i가 무엇인지 궁금해 할 수 있습니다. 이때 배열과는 달리 i는 구조체의 시작 주소가 아니라는 것입니다. i는 **구조체 자신(structure itself)**입니다.

 배열의 이름은 배열의 첫 번째 항목의 시작 주소입니다.

구조체의 필드 – 앞으로 필드를 멤버(member)라고 부르기로 합시다 – 를 참조하기 위해 멤버 참조 연산자 (member reference operator, .와 -))를 사용합니다. 그러므로 이름이 "seojt"인 30살의 회원은 다음과 같이 정보를 초기화할 수 있습니다.

```
i.age = 30;
strcpy(i.name,"seojt");
```

i.name = "seojt"가 성립하지 않는다는 것에 주의하세요. name은 상수 포인터이므로 LValue가 될 수 없으며 포인터를 바꾸는 것이 아니라, 포인터가 가리키는 내용을 수정해야 하므로 strcpy ( )를 사용해야 합니다.

아래 프로그램의 출력 결과를 예측해 보기 바랍니다.

```c
#include <stdio.h>
#include <string.h>

void main() {
    struct {
        short age;
        char name[20];
    } i;

    i.age = 30;
    strcpy(i.name,"seojt");
    printf("%d,%s\n", i.age, i.name);
    // 30, seojt
}
```

이러한 구조체가 main( ) 함수에서뿐만 아니라 다른 함수에서도 필요하다고 가정해 봅시다. 일일이 멤버를 명시해야 하는 번거로움은 둘째 치고, 구조체 간의 대입문에 일일이 형 변환(casting)을 해 주어야 할 것입니다. 그러므로 구조체는 형 정의의 기능을 가지고 있습니다. 위에서 사용한 구조체를 SMan이라는 형으로 정의하려면, struct와 첫 번째 여는 브레이스(open brace, {) 사이에 사용하려는 형 이름을 적어줍니다.

```c
struct SMan {
    short age;
    char name[20];
};
```

앞의 문장이 변수를 선언한 것이 아니라 SMan이라는 형을 정의한 것임에 유의하세요. 문장이므로 끝에 세미콜론(;)이 필요합니다. C에서는 struct SMan이 형 이름입니다. 그러므로 C 언어에서는 SMan을 형 이름(type name)이라고 하지 않고, 꼬리표 이름(tag name)이라고 했습니다. 하지만 C++에서는 struct SMan도 형이고, SMan도 형이므로 주로 SMan을 형 이름으로 사용합니다.

이와 같은 형 정의를 이용해서 위의 프로그램을 새로 작성해 보면, 다음과 같습니다.

```
#include <stdio.h>
#include <string.h>

struct SMan {
    short age;
    char name[20];
};

void main() {
    SMan i; // C에서는 struct SMan i;라고만 해야 합니다.

    i.age=30;
    strcpy(i.name, "seojt");
    printf("%d,%s\n", i.age, i.name);
    // 30, seojt
}
```

이제 필요한 모든 함수에서든 SMan을 사용할 수 있습니다. 그리고 SMan의 정의를 특정한 헤더 파일에 옮긴다면, 파일에서 SMan을 사용할 수 있게 됩니다. struct를 사용할 때 형 정의와 변수 선언이 동시에 가능하다는 것을 주의하세요. 아래의 문장은 SMan이라는 형을 정의하면서 SMan 형의 구조체 변수 i, j를 선언하고 있습니다.

```
struct SMan {
    short age;
    char name[20];
} i,j;
```

SMan의 포인터 변수가 선언된 경우 멤버를 참조하기 위해 멤버 참조 연산자 .를 사용할 수 없습니다. SMan의 포인터 변수는 포인터이지 구조체가 아니기 때문입니다. 그렇다면 아래와 같이 선언된 구조체 포인터 변수를 통해 멤버는 어떻게 접근할 수 있을까요?

```
SMan *i;
```

i는 포인터이지만, i가 가리키는 내용, *i는 구조체입니다. 그러므로 * 연산자를 이용해서 구조체를 접근한 후 .을 사용해서 구조체의 멤버에 접근하는 것이 가능합니다.

```
(*i).age = 30;
strcpy((*i).name, "seojt");
```

연산자 우선순위 문제 때문에 *i의 앞뒤를 괄호로 감싼 것에 주의하세요. 그렇다면 아래의 소스는 올바른 것일까요?

```
#include <stdio.h>
#include <string.h>

struct SMan {
    short age;
    char name[20];
};

void main() {
    SMan *i;

    (*i).age = 30;
    strcpy((*i).name,"seojt");
    printf("%d,%s\n",(*i).age,(*i).name);
    // 30,seojt NO! Run Time Error!
}
```

앞의 소스는 논리적인(semantic) 에러를 범하고 있습니다. 할당된 변수는 i이지, *i가 아님에 주의하세요. 그러므로 우리가 마음놓고 변경할 수 있는 값은 i이지, *i가 아닙니다. 그럼에도 불구하고 위의 소스에서는 *i를 접근하고 있습니다. 아래의 그림이 위 프로그램의 논리적인 에러를 설명하는데 도움이 될 것입니다.

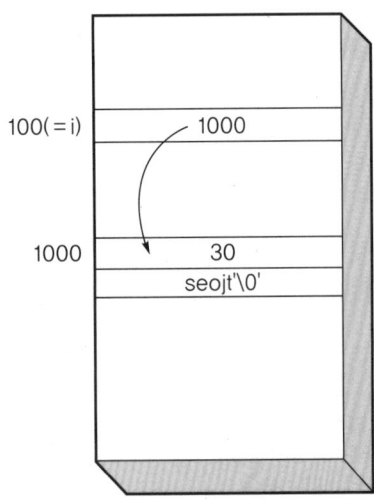

▲ 할당하지 않은 구조체를 조작: i에 우연히 1000이 들어있었다고 합시다.
위의 프로그램은 할당되지 않은 1000~1021번지 사이에 값을 넣고 있습니다.

다음 규칙을 기억하고 있습니까?

"변수는 사용하기 전에 항상 선언해야 한다."

이 규칙은 변수를 위해서 할당된 메모리 공간을 사용하여야 한다는 의미입니다. 포인터 변수를 선언한 경우 포인터 자체는 할당되었지만, 포인터가 가리키는 대상은 할당되지 않았으므로 실행 시간(run-time)에 할당해 주어야 합니다. 이같이 실행 시간에 메모리를 할당하는 것을 **동적 메모리 할당**(dynamic memory allocation)이라고 합니다.

 동적 메모리 할당에 의해서 사용되는 메모리 영역을 '힙(heap)'이라고 합니다.

우리는 C를 사용할 때는 다음과 같이 표준 함수를 이용해서 메모리를 할당했습니다.

```
i = (SMan*)malloc(22);
```

형 변환 – (SMan*) – 이 반드시 필요하다는 것에 유의하세요. 포인터의 가감연산을 위해 이러한 형 변환은 반드시 필요합니다. 구조체의 크기 계산이 복잡한 경우에는 다음과 같이 문장을 작성할 수도 있으며, 이것이 더 일반적인 방법입니다.

```
i = (SMan*)malloc(sizeof SMan);
```

malloc( )은 함수이므로 선언되어야 합니다. 그러므로 다음 문장이 소스의 첫 부분에 필요합니다.

```
#include <stdlib.h>
```

동적으로 할당한 메모리는 자동으로 해제(free)되지 않기 때문에 할당한 사용자가 반드시 해제해 주어야 합니다. 이것을 **메모리 해제(free)**라고 하고, 다음의 함수를 사용하여 구현합니다.

```
free(i);
```

오류가 수정된 소스는 다음과 같습니다.

```
#include <stdio.h>
#include <string.h>
#include <stdlib.h>

struct SMan {
    short age;
    char name[20];
};

void main() {
    SMan *i;

    i = (SMan*)malloc(sizeof SMan);
    (*i).age = 30;
    strcpy((*i).name, "seojt");
    printf("%d,%s\n",(*i).age, (*i).name);
    // 30, seojt
    free(i);
}
```

C++에서 동적으로 메모리를 할당/해제하는 새로운 연산자 new/delete를 알고 있습니다. 이것은 연산자이므로 함수의 선언이 필요하지 않습니다. new/delete를 사용하여 새로 고친 소스는 아래와 같습니다.

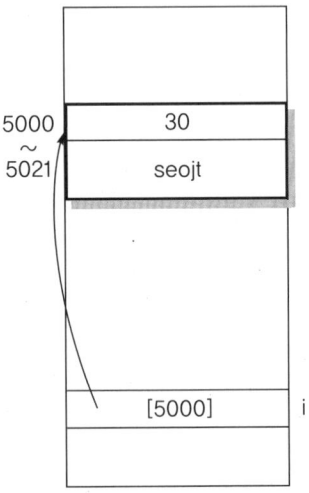

▲ 구조체의 할당: 동적으로 할당한 메모리가 [5000]이라면, 구조체를 위한 메모리는 [5000]~[5021]에 걸쳐 22바이트가 할당될 것입니다. 이곳을 i가 가리키게 되는데, i는 구조체가 아니라 *i가 구조체라는 사실을 주의하세요.

```c
#include <stdio.h>
#include <string.h>
// #include <stdlib.h> 이 문장은 더 이상 필요없습니다.

struct SMan {
    int age;
    char name[20];
};

void main() {
    SMan *i;

    i = new SMan;
    (*i).age = 30;
    strcpy((*i).name, "seojt");
    printf("%d,%s\n", (*i).age, (*i).name);
    // 30, seojt
    delete i;
}
```

구조체는 구조체 포인터로 사용할 일이 훨씬 많습니다. 그래서 구조체의 멤버를 쉽게 참조하기 위해서 두 번째의 구조체 멤버 참조 연산자인 화살표 연산자(arrow operator, ->)의 사용이 가능합니다. (*i).age는 i->age로 사용할 수 있습니다. 이 연산자의 새로운 기능은 없고, 단지 편리한 입력을 위해서 사용될 뿐입니다. 그러므로 위의 소스는 아래와 같이 수정 가능하며, 이것이 일반적입니다.

```
#include <stdio.h>
#include <string.h>

struct SMan {
    int age;
    char name[20];
};

void main() {
    SMan *i;

    i = new SMan;
    i -> age = 30;
    strcpy(i->name, "seojt");
    printf("%d,%s\n", i->age, i->name);
    // 30, seojt
    delete i;
}
```

C++의 구조체는 동적 멤버, 즉 함수를 가질수 있다.

24) C++의 구조체(structure) 549

그렇다면 C++에서 향상된 구조체의 기능은 꼬리표 이름(tag name)이 형 이름(type name)으로 쓰인다는 사실뿐일까요? 그렇지 않습니다. 이제 **클래스(class)**의 핵심을 말할 순서입니다. 놀랍게도 C++의 구조체는 **멤버 변수**(member variable)뿐만 아니라 **멤버 함수**(member function)도 멤버로 가질 수 있습니다! 그렇다면 멤버 함수를 멤버로 가질 수 있다는 것은 무슨 의미일까요? 필자는 C++을 처음 접한 지 20년이 넘어가지만, 구조체가 함수를 멤버로 가진다는 이 놀라운 개념을 처음 알게 되었을 때의 감동이 생생히 기억나는 듯 합니다. :)

좀 더 자연스러운 구조체

위의 구조체를 일반화하기 위하여 구조체의 멤버 변수를 조작하는 함수 등 구조체와 관계된 3개의 함수를 만들기로 했습니다. 이들 함수는 나이와 이름을 정하고 출력하는 일 등을 할 것입니다.

```c
#include <stdio.h>
#include <string.h>

struct SMan {
    int age;
    char name[20];
};

void SetAge(SMan s,int a) {
    s.age = a;
}

void SetName(SMan s,char n[]) {
    strcpy(s.name,n);
}

void Print(SMan s) {
    printf("age = %d\n"
           "name = %s\n",
           s.age, s.name);
}

void main() {
    SMan i;

    SetAge(i,30);
    SetName(i,"seojt");
    Print(i);
}
```

앞 프로그램의 출력 결과는 얼마일까요? 앞 프로그램은 논리적인 에러를 범하고 있습니다. i는 구조체 자신이므로 함수의 파라미터로 전달될 때 값이 복사되어 전달됩니다. 그러므로 원하는 결과가 인쇄되지 않습니다.

 '값에 의한 전달(call by value)'이라고 합니다.

일반적으로 구조체를 함수의 파라미터로 전달할 때는 주소를 전달하는데, C++에서는 참조(reference)가 좋은 해결책이 될 수도 있습니다. 그럼에도 불구하고 여전히 문제점이 존재합니다. 이 문제점은 문법적인(syntax), 논리적인(semantic) 에러가 아니라 단지 문제 그 자체와 관련된 좀 더 상위 레벨의 설계 개념의 위반입니다.

① 3개의 함수는 구조체를 조작하기 위해, 매번 구조체의 주소를 받아야 합니다.
② 3개의 함수는 구조체 SMan과 상관되어 있습니다. 하지만 이 3개의 함수가 SMan과 상관되어 있다는 것을 어떻게 알 수 있을까요?

② 문제는 C의 설명문(comment)으로 어느 정도 처리할 수 있지만, 완벽한 것은 아닙니다. 언어 자체의 문법에 의해 이러한 설계의 개념이 표현될 수 있으면 구조체가 강력해질 것입니다. 하여튼 논리적인 에러가 수정되고, 어느 정도 주석이 추가된 소스는 다음과 같습니다.

```c
#include <stdio.h>
#include <string.h>

/*--------------- struct SMan의 시작 -------------------*/
struct SMan {
    int age;
    char name[20];
};

void SetAge(SMan &s,int a) {
    s.age=a;
}

void SetName(SMan &s,char n[]) {
    strcpy(s.name,n);
}

void Print(SMan &s) {
    printf("age = %d\n"
           "name = %s\n",
           s.age,s.name);
}
/*--------------- struct SMan의 끝 -------------------*/
void main() {
    SMan i;

    SetAge(i,30);
    SetName(i,"seojt");
    Print(i);
}
```

문제점에 대한 핵심 질문은 다음과 같습니다.

"왜 구조체와 구조체를 조작하는 함수를 별개로 구현해야 하는가?"

존재하는 실제 세계의 대상물(object) - 객체 - 을 생각해 봅시다.

 C++에서는 '**객체(object)**'라고 합니다. 객체는 실세계의 대상물을 의미하며, 자연 세계가 그러하듯이 객체는 정적인(static) 특성과 동적인(dynamic) 특성을 가집니다. 클래스는 이러한 객체를 모델링하는 강력한 도구(tool)입니다. 정적인 특성은 멤버 변수로, 동적인 특성은 멤버 함수로 모델링합니다. 즉 C++의 문법에 의해 설계 개념이 지원되는 것입니다!

이러한 객체는 C의 구조체로 표현이 불가능합니다. 예를 들어 '자동차'라는 객체를 시뮬레이션하는 프로그램을 코딩한다고 가정해 봅시다. 자동차를 모델링하기 위해 자동차의 정적인 특성 - 색, 메이커,

가격 등 – 만을 구조체로 모델링할 수 있습니다. 하지만 이 구조체와 관련된 자동차의 동적인 특성 – 운전한다, 가속기(accelerator)를 밟는다, 화면에 그린다 등 – 은 구조체를 함수의 파라미터로 받는 함수로 구현해야 합니다. 왜 구조체와 관련된 함수를 별개로 구현하여야 하는가요?

실세계의 객체는 항상 가시적인 것이 아닙니다. 또한 모든 객체가 동적인 특성을 가지는 것도 아닙니다. 하지만 구조체는 여전히 힘(power)이 약합니다. 위의 회원 관리 예제에서 '회원 1명'이라는 객체는 정적인 특성을 나이(age),이름(name)으로 모델링하였고, 동적인 특성은 나이를 정한다, 이름을 정한다, 나이와 이름을 출력한다 등으로 구현한 것입니다.

이러한 연관된 개념은 C++ 언어에 의해 문법적으로 지원되는 것이 바람직합니다. 그렇다면 구조체에 함수를 포함시켜서 멤버 함수를 지원하도록 하면 됩니다. 이때 구조체의 멤버 함수는 C에서 말하는 일반 함수와는 다르다는 것에 주의해야 합니다. 그러므로, 정의(definition) 등에 있어 문법이 달라야 할 것입니다. 걱정할 것은 없습니다. C++의 구조체는 이것을 지원합니다!

```
struct SMan {
    int age;
    char name[20];
    void SetAge(int a); // 함수는 동적인 특성을 표현합니다.
    void SetName(char n[]);
    void Print();
};
```

SetAge( ) 등의 함수의 첫 번째 파라미터로 구조체의 참조가 사라진 것에 주의하세요. 이 멤버 함수들은 구조체 자신의 멤버 변수를 접근하므로 더 이상 구조체를 파라미터로 받을 필요는 없습니다.

 구조체를 위해서 메모리는 몇 바이트가 할당될까요? 이 문제는 일단 접어두기로 합시다. 하지만 함수 전체의 코드가 구조체마다 할당되지 않는다는 것을 염두에 두기로 합시다. SMan의 경우 최소한 24바이트 – age 4바이트, name 20바이트 – 이상 할당될 것입니다.

위 정의에는 멤버 함수의 선언만 있습니다. 이 멤버 함수들을 정의하여야 합니다. 그래서 아래와 같이 정의를 추가하였습니다.

```c
#include <stdio.h>
#include <string.h>

struct SMan {
    int age;
    char name[20];
    void SetAge(int a);
    void SetName(char n[]);
    void Print();
};

void SetAge(int a) {
    age=a; // age는 도대체 어디에 할당된 것인가?
}

void SetName(char n[]) {
    strcpy(name,n);
}

void Print() {
    printf("age = %d\n"
            "name = %s\n",
            age, name);
}

void main() {
    SMan i;

    i.SetAge(30);
    i.SetName("seojt");
    i.Print();
}
```

멤버 변수를 접근하는 것처럼 멤버 함수에 대해서도 멤버 참조 연산자(. 혹은 ->)를 사용해야 합니다. 멤버 함수 SetAge( )에서 age가 main( )에서 선언한 구조체 i의 age라는 것을 어떻게 알 수 있을까요? 이것을 파악하는 핵심은 i.SetAge( )에 있습니다. SetAge는 i의 멤버 함수로 호출되었으므로 age와 name의 주소를 알 수 있습니다. 또한 멤버 함수이므로 마지막에 **함수 호출 연산자**(function call

멤버 함수를 정의할 때 나는 꼭 필요하지요.

operator; ( ))를 반드시 사용해야 합니다.

그럼에도 불구하고 앞의 프로그램에는 여전히 문법적인 에러가 존재합니다. 기억나세요? SetAge( )는 멤버 함수이지, 함수가 아닙니다. 다음의 규칙을 기억하세요.

"멤버 함수는 함수가 아니다."

그렇다면 SetAge( ) 등이 SMan의 멤버 함수라는 것을 문법적으로 표현해 줄 수 있는 방법이 있어야 합니다. 이것을 위해서 C++에 새로 도입된 연산자인 **범위 해결사**(scope resolver, ::)를 사용해야 합니다. 고쳐진 소스는 아래와 같습니다.

```c
#include <stdio.h>
#include <string.h>

struct SMan {
    int age;
    char name[20];
    void SetAge(int a);
    void SetName(char n[]);
    void Print();
};

void SMan::SetAge(int a) {
    age = a; // age는 SMan의 멤버 변수입니다.
}

void SMan::SetName(char n[]) {
    strcpy(name,n);
}

void SMan::Print() {
    printf("age = %d\n"
           "name = %s\n",
           age, name);
}

void main() {
    SMan i;

    i.SetAge(30);
    i.SetName("seojt");
    i.Print();
}
```

24 C++의 구조체(structure)

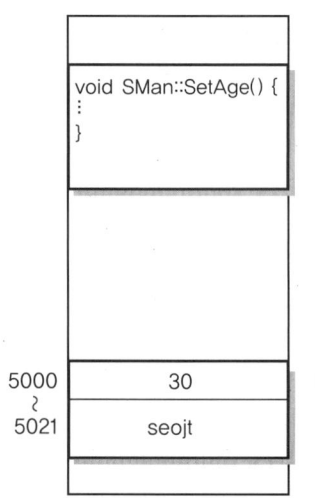

▲ 멤버 함수의 존재: 프로그램이 실행되었을 때 멤버 함수는 객체와는 상관없이 메모리에 항상 존재합니다. 객체가 할당될 때 멤버 변수만을 위한 메모리 공간이 할당될 뿐이므로, 멤버 함수의 호출은 컴파일 시간에 결정됩니다. 컴파일러는 정확하게 멤버 함수가 몇 번지에 있는지 계산할 수 있습니다.

SMan 구조체의 멤버 함수 선언 부분에는 SMan::이 없어도 될까요? 범위에 의해 컴파일러가 검사할 수 있으므로 없어도 되지만, 없는 것이 아니라 자동으로 붙여지는 것입니다. 그러므로 명시적으로 SMan::을 적어도 아무 상관이 없습니다. 하지만 일반적으로 그렇게 하지는 않습니다.

```
struct SMan {
    int age;
    char name[20];
    void SMan::SetAge(int a);
    void SMan::SetName(char n[]);
    void SMan::Print();
};
```

이제 C++의 변경된 구조체를 사용하여 실세계의 객체를 모델링한 것입니다! 이처럼 클래스는 멤버 함수를 멤버로 가질 수 있는 구조체 형을 의미합니다. 다시 말하면, 실세계에서 객체의 정적인 특성과 동적인 특성을 만들어 내는 틀(template)이 되는 것입니다. 그렇다면 struct 대신에 class를 사용해도 된다는 말일까요? 그렇습니다. 다만 class에서 사용하는 몇 가지 규칙 때문에 몇 가지 변경이 필요합니다. 완성된 완전한 소스는 아래와 같습니다.

private 선언은 private 이후에 명시된 멤버들의 접근 권한이 사적(private)임을 명시합니다. private 멤버는 객체가 만들어지고 나서 객체에서 호출할 수 없음을 명시합니다. 반면 public 멤버는 객체가 만들어진 후 객체에서 자유롭게 호출할 수 있는 멤버를 명시하기 위해 사용합니다. 항상 그런 것은 아니지만, 대부분 데이터 멤버는 private 접근 권한을 가집니다.

```c
#include <stdio.h>
#include <string.h>

class SMan {
  private: // 이후의 멤버들의 접근 권한이 private임을 선언합니다.
    int age;
    char name[20];
  public: // 이후의 멤버들의 접근 권한이 public임을 선언합니다.
    void SetAge(int a);
    void SetName(char n[]);
    void Print();
};

void SMan::SetAge(int a) {
    age=a;
}

void SMan::SetName(char n[]) {
    strcpy(name, n);
}

void SMan::Print() {
    printf("age = %d\n"
           "name = %s\n",
           age, name);
}

void main() {
    SMan i;

    i.SetAge(30);
    i.SetName("seojt");
    i.Print();
}
```

SMan 형의 변수 i를 선언했을 때 SMan을 형(type), i를 변수(variable)라고 하는 것은 어색합니다. i는 더 이상 변수가 아닙니다. 변수는 함수를 가질 수 없으므로 클래스에 대해서 SMan을 클래스(class), i를 객체(object)라고 합니다. 그리고 이러한 것을 '변수를 선언한다'라고 하지 않고, '클래스 SMan의 객체 i를 만든다'고 합니다. 또한 객체를 만드는 과정을 '인스턴스화(instantiation)', 인스턴스화된 객체를 인스턴스(instance)라고 합니다. 그렇다면 인스턴스와 객체는 같은 것인가요? 그렇습니다. 하지만 관점의 차이가 존재합니다. 클래스 SMan의 입장에서 i는 자신의 인스턴스(instance)이지만 객체 i의 입장에서 자신은 SMan의 객체(object)입니다.

클래스가 선언되었을 때, 객체를 만드는 것은 무척 간단하며, 실세계의 개념과 일치한다는데 주목하세요. 1명의 회원이 증가할 때마다 우리가 해야 할 일은 SMan의 객체를 하나 더 만드는 일을 하면 됩니다. 함수를 수정하거나 함수를 추가해야 하는 일은 이제 더 이상 발생하지 않습니다.

```
void main() {
    SMan i;

    i.SetAge(30);
    i.SetName("seojt");
    i.Print();

    SMan j;
    j.SetAge(0);
    j.SetName("baby");
    j.Print();
}
```

 C++을 배우려는 독자들에게

    C와 C++, 그리고 C++의 고급 주제에 대한 저자의 동영상 강의를 유튜브에서 시청할 수 있습니다. 동영상 강좌는 SideCommunity Game Programming 채널에 준비되어 있습니다.

    https://www.youtube.com/playlist?list=PLrrTotxaO6kjxlHovqDNTdSFZ8tcAvQkO

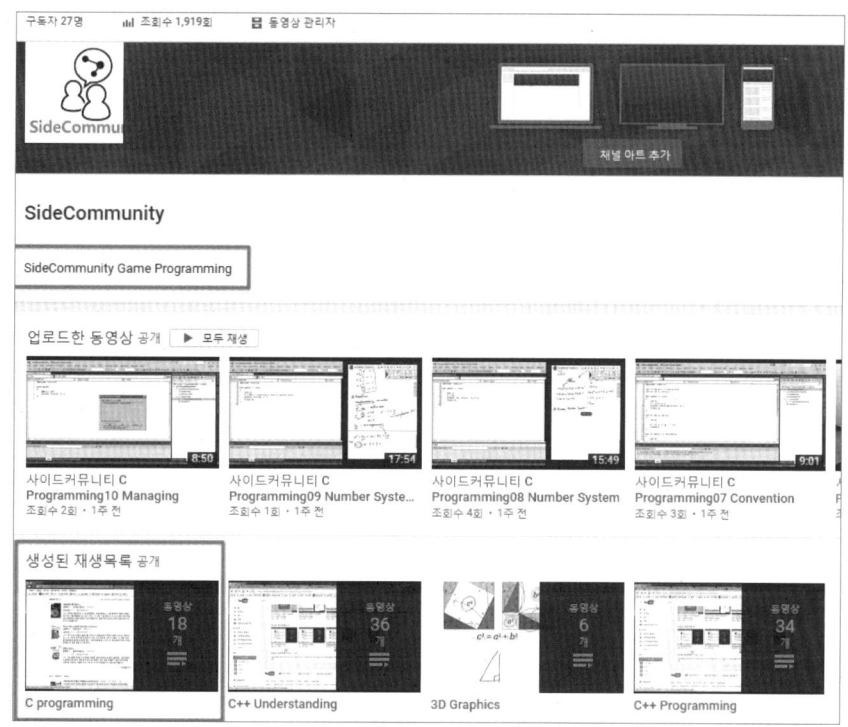

▲ 유튜브(Youtube)의 SideCommunity Game Programming 채널: 책의 C 강좌에 해당하는 내용을 동영상으로 시청할 수 있습니다.

리치(Ritchie)가 말하기를 "C가 있으라", 그러자 C가 있었다. 그것이 사람들이 보기에 좋았다. 하지만 C가 독처하는 것은 좋지 않았다. 후에 비야네(Bjarne)가 생각했다. '내가 C를 돕는 배필을 지으리라.' 그래서 C의 형상을 따라 클래스(class)를 만들었다.

실습문제

1 구조체(structure)는 모든 멤버가 public인 클래스와 동일한가요?

2 공용체는 멤버 함수를 가질 수 있나요?

3 클래스가 객체를 기술하는 틀이지만, 객체 간의 관계를 나타낼 수는 없습니다. 객체 간의 관계를 나타내기 위한 방법은 무엇인가요?

찾아보기

기호, 숫자

##	179, 180, 481, ,491
#(sharp)	38
#	40 42 179 180 481 491
#define	7, 40, 373, 374, 375, 378, 383 464, 465, 467, 471, 472, 473, 474, 475, 476, 478, 484
#endif	40, 464, 480, 481, 486
#error	464, 486, 489, 490
#ifdef	40, 464, 480, 482
#include	39, 40, 257, 347, 464, 465, 468, 469, 470, 474, 479, 480, 491
#pragma	464, 486, 491
#undef	464, 486
*(asterisk)	22, 42, 100, 101
.*	7, 82, 119, 131, 137, 139, 194, 456
.def	245, 250, 252
.rc	245, 250, 251, 252
::	119, 131, 132, 147, 293, 365, 366
[ ] 연산자	4, 95
__FILE__	488, 489
__LINE__	488
_cdecl	204
_pascal	204
–)*	7, 82, 131, 456
0번 이상 여러 번 반복(0 repetition)	109
128 초과 코드(excess-128 code)	77
157RTTI	159
1의 보수(1's complement)	52, 65
2번 검사 컴파일러(2-pass compiler)	35
2의 보수(2's complement)	52, 65
4-연결 이웃(4-Connected Neighbor)	344, 345
80387	80

A~C

ANSI	33, 37, 204, 313
array	82, 93, 105, 300, 302, 311, 319, 412
ASCII(American Standard Code for Information Interchange)	430
auto	5, 200, 271, 272, 273, 274, 275, 276, 277, 279, 284
base class	156
BCD code	77
big endian	140
bool	81 114 533
Booth 알고리즘	64
Borland C++ 4.5	84, 353, 402
break	58, 117, 230, 231, 235, 237, 240, 244
C#	28, 442
C++	9, 10, 11, 12, 13, 15, 16, 17, 31, 32, 33, 40, 41, 49, 65, 71, 72, 79, 80, 81, 82, 84, 85, 87, 93, 95, 99, 100, 106, 108, 111, 114, 116, 117, 118, 119, 122 ,125,130, 131, 133, 139, 146, 151, 152, 154, 156, 157, 159, 165, 172, 175, 176, 178, 189, 191, 192, 195, 198, 200, 212, 214, 217, 218, 222, 245, 247, 248, 249, 250, 253, 255, 257, 258, 259
C++14	9, 10, 13, 18, 369, 380, 381
ceiling	121
char	53, 56, 65, 69, 81, 100, 103, 104, 127, 139, 143, 190 192, 193, 308, 312, 313, 331, 334, 348, 370, 371, 373, 374, 375, 390, 403, 411, 414, 449, 460, 461, 462, 496, 497, 501
char	53, 56, 65, 69, 81, 100, 103, 104, 127, 139, 143, 190, 192, 193, 308, 312, 313, 331, 334, 348, 370, 371, 373, 374, 375, 390, 403, 411, 414, 449, 460, 461, 462, 496, 497, 501

class ············ 11, 12, 71, 82, 131, 151, 153, 156, 157,
    158, 170 263, 271, ,288, 335, 373, 381, 383, 441,
    484, 550, 556, 558, 560
conio.h ······································· 171, 428
const_cast ··································· 132, 159
continue ·· 117, 233, 235, 236, 237, 240, 241, 242, 244
CPU ················· 75, 79, 80, 95, 140, 141, 142, 271,
    272, 283, 284, 415, 420, 504, 505, 506, 515

D~F

dangling pointer ································· 347
defined ································ 480, 481, 482, 491
delete ············ 4, 6, 106, 132, 146, 147, 148, 151,
    248, 249, 252, 296, 335, 346, 363, 364, 365, 366,
    368, 369, 372, 503, 518 520, 521, 548
derived class ································ 153, 156
do...while ····················· 58, 108, 116, 241, 244
DOS ·· 18, 25, 103, 143, 304, 363, 432, 503, 504, 524
double ························· 42, 76, 81, 179, 297, 468
dynamic_cast ·································· 4, 132, 154
else ············ 109, 110, 111, 222, 223, 224, 226, 227,
    232, 464, 480
enum ·· 6, 93, 127, 373, 377, 378, 379, 380, 381, 382,
    383
eXclusive OR ····················· 64, 126, 127, 339
extern "C" ································· 288, 289, 487
extern ············ 246, 271, 272, 285, 286, 287, 288,
    293, 296, 297, 299
FDIV ·· 80
FIFO(First In First Out) ························· 195
float ·············· 25, 73, 76, 78, 81, 172, 493, 532
flooring ··· 121
for ···· 58, 108, 116, 161, 162, 169, 174, 220, 221, 232,
    233, 234, 235, 236, 238, 239, 244, 305, 307, 334
free() ·· 347, 361

G~M

goto ············ 116, 117, 217, 218, 219, 220, 230, 244
Gray Code ·································· 77

hashing table ································· 232
IEEE 7 ··· 54
if ·· 131, 163, 164, 167, 168, 173, 174, 185, 218, 220,
    221, 222, 223, 224, 225, 226, 227, 228, 232, 237,
    238, 241, 337, 464, 480, 481, 482, 483, 484, 486
int ·· 3, 18, 22, 25, 26, 27, 31, 33, 53, 56 69, 70, 81,
    98, 100, 101, 102, 107, 113, 127, 139, 142, 143, 145,
    146, 147, 148, 151, 172, 173, 186, 187, 192, 206,
    207, 213, 214 215, 273, 274, 275, 276, 281, 284,
    287, 308, 329, 330, 348, 350, 351, 354, 359, 365,
    367, 386, 390, 403, 406, 445, 449, 462, 465,
    494, 495, 496, 499, 500, 518, 534, 542
Java ······································ 28, 106, 442
Jump Table ································· 232
LIFO(Last In First Out) ························· 195
linked list ················ 372, 385, 411, 412, 419, 541
little endian ································· 140
long long ············ 18, 375, 376, 447, 450, 451, 453
long ····················· 18, 69, 81, 127, 287, 376,
    384, 414, 451, 453, 494, 496, 497
l-value reference ································· 99
l-value ····································· 99, 123, 124
main( ) ···················· 33 34 204 208 210 518
malloc( ) ···· 214, 297, 348, 355, 361, 362, 366, 390,
math.h ································· 38, 474, 532
MAX( ) ································· 165, 476, 478, 501
MFC ················ 10, 132, 230, 261, 383, 441, 484
MIN( ) ··· 165
MSB················ 53, 54, 55, 56, 66, 67, 68, 406
MSDN ··· 93

N~R

new ············ 4, 6, 12, 87, 88, 106, 132 139, 145,
    146, 147, 148, 149, 150, 151, 214, 249, 253, 258,
    259, 261, 263, 264, 296, 297, 298, 318, 335, 346,
    347, 359, 363, 364, 365, 366, 367, 368, 369, 370,
    431, 432, 517, 518, 519, 520, 521, 548
pointer to non-static class member ············ 82

pointer ················ 82, 83, 93, 95, 96, 100, 103, 131, 144, 158, 171, 172, 195, 207, 210, 316, 322, 323, 324, 327, 346, 347, 350, 375, 394, 422, 427, 442, 445, 454, 492, 497, 498, 510
printf( ) ························· 37, 167, 223, 502
private ································ 557
public ······························ 557, 560
RAD(Rapid Application Development) ········· 253
reference ········ 82, 99, 118, 119, 181, 198, 212, 288, ························· 58, 359, 402, 543, 551
reinterpret_cast ·························· 132, 159
return ··17, 21, 22, 23, 24, 26, 27, 28, 29, 30, 32, 34, 35, 36, 64, 112, 113, 115, 150, 159, 165, 196, 244, 269, 294, 299, 335, 377, 395, 398, 426, 427, 429, 434, 435, 436, 437, 440, 443, 447, 453, 455, 456, 460, 466, 467, 479, 480, 482, 494, 495, 533
r-value ································ 99, 123

S~T

scanf() ································ 4, 195, 213
short ····· 59, 69, 81, 139, 141, 143, 168, 183, 199, 206, ························· 360, 363, 414, 542
signed int
sizeof ···· 186, 187, 188, 189, 307, 308, 310, 324, 365, 367, 381, 457, 493, 497, 498, 499, 534
static_cast ····························· 132, 159
stdio.h ····························· 38, 39, 40, 533
stdlib.h ······················· 38, 140, 146, 347, 450, 533
strong typed enum ························ 380, 381
struct ················ 60, 73, 82, 89, 178, 188, 373, 385, 386, 387, 390, 395, 397, 404, 407, 408, 409, 410, 411, 412, 413, 451, 452, 543, 544, 556
sub class ································ 156
sub type ······················ 154, 155, 156, 157, 160
super class ······························· 156
super type ································ 156, 157
switch ··········· 4, 58, 108, 116, 174, 220, 228, 229, 230, 232, 244, 447 448
this 포인터 ························ 392, 442, 454

try-블록문(try-block statement) ················· 117
type_info ························· 152, 153, 154
typedef ········ 6, 373, 374, 376, 387, 450, 451, 453
typeid ···················· 4, 132, 152, 153, 157, 158
typeinfo.h ································ 152

U~Z

union ················ 73, 82, 170, 373, 384, 414, 418
unsigned int ························· 222, 374, 403
using ····································· 453
va_arg ······ 492, 493, 494, 498, 499, 500, 501, 535
va_end ···························· 492, 493, 498
va_list ································ 492, 493, 498
va_start ···················· 492, 493, 498, 499, 535
variation 타입 ································ 275
Visual C++ 6.0 ······················ 84, 484, 516
Visual Studio 2013 ·········· 3, 5, 9, 13, 14, 40, 41, 81, 151, 154, 159, 266, 274 275, 276, 307, 471,494, 495, 501, 516, 517
void ············ 3, 32, 33, 82, 83, 176, 180, 191, 192, ············ 329, 330 348, 449, 454, 465, 473, 493
volatile ··································· 132
wchar_t ··································· 81
while ····· 5 58 108 116 170 174 218 220 221 235 239, 240, 241, 242, 243, 244
Win32 API ····························· 89, 540
Windows·································· 7

ㄱ

가까운 포인터(near poiner) ···················· 103
가변 인자(Variable Argument) ·················· 492
가상 함수(virtual function) ···················· 156
가수(mantissa) ······························ 75
가용 공간 리스트(Available List) ················ 359
간단한(trivial) ······························ 70
간접 지정 연산자(indirect operator, *) ···· 101, 210, 322
값에 의한 호출(Call By Value) ················· 204
객체 지향 언어 ································ 218
객체(Object) ················ 151, 335, 399, 552, 558

찾아보기 **563**

경계 조건(Boundary Condition) ··················· 235
고정 소수점(fixed point) ···························· 72
공용체(union) ················ 73, 170, 373, 384, 414
관계 연산(relational operation) ················· 114
관례(convention) ··············· 27, 123, 170, 478
구구단 ·· 57, 238
구분자(delimiter) ································· 100, 279
구조적 언어(structured programming language)111, 218
구조적 예외 처리(Structured Exception Handling)··502
구조체 배열(Structrue Array) ···· 60, 118, 407, 411, 413
구조체(structure) 73, 89, 170, 308, 384, 385, 541, 560
기계 사이클(Machine Cycle) ······················ 283
기계어(machine language) ························· 23
기본형(fundamental type) ························· 81
기억 부류(Storage Class) ·························· 271
기호(symbol) ·· 41
깃발 변수(flag variable) ······················· 59, 238
끼워넣기(include) ······························· 464, 465

ㄴ

나머지(modulo) ··· 319
늦은 바인딩(late binding) ························· 145

ㄷ

다차원 배열(Multi-Dimensional Array) ····· 319
다형성 클래스 ································· 153, 157, 158
다형성(polymorphic) ································ 153
단일 인용 부호(single quotation mark, ') ········· 87
단편화(Fragmentation) ················ 362, 503, 523
달랑거리는 else 문제(dangling else problem) ······ 111
대소문자에 민감한 언어(case sensitive language) ··33
대화상자(dialog box) ························· 80, 383
데이터 세그먼트(Data Segment) ········ 353, 510
데이터 형(data type) ·························· 65, 176
동적 메모리 할당(dynamic memory allocation) ·······
··· 139, 277, 347
들여쓰기(indentation) ····················· 28, 29, 225
디스크 접근 시간(Disk Access Time) ········ 437

ㄹ

라벨문(label statement) ···························· 116
리얼 모드(Real Mode) ······························· 353
리터럴(Literal) ·· 312
리턴 값 최적화(RVO: Return Value Optimization) ··400
리턴(return) ······································· 22, 395
리턴형 선언(return type declaration) ············ 26

ㅁ

매크로 상수(Macro Constant) ··················· 472
매크로 함수(macro function) ············· 165, 476
매크로 확장(Macro Expansion) ················· 466
먼 포인터(far pointer) ································ 103
멀티태스킹(multi-tasking) ··························· 95
메모리 내부 단편화(Memory Internal Fragmentation) ··
··· 523
메모리 누수(memory leak) ························ 146
메모리 정렬(Memory Alignment) ·············· 534
멤버 접근 연산자(Member Access Operator) ······ 388
명칭(identifier) ··························· 27, 41, 100
모듈로(modulo) ··· 64
모호한 else 문제 ······································· 226
무명 공용체(Anonymous Union) ··············· 418
무한 루프(infinite loop) ······················ 169, 234
문자(character) ····························· 69, 228, 390
문자열(character string) ···························· 37
문자열의 끝(end of string, EOS) ·············· 103
문자형(character type) ······························· 69
문장(statement) ··············· 21, 23, 108, 219, 374
미리 정의된 매크로(Predefined Macro) ··486, 487, 491

ㅂ

바이트 접근 가능 기계(byte accessible machine) ···· 96
반복 구조 ··· 58, 128
반복문(iteration statement) ······················· 116
배열 첨자 연산자(array subscript operator) ········ 105
범위 규칙(Scope Rule) ················· 271, 288, 291
범위 해결 연산자(scope resolver operator, ::) ······· 132

범위 해결사(Scope Resolver) ·················· 293, 365
변경자(modifier) ································· 69
변수(variable) ···················· 23, 41, 288, 558
보수(complement of a number) ················ 52
복귀 에러(Regression Fault) ················· 220
복사 생성자(Copy Constructor) ·············· 315
복합문(compound statement) ········ 116, 170, 173
복합형(compound type) ························ 82
볼랜드(Borland) C++ ··13, 40, 84, 247, 353, 402, 468, 469, 486, 487, 503, 518
볼랜드 C++ 3.1 ···································· 5
볼랜드 C++ 빌더 ································· 5
부동 소수점(floating point) ················ 73, 120
부호 비트(sign bit) ························· 53, 66
부호(sign) ·· 75
부호와 가중치 ···················· 65, 66, 67, 68, 69
부효과(side effect) ······················ 121, 328
분기문(jump statement) ······················· 117
불완전 선언(Incomplete Declaration) ········ 408, 409
블록 구조(block structure) ················ 173, 175
블록 범위(block scope) ······ 176, 278, 279, 280, 289
비트 단위 복사(Bitwise Copy) ··················· 399
비트 마스크(bit mask) ················· 57, 62, 129
비트 플래그(bit flag) ··························· 57
비트필드 구조체(Bit-field Structure) ·········· 403

ㅅ

사상(Mapping) ·································· 341
삼항 연산자(ternary operator) ············ 163, 164
상호 참조 구조체 ································ 408
생략 가능(option) ······························· 109
생략 심벌(Ellipsis Symbol: ...) ················ 492
서브타입의 원리(subtype principle) ············ 154
선언 변경자 ····································· 65
선언 지정자(declare specifier) ················· 31
선언문(delcaration statement) ················· 117
선언자(declarator) ······························· 31
선택문(selection statement) ··················· 116
선형 주소(Linear Address) ················ 503, 515

세그멘테이션(Segmentation) ··········· 503, 505, 506
세미콜론(semicolon) ···························· 42
셀(cell) ·························· 173, 334, 344
소스 문자 집합(source character set) ··········· 41
소스 확장(source expansion) ··················· 39
소프트웨어의 위기(Software Crisis) ············ 217
수치 연산 프로세서(numerical processor) ······ 79
순수 가상 함수 ································· 157
숫자(number) ···································· 41
스택 포인터(stack pointer) ······················ 96
스택(stack) ············· 96, 195, 271, 272, 297
스트링화 연산자 ································ 179
승격(Promotion) ·························· 494, 496
실수 전용 협동 중앙 처리 장치(math co-processor) ·· 79
실수(real number) ······························ 72
실제 파라미터(actual parameter) ················ 21
실행할 때(run-time) ····························· 97
심벌 테이블(symbol table) ······················· 97
쓰레기 값(Garbage Value) ············ 144, 209, 274

ㅇ

알고리즘(algorithm) ············· 49, 195, 240, 537
역슬래시(back slash, \) ························ 87
역워드 형식 ························· 74, 142, 416
연산자 오버로딩(operator overloading) ········ 119
열 우선 순서(Column Major Order) ············ 321
예약어(reserved word) ···················· 23, 139
오른쪽 값(right-value, r-value) ················ 99
오버로드(Overload) ························ 119, 370
오버플로(overflow) ················ 65, 129, 190
올림수(carry) ···································· 52
와일드 카드(wild card) ························ 103
외부 단편화(External Framgmentation) ··523, 526, 527, 529
왼쪽 값(left-value, l-value) ···················· 99
원시 문자열(raw string) ························ 93
원자 연산(Atomic Operation) ············ 534, 539
원형(prototype) ··························· 31, 445
음양 사상 ······································ 50

이른 바인딩(early binding) ·················· 145
이름 바꾸기(Name Mangling) ················ 287
이름공간(Namespace) ························· 289
이스케이프 절차(Escape Sequence) ········· 502
이진 파일(Binary File) ················· 423, 432
이진수(binary number) ························ 49
이항 연산자(binary operator) ················ 163
인스턴스(Instance) ···························· 558
인스턴스화(Instantiation) ····················· 558
일반 보호 에러(general protection fault)······ 143

ㅈ

자기 참조(Self Referencing) ··········· 409, 411
자동 변수(Auto Variable) ············· 200, 272
자동 형 변환(automatic type conversion) ····· 56, 190
자연어(natural language) ······················ 23
재귀 함수(recursive function)················· 244
재참조(dereference) ··················· 119, 352
전처리 명령어(Preprocessing Command) ···· 463, 464
전처리(preprocessing) ························· 39
점 연산자(Dot Operator) ····················· 388
접근키(access key) ···························· 190
정규 표현(regular expression) ················· 27
정규화(normalization)························· 510
정수 표현 ···························· 67, 68, 99
정수(integer) ··25, 52, 69, 71, 120, 172, 365, 424, 450
정의(define)······························· 20, 30
제어문(control statement) ····················· 28
조작자(Manipulator) ·························· 459
주소 변수(address variable) ········ 82, 96, 100, 195
주소 연산자(address-of operator, &) ···· 101, 130, 181, 198, 359
주소(address) ············ 95, 99, 100, 181, 207, 310
지수(exponential) ······························ 75
지역 변수(local variable) ········ 176, 200, 289, 496
짧은 평가(short circuit) ······················· 168

ㅊ

차원(Dimension) ······························ 300

참조에 의한 호출(Call By Reference) ········ 212
참조표(Lookup Table) ························ 336
초기화 리스트(Initializer List) ················ 369
초기화(initialization) ··························· 70
추상 클래스(abstract class) ·················· 157
추상화(Abstraction) ··························· 271

ㅋ

캐리 미리 보기 가산기(carry look-ahead adder) ···· 79
캡슐화(Encapsulation) ························ 271
컴파일러 지시자(compiler directive) ·········· 39, 179
컴파일러(compiler) ···························· 23
컴팩션(Compaction) ···················· 503, 530
코드 세그먼트(Code Segment)··········· 353, 510
코딩(coding) ··································· 19
키워드(keyword) ······························· 27

ㅌ

타입 알리아싱(Type Aliasing) ················· 45
태그 이름(Tag Name) ························ 386
태스크(task) ····························· 95, 420
토큰 연결 연산자 ····························· 179
토큰(token) ······················· 22, 41, 180
통신 규약 (프로토콜, protocol) ············ 85, 86
통용 범위(Visibility Scope) ·················· 271
통합 개발 환경(IDE) ················· 14, 38, 39, 266

ㅍ

파라미터 리스트(parameter list) ············ 20, 30
파라미터 전달 방법(parameter passing method)····126, 204
파라미터(parameter) ······················ 19, 26
파일 범위(File Scope) ······· 246, 278, 287, 289, 293
파일 제어 블록(File Control Block) ··········· 421, 422
파일 포인터(File Pointer)················ 422, 427
파일 핸들(File Handle) ······················· 421
파일(file)······················ 37, 95, 268, 285, 420
팝(Pop) ···················· 195, 196, 201, 205, 213
패러그래프(Paragraph)················ 363, 509, 522

펜티엄(Pentium) · 80
포인터를 가리키는 포인터(int**) · · · · · · · · · · · · · · · · · 214
포인터의 포인터 · · · · · · · · · · · · · · · 106, 150, 151, 215, 322,
　　　　　　　327, 350, 351, 352, 354, 355 357, 358, 372
포인터의 포인터의 포인터 · · · · · · 327, 351, 352, 354, 372
표준 방식 · 76
표준 스트림 라이브러리(standard stream library) · · · · 73
표준 출력(standard output) · 37
표준 클래스 라이브러리 · 130
표준 함수(standard function) · · · · · · · · · · · · · · · 33, 37
표현식(expression statement) · · · · · · · · · · · · · · · · · 116
표현식(expression) · · · · · · · · · · · · · · · · 21, 108, 112, 121
푸시(Push) · · · · · · · 195, 196, 200, 207, 208, 209, 496
프로세스(process) · 95
프로젝트 　14, 15, 16, 17, 18, 40, 81, 153, 245, 246, 247,
　　　　　248, 249, 250, 251, 252, 253, 254, 255, 256, 257,
　　　　　258, 259, 261, 262, 263, 264, 265, 266, 267, 268,
　　　　　269, 270, 299 353, 402, 465, 468, 471, 480, 484
프로토콜(protocol) · 85, 86
프로토타입 범위(Prototype Scope) · · · · · · 278, 289, 294
피연산자(operand) · · · · · · · · 101, 119, 120, 163, 170, 198

ㅎ

함수 몸체(function body) · 20
함수 이름(function name) · 19
함수 포인터(Function Pointer) · · · · · · · · · · · · · · · · · 172
함수 호출 연산자(function call operator) · · · · · · 170, 444
함수(function) · 19, 269
함수형 초기화(functional initialization) · · · · · · · · · · · · · 71
핸들(Handle) · 89, 420, 421
행 우선 순서(Row Major Order) · · · · · · · · · · · · · · · · 321
헝가리식 표기법(hungarian notation) · · · · · · · · · · · · · 28
헤더 파일(header file) · 38
헤더(header) · 31
형 선언(type declaration) · 24
형식 언어(formal language) · 23
형식 파라미터(formal parameter) · · · · · · · · · · · · · 20, 21
호출(call) · 20, 29
화살표 연산자(Arrow Operator) · · · · · · · · · · · · · · · · 388
회전(rotation) · 127
힙 관리자(heap manager) · 360
힙(Heap) · · 104, 271, 277, 296, 297, 347, 348, 518, 546

만화가 있는 C

2018. 5. 11. 1판 1쇄 인쇄
2018. 5. 18. 1판 1쇄 발행

지은이 | 서진택
펴낸이 | 이종춘
펴낸곳 | BM 주식회사 성안당
주소 | 04032 서울시 마포구 양화로 127 첨단빌딩 5층(출판기획 R&D 센터)
　　　 10881 경기도 파주시 문발로 112 출판문화정보산업단지(제작 및 물류)
전화 | 02) 3142-0036
　　　 031) 950-6300
팩스 | 031) 955-0510
등록 | 1973. 2. 1. 제406-2005-000046호
출판사 홈페이지 | www.cyber.co.kr
ISBN | 978-89-315-5543-1 (13000)
정가 | 25,000원

이 책을 만든 사람들
책임 | 최옥현
편집·진행 | 조혜란
교정·교열 | 안혜희
만화 | 윤은정, 박진희
전산편집 | 김인환
표지 디자인 | 앤미디어, 박원석
홍보 | 박연주
국제부 | 이선민, 조혜란, 김해영
마케팅 | 구본철, 차정욱, 나진호, 이동후, 강호묵
제작 | 김유석

이 책의 어느 부분도 저작권자나 BM 주식회사 성안당 발행인의 승인 문서 없이 일부 또는 전부를 사진 복사나 디스크 복사 및 기타 정보 재생 시스템을 비롯하여 현재 알려지거나 향후 발명될 어떤 전기적, 기계적 또는 다른 수단을 통해 복사하거나 재생하거나 이용할 수 없음.

■ 도서 A/S 안내

성안당에서 발행하는 모든 도서는 저자와 출판사, 그리고 독자가 함께 만들어 나갑니다.
좋은 책을 펴내기 위해 많은 노력을 기울이고 있습니다. 혹시라도 내용상의 오류나 오탈자 등이 발견되면 **"좋은 책은 나라의 보배"**로서 우리 모두가 함께 만들어 간다는 마음으로 연락주시기 바랍니다. 수정 보완하여 더 나은 책이 되도록 최선을 다하겠습니다.
성안당은 늘 독자 여러분들의 소중한 의견을 기다리고 있습니다. 좋은 의견을 보내주시는 분께는 성안당 쇼핑몰의 포인트(3,000포인트)를 적립해 드립니다.
잘못 만들어진 책이나 부록 등이 파손된 경우에는 교환해 드립니다.